*NARRATORI MODERNI*

*CARLO EMILIO GADDA*
# GIORNALE DI GUERRA E DI PRIGIONIA

GARZANTI

*Giornale di guerra e di prigionia* viene dato qui nel testo stabilito criticamente sui quaderni autografi.

In questa collana
Prima edizione: gennaio 1999

ISBN 88-11-66091-2

© Garzanti Editore s.p.a., 1992
© Garzanti Libri s.p.a., 1999
Printed in Italy

# Giornale di guerra
# e di prigionia

*a Bonaventura Tecchi
ricordando la sua fermezza nei giorni difficili*

**GIORNALE DI CAMPAGNA**

Carlo Emilio Gadda

# Anno 1915
# Giornale di Campagna

Gaddus.- 1915
– In Edolo di Valle Camonica
– In Pontedilegno (Pons Daligni) di Valle Camonica.–

«Acquistai questo quaderno oggi, in Edolo, al Bazar Edolo.»
24 agosto 1915.
CEGadda.

– Carlo Emilio Gadda.-
24 agosto 1915.

Nota.

«Il bollettino del Ministero della Guerra del giorno 5 agosto 1915 mi nominava, dietro mia richiesta del 27 marzo u.s., sottotenente nella milizia territoriale, arma di fanteria, con destinazione al 5° Alpini.- Il comando reggimentale di Milano a cui mi presentai il 17 agosto mi destinò al Magazzino di Edolo.- Il 18 sera ero a Edolo, dopo aver prestato il giuramento a Milano.- Presi alloggio all'albergo Derna, dove sono tuttora, e cominciai tosto il servizio, o più precisamente l'istruzione. Già avevo prestato servizio militare in fanteria, a Parma; dove prestai servizio come soldato semplice nel 1° regg.to Granatieri, dal 13 giugno fino alla nomina.»

«Edolo, 24 agosto 1915.»

CEGadda.-

Carlo Emilio Gadda.- Anno 1915.-
Giornale di Campagna.-
Edolo di Valle Camonica.-

1. Edolo, 24 agosto 1915.- Le note che prendo a redigere sono stese addirittura in buona copia, come vien viene, con quei mezzi lessigrafici e grammaticali e stilistici che mi avanzeranno dopo la sveglia antelucana, le istruzioni, le marce, i pasti copiosi, il vino e il caffè. Scrivo sul tavolino incomodo della mia stanza, all'albergo Derna, verso le una e mezza pomeridiana. Le imposte chiuse e i vetri aperti mi lasciano entrare l'aria fresca e quasi fredda della montagna, i rumori dei trasporti e le voci della gente: mi impediscono la veduta di un muro, che si trova a due o tre metri in faccia e in cui non figurano che finestre chiuse, e delle rocce del Baitone.-

2. Sto abbastanza bene di corpo, per quanto il troppo cibo preso ieri alla mensa e l'uso che vi si fa di vino e caffè, a cui io non ho l'abitudine, mi lascino un senso di odiosa sazietà e di intorpidimento intellettuale: ho anche un po' sonno. Quest'aria fresca mi ristora e un po' di raccoglimento mi fa piacere.- Spiritualmente sono seccato dalla mancanza di notizie della famiglia, poiché da quando sono a Edolo, cioè dal 18 corr., non ho ricevuto una riga; dal continuo seccarmi che il capitano fa (e con ragione) perché mi provveda del cinturone di cuoio e del revolver; dalla perdita dei miei guanti, che occorrono all'istruzione, e che difficilmente potrò sostituire. Inoltre uno strano intorpidimento dell'animo mi toglie di godere a pieno della vivissima emozione fantastica e sentimentale che per solito la montagna mi destava, e talora anzi mi lascia indifferente del tutto: però levando lo sguardo al Baitone, alle sue rocce e alle sue nevi, questa monotona e stanca situazione dello spirito si interrompe per poco.- Anche le cattive notizie della Guerra dei Russi mi mandano a traverso questi giorni che potrebbero essere di esaltazione.-
Il motivo egoistico sentimentale che momentaneamente mi domina è un desiderio di raccoglimento e di durezza alpinistica, di forze fresche, di compagnia coi miei pochi amici, di

nebbia e di bosco. Tanto più quindi mi sono lontani questi carriaggi, questi muli, e la mensa copiosa e chiassosa degli ufficiali.- Penso raramente alla guerra, non per indifferenza, ma per timore di soffrir troppo nella preoccupazione e anche perché ne sono continuamente distratto dalla vita giornaliera.-

3. Alla mensa, che si tiene alla villa Nicolina, partecipano gli ufficiali del 5.° Alpini che si trovano a Edolo. Si mangia assai e per poco, si discorre, si ride: io dirò meno di dodici parole in tutto il pranzo, pur partecipando del buon umore altrui. Parlerò poi più dettagliatamente di questo.- Ho l'ordinanza, che mi riordina la stanza, mi pulisce le scarpe, mi fa tutti quei servigi che le chiedo: è un uomo sulla quarantina, che fu già al fronte sul Tonale, un'ottima persona.- Ho ricevuto l'indennità di entrata in campagna, di lire 365,40 nette, che in parte mi serviranno alla provvista di oggetti alpinistici e militari, e che per il resto manderò alla famiglia.-
Adesso riposerò un poco: desidererei vivamente di poter leggere o studiare, ma non ho un libro: perciò mi sfogo a scrivere. Alle ore 4 sarò alla caserma, dal capitano.- Proseguirò queste note stasera o domani.-
Dalle 4 alle 5½ pomeridiane il capitano Bruno, comandante la 3.ª compagnia e istruttore dei sottotenenti di Milizia Territoriale, ci istruì sul servizio di sicurezza in marcia e in stazione. Tutte queste cose io conoscevo già per averle sentite ripetutamente illustrare e per averle viste praticamente eseguire nel corso domenicale del Battaglione Volontarî Milano, comandato dall'eroico colonnello Negrotto, morto all'Isonzo: e durante i due mesi di servizio prestato nei granatieri di Sardegna. Tuttavia porsi rispettosa attenzione; sia perché realmente il ripetere cose già imparate non nuoce mai e non è mai per me una umiliazione, come per i muli e gli asini; sia per avvedutezza: poiché nulla irrita di più la suscettibilità di un maestro, massime di un militare e di un superiore, che il dirgli: sapevo già. Uscito dalla caserma, negli uffici della quale si tiene l'istruzione, andai dall'avv. Nova, bresciano, mio collega, per restituirgli il cappello gentilmente prestatomi mentre giravo per procurarmene uno (poiché venni a Edolo col solo berretto) e per acquistare una cucinetta alpinistica di alluminio. Il furbo

bresciano, badando a dirmi ch'egli è avvocato e non commissario, ch'ei non ha bisogno di nulla e solo agisce per esuberanza di buon cuore, mi vendette la sua cucinetta usata, ma in ottimo stato, per £. 5: aveva voglia di disfarsene, avendone acquistato una nuova e trovò me disposto all'acquisto. Mi sorbii poi una lunga sfuriata sull'ingiustizia umana e l'egoismo e la freddezza dei colleghi, e la severità balorda dei superiori, che mi disse una volta di più, se mai ve ne fosse stato bisogno, essere l'avvocato una di quelle persone intolleranti, per quanto buone di cuore, di cui abbonda la nostra razza. E' un uomo piccolo, secco, robusto, dall'occhio vivo e mobile, dalla faccia vivacissima e quasi diavolesca, dal naso aquilino: dev'essere furbo e buono, rabbioso e attivo. Mi favorì anche l'indirizzo di un corriere che va a Brescia e a cui commetterò l'acquisto dei finimenti di cuoio. Alla mensa mangiai parecchio, ma senza appetito: si bevve del cattivo Champagne gentilmente offerto dal neo-sottotenente conte Gaetani, di Napoli, come prezzo del brindisi: gli altri novizî, me compreso, avevano pagato invece una tassa di £. 20 per il «beveraggio.» - Girai un po' questa sera attraverso il paese, annoiato di dover continuamente salutare soldati: comperai una penna per il cappello per £. 1,60: e me ne venni all'albergo, a completare il mio diario. Ora me ne vo a riposare, dacché domani dovrò svegliarmi, come il solito, alle cinque.- Sono tranquillo, ma mi sento lo stomaco pieno come un otre, ingiustamente.-

4. Edolo, 25 agosto 1915.- Questa notte fui disturbato da dolori viscerali. Il mattino mi sentivo fiacco e assonnato, ma partecipai egualmente alla istruzione, la quale consistette in una marcia fino a Sonico ed oltre, su strada, e in una completa manovra di combattimento di tutta la compagnia in un bosco di castani, su terreno morenico, meraviglioso. Al ritorno mal di testa e stanchezza. Nulla di nuovo poi: solo dopo colazione persistente irrequietezza e sonnolenza, vinte entrambe. All'istruzione delle 16 regolamenti disciplinari. Ricevetti alfine notizie da casa e sono più tranquillo. Incaricai un corriere di provvedermi a Brescia i finimenti di cuoio. Domani sono ufficiale di compagnia, vale a dire devo levarmi alle quattro per essere in quartiere alle quattro e mezza. Vi sarà per la nostra

compagnia la marcia al collo dell'Aprica. Sono un po' fiacco, fui tormentato da irrequietezza e sono scontento di me. Sensazione di caldo e inappetenza: nullità intellettuale. Qualche raffreddamento nel contegno de' miei colleghi verso di me, senza alcuna causa per parte mia.– Cattive notizie dal fronte Russo mi fanno passar male quei pochi momenti che penso alla guerra e mi lasciano una sensazione, sotto coscienza, di inquietudine.– Adesso farò la barba e dopo mensa dovrò andare in compagnia a fare l'appello serale o almeno a sorvegliarlo: domattina dovrò curare la distribuzione dei viveri. Il servizio dell'ufficiale di compagnia va dalle 17 alle 17 del giorno successivo.–

5. In complesso la vita spirituale rimane un po' sommersa sia da ragioni di servizio propriamente dette, come la fatica, le occupazioni, ecc. sia da altre ragioni meno giuste, ma che pur si sommano a queste: la mensa lunga, chiassosa, e talora noiosuccia; il cibo un po' abbondante; l'andare e venire per tutte queste spesucce che non finiscono mai; un po' di caldo e di malessere, oggi; qualche bisticcio fra i colleghi, qualche amarezza, qualche durezza che lascia male. Tengo però sempre contegno correttissimo, ossequioso ed evito, come sempre, ogni discussione. Il vero motivo per cui io evito sempre ogni discussione è anzitutto la sterilità e la sciocchezza dei motivi che le accendono: ieri due miei colleghi, l'avv. Nova e certo Marchini genovese, pittore, antimilitarista a sua detta in tempi normali, ma fautore della presente guerra contro il militarismo (che persona spiccia, costui!) ebbero il coraggio e la buona voglia di litigare mezz'ora sulla necessità o no del portare la cucinetta a spirito in montagna: e si illividirono reciprocamente e finirono nel campanilismo: Brescia contro Genova. Oggi lo stesso genovese e un altro, certo Trinchero, litigarono per mezza colazione sostenendo l'uno che il Governo non ha colpa nella mancanza di manuali per la nostra istruzione, e l'altro che ci ha colpa. Si litigò poi da altri sull'estensione che deve esser data all'articolo del regolamento vietante di usare dialetti, in servizio: quest'ultima discussione era già più ragionevole.– Insomma la miseria, l'inutilità, il grigio squallore, la bestialità degli argomenti, invogliano un povero diavolo a di-

ventar imbecille perché la ragione non gli serve a nulla. Io poi sono pigro, svogliato di parlare, difficile a contrarre simpatie e amicizie: onde la lingua mi rimane ostinatamente appiccicata al palato. Litigare per sciocchezze e con sterilità di risultati è un gran contento per gli italiani in genere.- Per me che vorrei vedere e che sento il bisogno di avere sempre, ovunque, affabilità, cortesia, assenza di egotismo nelle discussioni e anche un zinzino di fantasia e di ragionevolezza tutto questo bociare a vanvera è una noia, e talora una rabbia.- Ma si tratta di cose da nulla.-

6.- Edolo, 27 agosto 1915.-
Ieri mi alzai verso le 4 del mattino, come ufficiale di servizio, e fui in caserma alle $4\frac{1}{2}$; presi il nome degli ammalati. Ero piuttosto assonnato e la marcia sullo stradone polveroso dell'Aprica mi fu dura. Mangiai, a mezza strada circa, del pane e due uova, e bevvi un bicchier di vino. Arrivai all'Aprica accaldato, come tutti, mi rinfrescai con gli altri nel bagno dell'Hôtel Aprica, e scesi in sala. La colazione fu allegra, abbondante, e servita da due cameriere che furono il pretesto di mille allegrie. Il vino di Valtellina e due bicchieri fini di squisito Sassella coronarono la mensa. Ma in fondo, per quanto la colazione consistesse di spaghetti, una costoletta, frutta, mi sentivo pieno, appesantito, stanco. Riprendemmo tosto la via del ritorno, sullo stradone polveroso, sotto il sole. Poi si prese la strada mulattiera che sta sulla destra del Fiumicello e che è deliziosa. Ma il mal di ventre che mi colse, mi impedì ogni godimento del paesaggio: dovetti fermarmi e i dolori mi costrinsero ad appartarmi in una forra boschiva, e scoscesa, sulla riva del fiume, mentre gli altri proseguivano. Successe un mezzo disastro, che mi costrinse a spogliarmi: non avevo carta, avevo dimenticato i fazzoletti la mattina. La scena fu barbara; il fiume mi servì un po' per pulirmi poi le mani.- Raggiunsi stanco e avvilito Edolo, mandai dall'Albergo un biglietto di scusa al capitano e mi gettai a letto. Fu una pessima giornata e avrò un cattivo ricordo di questa prima visita al collo dell'Aprica, che divide la Rezia dalla Camunia.- Da Parma, ove prestai servizio nel I.° granatieri, recai questo strascico di disturbi gastrointestinali che gli eventuali disagî e il non perfetto equilibrio

del mio sistema nervoso rendono più facili e gravi. Inoltre la gola, specialmente il desiderio di frutta, e la poca volontà di essere temperante nel cibo, mi procacciano tuttociò: cercherò di essere più sobrio, per quanto, come ripeto, pur mangiando forte, non posso dire di aver menomamente ecceduto: ho ecceduto rispetto alle mie attuali condizioni. La sera ebbi una gradita lettera del mio amico Semenza, allegra come spesso, ma piena del sentimento che ci anima per il nostro paese, e che sottintendiamo o affermiamo a sprazzi nelle nostre pazze scritture. Se un giorno queste lettere dovessero conoscersi, potrebbero sembrar miserabili rispetto al tempo in cui furono scritte: ma in esse si esprimono solo quei sentimenti che la lontananza vieta di altrimenti manifestare, solo quelle sciocchezze che allegrano talora la nostra antica conversazione; non è tutta la nostra vita, tutto il nostro animo che vi si contiene: la parte migliore dei nostri sentimenti vi è quasi estranea, come se adombrasse di venir tratta ad accompagnare cose meno alte. Oggi scrissi a molti conoscenti, perché essendomi stamane purgato, rimasi a riposo: scrissi ancora scuse al capitano.- Riordinai le mie cose.-

7.- Ieri mi fu recato da Brescia, il pacco dei finimenti di cuoio che vi ordinai; un cinturone con fibbia di ottone brunito, grigio verde, bretelle, scatole di cuoio da attaccare alla cintura; lire ventisette e settanta; una vera canagliata per degli oggetti che varranno complessivamente dodici lire.- Pazienza! Il Governo mi pagò una indennità di £. 365,40 che copre queste spese; ma avrei desiderato che servisse alla mia famiglia, ai miei cari, già economicamente provati dalla guerra.- Stamane mi fu consegnato un biglietto di mio fratello Enrico, che fu già al fronte, mentre io era a Parma, sulla Forcellina di Montozzo e che recentemente si trovava a Precasaglio sopra Ponte di Legno, a frequentare un corso di istruzione per allievi ufficiali di complemento nel 5.° Alpini. Io, appena arrivato a Edolo, mi preoccupai subito di andarlo a salutare, ma le esigenze del servizio mi permisero di recarmi a Ponte solo domenica 22 corr.- Lo preavvisai con un biglietto, a cui non ebbi risposta. Andai a Ponte in automobile postale e seppi che la mattina precedente egli e tutti i suoi compagni erano partiti

## 28 AGOSTO 1915

per S. Caterina e Bormio a traverso il Gavia. Che disdetta! Che dolore, che rabbia! Me ne tornai deluso, con la marmellata, la cioccolata, le sigarette che gli avevo recato; dolente di non averlo riveduto, ma quasi preparato a ciò, sembrandomi una troppo felice coincidenza il nostro avvicinamento.– Ebbene: oggi ricevei una lettera gualcita, da lui mandatami per mani di soldati, in cui dice: «Carissimo Carlo, ho ricevuto ieri la tua cartolina e sono molto contento che ti trovi a Edolo. Mi rincresce invece moltissimo che proprio oggi io parto improvvisamente, pare per Bormio. Avverti se puoi la mamma. Ti prego cercare di inviare a casa questi due pezzi di granata, spolette, e cartoline: mi premono moltissimo. Spero possa arrestare il tuo viaggio qui.[1] Scriverò da Bormio. Baci e baci. Enrico. Da per favore una mancia al portatore.»
La lettera è scritta in fretta! Caro Enricotto! Non ho avuto le schegge di granata e la roba: mi informerò per trovarla.–
La mamma mandò a mio fratello due pacchi con indumenti e alimenti per una sessantina di lire. Cercherò di riavere quelli pure.– Oggi non ebbi notizie da casa, che mi sono necessarie per tutto ciò.

8. Edolo, sabato 28 agosto 1915.
Breve diario: stamane sveglia alle 5. Istruzione in piazza d'armi. Comandai il plotone in ordine chiuso, in ordine sparso, e nella scuola di compagnia. Fui lodato per voce chiara, forte, e per essere ormai discretamente esperto. Il capitano Bruno è assente e nel pomeriggio non ebbi istruzione.– Scrissi a Semenza, e a casa; scrissi a Ponte di Legno per avere i pacchi destinati a mio fratello. Mandai alla mamma un vaglia di £. 340, sulle 365,40 di indennità. Mi pagarono lo stipendio fino a tutto il 31 corr. dal 17: £. 165,15.– Pagai al maresciallo Allegri le spese fatte per me a Milano. Mi rimangono nel portafoglio £. 150, nel portamonete £. 8,55. Ho dato £. 10 all'attendente per servigi resimi, ho liquidato tutto.– Fisicamente continua il disturbo gastro-intestinale; nervosismo, irrequietezza, idee noiose; moralmente un po' di malessere, poi nullità e tranquillità. Spero nel riposo e nella quiete. In complesso però, salvo il

1. Cioè: evitarti di venir qui.–

disturbo intestinale, sto molto bene.- I compagni talora un po' noiosucci: pettegolezzi, sofismi del pittore genovese Marchini, sottotenente antimilitarista, bestialità monotone di Brugnoli: in fondo buona gente.-

9. Edolo, 30 agosto 1915.-
Sabato sera si bevve alquanto alla mensa e gli amici Marchini, Brugnoli, Macoratti e Trinchero mi giocarono poi un bel tiro. Si chiacchierava per la strada, si rideva, e il Marchini scommise che, pur essendo l'ultimo arrivato a Edolo, era stato più abile di noi nella caccia e aveva escogitato una casa di piacere; gli imponemmo di condurci, pena una bottiglia; la casa, manco a dirlo, era una fiaba e più incredulo di tutti ero io: egli ci condusse per un viottolo e ci indicò una porta chiusa (chissà quale brava gente vi avrà dormito!) dicendoci: «hic est.» Io allegramente lo pregavo di finirla, di andarcene, di non prolungare lo scherzo. Allora egli, d'accordo coi compagni, finse di adontarsi della mia incredulità: io non avevo il diritto di chiamarlo bugiardo in faccia ai compagni, ecc. ecc. Lo scherzo continuò così bene, e i compagni assumevano ciascuno un contegno così opportuno (Macoratti, buon milanese, costernato; gli altri due testimonî, seccati) e così rispondente al carattere di ciascuno, che io, dopo infinite proteste di cessare lo scherzo e dopo il loro contegno ostinatamente serio, mi persuasi realmente di aver offeso. D'altra parte la cosa mi pareva enorme, tanto più che quelli parlavano di duello e io lo avrei accettato solo alla pistola, non sapendo di scherma; protestai la mia buona fede, il mio carattere bonario e facile allo scherzo, il mio dolore di aver peccato forse per poca conoscenza degli usi militari; e dentro di me bestemmiavo già l'anarchico tolstoiano più retrivo e duro degli altri. Trinchero si interpose e volle cementare la pace (che Marchini fingeva di accordare difficilmente) con un brindisi all'albergo Commercio. Fu allora che mi scopersero il trucco, e tutto finì col pagamento della bottiglia.- A questa ne seguirono altre, offerte da altri. Tanto che mi levai ancora lucido, ma col peso dell'alcool per tutti i muscoli. Sullo spiazzo in riva al torrente una comitiva di muli doveva partir nella notte. Calci d'inferno, e ragli meravigliosi: non m'ero mai divertito tanto. Mi coricai tardi.-

## 2 SETTEMBRE 1915

Ieri, domenica, nulla di nuovo: per compiacere i compagni fui nel pomeriggio a Ponte di Legno. Cercai dei pacchi spediti a mio fratello, ma inutilmente. Oggi, da una sua lettera, seppi che erano indirizzati dalla mia famiglia a certo Franceschetti. Mio fratello mi scrive da Bormio che sta bene, che è alloggiato in una dipendenza del Grand Hôtel Bagni Nuovi, che vide il re, ecc.- Sono lieto di lui.

10.- Edolo, 31 agosto 1915.-
Ieri tosatura a Zero dei capelli. Mi coricai presto la sera. Stamane grande sonnolenza; esercitazioni in ordine sparso nel bosco sopra Rino. Mangiai molto e bevvi a colazione.- Ieri soffrii dei soliti dolori intestinali, con disturbi. Oggi sto meglio.-
Cattive notizie dal fronte Russo mi avvilirono assai e mi resero triste.- Anche l'insuccesso di una nostra azione sul Tonale mi rattristò; vi perirono una trentina di soldati e quattro ufficiali, due capitani e due sottotenenti: quale proporzione! Si commisero errori tecnici dall'artiglieria e tattici dal battaglione Morbegno. L'azione però non costò gravi perdite, come si vede: inoltre la sua difficoltà era grande. Credo che oggi o domani la si ritenti. Oggi sono spiritualmente in migliori condizioni.-
Ieri prima di pranzo feci una passeggiatina col prof. Vogliano; buona e colta persona. E' adibito al comando della divisione. E' professore di ginnasio e si dedica alla epigrafia greca; ha un fratello ingegnere che, se non creperò, vorrei conoscere.- Ho ricevuto una cartolina da casa, stamane: ottime notizie.-
Andando domenica a Ponte di Legno, per la seconda volta, ebbi modo di osservare i trinceramenti e i reticolati di Ponte e di Vezza d'Oglio e di sentire, a intervalli di 20-30 minuti, il cannone; credo fosse il 149. Vi sono due mortai (o cannoni?) da 305, dei mortai 210 ottimi, e ora ne portano dei 280. Ero però intontito e non gustai molto la gita.-

11.- Edolo, 2 settembre.- Ieri pessima giornata: caldo, stanchezza, litigi, ecc.- Rinuncio alla sua descrizione che riuscirebbe troppo uggiosa da scrivere.- E' venuta a stare nel nostro albergo una graziosissima cameriera del lago di Garda, dai folti capelli castani, altissima, snella; mi propongo di farle la corte non ostante che nell'albergo abitino altri cinque miei colleghi.- Oggi marcia al monte Faetto, ma non alla cima. Partiti da Edolo, salimmo per la strada militare d'oltre Fiumicello al passo di Flette, nome pomposo d'una spalla di contrafforte del Faetto, e per meravigliose praterie e castagneti scendemmo a Malonno: qui colazione e allegria. Ritorno con pioggia non forte.- Essendo ufficiale di compagnia dovetti poi curare la distribuzione del rancio e del caffé e mi fermai perciò in caserma fino alle 17. Qui vidi tre volontarî alpini, giovinetti diciottenni, che erano stati istruiti con mio fratello e che adibiti sulla forcella di Montozzo a lavori di piccone, non poterono resistere, e si fecero congedare.- Venuto all'albergo dissi quattro galanterie, male impastate per la stanchezza, alla cameriera, che gentilmente le accettò.- Ebbi cartoline da casa, e sono tranquillo.- Il corpo è un po' più regolato.-

12.- Hodie quel vecchio Gaddus e Duca di Sant'Aquila arrancò du' ore per via sulle spallacce del monte Faetto, uno scioccolone verde per castani, prati, e conifere, come dicono i botanici, e io lo dico perché di lontano guerciamente non distinsi se larici o se abeti vedessi. Ahi che le rupi dure e belle del corno Baitone si celavano nelle nubi, forse per ira della non giusta preferenza data ai rosolacci. Ma è destino che chi vuole non possa, e chi può non voglia. Ora, questo Gaddus amerebbe adunghiare questo Baitone, ma gli è come carne di porco, a volerla mangiare di venerdì: Moisè ti strapazza. Ora, questo è il venerdì, perché è il tempo delle mortificazioni, e Baitone è porco, perché piace, e il generale Cavaciocchi, buon bestione, è Moisè, perché non vuole. E il Gaddus è il pio credente nella legge, e nella sua continova sanzione. Per che detto Duca seguitò per prati e boschive forre la sua buona mandra, che lungo la costa cantò nel silenzio della valle. Cantò la canzone dell'alpino che torna, poi che chi non torna né pure avanza fiato a cantare, e che gli è chiesto come s'è cambiato in viso dell'antico colore: è stato il sole del Tonale che mi ha cambià il colore, rispose l'alpino: e la sua ragazza si contenta. La canzone tristemente si perdeva nella valle, così nebulosa, come s'io l'avessi creata a mia posta, e con il mio immaginare pensavo che per la detta valle risonasse religiosamente un alto corale, frammezzato di scherzi a séguito di voci in saltetti, a vicende amebee, a danze goffe d'orsi umani ubriachi che si rifanno nell'acquavita dell'umidore autunnale: l'uno grassotto e vecchiotto ballonzola nel prato, nel mezzo la cerchia del coro, e si lagna saltando che dolgongli naso e pancione e piedi, da tanta e tanto fredda è la bruma: l'altro è giovine e gli ridacchia, avanzando e indietreggiando, sul viso, fin che lo prende poi pel nasazzo e, con dondolio del faccione, glie lo spreme per far caldo: e quello piange e frigna, mentre il coro rincalza per saltetti, e l'altro dondola e spreme. Fin che tragicamente lo scherzo cessa per un romore subitaneo: è il rimbombo lontano della cannonata. E con questo l'onda corale s'accende, improvvisa e totale, come se il vento si levasse d'un tratto nel più forte e generale suo modo: passa per il dolore e il compianto, con pause di sgomento e rincalzi d'angoscia, e si fonde nell'ira, e si perde. Ecco la solitudine delle pareti rupestri, il vano sotto le torri, la nebbia che sale dal profondo come fumo d'una valle senza suolo, il silenzio in cui è lasciato il monte dallo sparire dell'uomo.- Questo fu l'immaginare del detto Gaddus, ma il monte era buono e rotondo, con spalle di prati e barbe di castagneti. Sulla più dolce e bassa delle propagini sue si ammucchiano le grigie case di petrame, e in mezzo è il castello mal ridipinto con la torre ancor selvaggia, non guasta da cache di pittori a mèstoli.- Nel detto castello è il trattore con vino; formaggi; e costole di manzo, ch'era stanco d'imbizzirsi al novilunio: e le sue corna muleshe finirono male, di quest'asino, come quelle di molti manzi ribaldi.-

13.- Stamane scuola di plotone in ordine chiuso, in ordine sparso, in piazza d'armi: poi scuola di compagnia. Io comandai un plotone, discretamente, in quest'ultima, ma per pochissimo tempo.- Volevo fare il bagno e mi rivolsi al proprietario dell'Hôtel Edolo, ma il gabinetto da bagno era già occupato. Nel mio albergo non c'è bagno, al «Commercio» ne hanno uno in cantina. Insomma per fare un bagnazzo bisogna soffiar prima parecchi giorni di corse.-
Ieri sera, dopo la marcia, non andai alla mensa ma vi spedii il mio ‹ ›

14.- Edolo, 6 settembre 1915.- Interruppi il mio diario per-

ché ero stufo. Ora lo riprendo: nulla di nuovo in questi giorni, salvo ieri una passeggiata in Val Gallinera. Riuscii a fare il bagno all'Edolo.-
Sabato mattina, giorno 4, comandai molto bene; il capitano mi lodò e mi esonerò dalla istruzione per i novizî; vale a dire che ora sono regolarmente incorporato nella compagnia; e mi assegnarono alla 1.ª, quella dei richiamati anziani, di cui è comandante l'avv. tenente Bertrand-Beltramelli.- Oggi sono ufficiale di servizio al battaglione, cioè devo fare «la spesa dei viveri», sorvegliare, ecc.

Edolo, 7 settembre.
Ieri sera partita a scacchi al Derna con Cavalli, il tenente piccolino, camminatore formidabile e con Crolla-Lanza, amministratore del Secolo, che fu già al fronte e che è qui sottotenente. Notte agitata da sogni tristi: è forse il primo sogno di guerra che ho fatto. Ieri ricevetti una cara lettera di mio fratello Enrico, che è sopra Bormio, in cui mi dice che ha molto da lavorare, che sta bene, ma che è a corto di soldi non potendo riscuotere un vaglia. Egli frequenta quivi un corso di allievi ufficiali. Anche Semenza mi scrisse, dicendomi che forse verrà a trovarmi appena nominato sottotenente. Da casa ho buone notizie. Con tutto ciò una grande tristezza mi domina, e nulla vale a scuoterla: l'isolamento spirituale, (poiché nessuno dei miei colleghi è persona con cui possa interamente affiatarmi), la non perfetta calma de' miei nervi, la non perfetta vicenda de' miei giorni, alternati di riposo annoiato e di fatica, di notizie discrete e di cattive, sono la causa principale del mio stato: poi la lontananza dalla famiglia comincia a farsi sentire. Oltre tutto, i miei compagni genovesi hanno preso a bersagliarmi con scherzi spesso indiscreti: l'altra sera mi piovvero in camera mentre già dormivo e mi misero tutto a soqquadro: nulla di male. Ma alla mensa continuano, continuano, con una insistenza asfissiante: io, che pure sono così facile all'allegria, allo scherzo, alle burle d'ogni genere, ne sono arcistufo. Alla prima che mi dicono ancora mi alzo da tavola e me ne vado: perché sono troppo annoiato. Quale è la ragione psicologica di questa mia attuale intolleranza? Io la ricerco principalmente nella diversità di carattere: infatti se il carattere

## 7 SETTEMBRE 1915

de' miei allegri persecutori fosse simile al mio, e se il loro scherzo si fermasse là dove deve ragionevolmente fermarsi non come qualità, ma almeno rispetto al tempo, io accetterei in buona pace tutto. Ma l'uno di costoro, certo Adolfo Trinchero, viaggiatore di commercio e sportmann, che pronuncia Wagner all'italiana, come Agnese, è un carattere duro, che ha dei momenti soltanto di scarsa affabilità o meglio di buon umore: duro coi soldati, coi colleghi: desideroso di cogler la gente in fallo: tirchio nel suo meschino giudizio, tanto da giudicar strisciante la mia condotta perché saluto con deferenza i superiori, dei quali, fuori servizio, mi infischio altamente. Insomma vi è in lui del cattivo, pur corretto dall'educazione: per contro mi pare un uomo onesto, e pieno d'amor proprio. Mi disse che scriveva alla sua ditta di cessargli lo stipendio, avendone a sufficienza di quello militare: è una buona azione, forse fatta però per un interesse lontano.-
L'altro è l'anarchico Tolstoiano, spirito libero e fine, come vuol farsi credere: in realtà superficiale nel giudizio e pieno di idee secche: exempla: solo la musica tedesca e russa è bella; il Manzoni è un rifrittore di roba vecchia e io sono un bamboccio ripetitore di lezioni scolastiche perché mi son permesso citarlo fra i grandi milanesi; del resto queste affermazioni mi sono state fatte incidentalmente, perché io non discuto mai, massime di ciò che m'è più sacro. Io credo che i miei compagni si son fatti della mia levatura intellettuale la seguente idea: minchione, perché non parlo e qualche volta faccio delle domande ingenue, (per vedere come rimangono gli altri) e perché accetto troppo gli scherzi, per pigrizia e anche per non provocare bizze e malumori, il che reputo un dovere; buon geometra che non vede al di là dell'ettaro; teorema di Pitagora, macchina a vapore (biblioteca per tutti) un po' di campanelli elettrici, polo positivo e polo negativo. Si sentono dire poi certe castronerie, e si voltano a me per intontirmi; e io dico: ah? quando mi parlano, in generale sempre perché i particolari sono spinosi, di poeti, di questi o di questi altri.- Il tolstoiano Marchini è pittore, di paesaggio, a sua detta, esteta, ecc. ecc.; ma non sa schizzare una figura col lapis. A dirgli: «ho fatto una bella camminata», proposizione innocente, non è vero?, ti salta addosso come un mastino, a dirti che ne ha

fatta una doppia, in minor tempo, che è skiatore, ecc. ecc. ecc. Io dico: «sì, sì, sì, già, già» e torno al mio piatto melanconicamente.- Quanto è lontano, questo spirito libero che ha voluto la guerra per schiacciare in aeternum il militarismo tedesco, quanto è lontano dalla sapienza e dal metodo dell'analisi, di cui il Manzoni è insigne maestro e profondo esemplificatore, che soli ci porgeranno il modo di correggere, di districare, di lenire con spirito equanime e con acutezza di vedute pratiche ed etiche i mali presenti degli uomini! Non con le scaldane, con l'enfasi, con la libertà o con la tirannia, con le ciarle, con gli egoismi, col litigare per una pera, col maltrattare il servitore di mensa perché i tuoi colleghi ti hanno poco avanzato di arrosto, si guariscono i mali del mondo: ma con la disciplina costante dell'umanità e della bontà praticate. E poi non occorre tanta letteratura!

Edolo, 8 settembre.- Ieri ero nervoso, irritato, seccato del prolungarsi dello scherzo, che i miei colleghi Trinchero, Marchini, Brugnoli prolungavano oltre misura. Finito il pranzo, mi alzai dalla tavola, presi il cappello e me ne andai: i miei compagni ripigliarono: «Gadda, Gadda dove vai, non muoverti, ecc. ecc.»; allora il maggiore, che già aveva notato la parte inflittami, diede una paternale ai noiosi; ma io ero già fuori dalla porta. La paternale fu poi ripigliata in malo modo dal tenente, e stamane muso generale.- In questi giorni la nostra combriccola fu rattristata dal suicidio di un nostro collega, il conte Gaetani d'Aragona, partito di qui improvvisamente e recatosi a Sorrento: ivi si uccise con la figlia del ministro d'Olanda a Roma.- Era una figura simpatica, affabile, buono.- Oggi una nuova tragedia: il collega sottotenente Adamini, di Edolo, figura allegra di bergamasco, buon diavolo, birbaccione e spiritosissimo, arrestato sotto l'accusa di contrabbando: andai a trovarlo nella camera dove è custodito: e non potei trattenere il pianto. Tutti speriamo che si tratti di qualche malinteso, di qualche cattiveria: egli è uomo furbo, ma credo onesto. Io avevo fatto su di lui il seguente giudizio: allegro, mangione, bevitore (e fin qui nulla di acuto nel mio giudicare) franco nelle piccole cose, meno franco e un po' intrigante nelle altre, come: relazioni tra compagni, superiori, ecc.-

Egoista nel senso buono cioè: il boccone migliore per me, la fatica minore per me. Tuttavia abile come ufficiale (era il migliore di tutti) e, nel fondo, retto e buono.- Credo di poter confermare buona parte di questo giudizio, salvo s'intende il risultato che avrà l'inchiesta: avevo notato, come dissi, in lui, la furberia e forse anche l'intrigo, ma sempre per quistioncelle di persona: negli affari deve esser furbo, sapiente, avveduto e forse un tantino largo di manica: ma io lo credo capace solo di qualche contrabbando in tempo di pace, di qualche porcheriola del genere: non di un vero e proprio reato di aiuto dato in merce ai tedeschi, per tramite svizzero. Certo egli ha la moglie a Zurigo.- Oggi comandai i plotoni della I.ª compagnia, alternamente, ed ebbi nuove lodi dal capitano.- Ho ricevuto una cartolina da Emilio Ronchetti che mi fe' piacere, e una da mio fratello. Domani manderò il mio attendente a Ponte di legno per rintracciare i miei pacchi.- Ora faccio un sonnellino.-

15.- Edolo, 9 settembre 1915:
Ieri fui due volte a trovare Adamini; lo trovai la seconda più calmo. Egli mi parlò di un odio che il maresciallo dei carabinieri avrebbe contro di lui, per alcune frasi sfuggitegli non favorevoli al nostro comando e per alcune punture ai superiori e al capitano stesso. La cosa sarebbe tutt'altro che impossibile, dato il carattere degli Italiani. Da altri seppi poi, non so con quanta verità, che il capitano in questione, certo Giani, che ha il comando di pubblica sicurezza della zona, è «un farabutto». Questo capitano è un bello e giovane uomo, dai modi cortesi ed affabili, snello, marziale: ma nulla esclude che sotto queste qualità esteriori si nasconda un animo poco nobile. Certo se egli avesse incolpato Adamini e provocatone l'arresto per ragioni poco serie, avrebbe commesso un'azione inqualificabile: le sofferenze atroci durate dall'accusato, la pubblica infamia, la possibilità di farlo fucilare in poche ore, sono roba di tal gravità, da chiamar delinquente chi avesse provocato ciò con la calunnia. Io conosco il cap. Giani solo da poco, per tramite del prof. Vogliano, sottotenente del 5.º alpini, ma adibito al comando di divisione, e precisamente alla pubblica sicurezza come aiuto del capitano. «Adamini» (un dieci giorni fa mi disse questo Vogliano) «è un uomo sorvegliato: non dargli

confidenza.» Io tenni il consiglio, pur non formulando nessun giudizio. Ora vidi le conseguenze e mi rallegrai di non aver peccato né in un senso né in un altro: è tanto difficile distinguere i galantuomini dai birboni, le accuse giuste dalle ingiuste!
Adamini mi parlò poi di una sua lettera, consegnata alla moglie per il suo avvocato di Zurigo, con termini irriverenti e quasi sovversivi per il Governo; termini con cui giustificava però una insolvibilità di denaro. Certo Adamini è una lingua lunga: è furbo; ma gli piace parlare.-
Neppur io sono entusiasta del nostro comando di divisione: il Generale Cavaciocchi, persona seria, di aspetto fresco e quasi giovanile e paffuto, corretto, muto come un pesce (anche per attestazione di chi lo circonda) deve essere un uomo retto e severo: già parecchie volte lo vidi da vicino. Ma non deve essere un genio, e nemmeno una persona troppo pratica di guerra. L'assalto a Monticelli tentato il 25 luglio fallì non ostante l'ottima condotta della truppa. Pare poi che i cannoni nostri abbiano sparato sugli alpini, ecc. ecc.-
Un episodio raccolto è il seguente: il colonnello x dispose male le piccole guardie, mantenendosi con tutta la truppa sul fondo valle. Un attacco improvviso gli procurò gravi perdite; egli affrontò la morte con stoicismo, immolandosi. A me mi vien voglia di regalargli del porco, se ciò fosse vero: la patria, o bestia porca, non vuole la tua vita per il gusto di annoverare un valoroso di più: vuole la tua costante vigilanza, il tuo pensiero, la tua riflessione, l'analisi, il calcolo. E tu, pigro, ti mantieni in fondo alla valle, cosa che qualunque asino vede come pericolosa, e poi fai l'eroe: potevi vincere e romper le corna al nemico, e hai perduto credendo di fare il Leonida. Noi non abbisogniamo di Termopili, vogliamo Magenta e Solferino.-
Se insisto su queste cose perché realmente le cause delle disfatte, del malessere, della impotenza, non sono cause profonde e indecifrabili come taluno si dà a credere; queste cause risiedono nella disattenzione, nella avventatezza, nella fiducia che tutto riesca per fortuna ciò che deve riuscire per calcolo, nella pigrizia intellettuale dei Zimarroni ricchi d'argenterie che giocano alla guerra come giocherebbero a tressette. E questo mio sospetto, molte volte accertato nelle cose non militari,

non è recente e momentaneo, ma antico e presente nel mio spirito: non crediamo che siano arcani i mali, no: i mali vengono per lo più da asineria.-
Oggi comandai il plotone in ordine chiuso, nella scuola di plotone: poi nella scuola di compagnia, ai comandi del sottotenente anziano Cresta; questo Cresta fu già sottotenente nei bersaglieri, poi entrò nelle guardie di finanza; è un uomo piccolo, grassotto, tarchiato, pieno di energia, molto sgarbato con la truppa, ma dalla voce secca ed elegante. Dev'essere, nella vita borghese, un trafficante: mi disse che, rappresentando una casa francese di apparecchî di essiccazione, impiantò uno studio per conto suo, una concorrenza con la casa, segretamente s'intende. Tuttavia è un buon diavolo, abbastanza patriota, almeno esteriormente. Gli uomini che noi comandiamo sono del 77 e dell'86. Pigri, piuttosto svogliati, per muoverli occorre molta fatica. Tuttavia le cose si aggiusteranno. Io non dispero mai, e non mi dò mai al pessimismo. Cerco di trattarli bene, ma la mia timidità fa degenerare questa mia bonomia in una indulgenza forse eccessiva: cercherò di emendarmi.
Oggi avevano la galletta ammuffita: potevo infischiarmene, trattandosi di poche razioni; invece, ubbidendo al mio concetto di aiutare il mio prossimo sempre ed in tutto ciò che è possibile, mi arrabattai fintanto che non ottenni dalla Sussistenza una nuova cassa di gallette.- Questo mio concetto di aiuto, di cordialità, che cerco di sempre più sancire con la mia condotta, ha, oltre che un valore morale, un grande valore sociale. Certo non si deve scambiarlo con debolezza, stolta acquiescenza, perché nelle masse non mancano i birboni, i ladri, i lazzaroni.- Spiritualmente nulla di nuovo; fisicamente sonnolenza, derivante dalle non buone condizioni nervose: bevo troppo vino e caffè. Alla mensa un fiaschetto da 3/4 di litro e una tazza di caffè per pasto. Ho poca forza di volontà per trattenermi.-
Desidererei dedicare qualche ora all'attività intellettuale, ma non ho libri, non ho nulla; vorrei studiare il tedesco. Anche mi venne l'idea di principiare la trama e lo sviluppo ideologico di un romanzo che rumino da tempo, ma la mancanza di ore libere, e sopratutto la scarsa eccitabilità emotiva del mio spirito in questi giorni, mi consiglia a rimandare.-

16.- Edolo, 10 settembre 1915.-
Il mio attendente, che mandai a Ponte di legno, mi riferì che il Franceschetti Giovanni, negoziante di granaglie, spedì a mio fratello i tre pacchi di indumenti ricevuti dalla mia famiglia. Inoltre ebbe il modo di ritrovare qui a Edolo, quel pacco di preziosi cimelî, che mio fratello mi spedì. Conteneva una scatola di dolci in latta, piena di lettere e cartoline, che domani sfoglierò, e due granate austriache, lacerate dall'esplosione, del calibro di circa 10 cm.- Queste recano nella fascia basale di rame la intaccatura lasciata dalla rigatura del cannone e hanno dipinta in rosso una stelletta a sei punte, la stelletta austriaca. La gioia mia fu immensa; scrissi subito a Bormio, a Enrico, e a casa.- Forse la settimana ventura verrà a trovarmi Luigi Semenza e mi porterà revolver, ecc. Del resto nulla di nuovo.- Adamini è sempre agli arresti, e stamane fu assai agitato: io non lo vidi, però. Parlai col prof. Vogliano, sottotenente nel 5.° e adibito alla divisione, il quale mi disse essere il capitano Giani un'ottima persona e Adamini un matricolato contrabbandiere.- Vogliano mi pare una persona seria e indubbiamente onestissima. E' biondo, miope, grassotto, cammina a piccoli passi, e deve essere assai buono e retto. Il capitano è sempre assai cortese con me e certo la sua faccia è così leale e cortese, che, per fingere, occorrerebbe supporre in lui un animo diabolico: nulla di impossibile, ma certo però cosa assai poco probabile. (L'italiano zòppica questa sera).- Vogliano mi assicurò in modo perentorio che il capitano non ha nessuna parte nell'accusa, che si limitò a eseguire ordini superiori, ecc. ecc.; che Adamini se la vedrà brutta. Vogliano è serio: lavora però col capitano.- Insomma io non so che cosa pensare: come già notai, Adamini ha dell'intrigante la sapienza, quindi dell'intrigo e del contrabbando la possibilità.- Del resto, pensa chi deve a far luce e, possibilmente, giustizia: la questione mi riguarda solo in quanto riflette il contegno che io devo serbare verso Adamini: ché, s'ei fosse innocente o quasi (vale a dire se si trattasse solo di qualche vecchio affaruccio poco degno) io vorrei compatirlo e confortarlo nella sua presente angoscia: (bisogna sapere che io, pur essendo scrupolosamente onesto e leale in fatto di denaro, sono molto indulgente verso gli altri, per marachelle del genere, a differenza di

altri reati); se invece Adamini fosse un contrabbandiere, avrei vergogna di rivolgergli la parola.-
Oggi, a colazione, litigai con Trinchero; il litigio ebbe origine, come sempre, da una futilità: i tre genovesi si lamentavano della scarsità della colazione, che a me pareva sufficiente: e precisamente trovavano pochi tre uccelletti a testa, oltre polenta, salame, ecc. Bisogna notare che tre uccelletti sono molti, quando i convitati sono venticinque (tre per venticinque fa settantacinque) e si è in tempo di guerra e di carestia. Inoltre noi lombardi consideriamo gli uccelli come un piatto prelibato e goloso, quindi anche tollerabile se scarso. Io, con una punta di dolore, pensando che l'anarchico Tolstoiano si lamentava di ciò, mentre altri soffre o agonizza sul fronte, dissi scherzando: «che brontoloni questi genovesi!» Non avessi mai parlato! I tre che in questi giorni passati me ne dissero di tutti i colori, anche di quelle ben dure a digerire, mi saltarono addosso: «i genovesi sono la prima razza del mondo», ecc., tanto che io arrossii che si potessero prender sul serio le mie parole, e farne del campanilismo. Oh! eroico colonnello Negrotto, tu eri pur genovese, e sai quanto amore io abbia per te e per la tua memoria di uomo che fa ciò che dice: «la morte sul campo è bella, mille volte preferibile alla morte nel letto»; e una granata austriaca ti uccise. Tu eri pur genovese: e di Genova venne l'insegnamento supremo della nostra razza, oggi abolito o dimenticato: «pensiero ed azione!», cioè tale l'azione quale il pensiero: questo profondo e vigile, e quella poi costante, continua.- Ebbene quell'animo duro di Trinchero, che io non so di dove sia, e non m'importa di saperlo, (di animi duri e invidiosi ve ne sono moltissimi, oggi, anche a Milano), quell'animo che io ho in uggia non per altro, ma sol perché è duro, secco, insofferente, senza che io mi fossi rivolto a lui, mi diè del deficiente, del rimbambito, del povero essere a cui non si deve neppur parlare. Avrei dovuto tacere, avrei assolutamente dovuto tacere, per rispetto a me stesso: ma sono un uomo anch'io, sono anch'io per natura rabbioso: e questa volta scattai; gli diedi a tutto pasto dell'asino e dell'asino, tanto da riempirgliene il gozzo, e dissi che io, compiendo intero il mio dovere ed essendo anche stato lodato dai superiori, esigevo assoluto rispetto: esigevo e meritavo.- I superiori si intromisero e sta-

sera mi assegnarono a tavola un altro posto.- Adesso voglio inaugurare la politica dell'arabo e del siciliano; bando alla bonomia milanese, al mio ideale di bontà con tutti; il primo che mi ferisce si sente insultare a sangue, e se occorre la si vedrà a pugni, e peggio. Così son sicuro che nessuno più mi toccherà. Poiché in Italia non si impone il rispetto con le doti dell'animo, col riflesso d'una semplicità leale e cordiale, se pur ingenua; il rispetto si impone con la paura, con i modi viperei, magari con la minaccia.- Adesso vado a letto.-

17.- Edolo, 12 sett.<sup>bre</sup>.- 1915.-
Ieri la mamma mi mandò un pacco di roba; aspetto con impazienza una sua lettera e la venuta di Luigi Semenza.- Nulla di nuovo.- Adamini fu oggi trasferito a Brescia e il capitano Bruno lo accompagnava. La cameriera dell'Albergo Derna, a cui volevo far la corte, mi pare insipida e in complesso m'attira mediocremente.- Mi piace di più la vivandiera del reggimento, per quanto meno bella, e una cameriera dell'Hôtel Edolo, a cui diedi un appuntamento per domenica scorsa, che mancai per andare in montagna. Lo rinnovai per oggi: speriamo che ella ci sia.-

Edolo, 15 settembre 1915.- Passai tre brutti giorni, di noia, di malessere fisico e morale.- Domenica la ragazza mancò all'appuntamento e allora, non essendo più in tempo a prendere la via della montagna, bighellonai per il paese, pieno di cattivo sole. Il fatto è che cominciai a prendermi un mezzo raffreddore.- Il giorno dopo, cioè l'altro ieri, ero stanco e stufo: gli uomini del mio plotone sono richiamati del 77 e dell'86; la maggior parte hanno poca voglia di lavorare, sono dinoccolati, brontoloni, sebbene abbastanza bravi soldati, quanto allo spirito. Questi poveri diavolacci sono accasermati in tre o quattro case del sign.<sup>r</sup> Brambilla, o almeno così chiamate, sulla riva destra dell'Oglio, sopra la strada di Vezza. Qui, per necessità di cose, tutto è pasticcio, disordine, confusione e l'ufficiale deve stancarsi per concludere poco.- Il sole che presi sulla nuca all'istruzione pomeridiana, appena mangiato, finì di intontirmi; stavo proprio male e mi colse un po' di febbre. ieri risentii del malessere del giorno prima; inoltre il medico volle

**15 SETTEMBRE 1915**

farmi l'iniezione antitifica; questa non ottenne in me reazione febbrile: solo un po' di cefalea e una lieve dolìa alla mammella e alle sottostanti costole. In ogni modo, però, mandai stamane un biglietto di giustificazione al Comandante della compagnia tenente Bertrand-Beltramelli, avvocato, e mi presi un giorno di riposo di cui avevo assoluto bisogno.- Passai la mattina, a letto, dormendo saporitamente e sognando della mia famiglia e sopratutto di mio fratello. La sua immagine tornò e ritornò nel sogno con continuità, non ostante le diverse situazioni oniriche, e mi pareva d'esser felice nel vederlo: ma sempre un senso di naturale tristezza mi occupava l'animo. Dal 9 di giugno non lo vedo, io che passai con lui tutta la vita!- A Parma, mentr'egli si trovava sulla Forcella di Montozzo, avevo avuto dei giorni di tortura orrenda e di pianto infinito per causa sua: mi rasserenai quando lo seppi allievo ufficiale a Bormio, ma ora che il suo corso sta per finire la tristezza ricomincia a quando a quando.-
Una notizia che contribuì a rattristarmi in questi giorni è la morte del mio amico Mario Longoz, avvenuta per malattia a Milano, mentr'egli avrebbe dovuto essere già al fronte. Scriverò alla famiglia, chiedendo quale sciagura lo tolse di vita: aveva 21 anni.- Ancora seppi della morte di certo Rosti, annunziata dal Corriere della Sera; era questi un bello e simpatico ragazzo di circa 19 anni, amico, dei primi, di mio fratello; si arruolò volontario d'artiglieria e un infortunio lo colse nel maneggiare una granata. Morì tra atroci sofferenze, ma con coraggio e serenità.- La notizia mi costernò anche più della precedente.-
E' morto sul campo il mio ex compagno di scuola Strada, giovanotto allegro e robusto, che fu lungo tempo in Germania; era nel 12.° regg.to bersaglieri.- Il Semenza non mi scrisse e non so se aspettarlo ancora o no; speriamo.- Da una lettera della mamma seppi che la piccozza arrivatami è un dono del signor Rocca: gli scriverò ringraziandolo.- Essa è per altro molto leggera e vorrei cambiarla con una più robusta.- Domenica sera vi fu una funzione religiosa, nella Chiesa di Edolo, per i caduti e per impetrare vittoria: assistei coi colleghi alla commovente cerimonia e, alla questua, diedi dieci lire; forse era meglio largirle in altra occasione e fare del bene più sicuro,

perché non so se quelle siano andate veramente ai soldati. In ogni modo valga la buona intenzione. Gli altri diedero pochi centesimi.-
La nostra mensa si tiene alla villa Niccolina, fuori del paese, sulla strada dell'Aprica; la colazione è alle 11, il pranzo alle $6^1/_2$ precise.- Ciascun pasto si compone di un piatto di riso o pasta, di un piatto di carne e verdura, di formaggio, frutta, caffè e 1 fiaschetto di vino.- Naturalmente non tocco il formaggio.- Si discorre, si brontola, si litiga spesso, magari per Wagner e D'annunzio, come dissi. Io mi annoio parecchio. Il direttore dei conti è il tenente Bertrand.-
In questi giorni ebbi nuove ire contro i generaloni, persone certo poco capaci. Raramente visitano il fronte, il fronte vero; e sopratutto non conoscono affatto la montagna. I tenenti e i sottotenenti sono quelli che realmente effettuano le azioni, così mi disse un s. tenente ferito; rare volte si muovono i capitani; parlo della zona del Tonale.

18.- Edolo, ancora 15 sett.$^{bre}$.-
Il Semenza mi scrive che arriverà quest'oggi: sono in impaccio per avere domani giornata libera. Spero di ottenerla. Il mio caro Enricotto mi scrive pure, dicendomi che da molto tempo non ha mie notizie e chiedendomi denaro. Mi affretterò a mandargli le une e l'altro. Adesso cercherò una camera per Semenza.- Andrò a incontrarlo alla stazione, stasera alle nove.-
– Dern⟨a⟩.-
15.

## Capitolo 2.°

Gaddus
Duca di Sant'Aquila.

19.- Semenza mi telegrafò ieri che sarebbe arrivato oggi: avevo già pregato i colleghi, per ottenere una giornata libera. Oggi, con mia grande delusione, mi telegrafa che non può venire, che deve partire per Messina (evidentemente è stato destinato a compiere quivi il servizio di nuova nomina), che mi manda la pistola.- Ieri scrissi a mia madre e al signor Rocca, ringraziandolo del dono. Oggi ho scritto a mio fratello, mandandogli un vaglia di £. 30: (egli me ne chiese solo 20).- Prestai regolare servizio: nel pomeriggio giocai a scacchi con Cavalli, che è in vantaggio di una partita. Questo Cavalli è un uomo simpatico; piccolo e magro ma robusto e intelligente e ardito, socialista combattivo, alpinista e camminatore egregio.- Domenica 5 sett.bre facemmo una gita insieme, in montagna e io mi stancai prima di lui: certo però era la prima marcia di montagna di quest'anno e non ero «allenato.»- Oggi stavo bene e anche la sonnolenza era sparita. Ora sono stancuccio.-

20.- Edolo, 17 settembre 1915.-
Poco di nuovo.- Stamani in piazza d'armi a lavorare: presi delle strapazzate dal tenente Bertrand-Beltramelli, comandante della compagnia, nella scuola di compagnia. Questo Bertrand è un pasticcione e riversa sugli altri, in malo modo, il suo malumore.- Ora se ne va.- La truppa non lo può vedere, io non gli voglio male, per quanto sia bisbetico.- Mi scrisse mio cugino Enrico Ronchetti che la sua domanda di passare negli alpini è stata respinta, e non verrà quindi con me. Me ne rincresce assai. Mi sento solo, come sperduto. Gli amici, la famiglia, il fratello lontani. Ma voglio qualche domenica andarlo a salutare. Approfitterò dei camions che vanno a Bormio.- Adesso farò un sonnellino, poi devo condurre la truppa dalla caserma Brambilla all'altra, per il tabacco.

21.- Edolo, 19 Sett.^bre 1915: Ieri marcia in Val Gallinera, quasi fino al passo di Gallinera.- Fu una mezza odissea. Partimmo da Edolo poco dopo le 4 del mattino (gli uomini si erano levati alle 3) e lungo i costoni di M.^te Foppa (propaggine dell'Aviolo) raggiungemmo dopo qualche lungo disguido la Val Gallinera. Vi proseguimmo lungo le pendici dell'Aviolo fino ad una profondità superiore alle Malghe Gallinera (che sono sull'altro versante) e quivi si fece il rancio. Valle grandiosa e bella, ma diavolescamente piena di sole. Il fondo–valle è coperto dagli erratici torrentizî di bellissimo granito (credo tonalite) rovinati dalla cima dell'Aviolo, e dai massi di schisto dell'Aviolo stesso. Dopo il rancio, manovra di sicurezza in marcia, sotto il sole, al riverbero dei graniti, da mezzodì alle due: ora pessima. Io giunsi con le avanguardie fin sotto il passo, ma fu allora comandato il «dietro front.»- La truppa era un po' indisciplinata, brontolona, ma marciò molto bene. Con quaranta e più kili in dosso questi uomini si stancarono come me, che non portavo nulla. Vero è che io andavo su e giù, a recare ordini nella manovra, ecc.- Il ritorno fu un po' grave, per lo spirito della truppa mal disposto verso il comandante, il tenente Bertrand, bestia bisbetica e pasticciona. Ha per altro il merito di fare delle vere marce di montagna e non della caricatura. Io tornai molto stanco, e risentii la stanchezza anche stamane.-

Edolo, 20 settembre 1915.- Ieri passai una giornata noiosa con mal di testa e stanchezza. Oggi sto meglio. Oggi è ancora giorno di riposo, per la festa nazionale. Nessuna speciale animazione nelle vie del borgo: deserte e uggiose.-
I nostri uomini sono calzati in modo da far pietà: scarpe di cuoio scadente e troppo fresco per d'uso, cucite con filo leggero da abiti anzi che con spago, a macchina anzi che a mano. Dopo due o tre giorni di uso si aprono, si spaccano, si scuciono, i fogli delle suole si distaccano nell'umidità l'uno dall'altro. Un mese di servizio le mette fuori d'uso.- Questo fatto ridonda a totale danno, oltre che dell'economia dell'erario, del morale delle truppe costrette alla vergogna di questa lacerazione, e, in guerra, alle orribili sofferenze del gelo!- Quanta abnegazione è in questi uomini così sacrificati a 38 anni, e co-

sì trattati! Come scuso, io, i loro brontolamenti, la loro poca disciplina! Essi portano il vero peso della guerra, peso morale, finanziario, corporale, e sono i peggio trattati. Quanto delinquono coloro che per frode o per incuria li calzano a questo modo; se ieri avessi avuto innanzi un fabbricatore di calzature, l'avrei provocato a una rissa, per finirlo a coltellate. Noi Italiani siamo troppo acquiescenti al male; davanti alle cause della nostra rovina morale diciamo: «Eh ben!», e lasciamo andare. Non è esagerazione il riconoscere come necessaria una estrema sanzione per i frodatori dell'erario in questi giorni, poiché il loro delitto, oltre che frode, è rovina morale dell'esercito.- Io mi auguro che possano morir tisici, o di fame, o che vedano i loro figli scannati a colpe di scure.- Non posso far nulla: sono ufficiale, sono per giuramento legato a un patto infrangibile di disciplina; e poi la censura mi sequestrerebbe ogni protesta. Se veniva il Semenza a trovarmi, gli consegnavo un pacco di articoli da mandare anonimi (non è una viltà l'anonimità in questo caso) a qualche giornale democratico: poiché questo stato di cose non dovrebbe esser oltre tollerato.-

Chissà quelle mucche gravide, quegli acquosi pancioni di ministri e di senatori e di direttori e di generaloni: chissà come crederanno di aver provveduto alle sorti del paese con i loro discorsi, visite al fronte, interviste, ecc.- Ma guardino, ma vedano, ma pensino come è calzato il 5.° Alpini! Ma Salandra, ma quello scemo balbuziente d'un re, ma quei duchi e quei deputati che vanno «a veder le trincee», domandino conto a noi, a me, del come sono calzati i miei uomini: e mi vedrebbe il re, mi vedrebbe Salandra uscir dai gangheri e farmi mettere agli arresti in fortezza: ma parlerei franco e avrei la coscienza tranquilla. Ora tutti declinano la responsabilità: i fornitori ai materiali, i collaudatori ai fornitori, gli ufficiali superiori agli inferiori, attribuiscono la colpa; tutti si levano dal proprio posto quando le responsabilità stringono. E' ora di finirla: è ora di impiccare chi rovina il paese.- Non mi darò pace se non avrò fatto qualche cosa: e alla prima occasione farò.-

Gli Italiani sono tranquilli quando possono persuader sé medesimi di aver fatto una cosa, che in realtà non hanno fatto; il padre che ha speso dieci mila lire per l'educazione del figlio, pensa: «Ho speso dieci mila lire; certo mio figlio farà bene; perché? perché ho speso 10.000 lire.» e magari il figlio gli muore suicida: e il padre dice allora: «Oh come?» e non pensa neppure di aver qualche colpa. Così Salandra, così il re, così tutti: fanno le visite al fronte, guardano le cose con gli occhi dei cortigiani: ma non le guardano col proprio occhio, acuto, sospettoso, rabbioso.- Il generale Cavaciocchi, che deve essere un perfetto asino, non ha mai fatto una visita al quartiere, non s'è mai curato di girare per gli alloggiamenti dei soldati; eppure Giulio Cesare faceva ciò.- Si dira: «non è suo compito.» E con ciò? Forse che un professore di calcolo integrale, sentendo un allievo che sproposita in geometria proiettiva, non si curerà di correggerlo perché quella non è la branca a lui affidata?- Asini, asini, buoi grassi, pezzi da grand hôtel, avana, bagni; ma non guerrieri, non pensatori, non ideatori, non costruttori; incapaci d'osservazione e d'analisi, ignoranti di cose psicologiche, inabili alla sintesi; scrivono nei loro manuali che il morale delle truppe è la prima cosa, e poi dimenticano le proprie conclusioni.

22.- Edolo, 22 Sett.bre 1915: Il giorno 20 feci una passeggiata a Rino e trovai una contadina, il cui marito è in Australia, su cui potrò contare per il futuro.- La sera successe una tragedia alla mensa perché Brugnoli mi gettò una buccia di limone e io lo insultai. Sgridate, insulti, diverbî: ora tutto è finito, salvo che Brugnoli e quel buon diavolo d'un Marchini sono agli arresti.- Credo che il tenente Bertrand-Beltramelli, trasferito al distretto militare di Milano, per inabilità nell'arma degli alpini (poveraccio, è vecchiotto e ippopotamo) partirà oggi; poco male.- Vogliono trasferire la mensa dalla villa Nicolina alla villa Ameni, assai più decorosa e vicina: alcuni preferivano un salone dell'osteria del Gallo; io no, stavo col partito dell'Ameni, che difatti è in maggioranza.-
Le notizie che vengono dal fronte Russo mi fanno star male; i tedeschi hanno evidentemente dei generali meno Cavaciocchi dei nostri. Se le cose si mettessero al brutto, allora sì passerei un bell'inverno! Altro che sofferenza per gelo! Vorrei esser fottuto al polo, ma saper che si vince: e non crepar di dolore.-

23.- Edolo, 23 settembre　　　　　　　　Edolo, 23-9
In questi giorni sono singolarmente inquieto, sia per la possibilità di una licenza, che mi permetterebbe di risalutare i miei cari; sia per il desiderio ardente di far domenica una ascensione di alta montagna; sia per le sorti della guerra (oggi è annunziata la mobilitazione della Bulgaria); sia per il troppo caffè bevuto; sia per ragioni di femmine. Passo le ore facendo disegni sopra disegni, mutando programmi e propositi. L'idea di chiedere la destinazione in Libia, poi la destinazione a un battaglione che combatta nell'Ortler (Tirano o Valtellina); l'idea di andare a Bormio a trovare il mio Enrico, ecc. ecc. mi occuparono successivamente il cervello. Vorrei chiedere di andare al fronte, e certo lo chiederò, appena sapessi che la domanda verrebbe ascoltata; ma la domanda non è accettata o è trascurata.-
Nelle poche ore libere dal servizio mi piacerebbe leggere, studiare, scrivere; ma non ho libri, altro che la guida di Val Camonica, e un manuale militare in tre volumi. Se avrò la licenza per recarmi a Milano, porterò qui un sacco di roba, specie i miei poeti.-
Sono inquieto: il mio spirito è entrato in una fase di tumulto e di incertezza, conseguenza dell'inazione. Oggi il tenente Bertrand s'è congedato; spero che vada, una buona volta. Ho riveduto il sottot.te Fracassi, di Verona, che era partito appena io arrivai a Edolo, e che è al rifugio Garibaldi. Mi parlò del freddo orribile dell'alta montagna.- Oggi sono di servizio.-
Cóme frutto de' miei pensieri incerti e inquieti segnalo il mutamento di alloggio, deciso oggi, non so neppure perché; anzi esso mi danneggia, perché non potrò insistere nella corte alla cameriera del «Derna», mentre già cominciavo a raccogliere qualche frutto.- Ormai mi sono impegnato.- Mandai il mio attendente in licenza, contro le prescrizioni superiori; ma l'abuso, in pratica, è alquanto tollerato; d'altra parte questo pover'uomo, che fu già al fronte, non rivede la famiglia da quattro mesi.- La pietà e l'amistà vinsero il sentimento del dovere, anche in considerazione dei buoni effetti che avranno, mentre la scrupolosa osservanza del dovere genererebbe col disagio, col malcontento, uno stato di cose peggiore.-

24.- Edolo, 25 settembre.- Ieri giornata uggiosa, con irrequietezza e malessere; grandi partite a scacchi con Cavalli. Seppi che il tenente Bertrand asportò (è la vera parola) un cofano di tabacco e una damigiana di vino, che imbrogliò i conti della mensa.- Elegemmo i nuovi direttori di mensa: Paur, Alebardi e il tenente medico Cusatelli: la sede sarà trasportata al «Gallo» ove ci accordammo per 100 lire mensili; sono parecchî locali, di cui uno assai vasto.- Oggi mi sentivo maluccio; ero assonnato stamane e il ritardo col quale arrivai in quartiere mi valse dei rimproveri antipatici dal sottotenente anziano, il quale, come collega, fu singolarmente scortese; io, essendo in torto, dovetti tacere, ma rimasi male.- Il quartiere della nostra compagnia è un luogo orrendo; i soldati sono distribuiti in tre catapecchie, di muro greggio, prive di finestre con vetri; adibite per solito a legnaie. Oggi dalla montagna soprastante rovinò un pezzo di roccia e piombò su un tetto, con terrore giustificato degli uomini; per fortuna non accadde nulla: il tetto resisté. Si può pensare quanto sia difficile la sorveglianza, la disciplina, il servizio in genere, in locali siffatti.- Oggi piovve a dirotto e mi inzuppai nei molti viaggi dalla caserma a casa e agli uffici: (che si trovano alla sede del battaglione). Il mio attendente trasportò la mia roba nella nuova camera in casa Invernici, dove tuttora mi trovo.-
E' stata questa una giornata tragica: una di quelle giornate in cui mi domando perché vivo, e se non sarebbe meglio farmi scoppiar la testa con un colpo di revolver: subito, naturalmente, il pensiero di mia madre insorge nella mia anima, il pensiero dei miei amati fratelli, e comincia una vicenda di torture, di immaginazioni dolorose, di pensieri tetri. La mia patria mi è lontana; la vita pantanosa della caserma, e di una caserma simile, annega in me le gioie e gli entusiasmi che mi potrebbero venire dalla contemplazione della grande storia presente, mi fa scordare le speranze, mi prostra, mi attutisce il desiderio di sagrificio; le cattive notizie russe e balcaniche mi abbattono, e io chiudo in me i timori per non far opera di avvilimento. Anche la considerazione delle mie scarse forze fisiche mi umilia, facendomi pensare che forse non riescirei a resistere ai disagi.-
L'orrore e la tristezza della solitudine crebbero oggi a dismi-

sura: ora è subentrato un senso di rassegnazione amara, che l'immagine di mia madre e de' miei fratelli cambia a quando a quando in dolore. Li vedo con me, col povero papà, in una mattina di Pasqua, in Brianza: entusiasmarsi alla ricerca della màmmole, giubilare di un folto di fiori. Che mi farebbe ora un mazzo di violette? Non sarei capace neppure di arrestarvi lo sguardo. Penso al mio Enrico che combatterà, alla mamma e alla Clara a casa sole, a me, debole come il più debole degli uomini, gettato da una vita orribilmente tormentata a questi giorni di squallore spirituale. Se qualche cosa di eroico sorgesse in me! Non mi manca il desiderio di combattere, il senso del sagrificio, ma questo si ottunde nei disappunti, nelle controversie, nel veleno della vita fangosa di questi giorni. E' strano come i giorni dell'infanzia, della adolescenza, ritornano a torturarmi con visioni di felicità perduta, specie con il viso de' miei cari: e come penso con insistenza alla Brianza, più che a Milano; ora vedo la ferrovia che giunge a Erba e le strade buie presso Longone, e i campi, nella pioggia autunnale: penso sopratutto alla mamma.-

25.- Edolo, 27 settembre 1915.- Ieri fu una giornata tranquilla; andai in Bicicletta a Rino a trovare una donna. Poi montai in servizio di battaglione: oggi sono appunto ufficiale di battaglione.- Stamane girai per le camerate, per i cessi, per i cortili. Le scope scarseggiano: una Compagnia (uomini 240 circa) ha una dotazione mensile di scope di £. 2,50.-
Oggi è una giornata abbastanza serena: il bel tempo tornato, la lettura di un romanzo poliziesco del «Romanzo Mensile» hanno calmato un po' il mio spirito.- Ieri ricevetti una lettera di mio fratello, in cui finalmente mi parla delle granate austriache ringraziandomi.-

Edolo, 28 settembre 1915.- Ieri nel pomeriggio iniezione antitifica.- Partite a scacchi con Cavalli.- Alla mensa un capitano degli alpini, di passaggio, che ha 23 anni: si fa rapida carriera in tempi di guerra!-
La sera febbre; la notte febbre forte; oggi rimasi a letto fino a sera, con mal di testa, di reni, e ai muscoli delle gambe.- La reazione ha i caratteri di una febbre reumatica. Ho preso del-

l'aspirina che m'ha fatto bene e verso le 7 di sera ho mangiato: durante il giorno rimasi a digiuno.- Spiritualmente giornata triste, irrequieta, piena di amarezza e di scoraggiamento, dovuto al malessere.- Buone notizie di guerra (avanzata dei francesi nella Champagne) e politiche (Grecia): lettere dei conoscenti; ciò mi rianimò un poco. Ora riposo.-

Edolo, 6 ottobre 1915.-
Nei passati giorni ebbi una licenza e andai a Milano e a Longone a trovare i miei cari. Degli amici rividi l'Emilio Fornasini e il Freyrie.- Le cose famigliari vanno abbastanza bene.- Da Edolo sono partite due compagnie (2.ª e 3.ª) cogli ufficiali per far servizio di rifornimento al battaglione Morbegno. Scarpe pessime, scucite, rotte: abiti di tela e di panno discreti, biancheria leggera, di tela; gli uomini gelano, si ammalano e pure non si lamentano: sono eroi.- La nostra compagnia deve partire oggi: ancora non so dove andrò, dove mi fermerò, se tornerò o no. Forse all'ultimo, quando non sarò più in tempo a fare preparativi, mi avviseranno.-
Il capitano Bruno è un gentiluomo, ma ha paura del freddo e della montagna: il marciatore delle strade nazionali si troverebbe impacciato nella neve.- Il fatto si è che rimase ad Edolo, a far niente. Il maggiore Mazzoldi è un gentiluomo, ma ha il mondo nel culo, pur che lo làscino quieto. Gli uomini hanno freddo, gelano, ecc. e lui ride; quando gli si riferirono le condizioni della compagnia, si mise a ridere: è un incosciente. E quanto potrebbe fare! Se i suoi rapporti fossero violenti, crudi, ecc. ora avremmo già scarpe e lana.-
Tutto è così, tutti sono così; da innumerevoli testimonianze di feriti, di malati, di reduci dal fronte ho capito che l'egoismo personale è l'unica legge di molti. «Gli altri s'ammazzino, purché io stia quieto» è la divisa generale.- I volontarî, fra cui vi sono degli eroi che affrontarono senza allenamento le fatiche e le sofferenze dell'alta montagna, sono odiati e maltrattati: questo mi dissero *tutti* i volontarî con cui parlai: e vidi io coi miei proprî occhi, per alcuni.- I marescialli dei magazzini, i maggiori, i papi insomma ridono e sgavazzano: gli altri si ammalano e soffrono quanto non è possibile soffrire: il loro martirio è senza nome. La mia rabbia è, in alcuni momenti, volontà omicida.-

## 11 OTTOBRE 1915

Il disordine è, poi, la legge di cotesti pancioni; il gioco di scarica barili è la loro vita: andate da Tizio e vi manda da Luigi e questo dal generale e il generale dal comando di Brescia, e a Brescia dormiranno e chiaveranno puttane, che è l'unico mestiere che questi militari sappiano fare.- L'ignoranza degli alti comandi, la loro assoluta incapacità, la negazione di ogni buon senso logistico, sono fatti che si palesano anche al più idiota.- Qui a Edolo, poi, ci sono delle «guide a cavallo» nobili analfabeti, con la spinite, sottotenenti senza alcun titolo né alcuna ragione, futuri eroi dopo la pace, che prendono lo stipendio rubato a chi non ha abbastanza da mangiare.-
Se oggi avessi nelle mani, per me, il maggiore Mazzoldi, lo sputacchierei e colpirei a calci nella vescica fino a vederlo sfigurato.-

Edolo, 9 ottobre 1915.- Accompagnai, col collega Invernici, 132 uomini alla Forcella di Montozzo, in due giorni. Le truppe erano mal nutrite e poco resistenti: il primo giorno giungemmo a Pontagna (19 km. circa) il 2.° salimmo a Montozzo (2470). Fu una vera fatica il guidare questi muli bastardi. La loro indisciplinatezza e la mia troppa bontà mi valsero altri e più acerbi rimproveri dal capitano, che finirono per esasperarmi. Ora esigerò dai soldati tutto il loro dovere, senza misericordia.- Questi movimenti di truppa sono fatti dai comandi con grande trascuratezza: le tappe non sono avvisate, i viveri giungono tardi e per miracolo, gli ufficiali non vengono neppure informati del luogo dove devono condurre le truppe, ma solo istradati.- A Montozzo mi parlarono male di molti ufficiali, di quasi tutti gli effettivi, che scansano pericoli e responsabilità e non cercano se non di salvare la pelle: fino al punto di darsi malati la vigilia del combattimento.- Quando queste cose si sapranno, chissà che se ne dirà.-

CEGadda
D.S.A.

26.- Edolo, 11 ottobre 1915.-
Nulla di notevole in questi giorni, all'infuori dell'incontro casuale con Stefano Castelli: ho pochissimo da fare, perché la nostra compagnia si è notevolmente assottigliata. Nova con-

dusse 21 uomini in valle Adamè, Marchini 21 in Val di Leno, Bertolotti e Cavalli 70 a Ercavallo e Montozzo, io e Invernici 132 a Montozzo. Presto però avremo che fare con le nuove classi richiamate; l'85 è già arrivata, presto arriverà l'84.- Intanto io chiesi di andare con le due compagnie che sono accampate a Suzzine, a Est di Ponte di Legno, e che riforniscono il Castellaccio (non il batt. Morbegno, come erroneamente scrissi), ma mi fu rifiutato. Queste compagnie un giorno sì e uno no alternamente salgono dalle cascine Suzzine (o Sozzine) al Castellaccio o a Lagoscuro, oltre i 3.000 metri, facendo un trasporto di tavole e pali.-
Ieri giravo per Edolo quando incontrai Stefano Castelli; ci abbracciammo, ci baciammo e rimasi con lui tutto il giorno: il tempo magnifico e la giornata domenicale ci permisero una bella passeggiata fino a Cortenedolo, dove acquistai del miele e glie ne offersi un vaso. Gli pagai la birra, e la mattina vermouth e paste. Quanti ricordi, quante affezioni suscitammo insieme! Questo Castelli fa parte della aromatica compagnia di mio fratello, una pregevole e armonica combriccola di giovani, di cui pure era socio il povero Rosti, morto tragicamente per lo scoppio di una granata, a Milano. Mi arrivò il nuovo vestito, e un panciotto di pelo regalatomi da mia cugina Carlotta Gadda.-

CEGadda<br>DSA

Edolo, 14 ottobre 1915.-
Nulla di nuovo in questi giorni. Ci facemmo molta compagnia con Stefano Castelli. Credo che presto parta.- Andai ieri a trovare una bella ragazza, certa Giuditta Giorgi, che mi diede un appuntamento per oggi. Non so se ci andrò. Riordinai ieri i miei 98 uomini e li disposi in ordine di squadra, in caserma. Occorre loro della paglia, che chiederò a Paur. Da casa e da Enrico nulla di nuovo.

Edolo, venerdì 15 ottobre 1915.-
Ancora nulla di nuovo. Poco da fare, perché io e il collega Invernici siamo adibiti alla caserma Brambilla, che è quasi autonoma, e in cui rimangono solo 98 uomini, essendo gli altri par-

titi (da noi accompagnati) per il fronte. Ora questi 98 uomini, salvo le sentinelle, cucinieri ecc., sono per lo più adibiti a servizio di scarico e carico alla stazione ferroviaria. Onde a me non resta che accompagnarveli e poi lasciarli ai loro lavori. Non posso giocare a scacchi con Cavalli perché in un impeto di rabbia, avendo perduto da me parecchie partite di seguito, egli spezzò la scacchiera.-
Per contro passai molto tempo con Stefano Castelli, a parlare, a chiacchierare a ricordare i comuni amici. Egli venne volontario di guerra con mio fratello e i loro amici; gli si congelò un dito e fu 44 giorni all'Ospedale militare di Brescia; poi ebbe 20 giorni di licenza, che passò a Baveno. Ora è di nuovo a Edolo, di passaggio, diretto al rifugio Garibaldi. Io gli offersi la mia stanza per lavarsi, scrivere, ecc. e cercai di intrattenerlo meglio che potevo, anche perché la sua compagnia mi è graditissima. Ebbi anche modo di conoscergli un'anima e un intelletto più profondi di quelli che prima credevo, conoscendolo poco.-
Da casa nessuna notizia, nessuna da Enrico. Dalla guerra brutte notizie, dei Balcani dico. Tristezza su tutta la linea, buio assoluto quanto al futuro, desiderio di scomparire, di finire. Nessun affetto presente, solo aridità negli altri (fuori che in Stefano). Solitudine nelle ore di raccoglimento, tetra e squallida.-
La volontà non è temprata bene; onde il mio spirito non sa procacciarsi quella serenità e quella calma che sono l'edificio più nobile cui possa pervenire un uomo. Ondeggio tra un desiderio e l'altro; tra un sogno e l'altro. Certo, per chi ama come io amo la patria, è difficile essere calmi, sereni, vedendo che le cose non vanno come dovrebbero andare. Gli egoismi schifosi, i furti, le pigrizie, le viltà che si commettono nell'organizzazione militare, la svogliatezza e l'inettitudine di molti, prostrano, deludono, attristano, avvelenano anche i buoni, anche i migliori, anche i più forti: figuriamoci me! Molte volte cerco di non vedere, di non sentire, di non parlare, per non soffrir troppo.-

CEGadda<br>DSA

Edolo, 18 .-
Nulla di nuovo. Conobbi nei giorni passati il maggiore Galletti del 5.° Alpini, genovese. Nulla di più simpatico: allegro, forte, intelligente. Entra per cura all'ospedale.-


Edolo, 19 ottobre 1915.-
Oggi partì Stefano Castelli, con uno zaino enorme; non ci fu verso di avere un posto sull'automobile pubblica, né su camions militari.- Ieri sera e oggi stemmo un po' insieme: stamane lo accompagnai fino ad Isola (due km. fuori di Edolo). Quivi trovò un carro su cui deporre lo zaino: ci lasciammo con rincrescimento.- Sono orribilmente triste.- Fortunatamente ricevetti una cartolina con saluti da mio fratello Enrico: dai miei compagni nulla. Le numerose partite a scacchi giocate con Cavalli ieri sera e oggi mi stancarono e mi intontirono un po': inoltre mangiai troppo. Sono stanco ed eccitato di nervi nello stesso tempo: in compenso non ho nulla da fare, perché i miei uomini lavorano alla stazione.- Cattive notizie dai Balcani mi abbattono, debolezza fisica mi avvilisce.- Appena saprò dove mio fratello sarà destinato, farò domanda di andare al fronte: voglio anche prepararmi fisicamente a ciò, ché in questi giorni ebbi mal di nervi ed eccitazione al cuore, anche per bere troppo caffè.-

C.E.Gadda

Edolo, 20 ottobre 1915.-
I nervi sono sempre irritati, e mi lasciano poco riposare la notte, anche per le troppe partite a scacchi che finiscono con lo stancarmi. Jeri sera il tenente medico-veterinario dottor Canossi, marito di una sorella del mio collega Invernici, festeggiò la sua seconda stelletta e io fui invitato dalla signora a partecipare al brindisi. Panattone, biscotti, parecchî bicchieri di vino, caffè, sigaretta. Tanto che quando ne uscimmo, dopo mezzanotte, ero perfettamente intontito.- Stamane ero di servizio alla stazione, a sorvegliare la partenza dei pochi treni, perché degli alpini non scappassero a casa, come continuamente avviene: un soldato scompare per due giorni dalla caserma, per andare a salutare i suoi. Naturalmente al ritorno è

ficcato in prigione, ma questa punizione par dolce a chi desidera riveder la famiglia. Per impedir l'abuso il maggiore escogitò questa sorveglianza, che però non è efficace, poiché gli alpini salgono sul treno alla prossima stazione di Sonico o Malonno.-
Il tenente medico, dottor Cusatelli, era seccato perché io, per trascuratezza a dir vero, non mi presentai in tempo a fare la terza iniezione antitifica, e lasciai scadere il tempo utile. Oggi un lieve ritardo all'appuntamento per la anticolerica mi valse gli arresti, infertimi dal maggiore. Non so quale sarà la durata della punizione e se gli arresti saranno semplici o di rigore.-
Inoltre ieri il mio attendente si fece trovare dal maggiore in un prato adiacente allo scalo ferroviario, e fu destituito. Questo maggiore è un po' una bestia bisbetica. Debole e rabbioso insieme, stizzoso, pieno di idee fisse, da vecchietto, mi ricorda un po' il mio professore di matematica del liceo, Antonio de Zolt, salvo che quest'ultimo era una persona intelligente e il maggiore no.- E' inoltre tirchio come più si può esserlo.- Il Cusatelli è un buon diavolo, milanese, coscienzioso, spiritoso, ma permaloso: il suo tratto di oggi non mi ha gran che irritato, poiché qualche ragione è dalla sua: certo dati i rapporti di grande amistà e familiarità esistenti tra noi, e sopratutto data la blandizie con cui egli prese la mia assenza alla terza iniezione, è un po' duro il fatto del rapporto mandato al superiore. Poteva, più lealmente, dirmi sul serio: «Se tu manchi, faccio rapporto» e non permettermi quasi di mancare e fregarmi poi.-
Comunque siano le cose, non ho ancor deciso come comportarmi con lui allo scadere della punizione: molto farà l'umore in cui mi troverò.-
Oggi avrò dunque la cena in istanza e così gli altri giorni.- Mi arrivò, speditami dalla mamma, la grammatica tedesca.
                 CEGadda

Edolo, 26 ottobre 1915.-
Non tenni il diario in questi giorni scorsi; eppure ho parecchie novità a registrare. Cerchiamo di andar con ordine: premetto, che scrivo stando a letto, (perché ho preso l'olio di ricino) verso le 12 del 26 ottobre 1915.-

L'affare degli arresti si risolse nel miglior modo possibile, poiché il tenente medico si dolse della punizione inflittami dal maggiore e impetrò la grazia, comunicatami in stanza da Paur e da Invernici.- Per domenica 24 ottobre avevo progettato con Cavalli la salita al M. Aviolo, ma egli aveva in corpo una iniezione anticolerica e non volle venire. Altra compagnia non fu possibile trovare: andar solo era imprudentissimo. Dopo mezzodì mi trovai con Marchini e Cavalli e andammo a passeggio, alla chiesetta di S. Clemente (se non erro) che si trova sulle falde del M. Torricla, a pochi passi sopra Edolo. Era una meravigliosa giornata autunnale: le più dolci tinte, i più dolci monti, tenerissime nebbie e sole. Continuammo a giocare, a picchiarci, a ridere: fu una festa spirituale, e insieme un saluto di addio a questi luoghi. Poiché tutti e tre, come dirò poi, partiamo.- Quel giorno ricevetti una lettera della Clara piena di affetto, in cui mi dice che andranno (lei, la mamma, Emilia) a Longone per il giorno dei morti: inoltre mi avvertiva che mi sarebbe arrivato un regalo per S. Carlo, e precisamente una piccola scacchiera tascabile, che io desideravo tanto. Mi arrivò infatti ieri ed era magnifica: contenuta in una scatoletta di pelle.- La novità più grossa è che il capitano Bruno parte con 400 uomini, dei giovani di 3.ª categ. classi 88-93, e con 4 sottotenenti: Gallinelli, il pancione di Valcamonica, corto di testa, buon diavolo, bevitore, rosso come il sangue coagulato, ottimo alpino, corporatura massiccia, torace enorme; Coppelotti, l'alpinista-grimpeur, del Club Alpino di Brescia, serio e socievole, mingherlino e duro; Trinchero, di cui già ebbi occasione di parlare, buon soldato; e Gaggia buono e simpatico profugo di Val di Sole, professore di ragioneria, animo mitissimo, serio e dolce.- Questi 400 uomini non so se saranno consegnati ad altri reggimenti o se saranno inquadrati in un reggimento alpino di nuova formazione. Intanto della truppa parte anche dalla I.ª compagnia, per rifornire le guarnigioni di linea sul Tonale e dintorni. Dovevo accompagnarli io, ma domenica sera (l'altro ieri) mangiai molto, fra cui della trippa forse non eccessivamente pulita, e bevvi anche di più. La sera camminai a piedi nudi sul pavimento di mattonelle della mia camera. Il fatto è che ieri mi colsero disturbi gastro-intestinali del genere di quelli di Parma, ma meno intensi. A dir vero

## 26 OTTOBRE 1915

mi spaventai un poco, poiché tornava in ballo la solita storia che al solo inghiottire un po' di cibo o una bevanda, mi prendevano i dolori, come a Parma.- Il medico mi disse essere assolutamente necessario l'olio, con gocce di laudano, non essendovi alcun palliativo, che mi permettesse di far tacere provvisoriamente il disturbo, per accompagnare la truppa.- Stanotte ebbi nuovi dolori, nuovi disturbi: sicché stamane mandai a Paur, comandante la I.ª compagnia, un biglietto di scuse e lo pregai di esonerarmi dall'incarico. Presi l'olio e sono tuttora a letto; mi pare di star meglio.- Mi duole assai di non poter accompagnare la truppa (sebbene sia questo un compito grave e faticoso) ma un ufficiale in marcia non può assentarsi ogni cinque minuti, e camminar bene mentre è tormentato dai dolori. D'altra parte non sono ancora partiti e forse arrivo in tempo.-
Stamane, mentre stavo già scrivendo, mi arrivò una gentile cartolina della sorella del Castelli, in cui mi ringrazia delle premure usate a suo fratello: Ambrogio Gobbi ci mise pure i saluti: come mai è a Baveno? Avrà ottenuto una breve licenza. Da casa nulla di nuovo.- Sono invece impensierito di non ricever nulla da Enrico e penso con inquietudine dei suoi esami. Quanto anelo di rivederlo!-
In questi giorni ebbi sempre poco da fare: gli uomini lavorano alla stazione e alla polveriera di Iscla; la caserma è un ginepraio, perché ora mi hanno guastato l'ordine da me fatto. Vado alla distribuzione del rancio, la sera a fare il controappello. Regolo le solite faccende di caserma, faccio una visita a Paur nella caserma Edolo, vado talora alla stazione. In questi giorni sono arrivati molti richiamati dell'84.-
Un'altra faccenda e per me è la più importante, è una circolare del Comando, la quale invita gli ufficiali della milizia Territoriale che credessero opportuno, a frequentare i corsi reggimentali per divenire sottotenenti di complemento. Il Maggiore lesse la circolare alla mensa: molti non vollero sapere di lasciare la Milizia Territoriale, altri pochi accettarono. Lo svantaggio è quello di passare in I.ª categoria ma, poiché la guerra durerà ancora, credo che non avrò a risentire di questo, nel senso che anche stando in III.ª categ. permarrei sotto le armi. Lo stipendio, durante il corso, è mantenuto: il corso è ai Bagni

di Bormio. Durerà circa due mesi (novembre e dic.) e, finitolo, saremo senz'altro mandati al fronte. Così io andrò una buona volta al fronte senza tante domande e lungaggini: se anche mi mandano sull'Isonzo non importa. Poi, negli avanzamenti, gli uff. di complemento sono preferiti ai territoriali: e siccome purtroppo questa non sarà forse l'ultima guerra, anche ciò importa qualcosa.- Inoltre vado a Bormio sottraendomi così ai miei antipatici superiori, e conoscendo anche quella regione.- In ciò si rivela sempre il mio carattere irrequieto, curiosissimo, vago di conoscere nuovi ambienti e nuove persone.- Scrissi in proposito alla mamma e spero che approverà la mia condotta.-
I migliori de' miei colleghi (nel senso morale e intellettuale) hanno accettato l'invito, come me: Alebardi, Gabriolo, Stagni. Vengono anche Crolla-Lanza, dal fronte, e Riposio.- Spero, arrivando a Bormio, che mio fratello vi sia tuttora, oppure di incontrarlo in qualche modo. Spero pure, andando a Bormio, di passare per Milano.- Ho ricevuto in questo momento una cara cartolina del Semenza.- Adesso scriverò a casa, e poi mi sdraierò, perché lo scrivere a letto stanca parecchio, tanto più non avendo mangiato altro che dell'olio di ricino. Speriamo bene.-

CEGadda<br>
Edolo, 26 ottobre 1915.

Edolo, ancora 26 ott.- Sera.-
Come sono poco osservatore delle cose che non mi interessano! Da che sono in Valcamonica non ho sentito mai suonare una campana, eppure solo oggi la mia attenzione si fermò su questo fatto. Nessun campanile si anima mai, né a mattina, né a vespro, né durante le feste. La torre di Edolo (alta e massiccia costruzione in granito, di stile rinascimento abbastanza buono) non batte neppur le ore. La valle suona solo del fiume, della ferrovia, degli automobili, delle segherie elettriche, talora del tiro a segno. Quale differenza da quando, remota a ogni civiltà, solo il fiume e qualche campana vi avrà vissuto! La grammatica zoppica, ma poco importa. In questi giorni la relazione di conoscenza con la mia padrona di casa, Signora Eva Sinistri e con sua nipote (sorella del mio collega Invernici),

maritata al tenente medico-veterinario Canossi si strinse alquanto. La sera esco spesso a far loro da cavaliere durante una breve passeggiata. Sono persone molto fini e cortesi.- Oggi mal di ventre; stetti sempre a letto; stasera, avendo molta fame, mangiai un piccolo ma gustoso caffè e latte.-

CEGadda

Edolo, 27 ottobre 1915; ore 16.- CEGadda.-
Oggi ricevetti una cartolina dalla mamma del 25 ottobre 1915, e una cartolina della Clara del 26. Esse finalmente mi scrivono che Enrico mandò notizie; avendo partecipato come allievo-ufficiale a un combattimento, non poté tenerci al corrente.- Mia sorella e mia madre sono naturalmente poco liete della mia decisione di passare nel ruolo degli ufficiali di complemento, poiché questo implica un pericolo maggiore. Ma io devo e voglio combattere. Lascio che i porci, i ladri, i cani, gli impostori sgavazzino e faccio il mio dovere. Quanti giovani, appartenenti a tutte le classi sociali ma specie al popolo, si son messi al sicuro nelle armi e nelle mansioni della paura, della vigliaccheria! Quanti con cavilli, con sofismi, con gran teorie giustificano la loro poco eroica condotta!- Il buon Marchini che io battezzai anarchico tolstoiano per dire spirito libero e stravagante, dice di essere individualista, di non voler adattarsi all'idea dei più, di aver in ripugnanza le guerre, ecc. ecc. Fin qui, benone. Ma quando gli chiesi se egli creda che una persona assalita debba difendersi, mi rispose che sì; quando gli chiesi se la Francia, se la Russia avevano il diritto di lottare o dovevano darsi mani e piedi legate alla Germania, mi rispose che dovevan lottare. E allora solo l'Italia che io credo minacciata nella sua stessa esistenza dal dilagare del Germanesimo strapotente, doveva lasciarsi fregare? E poi Marchini si dice Mazziniano. Basta: andò poi a finire sulla iniquità dei tributi, cosa giusta giustissima ma che non c'entrava, e sul fatto che per lui vale solo e sopra tutto la sua persona, la sua vita; si proclamò individualista, seguace dell'idea teosofica (a proposito di Trento e Trieste) e negatore di ogni cooperazione, di ogni idea comune. Per lui, è proibito avere un'idea in cinquanta: ciascun uomo deve avere delle idee diverse da tutti gli altri. Se io credo nel teorema di L'Hospital, nessun altro deve

crederci, se no è un caprone, una bestia, un seguace pedissequo delle idee altrui. Poi si disse spiritualista, negatore del principio scientifico ecc. ecc. Il fatto è che oggi ho il mal di fegato, perché poche cose mi arrabbiano tanto, quanto quel dilagare di idee stravaganti, di paradossi vestiti da filosofemi. A me non ripugnano le idee nuove, anche a prima vista strane, le osservazioni acute, scottanti, pungenti perché vere: ma certa boba da figlio di armatore genovese, avaro come pochi lo sono che non ho mai visto comprare un vermouth od offrire una sigaretta a una compagno! Cosa c'entra l'idea teosofica (una delle più vituperose sciocchezze di quest'epoca di decadimento e di scompiglio; che mi ricorda, per la quantità e l'intruglio dei diversi sistemi, la decadenza spirituale greco-romana) a proposito di Trento e Trieste? C'entra per giustificare la poca voglia di andare al fronte, il timore di morire.- Io sono addolorato, costernato di veder tanta cattiva ideologia e così poco spirito di sacrificio: ma mi risponde l'individualista che il sacrificio non è ammesso dal suo sistema morale. Eppure *l'indegnità morale* da un lato (ladri, egoisti, poltroni, indolenti, incapaci) e *l'errore ideologico* (derivato sopratutto da ignoranza e da mancanza di metodo) sono tra le cause principi della nostra presente miseria.-

Il cap. Bruno è partito oggi con Coppelotti, Trinchero e 200 uomini: colui che «desidera andare al fronte coi suoi soldati» nulla sperava e cercava altro che il ritorno a Edolo, dopo averli accompagnati a destinazione.

Si prepara una avanzata nella regione del Tonale. Me ne accorsi dal numero di munizioni che passano dirette all'insù, e dalla partenza di un plotone della croce rossa; (non poteva partire a mezzanotte, per dar meno nell'occhio? Ma a questo i generaloni non pensano).

Edolo, 29 ottobre 1915.- Ebbi due cartoline da Enrico, nelle quali mi annuncia l'ottimo esito de' suoi esami: nel teorico fu «ottimo» (massima classificazione) nel pratico «buono con tre punti.» In pari tempo mi prega di mandargli denaro. La mamma mi scrisse che gli inviò £. 70, in parte già da lui spese.- Non so nulla della mia andata a Bormio. Ricevetti lo stipendio (£. 380,95) che sarebbe di £. 383, ecc. perché il

## 30 OTTOBRE 1915

circolo ufficiali di Milano ingiustamente trattiene una quota mensile.- A Cavalli, che non potendo ottenere un permesso partì egualmente a proprio rischio per Milano, diedi una lettera e un vasetto di miele da consegnare ai miei.- Oggi vennero due nuovi sottotenenti.- Oggi ero di battaglione.- E' incominciata una azione sul Tonale, Montozzo Ercavallo, Cima del Castellaccio, Garibaldi: pare che sia bene incominciata. Certo fu preparata con grande cura.- Cresta (sottotenente anziano) mi usò in questi giorni parecchie scortesie durante il servizio e per ragioni di servizio. Anche stavolta ebbi la debolezza di non reagire, ma me ne pento.-
CEGadda Edolo, 29-19-15.

Edolo, 30 ottobre 1915.-
Nel diario di ieri dimenticai l'episodio caratteristico di una sveglia notturna. Mi ero addormentato (il giorno 27) pacificamente, verso le 10 di sera: a mezzanotte un tempestar di colpi alla porta di casa. La padrona scese ad aprire ed ecco il piantone della fureria irrompe in casa e, per ordine del maggiore ci invita a levarci e a svegliare gli uomini. Mi vestii quanto più in fretta potei e corsi in caserma a dare l'allarmi. Ci volle un bel po' di tempo prima che tutti fossero in piedi, con armi e bagagli: era una notte lunare, ma poco chiara. Candele e vocio su e giù per l'accantonamento. Pronti che furono andammo alla caserma Edolo. Che cosa era accaduto? Un telegramma chiedeva 190 uomini, ma la cosa era tutt'altro che urgente. Con grande rapidità furono provvisti del necessario, elencati, chiamati: vennero segnate le matricole dei fucili. Al chiaror della luna e di qualche candela cambiarono, nella notte fredda, le camicie e le mutande di tela in roba di flanella; alcuni cambiarono le scarpe consume. Alle cinque il treno partì col massimo ordine. Poveri e santi uomini! Non uno che si lamentasse. I sottotenenti che li accompagnavano sono rimasti e vanno al fronte, salvo Bertolotti che tornò. Anche il cap. Bruno, che era partito con 210, ritornò a Edolo oggi, per partire di nuovo e raggiungere i suoi uomini.-
Ho ricevuto oggi una cara lettera da Domenico Marchetti e una più cara da mio fratello. Quest'ultima mi strinse un po' il cuore, poiché mi parla delle strettezze in cui mio fratello ver-

sa. Lo stipendio glie lo daranno alla fin del mese, l'indennità gli è negata e le spese sono molte e senza dilazione.- Ora gli mando 50 lire, riserbandomi di spedirgliene dell'altre appena avrò un po' sistemato le mie spese.- Ora ho nel portafoglio £. 410, ma devo pagare la mensa e poi andando a Bormio avrò delle spese.-
Domenico Marchini, il mio collega anarcoide e buon diavolo, mi offrì degli ski a £. 23; sono usati, ma ancor molto buoni, in legno d'icori e lunghi: adatti insomma alla mia statura.- Mi sono già quasi impegnato; egli è un provetto skiatore, sebbene genovese cioè poco vicino alle nevi abbondanti, e conosce l'arma del mestiere.- In verità l'occasione è buona, poiché oggi quegli ski nuovi non costano meno di quaranta lire.-
Spiritualmente questi miei giorni passano male; noia, atonia, irrequietudine, desiderio di partire e d'essere a posto, esasperazione. Coi compagni mi trovo male, specie con Maini, grasso, flaccido, brutto, sdentato, Banca Commerciale, con Cresta, con Stagni.- Non posso vedere quella carogna Don Abbondio d'un maggiore, e anche il cap. Bruno l'ho ben giù dal birlo.-
Oggi ho avuto da un sottoten. dell'8.° fanteria notizie dell'azione sul Tonale. Pare che le cose vadano bene; finora nessuna perdita: Monticelli accerchiato. All'azione, così dicono, assiste Cadorna e il Re. Speriamo bene: sarebbe una vera e grande gioia, per me, il successo di questa battaglia!

CEGadda: Edolo 30-10-15.

## Mese di Novembre 1915.-

Edolo, 1 novembre 1915.-
Il corso di Bormio, per gli ufficiali della Milizia territoriale è sospeso, con mio grande rincrescimento. I giorni passano noiosi, squallidi, ingloriosi. Aspetterò ancora qualche settimana e poi, se non sarò mandato d'ufficio, farò la domanda di andare al fronte. Il collega Cavalli, che scappò a Milano, è tornato con una panattone: e con una lettera della mamma, che mi fece gran piacere. Sentii con soddisfazione che la mamma fece aggiustare il muro di cinta a Longone.- Mandai a Enrico,

## 2 NOVEMBRE 1915

l'altro ieri, le 50 lire. Ieri regolai i miei conti e ora voglio tenermi nella più stretta economia (per quanto anche prima non spendessi che poche lire al mese in dolci), al fine di poter aiutare la mia famiglia ed Enrico, ove si presentasse il bisogno.- Discrete notizie di guerra, oggi.- Stamane mi alzai alle undici anche perché la pioggia, il freddo, e il non aver nulla da fare mi consigliarono a ciò. Dopo colazione presi un po' di sole, ch'è ritornato, giocai a scacchi e assaggiai il panettone da Cavalli.

CEGadda

Edolo, 2 novembre 1915.-
Grande noia, grande tristezza, solitudine inesorabile. Nulla da fare per il servizio. Mi alzai stamane alle dieci, con mal di testa derivante da cattiva digestione, non dissi una parola a tavola, me ne venni via subito. Dopo colazione me ne andai pian piano fino a Rino, per veder di trovare qualche femmina permeabile, ma il paese era deserto e me ne tornai pian piano e tranquillo a Edolo; verso la fine della marcia accelerai tanto il passo, senza avvedermene, che arrivai accaldato. Alla prima trattoria entrai e tracannai due bicchieri di fresco vino, della riviera del Garda, se devo credere all'oste. Pochi uomini, di passaggio con bastoni e valigie, forse lavoratori che salgono per opere militari, si ristoravano dal freddo e dalla fatica del cammino. Anche durante la strada ne incontrai parecchie frotte. Arrivato a casa mi buttai sul letto, ben coperto, a leggere: dopo due righe, un dolce sopore mi tolse alle mie tristezze. Mi svegliarono le ciarle delle nipotine della padrona di casa.- Ieri sera mi trattenni con lei, a giocare alle carte: poi venne a chiacchierare anche sua nipote, la madre di queste bambine; ma ero stufo, annoiato, triste. E' questo il modo di vivere, quando gli altri soffrono e combattono? Eppure non ho ancor fatto la domanda di andare al fronte, sempre nella speranza che mi vi mandassero, prima, e poi per il desiderio di andare al corso di Bormio: adesso sono anche inquieto e incerto sulla sorte di mio fratello: vorrei saperlo a posto, prima di muovermi, perché troppo mi rincrescerebbe ch'egli avesse a passar di qui senza trovarmi.- Stefano Castelli non è ancora passato per recarsi a Bormio, altrimenti sarebbe venuto a salutarmi: dunque il corso non è ancora interamente cominciato.-

Alebardi e Nova e Gallinelli che dovevano partire per Sacile con della truppa, non partono più, né la truppa tampoco, temendosi fra di essa un caso di meningite cerebro-spinale.- Le tristi vicende della mia vita si accumulano ora nella mia memoria, facendomi passare delle ore ben grame. Tutte le volte che rivado nel passato, non ci vedo che dolore: le sciagure famigliari, i dissapori avuti, le genìa dei parenti pettegoli, l'educazione manchevole, le torture morali patite, le umiliazioni subite, la sensibilità morbosa che ha reso tutto più grave, l'immaginazione catastrofica del futuro, la povertà: e se da queste premesse ricavo alcun presentimento dell'avvenire, nulla mi si fa innanzi di meglio evidente che una conseguenza di tedio e di stanchezza. Il mio popolo, la mia patria che tanto amai, mi appaiono alla prova ben peggiori di quanto credevo. Sicché, se non fosse l'immagine ossessionante di mia madre e di mia sorella, vedrei, per il resto, la morte come una liberazione; e certe volte vi penso con fiducia e serenità. L'idea del suicidio che tante volte mi occupò nei momenti della amarezza, potrebbe avere ora una dignitosa attuazione.-
Altre volte gli egoismi e le paure della fatica e delle privazioni si fanno sentire; ma si tratta di brevi momenti, nel dormiveglia della sera, quando il cibo grava un po' troppo sullo stomaco, e il cuore e i nervi ne risentono lievemente.- Uno dei principali motivi del presente sconforto, è la mancanza non penso d'un amico, ma anche d'una persona che io possa amichevolmente trattare. Tutti sono qui duri, immusoniti, orribilmente egoisti, pronti al cattivo scherzo, alla mala parola, al litigio. Pochi stimo veramente, ma anche quei pochi senz'affetto e senza simpatia. Solo Cavalli mi va a genio, non ostante il suo sentimento di indipendenza che mi irrita come una superficialità, i suoi modi selvatici, il suo spregio dell'istituto militare.- Quei pochi giorni che ebbi qui il Castelli furono un'oasi in mezzo alle rabbie e alla solitudine; e se penso ai miei amici di Milano e li confronto con questa razza di sguatteri saccenti e litigiosi, mi par di vedere degli uomini in confronto di dodici sciancati.-

CEGadda.-

Edolo, 3 novembre 1915.- Giornata di qualche novità. Ieri sera giocai all'Oca con la padrona di casa; orribile noia. Notte agitata. Stamane chiesi al maggiore di dormire in quartiere, perché v'è lì della legna e potrei così rimanere in camera a studiare alcun poco: questa camera, nuda ma pulita, sarebbe quella dell'ufficiale di picchetto; ha una minuscola stufa di ghisa: vi fu prigioniero Adamini, a' suoi giorni.- Cavalli parte per il Battaglione Valcamonica, e stamane il maggiore mi fece capire, con mia gran gioia, che anch'io sarei presto destinato.- Alebardi è partito con truppa per Sacìle: ora partiranno, pure con truppa (di quella in quarantena), Gabriolo e Màini.- La rivoltella regalatami da mio cugino E. Gadda non funziona bene e le occorrerebbe qualche riparazione.- Seppi oggi da Gallinelli, mio collega, che era arrivato a Edolo il sottotenente Calvi, (figlio del locale gerente la succursale della Banca S. Paolo,) proveniente dal corso allievi ufficiali di Bormio.- Corsi a salutarlo, per avere notizie dirette di mio fratello; l'accoglienza fu cordialissima e inaffiata da un fine bicchier di vino.- Costui mi disse che, dopo finito il corso, aspettarono a Bormio una decina di giorni la destinazione; mio fratello, dietro sua domanda, fu destinato al battaglione Val di Chiese, del 5.° Alpini; è a Milano oggi, come seppi anche da un espresso di mia madre, e deve presentarsi a Brescia dopodomani giorno 5.- Rimasi in forse se scappare per salutarlo, ma poi la tema di una punizione mi fece scartare l'idea, tanto più che seppi dal Calvi che una licenza verrà loro concessa allo scadere del primo mese, finito cioè il periodo di «aspiranti». In questo periodo hanno lo stipendio di sottotenente, ma l'indennità di guerra l'avranno dopo il mese.- Adesso grande irrequietezza per tutto questo seguito di notizie inattese, e per l'incertezza della mia destinazione. Sono però di buon umore. Solo mi accora il non poter abbracciare il mio Enrico.-

CEGadda

P.S. Il 5.° Alpini aveva 4 battaglioni (su tre compagnie): Tirano, Morbegno, Edolo, Vestone. Adesso, cioè alla mobilitazione, vennero raddoppiati: ciascuno ebbe un fratello: Valtellina, Val d'Intelvi, Val Camonica, Val di Chiese.-

Edolo, 3 nov. 1915.-

Edolo, 4 novembre 1915.- S. Carlo.-
Stamane, dopo aver barbelato tutta notte nella fredda camera

dell'ufficiale di picchetto, mi levai tardi con lamentela del maggiore.- Io, Riposio e Stagni firmammo la domanda per il corso allievi ufficiali di complemento. Esso si tiene non più a Bormio, ma a Vezza d'Oglio. Riuscimmo a ottenere dal Maggiore una licenza di due giorni e partiremo oggi alle 5 pom.-- Una lettera di augurî per S. Carlo di mia sorella Emilia mi dice che Enrico partirà solo domani; in ogni modo sono in tempo per rivederlo.- Come sono felice di ciò! Oggi mi sento pervaso da una gran gioia e da una gran calma. Spero poter rimanere un po' con Enrico.

CEGadda.- 4 novembre 1915.

Edolo, 7 novembre 1915.- Sera.-
Sono tornato dalla mia licenza: potevo anche prolungarla e nulla di male sarebbe successo. Il maggiore Mazzoldi è partito per Brescia e Paur subito mi fregò di battaglione: spero di lasciar presto quest'accozzaglia.- Rividi a Milano il mio Enrico, bello e forte, Emilio Fornasini, alcuni parenti: la mamma e la Clara stavano bene. A Enrico regalai trenta lire e acquistai qualche oggetto di corredo. Come vorrei seguirlo, essergli vicino! E' stato destinato al battaglione Val di Chiese, che opera nelle Giudicarie, o in Val di Ledro, o in Val Daone: certo nella zona compresa fra il Garda e le propaggini meridionali dell'Adamello, dove regna il Valcamonica e l'Edolo. Ero ben triste quand'egli partì, per Brescia, con Dosi, e Ulrich. Lo salutai al treno: ci abbracciammo e baciammo come ci eravamo baciati e abbracciati nel ritrovarci, a casa, la mezzanotte del 4 corrente.- Ricominciano le ansie, le angosce di quando ero a Parma e lo sapevo a Montozzo! Spero di aver presto sue notizie. Ora sono triste, tediato, irrequieto, impigrito. Non ebbi neppure la forza di scrivere alla mamma e di riordinare la mia camera. Mi pento di aver fatto la domanda per il corso, vorrei esser già al fronte. Sono un povero essere. Devo scrivere al Semenza, al Gobbi, a mia cugina Lina, ai Ronchetti, ma non ne ho voglia. Speriamo di toglierci presto da questa incertezza. Il pensiero di mio fratello torna e ritorna nella mia mente: lo vedo a Bezzecca, o qui presso, in Val Daone, o ancora a Brescia: penso continuamente a lui.- Scrivo stando in piedi, col quaderno sul canterano, e la penna stilografica funziona

male, tanto che a stento resisto alla tentazione di frantumarla.- E' arrivata parecchia gente nuova, della territoriale, fra cui De Finetti, magro, alto, del politecnico.-
Edolo, 7-11-15. CEGadda

Edolo, 9 novembre 1915.-
Orribile noia e stufaggine, mescolata d'abbattimento per le cattive notizie balcaniche, per la solitudine e per sapere mio fratello al fronte (se non è stato fermato a Brescia.) Cretinismo generale alla mensa: torpore collettivo. Ancora da quel puttano de dio che comanda il Reggimento non è venuta alcuna disposizione per mandarci al corso di Bormio o di Vezza che sia, e sto qui a far niente e a crepare di beceraggine. Stamane bighellonai per il paese in cerca di un mezzo di trasporto che mi portasse a Vezza d'Oglio, poiché la famiglia Castelli, a Milano, mi consegnò una valigia di roba e una lettera con denaro per lo Stefano. Dopo colazione finalmente, con lungo arrabattarmi, riuscii a pescare un camion privato, della Steiner e Bianchi (costruzioni in cemento). 'Sto ludro mi recò fino a Vezza: appena sceso seppi che l'8.° Regg.to fanteria e Stefano Castelli con lui (è aggregato per il corso all'8.°) sono a Ponte di Legno: la vacca madonnaccia ladra me ne ha fatte quest'oggi! Scesi di nuovo a Edolo, mediante £. 1,70.- Limonai anche con una sarta qui dirimpetto.- Fa un freddo baldracca.
CEGadda

Edolo, 10 novembre 1915.- Oggi piove e mi pare di essere Napoleo Bonapartius a Sant'Elena. Tanto per distrarmi ho scritto una cartolina a Stefano, che consegnai a Larker, il volontario trentino che veniva anche al battaglione Negrotto, e una cartolina a sua sorella (del Castelli), dove le conto la storia della roba di Stefano. Adesso scriverò a casa e a quel fustone d'un Ambrogio Gobbi. Al Semenza ho scritto una lettera. Sono impaziente di ricevere notizie da casa e da Enrico. Qui dirimpetto ce sta una bella sarta di 17 anni; quasi le farei fare delle camicie: ma ho paura che pasticci.- Passai la sera con la padrona di casa, la signora Eva Sinistri, e sua nipote, la moglie del veterinario: deliziosi pettegolezzi. Stamane mi levai tardi. Dopo colazione Gabriolo mi sonò un po' di Falstaff al

pianoforte della mensa: anche ha le sinfonie di Beethoven, e le sonate per pianoforte. Ieri mi accennò l'ándante della pastorale, una delle composizioni che più conosco e che mi inebriano, e l'adagio e il 3.° tempo famosi della patetica.– Adesso leggerò un po'.–
Pare che la Russia pasticci con la Rumenia: è lì sull'orlo del precipizio e lèsina ancora: ma io, per tirare dalla mia la Rumenia (e quindi la Bulgaria) avrei ceduto altro che la Bessarabia!– Niente da fare in caserma.

CEGadda, Duca.

Edolo, 12 novembre 1915.–
L'altra sera arrivò al collega Clementi, cugino dello Stefano, un telegramma dalla Sign.$^{ra}$ Castelli in cui pregava di aiutare suo Figlio malato. Sicché ieri girai per tutti gli ospedali e infermerie della valle – a Vezza, a Temù, a Stadolino, a Ponte di Legno, finché lo trovai in ottima salute al corso allievi ufficiali, a Precasaglio.– Discorremmo un po', gli consegnai la lettera materna col denaro, e ci salutammo con l'augurio di rivederci presto.– Un fango, una baùscia, un impiastro da non dire. Arrivai a Edolo inzaccherato dalla marcia e sopra un carretto vuoto, guidato da un soldato a cui diedi una mancia, che mi ruppe i visceri durante il viaggio. A casa mi aspettava una cartolina della mamma con notizie d'Enrico, che va in Val di Ledro. La sera giocai a dama con la padrona di casa. Stamane mi levai alle dieci: noia e stufaggine. Lessi avidamente sulla «Provincia di Brescia» le notizie della nostra guerra, come tutte le mattine.–
A colazione sonnecchiavo poveramente, dopo aver rifiutato un'orribile pasta e aver mangiato di mala voglia dello zampone (a me i salumi forti non piacciono) quando, sul finire, mi recarono una cartolina. Chi diavolo sarà? Pensai rapidamente alle poche uggiose conoscenze che ancora si ricordano di mandarmi un saluto di quando in quando, e corsi alla firma: Maddalena Marchetti! Lo stupore e la gioia mi costrinsero a levarmi di tavola e ad andare a passeggio, non ostante le consuete proteste dei commensali. Certamente mi piace di ingrandire la cosa: tuttavia lo scritto è abbastanza vivace e molto gentile. Pensai se fosse una risposta alla cartolina in cui la ringraziavo

dell'indirizzo mandatomi, di suo fratello. Ma il lungo tempo trascorso da allora mi fa credere che no. E' una buona e pietosa inspirazione che le è venuta: troppo lusinghevole mi pare però il pensiero che non abbia mandato altrettanto, e più, ad altri amici sotto le armi.- Il testo è:
«Cremia 10-XI-1915   Entusiasta per il continuo valore dei nostri bravi soldati, mando ancora a lei un'infinità di auguri e saluti cordiali!

    Maddalena Marchetti -»
(Ho rispettato scrupolosamente il testo.) Nell'indirizzo nulla di notevole, salvo i miei due nomi posposti al cognome, credo per ragioni di chiarezza. Se è una risposta, quell'«ancora» e quell'«infinità» sembrano una liquidazione, per quanto gentile: mi disturbo ancora e te ne mando addirittura un sacco, perché non mi annoï più.- Se, come spero, non è una risposta, «ancora» e «infinità» li sognerò stanotte.-
        Edolo, 12 nov. 1915.-

*Precasaglio* (sopra Ponte di Legno);
Valle Camonica.-
Redigo dopo molti giorni di impossibilità il mio diario, nel nuovo paese: è questo Precasaglio, nella conca che da Ponte di Legno sale verso Nord, biforcandosi prima di Pezzo e raggiungendo col ramo Nord Est le pendici dell'Ercavallo e di Montozzo, con il ramo Nord Ovest il Gavia. Moltissime cose avrei da notare, ma poiché è sera e oggi lavorai, mi limiterò a descrivere il trasloco, riserbando a domani il resto, se pure potrò. L'ordine di raggiungere il plotone allievi ufficiali presso l'8.° Regg.<sup>to</sup> fanteria venne improvviso; domenica si fecero i preparativi; si ottenne dalla Divisione il permesso di servirci di un camion; dal capitano Dell'Orto, comandante il treno ausiliare del 27.° artiglieria (carri e carrette) si ottenne un veicolo per il trasporto dei bagagli.- La mattina del 15 (una gelida mattina, dovunque ghiaccio) raggiungemmo Pontagna, dove arrivammo assiderati.- Ci presentammo poi al «Grande Albergo» di Ponte di Legno, della banca Perlasca, per vedere il colonnello: ma invano lo si attese durante il giorno, essendo egli a colazione al fronte. Allora raggiungemmo nel pomeriggio Precasaglio, bene accolti dai sottotenenti De Luca e De Jean che tengono il plotone allie-

vi.- A colazione fummo invitati alla mensa dell'8.°, al grande albergo: il direttore di mensa è l'ufficiale di vettovagliamento, il mio ex compagno di scuola Césaris.
Precasaglio, 17 nov. 1915, sera; nella mia camera.

CEGadda.

Precasaglio, 18 novembre 1915.-
I due tenenti istruttori sono dell'8.° fanteria e la distanza dal comando, che è al Grande Albergo, li rende quasi autonomi.- Il plotone che cominciò il primo ottobre è istruito dal sottotenente De Luca, un simpatico abruzzese assai istruito. Il plotone che cominciò il 1.° novembre, di cui fa parte il Castelli, il trentino Mosna, il Caldonazzo (fratello del mio professore di meccanica), è istruito da De Jean, un giovane Palermitano, simpatico, ma chiuso e riservatissimo.- La mattina mi levo, secondo le esigenze del servizio, prendo un caffè e latte dalla padrona di casa con pane da soldato e della mia marmellata: poi vo ad assistere alle lezioni che si tengono da De Luca e De Jean nella chiesuola a Nord del villaggio. E' questo un locale a pian terreno, freddo, umido, senza vetri alle due finestrole della facciata: una vera ghiacciaia. Le lezioni sono due, di un'ora ciascuna, dalle $8\frac{1}{2}$ alle $9\frac{1}{2}$, impartite ad entrambi i corsi: De Luca fa tattica e topografia, De Jean organica e fortificazioni. Dalle $7\frac{1}{2}$ alle $8\frac{1}{2}$ l'ufficiale di servizio fa poi istruzione sul regolamento, alla sola truppa. Sveglia alle $6\frac{1}{2}$, rancio di carne alle 7, adunata alla chiesuola alle $7\frac{1}{2}$; caffè alle 11. Dopo mezzodì istruzione pratica, scuola di comando, a cui partecipo attivamente e con passione.- A colazione (ore 11 e $\frac{1}{2}$) e a pranzo (ore 19) siamo per ora alla mensa del 5.° genio: è un locale discreto al piano terreno, nella segheria Ferrari, sul fondo della valle. Il capitano del Genio l'ha fatto riordinare, con belle vetrate, decorazione a fresco fatte da un soldato, stufetta di ghisa. Però le lastre di vetro dell'ingresso non sono ancora arrivate e le impannate sono costituite da giornali. Due kilometri circa su strada, con un dislivello di circa 100 metri separano la segheria da Precasaglio. Finora il tempo magnifico, sebbene gelido, ci lasciò andare e venire all'asciutto. Sia la colazione che il pranzo si compongono di un piatto di pasta o minestra, uno di carne con verdura, e frutta; formaggio, per chi lo pren-

## 18 NOVEMBRE 1915

de, e caffè. La frutta sono castagne al forno, mele al forno o fresche, noci, mandorle. Del genio non sono qui che il capitano e un aspirante, entrambi torinesi, muti o quasi, ma simpatici.-
La camera che qui abito è a Sud Ovest, la migliore esposizione, a dieci metri dal quartiere, ed è stanza d'angolo con due finestre: è alta poco più di due metri, a quadrilatero irregolare, bianca, pulita, ma molto fredda e senza stufa né camino. Il padrone, un tirchio montanaro, voleva 1,20 al giorno: m'accordai a stento per £. 1, che è il prezzo di requisizione, già fin troppo elevato. La catinella, piccola, in ferro, con dell'acqua gelida, è posata sopra uno sgabello. Vi è uno specchio, un tavolo, un cassettone, due sedie, il letto e il tavolino da notte. Il letto è un'ottomana, corta, in cui devo stare rannicchiato. Le candele e le salviette devo provvederle a mie spese. La mattina ho, per 25 cent., una tazza di buon caffè e latte, escluso lo zucchero che devo provvedere io. Poiché le prime due mattine la padrona ci mise un pezzo di zucchero, il marito venne a chiedermi un soldo in più per ognuna delle due.-
Oggi ero ufficiale di giornata (siamo finora in sei; i due istruttori e quattro tenenti della territoriale alpini, cioè: io, Stagni, Riposio e il romano Pagnanelli) perché ci diamo il turno a cominciare da oggi: mi svegliai alle 6, mi levai alle $6\frac{1}{2}$. Tenni nella chiesola la lettura del regolamento, dalle $7\frac{1}{2}$ alle $8\frac{1}{2}$ circa, dopo aver sorvegliato il rancio.-
Dopo mezzodì andammo su due prati nel fondo della valle, presso la mensa, a fare istruzione: era un meraviglioso e limpidissimo pomeriggio invernale.- Dopo l'istruzione prendemmo il thè alla mensa. Così, perdei la possibilità di stare un po' con Castelli, che trovai, come dissi al corso, e come mi aspettavo, e che mi fece una gran festa.-
Non ho ancora ricevuto nulla da casa, sebbene abbia quotidianamente scritto: ma ancora non avranno avuto le mie cose. Adesso, prima di iniziare una nuova fase della mia corrispondenza con Gobbi, Marchetti, Semenza, ecc. voglio farmi prima dare la posta in ritardo giunta a Edolo, dopo la mia partenza. Me la recherà domani il signor Ferrari, padrone della segheria, gentilissimo, il quale si reca a Edolo. A lui commisi la fabbricazione di una cassetta-cofano in legno, per riporre e trasportare indumenti, che mi fa per il prezzo modestissimo di

£. 10.- Inoltre si incaricò di recarmi a Edolo il cofano che Invernici mi prestò pel trasloco, non bastando il mio.- La posta qui arriva alle 17: giornali e lettere; e il sergente di giornata si reca personalmente a prenderla al comando dell'8.°, che è a Ponte di Legno, al Grande Albergo, come dissi.- Il luogo è a duecento metri sopra Ponte; la valle è freddissima. La notte e una parte del giorno gela di già; al mattino i ruscelli, i canali, le docce d'ogni genere sono gelati, e fanno superbe stalattiti e incrostazioni. Poca neve però fino ad ora.-
Lasciando Edolo, pur sapendo di andare a star peggio, provai un senso di vera liberazione: non più maggiore, non più Cresta né altri villani fottuti: dimenticai quelle sporche figure di pettegoli maligni. Il capitano Bruno, colui che voleva stare al fronte con gli uomini istruiti da lui, ha fatto mille pasticci ed è riuscito a tornare, a Edolo, poco dopo la mia partenza.- Invece ho sentito con vivo dolore della eroica morte del bravo Copelotti, l'alpinista bresciano nostro collega di Edolo. Partito col capitano Bruno per Sacile, fu inviato al Carso il 2 novembre: il 4 cadeva fulminato da una palla al cuore: ed era ricco, e poteva starsene a casa: eppure ci venne e ci morì. Che tempra d'uomo!; modesto, piccolo, silenzioso, bevitore, coraggiosissimo.-
Gli episodî eroici non mancano anche qui e mi piace di notarli in questo diario nelle cui pagine tanta amarezza si accoglie.- Appena arrivati, e cioè il giorno dopo l'arrivo, e cioè il 16 corr., assistemmo alla messa di requie di un caporale e di un aspirante, morti in servizio di pattuglia sul Tonale. Caddero serenamente mentre serenamente adempievano al loro dovere.- I due feretri di legno bianco e rozzo erano posati, come due casse di biscotti, nel cimitero, intorno a cui già piovvero (luglio corr. anno) le granate nemiche. Un vento gelido, lasciata la regione della tormenta sulle cime di Laghi Scuri, e calato a valle, colorava in violetto le facce degli officiali presenti, mentre nella piccola cappella il tenente cappellano officiava. Non soffrii mai tanto freddo: immobile, a capo chino, aspettavo nella tristezza che la dolorosa scena avesse termine: la mia povera mantellina svolazzava intorno al mio corpo legnoso, impotente a riscaldarlo, come le erbe secche e gialle sembravano impotenti a coprire e rip⟨a⟩rare la terra. Il colonnello dell'8.° e il generale Cavaciocchi dissero alcune parole d'occa-

sione, dopo di che, fatto il presentat'arm da tre plotoni i feretri vennero inumati. Il cielo era d'occasione: tormenta sulle cime, che cessò il giorno stesso, sul tramonto. Noterò domani altri episodî eroici.-
Precasaglio, 18 novembre 1915.
CEGadda

Precasaglio, venerdì 19 novembre 1915.- (pom.) -
Entrambi i due episodî che prendo a raccontare sono d'una grandezza omerica. Il ten. Pozzi morì mentre, uscito dalle nostre posizioni per ridurre ai compagni la salma di un ucciso, pur sapendo di arrischiare la vita, era già presso il cadavere. Colpito dalla fucileria austriaca mentre era aggrappato alle rocce, rovinò nel vuoto.- Il ten. Pechini, del 5.° genio, recuperò con pari pericolo la salma d'un caporale, tornando incolume. Pechini era l'altro ieri alla mensa con noi.-
Pagnanelli ci rallegra col suo spirito romanesco, con le sue porcheriole e storielle comicissime, in fondo alle quali con voce precipitosa e seriìssimo, domanda: «Hai cabido il dobbio senso?» Stamane Castelli venne a trovarmi che ero ancora a letto, dalla vicinissima caserma, (per modo di dire: è in realtà la casa del parroco.) Assistei poi alle lezioni.- Chiedemmo un attendente per uno: si vuol fare la mensa quassù, prevedendo il disagio d'una passeggiata quest'inverno.- Aspetto con ansia la posta: ora, libero dall'istruzione, ho da riordinare le mie cose.- Sto anche cercando una stufa da collocare nella mia camera, in previsione delle bestiali temperature del gennaio.-
CEGadda

Precasaglio, domenica 21 novembre 1915.-
Né ieri né l'altro ieri non m'è arrivato nulla da casa: non ho neppure ricevuta altra corrispondenza. Non so come vadano le cose.- Nulla di nuovo: continua la solita vita. Jeri mattina fece molto freddo e il ghiaccio aveva incrostato tutta la valle; risentii un po' la temperatura anche perché sono pochissimo coperto. Infatti, nella mia solita distrazione, lasciai a Invernici la chiave del mio cofano e mi tenni la sua: ora appunto nel cofano sono contenuti gli oggetti di lana.- De Luca prese ieri una fotografia di noi tutti, presso i candeloni e le stalattiti di

ghiaccio d'una doccia di mulino.- Il thè e il troppo caffè bevuto mi disturbarono un po' ieri.- Oggi sto meglio ma lo stomaco e l'intestino non funzionano regolarmente, anche per il troppo freddo. Infatti ho indosso vesti comuni: una camicia, un gilet di pelo, una giacca: senza maglie, senza mutande di lana: e nella mia camera si vede il fiato come di fuori, quasi.- Il padrone mi ha ora messo nella camera un buon letto.-
Sotto le armi, la genia peggiore sono i sergenti, i furieri, i marescialli, ecc.- Un'altra prova ne ho nei cattivi trattamenti che si fanno da questi cani allo Stefano, per invidia ch'egli sia mio amico: (ciò attesta la scarsità cerebrale di tal gente). A distanza di due giorni è stato posto di corvée, a spazzar cessi e a recare un bariletto di vino in ispalla da Ponte a Precasaglio, come un facchino, mentre nel turno di servizio dovrebbero entrare più di trenta individui.- Ora mi farò dare la lista degli allievi che entrano nel turno: se sono trenta, Castelli deve fare il servizio un giorno su trenta, non di più: altrimenti frego il sergente.-
Ieri ho scritto alla sorella di Meco e mi sono intirizzito le mani.-
Ho visto il nuovo francobollo della croce rossa: costa 20 cm.; (5 di soprassoldo) ed è di buon gusto.-
Ancora non ho trovato stufa né altro mezzo di riscaldamento.-
Stamane scrissi dal comando (Grande Albergo) due cartoline in franchigia: una alla mamma, una a Emilio Fornasini; speriamo che arrivino.- Tra le persone notevoli che ho trovato al corso devo noverare: il fratello di Caldonazzo, il mio compagno Cristiani, e il figlio del mio professore del ginnasio, che si chiama Re.- Anzi oggi andai a trovare lo Stefano nella stanzetta (9 metri quadrati) dove mangiano e aggiunsi i miei saluti a una lettera che questo Re scriveva a suo padre.- Erano là in cinque, su un rozzo tavolo, con polenta, carne, latte, a mangiare e a pasticciar chiacchiere: mi offersero un caffè e latte, e poi tennero una discussione di contabilità del loro ménage.
CEGadda.

Precasaglio, lunedì 22 novembre 1915.-
Un breve diario perché la penna stilografica è quasi vuota.

## 25 NOVEMBRE 1915

Stamane venne a trovarci il Colonnello dell'8.°, da cui dipendiamo: volle che De Luca continuasse la sua lezione di tattica, fece delle aggiunte e interrogò gli allievi. Inoltre ci mandò due attendenti, uno ogni due ufficiali. Ancora ci raccomandò di studiare, ci permise di andar domani a Edolo a prelevare la divisa di guerra al magazzino; e ci disse che ha intenzione di farci partecipare a qualche servizio di avamposti, con mia gran gioia.- A colazione e a pranzo sempre alla mensa del genio, alla segheria Ferrari, sul fondo valle.- Oggi ebbi finalmente una lettera da casa, dalla mamma e dalla Clara: mi fece molto piacere, tanto più che recava notizie di Enrico e il suo indirizzo: 253.ª comp., (batt. Val di Chiese) 4.° Plotone.- E' in 2.ª linea adibito a lavori di trincea: speriamo che resti in un luogo non troppo esposto. Ora gli mandano il sacco a pelo, e il cofano che gli regala l'Emilia: anch'io gli scriverò domani.- Oggi scrissi a Gobbi Amb., a Marchetti, a casa mia, e alla signora Semenza. Loulou venne a trovarmi ed è ora a Udine: è quindi tornato da Messina.- Chissà se è entrato negli aviatori come aveva intenzione!- Oggi mi trovai poco con lo Stefano, che è andato a mangiare a Pezzo. Il figlio del prof. Re è venuto pure a trovarmi, con mia gran noia. Infatti alla sua presenza mi trovo un po' impacciato, conoscendogli gusti, abitudini, sentimenti un po' diversi dai miei. Questo Re è un buon ragazzo, professore di orchestra, ma è sempre stato un pasticcione e un giocatore. Ieri mi chiese in prestito 25 lire: glie ne diedi 20, e dubito di rivederle.-
Domani andrò dunque a Edolo.-
Spiritualmente sto bene: entusiasmo, tranquillità, discreta fiducia, spirito di sacrificio.- Tuttavia un po' di irrequietudine, qualche fissazione, qualche abbattimento.- Fisicamente sono un po' disturbato di stomaco e l'appetito è assai diminuito.-
     Precas., 22 nov. 1915.- CEGadda

Precasaglio, 25 novembre 1915.-
Verso la sera del 22 grande crisi spirituale. La mattina del 23, una meravigliosa giornata invernale, ottenuto il permesso dal capitano Niccolosi, ufficiale di stato maggiore dell'8.°, ci recammo a Ponte di Legno e salimmo sul camion militare. Arrivammo a Edolo alle 11, dopo un'ora di viaggio in automobile.

I nostri antichi compagni ci accolsero abbastanza cordialmente e ci invitarono (per modo di dire perché poi pagammo di nostro) alla mensa.- Prelevammo poi le divise di guerra: giubba e pantaloni da soldato, e cappello. La sera fui gentilmente invitato a pranzo dalla signora Sinistri, la quale, poveretta si fece in quattro per offrirmi una buona cena. Antipasto di prosciutto, minestra di rape, costolette, lesso, frutta cotta, dolce stantìo, caffè. La sera venne anche la signora Canossi Invernici con la sua bambina Ele.- Ma ero stanco e stufo e mi disimpegnai presto.- Avevo preso la camera al Grand Hôtel Edolo, mentre la signora Sinistri me ne aveva preparato una in casa sua.- Tuttociò il giorno 23.- Il giorno 24 feci a Edolo delle spese (Ipofosfiti, soda, sapone) poi preparai un pacco della roba acquistata, della biancheria lasciata da lavare alla prima partenza, ecc.- Posta non ve n'era.- A colazione tornai alla mensa, e vi trovai il capitano Bruno con il quale scambiai un saluto di cortesia, e il nuovo maggiore degli alpini, venuto ad organizzare un nuovo battaglione, il battaglione «Adamello.»- E' una persona smilza, alta, simpatica: deve essere buono e colto: certo è educatissimo: si chiama Carlini.- Dopo colazione andai di nuovo dalla signora Eva: completai il mio fagotto, poi passeggiai con lei e la nipote. Era una deliziosa giornata di primavera: tepida, un po' nebbiosa: si chiacchierò, si fece della maldicenza, poi ci lasciammo verso le 3, quando salii sul camion col mio bagaglio.- Da Nova comperai un paio di occhiali, affumicati in giallo: £. 3.- Da Edolo scrissi una lettera ad Enrico, che spero gli arrivi presto, e una cartolina alla mamma.- Tra tutto, comprese le spese, il viaggio mi costò 20 lire: ma dovetti pagare a Paur la mensa, all'albergo la camera, gli occhiali e feci le spese che ho detto dal farmacista.-
Il tempo è sempre perdurato magnifico e sereno; in questi ultimi giorni anche mite.- Mi son venuto formando l'abitudine di bere qualche bicchierino d'alcool: cognac, Kümel, ecc.: un po' è il freddo, un po' i compagni che me li offrono. Ma credo che non ne avrò bevuto più di uno ogni due giorni.- Anche mi sono abituato al caffè, due volte al giorno: vero è che si tratta d'un caffè molto mite. Tornato a Precasaglio, trovai che il plotone non c'era più: allora mi preparai a sloggiare. Infatti poco dopo venne Stefano, a dirmi che erano stati trasferiti a

## 27 NOVEMBRE 1915

Ponte di Legno, all'albergo «Al forte», dove stanno bene. Questo caseggiato si trova al limite della zona battuta dai cannoni austriaci, ma quando si tratta di star comodi prevale un po' l'idea del fatalismo. Vidi Stefano con molto piacere e chiacchierammo un po' insieme.- Poi lo accompagnai all'accantonamento, dopo avergli consegnato il pacco ricevuto da Clementi. Ieri sera fu l'ultima che passammo alla mensa del genio: da stamane siamo andati alla mensa dell'8.°, al grande Albergo: spero di trovar lì una stanza; oggi dormo in camera di Stagni, a Precasaglio, perché la padrona già affittò la mia.- La roba è un po' a casa mia, un po' in consegna al mio attendente, in caserma.- Stamane assistei alla lezione d'organica di De Jean (scuole e istituti militari) e a quella di De Luca sul fucile '91.- Alla mensa conobbi il cap. medico dell'8.°, piuttosto «süperbiatt» e antipatico, un simpatico sottoten. sardo che proviene dai sottufficiali dei carabinieri, e l'antipaticissimo, pretensioso, presuntuoso cap. Niccolosi, ebreo. E' strana l'intuizione che ho degli ebrei: li conosco di colpo, al solo guardarli, prima ancora di avvicinarli: non ho nessuna speciale avversione per loro, ma questo Niccolosi deve essere un cane. La mensa è buona: Cesaris, il mio compagno di ginnasio e ufficiale di vettovagliamento dell'8.°, né è il direttore.- Il più simpatico di tutti i commensali a noi superiori è il Colonnello dell'8.°, una brava persona. La mensa si tiene al Grande Albergo, come forse avrò già detto.- Dopo colazione istruzione di plotone in ordine chiuso e sparso, a cui presenziai: anche Castelli comandò.- Conobbi il giovane Meregalli, ex-commilitone di mio fratello Enrico, e decorato al valor militare nell'azione di Monticelli: «disegnatore presso il comando delle truppe alpine, mentre poteva star fermo al suo sito, chiese di partecipare all'azione: ferito al braccio continuò, e fu poi ferito ad entrambe le gambe.» -
Ora scrivo nella camera di Stagni, che à due letti, e stanotte dormirò qui. Alla mensa si va naturalmente al Grande Albergo.- Adesso voglio scrivere alla Clara.-
Precasaglio 25 nov. 1915                                  CEGadda.-

27 novembre 1915.- Ponte di Legno
Ieri compiei il mio installamento al Grande Albergo, della

Banca Perlasca, un nuovo ed ottimo caseggiato. Sono alloggiato al n.° 24, una stanzetta di m. 3x4 circa, piuttosto fredda, senza riscaldamento ma molto pulita e con ottimo mobiglio, di stile moderno.- Vi dormo bene, cambiandomi e vestendomi comodamente.- Ieri ricevetti posta da casa e così pure oggi, con buone notizie: mia sorella passò bene i suoi esami.- Mio fratello si trova bene, ma le notizie che ho di lui le ricevo indirettamente da casa.-
Ancora sono annoiato da qualche stramberia e idea fissa; fisicamente sto molto bene e ho molto appetito. Ieri tristezza e abbattimento per le cattive notizie balcaniche: il mio spirito è uno strumento d'una sensibilità morbosa e lontana: direi che esso possiede doti speciali per la previsione di certi fatti e l'intuizione di certe qualità delli uomini e degli enti, a distanza, senza averli conosciuti né avvicinati: è un organismo procul sentiens. Poi, finita l'istruzione, venne a trovarmi Stefano Castelli, nella mia cameretta, e chiacchierammo a lungo insieme: allora il mio spirito si sollevò un poco, nella bagolata e nelle risate.- Mi disse che Bay e Semenza (che erano insieme) son partiti per il fronte: ma non sapeva nulla di certo.-
Lo zio Emilio consigliò sua madre di regalare a me pure un sacco a pelo: fanno veramente troppo per noi; ne mandò uno a mio fratello, e adesso la zia Luisina si disturba per me.- Questo sacco è in viaggio, credo per pacco postale, ed è diretto al Franceschetti, negoziante di grano: speriamo che arrivi sano e salvo.-
Stamane De Luca, col sergente Gaviraghi, un bel tipo di milanesone anarcoide, andò al fronte, a riconoscere il terreno: credo per prepararsi a condurci nell'azioncella progettata dal colonnello con mia gran gioia.- In questi giorni mi crebbe assai la stima per il generale Cadorna e per le sue doti di organizzatore e di conduttore: è questo un fatto che registro con grande piacere. Già avevo una certa fiducia in lui, ma questa si è ora meglio determinata.-
La mensa continua ad essere buona, abbondante e simpatica. L'altro ieri sera si bevve del cattivo Champagne offerto da noi nuovi venuti. Ieri si bevve del buon Champagne offerto da due maggiori che partono; il nostro credo fosse di marca italiana. Uno dei maggiori partenti è il nob. Cugnetti, calvo, ma-

gro, simpaticissimo: un vero gentiluomo, assai equilibrato e spiritoso. Offerse anche una torta che a me non piacque, ma che in generale fu gustata: egli la qualificò per «schifosetta.» – Il tempo qui è sereno, secco, e freddissimo: a Vescase, dov'è la truppa di guarnigione del Tonale, si sono raggiunti i 18 cent. sotto lo zero; qui la notte credo si siano passati i 15; gelano i ruscelli, e gli scoli delle strade formano enormi incrostazioni di ghiaccio. Ovunque grosse stalattiti e formazioni botriodali e mammellonari.– La valle è asciutta, cosparsa di capannoni in legno, a doppia parete, coperti di tela catramata, assai ben fatti, capaci di 60 uomini e più; rigata da costruzioni stradali e da sentieri recenti; solcata dal Narcanello e dall'Oglio p.d.; talora assordata dai boati delle mine; passeggiata dalle comitive d'uomini e di muli. Queste vanno divenendo meno frequenti a mano a mano che si aprono all'esercito le filovie. A Montozzo una filovia, al Castellaccio e al Corno di Laghi Scuri sale una teleferica: insomma l'organizzazione va man mano compiendosi. A Vezza d'Oglio, e qui a Ponte pure delle molteplici linee di trincea assai ben fatte e di reticolati sbarrano Valcamonica a un'eventuale irruzione nemica.– Ieri assistei a un grosso incendio di alcuni casolari di Zoanno; il plotone allievi cooperò ai tentativi di estinzione, ma invano, che non si avevano strumenti e l'acqua gelava nei tubi delle pompe. Il fuoco fu provocato dalla trascuratezza dei soldati maiali.–

Ponte di Legno, 27 novembre 1915.–

Ponte di Legno (Grande Albergo), 28-11-1915.–
Ieri sera bevei e mangiai piuttosto allegramente tanto che stanotte, anche in causa del gran freddo, poiché la mia stanza non ha calorifero ebbi disturbi di ventre, facilitati dalla consuetudine, che dura ormai da che sono sotto le armi.– Stamani rimasi a letto fino alle 11, non ostante la giornata magnifica: aspetto, se pur verrà, lo Stefano per fare una passeggiatina. Ora scriverò allo zio Emilio per ringraziarlo del sacco a pelo.– Poi forse studierò un poco.– E' ora di cominciare anche questo, sebbene abbia sentito che non vi sarà esame, per noi già sottotenenti.– Sono un po' irritato di non essere arrivato in tempo a prendermi una camera con riscaldamento, mentre arrivando poche ora prima avrei potuto averla.–

Ponte di Legno: (Grande Albergo); 30 novembre 1915.
Domenica nel pomeriggio (giorno 28) accompagnai a Pezzo lo Stefano che andava là a mangiare, insieme ad altri che già vi erano, quali il Caldonazzo e Cristiani, il mio compagno di Politecnico. Un bel pomeriggio sereno ma gelido, con una brezza ghiacciata che filava giù dalla conca del Gavia. Tornai poi all'albergo; la sera mangiai molto, non ostante i disturbi già segnalati, e assistei a una partita a poker tra De Luca, Pagnanelli, Vassallo (il tenente medico) e il capitano medico, di cui non so ancora il nome.- Mi interessai molto al gioco, pur rimanendo semplicemente spettatore.- La notte ebbi ripetuti disturbi. Ieri soffrii molto, in quanto una caratteristica di questi è quella di rendermi più sensibile, molto più sensibile, al freddo. Ricordo che in luglio, a Parma, io soffrii il freddo in qualche giornata di pioggia, mentre normalmente le piogge di luglio erano per me un ristoro: ciò in seguito a disturbi di ventre.- Ancora non indosso che la camicia, il gilet e la giacca, non ostante il buon corredo invernale che ho. Ieri cominciò anche un raffreddore che mi intontì alquanto e ha, come spesso, caratteri di reumatica.- La sera dopo desinare, ero piuttosto imbecillito; accettai di giocare al poker (è la prima volta che gioco in vita mia) con la preghiera e il patto che le quote di elevazione non superassero i cm. 50 per volta. Giocai con estrema prudenza, cioè «passando» quasi sempre, ma con estrema sfortuna: e persi la tenue moneta di otto lire. Non è nulla, ma credo che sarà l'ultima volta che gioco.- Vassallo è nel gioco correttissimo, onestissimo, così pure gli altri, salvo che Pagnanelli è facile agli scatti di disappunto; De Luca la sa lunga e ha una gran fortuna e una superiorità.- Stanotte dormii poco e male, e oggi ho un tremendo raffreddore.- Patii un gran freddo, assistendo alle lezioni mattutine nella cappella dietro la chiesa di Ponte (la quale non ha che vedere con l'altra chiesetta di Precasaglio, in cima a quel paese). Anche dopo colazione lezione di De Luca, con barba spaventosa.-
Ieri scrissi a Emilio Gadda; lo ringraziai di tutto e speriamo che la lettera gli arrivi.- Scrivo questo diario nella camera n.° 58, di Stagni e Riposio, perché la mia è troppo fredda.-
Mi pare di aver già notato che la mia camera è al I.° piano, al n.° 24.- Il Colonnello si chiama Lodomez.-

## 4 DICEMBRE 1915

Di questi giorni riapparvero nella vita della mia mente alcuni fatti che la contrassegnarono già in un lungo passato; alcune immagini di tristezza, di dolore, di sgomento, ripetute anche nel sonno; rievocazioni di sventure familiari; ripetizione d'una tendenza pessimistica così nel considerare certi fenomeni storici che interessano profondamente la vicenda delle mie sensazioni, il meccanismo della mia sensibilità, come nel guardare avanti nella vita, al divenire mio e dei miei cari.- Credo però che una siffatta modificazione della presente calma sia interamente passeggera: credo che la divina speranza d'una vita nazionale più pura e più alta e forse più serena non mi lasci, che la fiducia in un miglioramento delle mie forze continui a conferirmi quel po' di baldanza che è necessario a un miserabile per tirare avanti. Miserabile io credo sopratutto di essere per l'eccessiva, (congenita e continua) capacità del sentire, la quale implica uno incorreggibile squilibrio fra la realtà empirica e l'apprezzamento che il mio essere ne fa in relazione con le necessità della sua esistenza; implica la sufficienza nel comprendere ma l'insufficienza nell'agire, oltre che nel volere. Troppo gli aspetti non sereni dell'ambiente si stampano nel mio animo agghiacciandolo d'uno sgomento insuperabile e togliendogli la facoltà della reazione. Intendo per aspetti non sereni tutte le circostanze di insufficienza o di malvolere della società in cui vivo, massime della mia gente; e degli uomini fra cui opero: amici, colleghi, ecc., tutte le insufficienze mie; e le durezze provate. - Ho ricevuto ora una cartolina dal Semenza, che è partito per il fronte, offrendosi volontariamente prima di altri a cui toccava dipartire per effetto di anzianità. Uomini sono coloro che pensano ed agiscono con la stessa norma. Ponte di Legno, 30 novembre 1915.-

Ponte di Legno, 4 dicembre 1915.-
Il giorno 1 dicembre nulla di nuovo. Il giorno 2 nel pomeriggio ci recammo (io, Riposio, Stagni, Pagnanelli, De Luca) alla ridotta Garibaldina, sulla sella del Tonale, per la magnifica strada omonima. Conobbi finalmente l'Albergo Faustinelli che tanto avevo sentito nominare nelle trasmissioni telefoniche. Le trincee sono in mezzo alla neve, vere cave da animali

sotterranei.- La ridottina del comando è un locale di pochi metri cubi in cui tre persone stanno a disagio.-

Durante la strada Stagni e Riposio mi annoiarono parecchio trovando ogni pretesto a brontolare e litigare, perché io acceleravo troppo il passo. Giunti al comando del battaglione (una casa sulla destra della strada, salendo) ebbimo i particolari su uno scontro di pattuglia avvenuto poco prima. Una nostra ricognizione s'era avvicinata all'ospizio di S. Bartolomeo (abbandonato da entrambe le parti): gli austriaci vi s'eran ricoverati la notte: lasciarono che i nostri si avvicinassero per circondare la casa e spararono. Così uccisero quattro dei nostri e ne ferirono parecchi. La pattuglia si ritirò, inseguita dagli shrapnell. Io arrivai in trincea quando già v'era il colonnello, che aveva autorizzato noi a venirvi: e assistei alla trasmissione degli ordini, a una nostra batteria, di demolire S. Bartolomeo. Il primo colpo da 149 arrivò sibilando indiavolatamente e s'abbatté (a detta dell'osservatorio di artiglieria) a 10 metri dalla casa, la quale dalla trincea non si vedeva, pur essendo vicinissima (circa 600 metri) perché in una insenatura del terreno, ondulato. La batteria sparava da Ponte di Legno.- Dopo pochi colpi una valanga di sassi si sollevò dal suolo; poi un'altra; poi ancora. Pare che la casa sia stata colpita.- Alcuni colpi non esplosero perché la neve su cui caddero (almeno credo) rese meno violenta la percussione.-

Poco dopo arrivarono due barelle, recate dai porta feriti, con due morti: il sottoten. Evangelisti, milanese, della M.T. e un soldato, certo Micheletta. Gli uomini scendevano calmi, sereni, e rivelavano tutti una forza d'animo meravigliosa: era interessante poi il ritorno della pattuglia, in fila, nella neve e nella nebbia che cominciava a salire.- Tutti rimpiansero i caduti, specie il sottotenente, buono e valorosissimo. Io vidi poi le salme al comando del battaglione: il soldato pareva dormire, composto, sereno, ferito al cuore; il ten. Evangelisti era stato colpito alla tempia destra: il proietto doveva aver leso il globo dell'occhio internamente, perché le palpebre apparivano gonfie, giallo-violacee, la faccia d'un giallo verdognolo con ammaccature e lividi. Eppure il cadavere non mi fece impressione: quale differenza dalla sensazione provata alla vista del cadavere del maggiore Silani, a Laveno! Là non potei dormire

per più notti: ora nessuna impressione. Tornai rattristato con gli altri, a sera.-
Ieri giorno 3 nulla di nuovo; dopo colazione alle lezioni, come il mattino. Alle 4 la cerimonia della sepultura dei caduti, in due cassoni di legno, con un po' di preghiere del cappellano e un discorso del colonnello.-
Anche stamane nulla di nuovo; tutto continua regolarmente, monot‹on›amente, salvo lo sconforto delle notizie balcaniche e la mancanza di scritti da casa. Non so davvero che cosa pensare: è strano che da cinque giorni nulla mi giunga. Attraverso un periodo di sconforto, di apatia, di fangosità e torpore. In complesso il mio animo è un edificio poco sicuro e poco felice.-
Ponte, 4 dicembre 1915.

Ponte di Legno, 7 dicembre 1915.
Nulla di nuovo nella mia vita di questi giorni, salvo una qualche indigestione che mi causò un po' di malessere guastando anche il buon andamento delle mie vicende psicologiche con malumore e stizza.- Grave e noiosa si fa l'assenza completa di notizie da casa: è dodici giorni, o giù di lì, che non ne ricevo. Oggi consegno al mio collega Cesaris una lettera per i miei; egli va a Brescia per servizio ma farà abusivamente una scappatella a Milano.-
Con grande gioia invece ricevetti una lettera da mio fratello Enrico, che mi dice d'essersi procurato le generali simpatie di colleghi e superiori.- Dice di star bene, di esser stato adibito a lavori di fortificazione, ma che ora sarà inviato agli avamposti. E' in Val di Ledro, al Battaglione Val Chiese, 253.ª Comp., ma non so precisamente dove.-
La Signora Sinistri rispose ai miei ringraziam.- E' partito il 7° Regg.to di fanteria, pare per la zona delle Giudicarie.-
CEGadda 7 dicembre 1915.

Ponte di Legno.- 10 dicembre 1915.-
Nulla di nuovo assolutamente: all'infuori della continua mancanza di notizie da casa: Cesaris fece recare la mia lettera alla mia famiglia ma tanto la mamma quanto la Clara erano fuori di casa.- Mi rassegno ormai a vivere nell'isolamento, certo per colpa di qualche funzionario trascurato.- Giorni d'uggia e

di crisi.- Ho conosciuto il figlio del generale Caneva, sottotenente nel 7.° fanteria addetto alle mitragliatrici. Siccome il 7.° è partito per le Giudicarie, alcuni ufficiali rimasero qui e vengono alla nostra mensa: la quale è scesa dal 2.° al 1.° piano appunto per mancanza di spazio.-
Ieri si fecero al plotone le iniezioni anticoleriche a cui io assistei.-
Il capitano medico è in fondo un buon uomo: tiene molto al grado e non perdona ai subalterni le eventuali «gaffes».- Si chiama Bonopane, è napolitano, educatissimo, e anche spiritoso. Ha la mania di chiamar tutti con l'aggiunta del qualificativo «bello»: tenente bello, Dio bello, gabbedano bello. La dolce lingua napoletana assume sulla sua bocca una cadenza composta e simpatica: e il gesto vivo, ma sobrio, accompagna con discrezione la parola. «E quando me vedo uno ch'è una schiappa fottuta».- Anche il capitano Niccolosi, aiutante maggiore dell'8.°, non è cattivo come mi parve: ha tendenze aristocratiche, ma è abbastanza sincero.- Simpatica figura è quella del colonnello Lodomez: intelligente e colto, ligio al dovere, ma bonario e tollerante; a tavola non ama i discorsi grassi ma vuole che venga dato l'esempio della compostezza e del decoro: «il faut penser que la basse cour repète les discours» disse a uno che iniziava un fuoco di barzellette.- Un'altra volta ripeté l'allarmi delle persone educate: «Glissons là bas, n'appuyont pas.» - A mensa conobbi anche dei nuovi «aspiranti» sottotenenti, che provengono dal corso allievi ufficiali tenuto al fronte dal 61.° Regg.to fanteria. Due sono alpini e sono destinati alla fanteria: speriamo che questo scherzo non capiti a me!- Ho anche conosciuto il colonnello che venne a sostituire il generale Corrado nel comando della brigata Cuneo: piovve l'altro giorno alla chiesa dove De Jean e De Luca tengono le loro lezioni. Si informò di molte cose, anche minute, e rivolse agli allievi delle domande che rivelano un uomo esperto, vigile, e d'ingegno. «Domani lei deve partire per un'operazione di montagna col suo plotone: che cosa fa?» chiese a un sergente. Questo salame si fece cavar di bocca parola per parola: il colonnello insisté sulle calzature e sulle calze, sulla necessità di prelevare scarpe molto più larghe del piede per potervi capire anche la lana, la carta, e le pezze: sul se-

go e sul grasso, ecc.- Chiese poi delle carte topografiche, ecc.- Sono lieto di registrare la figura di una brava persona in questo libro dove tante maledizioni si accolgono.-
CEGadda

Ponte di Legno, 17 dicembre 1915.-
Una delle mie solite pigrizie, che assumono la forma di una vera paralisi volitiva, causata da disappunti e malumore, mi tolse di redigere con regolarità il mio diario.- Eppure avrei avuto molte, notevoli cose da registrare: ne ricordo le più importanti. Le notizie da casa mi sono finalmente arrivate: il non preciso indirizzo posto dai miei sulle lettere, le mandava perdute. Ho mutato stanza. Dal n.° 24, al I.° piano, bella ed elegante camera, ma senza riscaldamento, sono passato al 63, piccola, al 3.° piano, ma ben calda.- Oggi sono arrivati 875 pacchi natalizî per i combattenti: meno male! Qualche cosa è finalmente giunto a testimoniare della beneficienza cittadina!- Un fatto ben più grave è la morte di ventuno alpini, travolti da una valanga tre giorni fa, mentre operavano i rifornimenti del Corno di Laghi Scuri. Ieri se ne seppellirono le salme nel piccolo cimitero di Pontedilegno, ormai pieno.- Ho ricevuto anche delle notizie da mio fratello: ma tutte anteriori all'ultimo combattimento che il Bollettino di Cadorna annunciava, avvenuto in Val di Ledro e operato da reparti di alpini e di fanteria.-
In questi giorni si tengono gli esami del I.° plotone allievi ufficiali, quello che si iniziò il I.° ottobre: il nostro corso sarà naturalmente prolungato di un mese.- L'altro giorno, essendo finalmente caduta un po' di neve, cominciai a skiare: vado abbastanza bene.- Stefano venne ieri a trovarmi e mangiammo della marmellata di susine, della famosa scatola regalatami dalla mamma. L'altro giorno gli regalai una intera scatoletta di marmellata: inoltre gli prestai parecchie volte i miei ski.-
Spiritualmente furono, le passate, giornate di crisi; fisicamente di malessere per tosse, raffreddore, ecc.-
Ponte di Legno, 17 dic. 1915.- CEGadda

Ancora 17 dicembre 1915.- (Appendice)
Ponte di Legno.-
In questi giorni risolsi empiricamente il problema della trise-

zione dell'angolo, adottando un procedimento già immaginato qualche anno fa, quando ero al liceo, ma compiendolo: la risoluzione vale quel che vale, perché non è esclusivamente geometrica, ma ha ricorso al disegno: eppure essa assegna con esattezza (tolto l'errore grafico) la terza parte d'un angolo dato. Noto che il procedimento grafico di cui mi son servito è usato anche nel disegno geometrico p.e. pel tracciamento dell'ellisse.

§. 100 – Nello studio analitico della Geometria occorre l'equazione dell'ellisse, riferita ai proprî assi, sotto la forma:

$$y = \pm \frac{b}{a}\sqrt{a^2 - x^2}$$

da cui si deduce la proporzione:
b : y :: a : / $\sqrt{a^2 - x^2}$ / Un semplice accorgimento permette allora di tracciare la conica: disegnati i due assi, sopra un regolo si determina a nel segmento $\overrightarrow{AM}$; si determina b nel segmento $\overrightarrow{AN}$, essendo N interno ad M. Allora, mantenendo M sull'asse a, N sull'asse b, il punto A descrive l'ellisse.

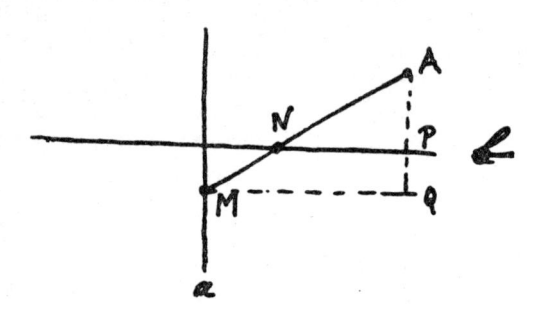

Dalla similitudine dei triangoli NAP, MAQ risulta infatti la sopra scritta proporzione. Su questa proprietà della curva fondò alcuno il compasso a tre punte (AMN), per il suo tracciamento.

§ 101.– Un simile procedimento permette, dato un angolo, di valutarne la terza parte.

17 DICEMBRE 1915

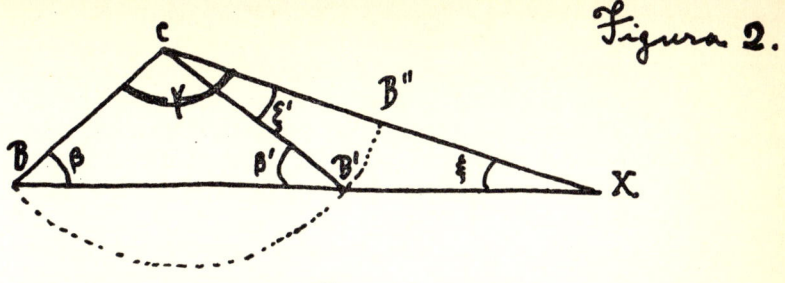

*Figura 2.*

Sia assegnato l'angolo $\xi \leq \dfrac{\pi}{4}$.

Sia $\alpha = 3\xi$, $\beta = 2\xi$, $\gamma = \pi - \alpha$. Costruiamo un triangolo BCX tale che l'angolo in B sia $\beta$, l'angolo in C, $\gamma$, e l'angolo in X, $\xi$: ciò è possibile, essendo $\gamma + \beta + \xi = \pi$. Costruiamo ora il triangolo BCB', essendo l'angolo $\beta'$ in B' eguale a $\beta$: BCB' risulta isoscele e poiché $\beta' = \xi + \xi'$ per costruzione, risulta pure $\xi = \xi'$, cioè anche CB'X è isoscele. Si ha quindi: BC = B'C = B'X.

§ 102. Immaginiamo ora di non conoscere $\xi$, ma il suo triplo $\alpha$; essendo $\xi$ un angolo qualsiasi $\leq \dfrac{\pi}{4}$, $\alpha$ può considerarsi un angolo qualsiasi $\leq \dfrac{3}{4}\pi$. Allora, disegnato $\gamma$, tracciamo l'arco di circonferenza di centro C nel vertice di $\gamma$, raggio BC quale si voglia, e ampiezza BB". Determinato su un regolo un segmento $\overrightarrow{MN} = BC$, manteniamo M sul lato CX di $\gamma$, N sull'arco di circonferenza tracciato, fino a che il regolo passi per B: (allora M coinciderà con X, N con B' nella nostra figura). L'angolo in X è $\xi$ e l'angolo in B, $2\xi$. Se fosse $\alpha > \dfrac{3}{4}\pi$, si opererebbe sull'angolo $\dfrac{\alpha}{2}$, o su $\dfrac{\alpha}{4}$, $\dfrac{\alpha}{8}$, ecc.-

§ 103. Uno strumento di precisione, costituito da due punte di compasso finissime e fisse, accuratamente allineate col margine d'un regolo d'acciaio, può consentire la trisezione esatta dell'angolo.-

§ 104. Il concetto che mi guidò nella soluzione è il seguente: ribaltiamo la poligonale della figura 2 intorno a BX e tracciamo una circonferenza di raggio r = BC e di centro B'. L'angolo 2β in B è uguale all'angolo 2 B' in B': (figura 3). Questo e l'angolo 2 ξ in X sono rispettivamente l'angolo al centro e l'angolo alla circonferenza che sottendono lo stesso arco CC".

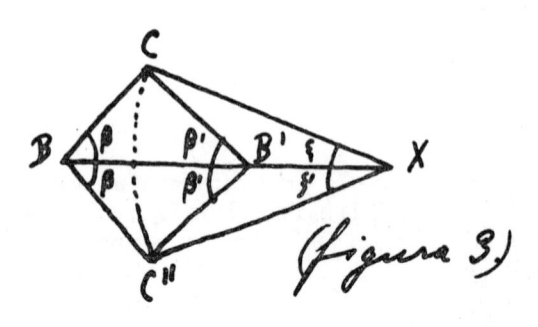

«Potendo costruire due angoli cosiffatti, la cui somma fosse un valore assegnato, si sarebbe risolto il problema della trisezione.»

§ 105. Dalla costruzione contenuta nel §. 101 si deduce il seguente enunciato:
«Due circonferenze di eguale raggio si seghino: esiste nell'una un punto Ω allineato con un'intersezione e con il centro dell'altra circonferenza; il raggio corrispondente al punto diametralmente opposto a questo e la retta dei centri determinano un angolo la cui terza parte è definita dalla retta stessa e dall'allineamento sopra descritto.»
(teorema del Gaddus: Ponte di Legno 17 dicembre 1915.)

Ponte di Legno, 17-12-1915.

§ 106.- Dalle osservazioni del §. 104 si deduce senz'altro il seguente enunciato, già presente nella mia memoria da quando frequentavo il Liceo: ora soltanto (18-12-1915) lo noto qui, in connessione con quanto precede, anche perché esso

non differisce sostanzialmente gran che dal teorema del Gaddus:
«Se due circonferenze di eguale raggio si segano, l'angolo alla circonferenza, corrispondente all'arco compreso fra le intersezioni, è ‹ ›

§ 107. Altri strumenti possono immaginarsi che assegnino con precisione grafica la terza parte d'un angolo dato: ‹ ›


Ponte di Legno, 18 dicembre 1915: sera.-
Una cartolina della mamma mi annuncia dolorosamente lo spegnersi della zia Luisina: questa notizia mi ha colmato d'un'amarezza profonda, richiamando alla mia memoria gli anni passati, le ore passate da Lei, i miei parenti, i miei vecchi: rividi l'ultimo addio, l'ultimo bacio, l'augurio di risalutarci fattole a piè del letto. E' l'ultima della generazione di mio padre, sola superstite: ora anch'essa ci lascia, in un mondo triste e tempestoso forse più del passato!-
Mio fratello mi scrive che sta bene, che nulla più si fa sul fronte delle Giudicarie, che intende passare in aviazione: io in una lettera d'oggi gli risposi prospettandogli il pro e il contro della cosa, ma lasciandolo libero di fare. Parlerò di ciò più a lungo: ora sono stanco.-
Ricevetti oggi una cartolina dello zio Carlo e una dalla sorella di Meco, molto gentile ma non più che gentile.- Assistei alla premiazione (medaglia d'argento) del sottotenente Ganna di Milizia Territoriale, del 5.° alpini, e d'un soldato morto (la medaglia venne consegnata allo zio.) - La modesta cerimonia, compiuta dal generale Cavaciocchi, si svolse sul piazzale all'entrata dell'Albergo, presenti le rappresentanze delle varie armi.-
Sono piuttosto triste, accorato, stanco: oggi andai a Pontagna, a passo di corsa.-
$$\text{CEG.}$$

Ponte di Legno, 19 dicembre 1915.- (domenica).
Giornata uggiosetta anzi che no: crisi di spirito.- Mi levai e

mi lavai accuratamente: alle 9½ in quartiere, dove seguii De Jean nella rivista al fucile degli allievi. Assistei poi alla messa, per desiderio del colonnello: noia sopra tedio sopra uggia sopra freddo sopra tristezza. A colazione mangiai bene e parecchio: Champagne frutta secca e aranci, mascarpone con cognac.- Dopo colazione andai a Suzzine a vedere gli accantonamenti e le baracche della 44.ª, 45.ª e 47.ª compagnia del 5.° alpini. E' un luogo pittoresco, e le case di sasso e di legno e gli châlets di assi con cartone catramato stanno assai bene, in mezzo ai pini. Skiai anche un po', ma me ne venni tosto. Feci la strada quasi di corsa, col mio passo bestiale, e arrivai trafelato. Mi gettai sul letto e dormii fino a poco fa.- Sul giornale grame notizie, dal fronte russo.-

CEG.-

Pontedilegno, 20 dicembre 1915.- Mio fratello mi scrisse, nella lettera che mi giunse il 18 corr., che pensa di passare nel corpo genio-aviatori.

Ponte di Legno, 25 dicembre 1915.- Natale.-
Delle orribili crisi di spirito fecero di me, ieri e l'altro ieri, un insieme di tristezza di sgomento e di malessere sostanziati in persona: non ostante la compagnia dello Stefano passai ieri delle ore nere, nelle quali mi pareva che il mio animo fosse incapace di esistere e andasse avanti per conto suo, come una gamba è staccata dal corpo. Eppure il motivo di queste crisi è talora futile: un disappunto, una debolezza, causata da notizie gialle, nella vicenda de' miei pensieri, il disordine della mia camera o il ricordo d'un male sofferto, prendono a sovvertire la tranquillità del mio animo: e la mancanza d'una pronta reazione volitiva permette che tutto si intorbidi.- La signora Semenza mi scrisse che suo figlio attraversa un periodo critico lui pure: per quali motivi? Non mi dice nulla delle cause. Io scrissi a lei, a Lulù e a Pullulù.- Ieri mi assalse con dolore anche il pensiero che lasciai trascorrere l'onomastico della mamma senza uno speciale augurio: chissà che cosa avrà pensato di me! Il 21 scesi a Edolo, con lo Stefano, per prendere lo stipendio di novembre, che è arrivato dopo quasi un mese per i pasticci del maggiore Mazzoldi, e per salutare la mamma e la so-

rella dello Stefano che erano venute a salutarlo e a portargli un pacco di roba. Fu un viaggetto interessante e con qualche fatterello curioso: anzitutto la discesa da Pontagna a Edolo sul fondo di un camion senza gomme, che ci ruppe le ossa, nella sera gelida, dopo aver temuto di non poter arrivare perché il camion della posta era già partito. Poi, arrivati, la delusione di non trovare le signore: io e Stefano mangiammo al Derna, soli e tristi. Finivamo quando un soldato ci avvertì che arrivò per telefono a Clementi, cugino di Stefano, la notizia che le signore erano arrivate a Breno e che il tenente dei carabinieri di colà le aveva fermate: che però, per l'intercessione di un capitano, sarebbero arrivate la sera. Arrivarono infatti, e le conducemmo al Grand-Hôtel Edolo: chiacchierammo fino a tardi, e poi le lasciammo. Dopo aver girato per tutti gli alberghi di Edolo, senza poter trovare da dormire, io e Stefano ci avviammo al Gallo. Entrati girammo l'intero casamento senza trovare i padroni; allora ci schiaffammo in una camera a due letti, dormimmo, pisciammo, e l'indomane, levatici, cercavamo del padrone: nessuno e poi nessuno. Allora via, senza pagar una madonna, lasciandogli i letti scomposti e i pitali pieni.-
A colazione fui coi Castelli e rimasi poi tutto il resto del giorno con loro.- La sera tornammo a Pontedilegno in uno sgangherato calesse, messo a nostra disposizione da quel capitano che avea pure facilitato alle Castelli il viaggio.-

Ponte di Legno, 30 dicembre 1915.-
Questo mio disgraziato diario va avanti come un asino frusto a digiuno: gli è che anche il mio spirito mi pare una barca scucita in un angolo di cattivo porto, dove la risacca sciaguatta ogni cosa. Un giorno passa presto: ma come un seguito di noiuzze e di amarezze, derivanti sopra tutto dal cattivo equilibrio delle mie facoltà, vecchia morchia del sottoscritto: sicché alla redazione del giornale mancano tempo e voglia.- Il Natale e compagnia, salvo la tristezza derivante dalle famiglie lontane, passò discreto: con marrons glacés e dolci e vino: nell'epopea futura il mio pranzo natalizio del 1915 presso l'8.° fanteria non troverà posto. Del resto nulla di nuovo, salvo una ronda notturna fatta per conto del comando dell'8.° ai locali ove è accasermata truppa: questa truppa, masnada birbona di con-

ducenti delle salmerie, ha causato già parecchî incendî, donde il provvedimento che gli ufficiali presenti in Ponte di Legno, facciano a turno una ronda di notte, a ore diverse. A me toccò dalle una alle tre: mi presi quattro allievi ufficiali, fra cui il sergente Nicheli, buon ragazzo, e una lanterna. Girai Ponte di Legno e Poia: non trovai nulla di irregolare, salvo un mulo che girava slegato pel paese, e che feci ricondurre all'ovile. Il generale di brigata lasciò al colonnello il comando della brigata, perché dové provvisoriamente prendere il posto del comandante di divisione, andato a fare la sua licenza: il reggimento è comandato perciò dal maggiore Micheli.– Enrico mi scrisse di nuovo, con buone notizie: è inutile che ripeta qui le ragioni per cui non disapprovai il suo desiderio di passare nel corpo degli aviatori, e tutto ciò che gli scrissi in proposito: se avrà conservata la lettera, i posteri ricercatori le potranno leggere.– Notizia grave è la morte della cara zia Luisina, che non so quando sia avvenuta: questa morte ha attristato molto la mamma, già provata dalla nostra assenza.– Sparisce con la vecchia zia l'ultimo superstite della generazione di mio padre, l'ultima delle care anime de' miei maggiori, che tutti conobbi e amai da fanciullo: ripenso le colline della Brianza, Rògeno, il sepolcro famigliare dei Gadda, la casa degli antenati: e il vivissimo sentimento della discendenza e della famiglia celebra in me con tristezza il lutto: alla zia ero anche legato da uno speciale affetto per la predilezione da lei rivolta a mia madre, a me, a' miei fratelli.– Ricevetti in questi giorni augurî da Emilia, da Emilio Ronchetti, dallo zio Pietro, dalla Clara, dalla mamma: la quale, per mezzo dei Castelli, mi inviò anche un panattone, datteri, torroni, ecc. Povera mamma: in questi dolci vedo il suo cuore, le sue mani, che lavorarono nelle cure della famiglia per avviarci a una vita degna e buona; la sua persona mi riappare stanca del lavoro, angustiata dalle preoccupazioni del futuro, quale la vidi nei lunghi anni del nostro crescere: e penso con il pianto in gola, non per me, ma per lei, che forse tante pene potrebbero tornar vane. Tuttavia io voglio affrontare con serenità la rabbia delle palle nemiche, perché solo allora il mio paese avrà in me un figlio non indegno, non degenere: in mille modi potrei ancora sottrarmi al fuoco, ma non vi penso neppure. Potrei rimanere nella milizia territoriale, o presso l'8.° fanteria, al Comando; potrei palesare la mia non ferrea salute, che dissimulo invece con cura; e, anche prima, non potevo andare in artiglieria da fortezza? Sarei stato adibito a qualche batteria pesante, o congedato: scelsi invece gli alpini, ben sapendo che in un corpo di fanteria[1] il pericolo è incommensurabilmente maggiore, per gli assalti e i servizî di pattuglia e di trincea.– Speravo, a dir vero, che mio fratello non si sarebbe esposto come si volle esporre, che non si facesse volontario e non andasse egli pure negli alpini.– Ancora ardentemente fo il mio voto perenne, che egli sia risparmiato! Ancora una notizia grave: mia sorella Clara mi scrive che, proprio la vigilia di Natale, Emilio Fornasini è stato telegraficamente chiamato a Cervignano, al Comando della Brigata Brescia (19.° e 20.° regg.to di Fanteria). Egli, nobilmente, aveva fatto domanda di passare nell'arma degli alpini: si vede che hanno accettato la sua domanda, ma l'han destinato alla Fanteria: egli era al 24.°, Cavalleggeri di Vicenza, a Crema: credo però che la vigilia di Natale si trovasse a Milano. Questa notizia mi ha addolorato: anzitutto perché contavo rivederlo nella mia licenza, poi perché speravo di averlo compagno e vicino in qualche reggimento alpino, e poi perché temo che la brigata Brescia sia una delle molto esposte.– Stefano viene spesso da me, a perpetrare i suoi pranzetti schifosetti, avendo depositato nella mia camera tutto il ben di Dio che i suoi gli recarono. Il problema della trisezione, mia vecchia idea fissa, da vero scemo, mi appassionò ancora: tuttavia mi servì a passare qualche ora non grama.– In questi giorni ebbi anche qualche disturbo fisico: un po' di stanchezza al cuore e generale per l'intenso skiare fatto in due giorni: circa due ore per giorno di ininterrotte salite e discese; le salite quasi a corsa.–

CEGadda.

---

[1] fanteria, alpini, bersaglieri, granatieri.

Ponte di Legno (Valcamonica): Grande Albergo.-
31 dicembre 1915: ore 17 circa.
L'anno 1915 si avvia al trapasso: tirando le somme esso ha segnato un miglioramento nelle mie condizioni: nelle condizioni di tanti altri è stato quel che è stato: una spaventosa tragedia. Ho parlato nei riguardi esclusivamente personali: ché della tragedia comune, politica ed etnica, della tragedia morale in cui hanno dato del capo le mattane degli uomini, io ho partecipato intensamente. Il periodo della preparazione è stato da me vissuto come un seguito di angosce, di ansie, di speranze: il periodo di guerra, pur non avendomi ancor visto al fuoco, mi ha continuamente lasciato nella tensione d'animo del combattente: la vicenda è stata seguita con passione, cioè con spasimo, con entusiasmo, con sofferenza secondo i casi. Nei rispetti famigliari il sapere mio fratello al fronte ha provocato in me delle crisi orribili, specie quando ero a Parma. Adesso sento che non potrei più tardare, per nessun motivo, ad accorrere dove realmente si fa la guerra: perciò spero che, appena finito il corso e terminata la breve licenza, io sia destinato a un reparto che combatte. Già sono al fronte mio fratello e i miei due più cari amici: l'Emilio e il Semenza.- L'Emilio Fornasini è, come scrissi, alla Brigata Brescia, credo in un luogo pericoloso: il Semenza è in Carnia.- Tanto per poter riandare, se mai camperò, questo giorno, voglio ricordare i particolari della giornata: stamane ero di picchetto (il Grande Albergo è una specie di caserma dove alloggia lo Stato Maggiore del Reggimento) e sorvegliai la spazzatura dello spiazzo, coperto di neve gelata paglia e sterco cavallino, che sta davanti all'albergo. A colazione mangiai piuttosto malaccio, con indosso un discreto malumore: Pagnanelli prese a dir corbellerie allegre e a burlarsi di me, come il solito: io ridacchiai. Dopo colazione assistei all'interrogatorio fatto da De Jean ai suoi allievi, sulla lettura della carta topografica. Eravamo nella baracca di legno dove s'è ora trasportato il plotone.- Questa baracca è una delle tante costruite dal genio o da ditte appaltatrici: in legno, a forma di serra, con due file di giacigli a fior di terra e due a un metro e mezzo dal suolo; a doppia parete, con rivestitura esterna di carta catramata: vi si sta benone, in sessanta circa. Ecco una specie di schizzo:

## 31 DICEMBRE 1915

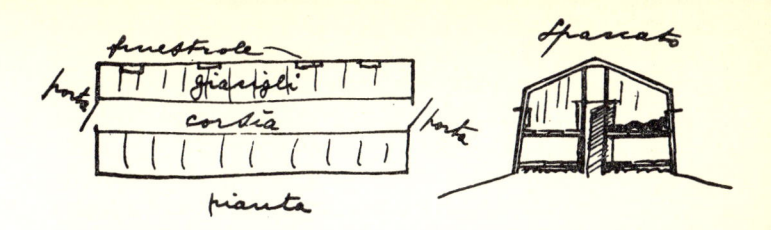

Ricevetti ieri una cartolina di augurî dalla sorella del Meco.-
Stefano venne a trovarmi e si trattenne con me parecchio, prima di pranzo.-
Ore 22-23 circa. Il pranzo dell'ultimo dell'anno è terminato. Il pianoforte, già da parecchi giorni recato nella sala da pranzo, rallegra la serata: il famoso Arkel ci tiene di buon umore con le sue canzonette, ecc.- Erano invitati un capitano e un tenente addetti alla brigata. Tutti se la passano discretamente. Io avevo un sonno terribile che ancora mi dura, ma fino alla mezzanotte non è possibile andarsene perché vi sarà il brindisi al 1916. Speriamo che il prossimo anno ci rechi qualche cosa di buono!-
Sono salito in camera a finire questo giornale con queste quattro notizie insulse: ma mi preme che sia fermato sulla carta, per potermene sempre ricordare, se vivrò, questo finale del 1915. In Ponte di Legno, alla testata di Valcamonica: al grande Albergo, terzo piano, camera 63.
CEGadda CEGadda CEGadda Ponte di Legno camera N.° 63
Fine dell'anno 1915.-

Fine del 1915-31 dicembre 1915. (Ponte di Legno; Grande Albergo; camera N.° 63)

# ANNO 1916

Anno 1916.- 8 gennaio, sera.  Diario del Gaddus
Sempre in culo a Cecco Beppo!

Ponte di Legno, (Grande Albergo), 8 gennaio 1916.
Quante coserelle interessanti avrei a notare! Ma la mia schifa pigrizia me le ha fatte lasciar nella penna nei sette giorni passati, onde scriverò solo le più importanti. La più notevole è il *battesimo del fuoco* avvenuto l'altro ieri (6 gennaio).- Avendo una nostra batteria, quella di Taiadisso (pezzi da 87 B, delle campagne per l'indipendenza; riadattati discretamente fanno un ottimo servizio) disturbato degli operai austriaci che scavavano trincee, gli austriacani ribatterono Tajadisso a shrapnells: i tiri lunghi piovvero giustappunto sulla baracca del plotone allievi ufficiali. Finita la solita lezione, verso le 11 e $\frac{1}{2}$ del giorno 6, io ero con De Jean e Riposio e altri, fra cui Stefano, sulla porta della baracca che guarda il fiume (le baracche sono sul fondo valle, a sinistra del fiume, quasi all'altezza di Precasaglio) quando un sibilo acuto e violento ci interruppe nei nostri discorsi. Istintivamente, credendo a un pericolo maggiore di quello che in realtà era, feci due o tre passi a corsa con Stefano e altri per ripararmi nella baracca, aspettando lo scoppio, perché avevo subito intuito trattarsi d'un proietto. Invece lo scoppio non arrivò e il proietto (o la spoletta che fosse, se lo scoppio era avvenuto più in alto) si conficcò nella neve, di là dal fiume. Appena terminata questa faccenda rimasi un po' perplesso, aspettando altri colpi, poiché io non ero informato della azione di artiglieria contro Taiadisso e credevo fossero colpi a noi espressamente dedicati. Ma quando altri due o tre shrapnell piovvero, scoppiando alti verso i 500 - 600 m. sopra noi, ogni timore cessò. Per precauzione ci mettevamo chini in un angolo morto del muro che fiancheggia la strada, che conduce al Grande Albergo. Adesso devo andare al cesso e poi farmi la barba, perché è lunga e abbiamo a pranzo il colonnello Barco, comandante del gruppo alpino.-
CEGadda 8 gennaio 1916.

Pontedilegno, 9 gennaio 1916.
Ieri sera fu a pranzo il colonnello Barco, tipo molto severo e freddo di comandante, con alcuni suoi ufficiali: il ten. Lampugnani che credo sia professore, il sottotenente Sorresina, e il sottotenente Ducos (non so se si scriva così, ma nella fretta della presentazione ho inteso Dücò, credo deputato al parlamento.- Siccome v'è un gran transito di ufficiali, per le licenze concesse a turno, eravamo in molti anche dell'8.° fanteria e perciò si fecero due tavolate. Ci presentò a Barco il nostro colonnello Lodomez: poiché a un comandante di corpo e ad ufficiali superiori bisogna essere presentati. Questo Barco fece prendere i nostri nomi al suo aiutante maggiore e ci disse che, se avrà bisogno di noi, ci prenderà nel 5.° Alpini, il che per me non è una gran consolazione perché preferirei un reggimento che combatte più intensamente.- Stamane, non avendo fatto ciò prima di ora, andammo a presentarci al detto Barco, al Comando del gruppo Alpino. Ci chiese del nostro stato di servizio e ci congedò. Oggi ho poco da fare e sono singolarmente noiato. Adesso però devo cominciare a studiacchiar qualcosa sul serio, poiché lunedì venturo cominciano gli esami: ancora non so se noi già sottotenenti li faremo o no.- In questi giorni al plotone s'è fatto poco, poiché i programmi sono ormai esauriti: dopo colazione qualche manovretta, in terreno vario, per lo più mal riuscita perché De Jean non ci mette tutta la cura che ci vorrebbe (in realtà la manovra è un affare difficile:) e perché anche i soldati non sono eccessivamente solerti.- Castelli viene a trovarmi più raramente, poiché deve lui pure studiare qualcosa.-
Alla mensa, in questi giorni di feste si mangiò spesso assai copiosamente: cicchetti, grappini, vino e Champagne, tanto che mi pare d'esser doventato un alcoolista. Non mancarono abbondanti dolci, forniti in gran parte dalla gentile signora Césaris, madre del nostro collega e mio ex-compagno di scuola. Insomma queste feste, dal lato gastronomico, non furono da meno delle solite feste del tempo di pace.-
Una notizia interessante che mi giunse ieri da casa, scrittami dalla mamma, è la nomina di *sottotenente* ottenuta da mio fratello Enrico, il quale come già dissi, era prima «aspirante». E' questo infatti il titolo che vien conferito a quei militari di

truppa che han frequentato il corso al fronte, presso i diversi reggimenti. Questa notizia mi fece molto piacere e scriverò a mio fratello le mie congratulazioni. La sua anzianità decorre dal II.° dicembre 1915. -
In questi giorni un gran movimento di ufficiali e truppa è recato dalle «licenze». Dal comando, con generosa idea, vennero gli ordini e le disposizioni per un turno di licenza di 15 giorni, a tutti i militari: questo provoca naturalmente un lavoro enorme nelle ferrovie, nei comandi di tappa, ecc.- Da noi è sempre di passaggio truppa che va o che torna, con ufficiali. Onde la nostra mensa, già numerosa anche per la presenza del maggiore Ferrini (comandante il Gruppo d'Artiglieria da Fortezza) e de' suoi adepti, raggiunge spesso proporzioni numeriche ragguardevoli, con disagio di tutti.-

CEGadda, 9-1-1916.

Pontedilegno, 12 gennaio 1916.- Nulla di nuovo né di interessante. Ritorno di De Luca dalla licenza.- Prossimi esami (giorno 19); da casa non mi scrivono. Re è passato sottotenente, ha una superba pelliccia, ma non ha creduto di restituirmi le 20 lire.- Ieri fui alla sella del Tonale perché i nemici sparavano sui muli e io venni mandato a distanziarli. Stamane interrogatorio, poi, dopo colazione, esercitazioni pratiche di comando.- Mia sorella mi scrive che E. Fornasini è ufficiale d'ordinanza della Brigata Brescia.-

CEG.

Ponte di Legno, 16 gennaio 1916.-
Anche in questi giorni nulla di nuovo. La mattina mi alzo alle $8\frac{1}{2}$ circa: dopo le nove, vado al plotone, nella baracca che gli è casa e scuola: quivi De Jean, avendo esaurito il corso, interroga, pasticcia, ecc. Io sto o sdraiato al 2.° piano o seduto presso De Jean: talora chiacchiero con lo Stefano, come due buoi in una stalla, mentre di fuori infuria un vento che li porterebbe via anche loro.- Dopo colazione facciamo qualche esercitazione pratica di comando, oppure De Jean lascia che studîno, e allora sto in camera dove leggo e sonnecchio. Mangio sempre molto, soffro una specie di mal di testa e di rintontimento. Spiritualmente, ho dei momenti di ottimo umore che

si alternano con violente crisi; dei momenti di coraggio sereno, degli altri di coraggio da disperato, degli altri di paura. Penso spesso a mio fratello e alla mia famiglia.- Ho poche notizie perché da qualche giorno non ricevo posta. Lo Stefano viene di tanto in tanto a trovarmi e gli mangio i suoi cioccolatini. Riposio e Stagni stanno pure benone: Pagnanelli è il solito tipo, allegro e fottuto. Stefano mi disse che suo cugino Mario Gobbi è stato trasferito dalla Valtellina al 4.° Regg.to Alpini: è una posizione scaffa! Non so se ho già scritto che Emilio Fornasini, alla brigata Brescia, è ufficiale di ordinanza.-

     Ponte di Legno, 16 gennaio '16. CEGadda.

Grave lacuna nel mio diario provocata da pigrizia. Nel frattempo *esami* all'8.° Fanteria, partenza dell'8.° per l'Isonzo, mio licenziamento dall'8.°, breve soggiorno a Edolo all'albergo Derna, licenza invernale. Ora sono a Milano, in licenza, che finirà il giorno 17.

            CEGadda.
          Milano, 11 febbraio 1916.

Milano 11 febbraio 1916.
(venerdì)
A Ponte di Legno ho interrotto il mio diario per le solite ragioni di pigrizia e di trascuratezza.- Intanto si fecero gli esami, pratici prima e poi teorici: in commissione erano il colonnello Lodomez, il capitano Terragni, De Luca, De Jean. Io fui trattato bene, come tutti, ma l'esame fu serio e rigoroso: nella parte pratica non fui così disinvolto come supponevo: al corso avevo comandato troppo poche volte e m'ero un po' divezzato.- Invece gli esami andarono male per Stagni e Riposio. La conclusione fu che io ebbi, come classificazione «*buono con punti tre*» e riuscii perciò il primo del corso. Pagnanelli ebbe buono con due, Riposio buono con uno, e Stagni fu rimandato. Degli allievi ufficiali nessuno ebbe voto superiore a «buono con due». Castelli ebbe un «buono con due.» Venieri, Nicheli, Mosna, Mininni, Pernici, ecc. furono promossi.- Stagni deve la sua bocciatura anche alla poca simpatia che De Luca aveva per lui.- S'erano infatti bisticciati.- Dopo gli esami rimanemmo un giorno o due a poltrire a Ponte di Legno, io in

grande nervosismo, per l'attesa. Finalmente venne, improvviso, l'ordine di partenza per la brigata Cuneo. Fatti i bagagli, il giorno 27 si partì da Ponte di Legno per venire a Edolo.- Il plotone allievi ufficiali, con zaino in ispalla, fu accodato al carreggio del battaglione (non ricordo che batt. fosse, dell'8.°). La marcia, iniziatasi verso le 8, finì alle 14 circa: fu lenta, e faticosetta.-

Il giorno dopo il battaglione partì da Edolo per Oslavia: io rientrai al mio deposito di battaglione, a Edolo. Ero triste, solo, avvilito, abbattuto per la partenza e il distacco dall'8.°; mi ricordo che non andai neppure a salutare De Jean alla stazione.- Scrissi poi a De Jean una cartolina: gli scriverò ancora più a lungo. Al colonnello Lodomez ho scritto di qui, da Milano cioè, una lettera di saluto e di augurio. Devo scrivere anche a De Luca e al medico Borella.- Rimasi a Edolo assai triste per parecchi giorni.- Mi trovavo poco con lo Stefano, che era un po' triste. Il plotone allievi venne aggregato, in Edolo, all'8.° battaglione di Milizia Territoriale. Il giorno di arrivo e il seguente io mi adoperai molto per far avere loro alloggio, coperte, vestiti, ecc.- Poi li affidai, perché così mi comandarono, al comandante del battaglione e li lasciai. Però pranzai una sera con loro: mi offersero il pranzo e io contraccambiai con una bicchierata. (£. 15.)- Mi fecero un discorsetto di ringraziamento, e mi applaudirono battendo le mani: io, distratto e confuso come sempre, battei anch'io le mani, come un povero sciocco che ripete automaticamente il gesto altrui.- Di solito mangiavo alla mensa del 5.°, (lì in Edolo), per obbligo: una mensa di poche persone ormai, triste fino alla morte. Le compagnie complementari infatti, con quel gioiello del capitano Bruno, sono all'Aprica.- Finalmente il ten. colonnello Mazzoldi (è stato promosso) mi mandò in licenza. A dormire ero al Derna, in una camera con Stagni: faceva un freddo cane.- Appena seppi che mi si mandava in licenza, rimasi male: speravo di partire con lo Stefano. Ma partii ugualmente.

                    - Milano, 11 febbraio 1916.- sera. CEGadda.

Milano, 15 febbraio 1916.- (Via S. Simpliciano 2)
La mia licenza, che ormai sta per finire, è trascorsa assai lieta, salvo i giorni di tristezza e quasi di scoramento e di confusione passati in principio. Il motivo di questo stato d'animo va ricercato in una delusione nei riguardi della vita cittadina, che io pensavo anche esteriormente tesa verso la guerra; mentre non si mostra tale affatto, alla prima osservazione almeno. In realtà l'anima del popolo tutto partecipa assai della intensa vicenda storica e spirituale che traversiamo: e con la beneficenza continua mostra di amare i combattenti: ma pure si diverte, passeggia, chiacchiera come se nulla fosse. Forse negli ambienti plebei, che io non ho modo di frequentare, la guerra è più sentita anche sentimentalmente: non parliamo finanziariamente.- In città molti embusqués, molti esonerati dal servizio, molte facce schife di fornitori, d'egoisti d'ogni maniera, di pasticcioni: *ma non fa nulla e non importa nulla*: io e i miei amici siamo quello che siamo.- Altro motivo di tristezza era la separazione da Stefano, e il trovar la città vuota de' miei amici.-
Poi a poco a poco le visite ai parenti, la gioia di rivedere la famiglia, e molti amici riveduti dopo lungo tempo, e la buona accoglienza fattami da tutti, districarono il mio animo da quella specie di gelo in cui s'era invischiato.- Il parenti e gli amici mi vollero da loro, spesso a pranzo e a colazione: molte volte vennero da noi: sicché i miei pasti e le mie serate si trovarono sempre ad essere impegnati, come quelli d'un diplomatico o d'una marchesa.-
Grandissima fu pure la mia fortuna e la mia gioia nell'avere la licenza quasi contemporanea a quella di mio fratello. Io volevo ritardare la licenza per averla insieme a Stefano e sopratutto insieme all'Enrico, pensando che egli tarderebbe. Invece appena arrivato a Milano, la sera del 1.° febbraio (partii da Edolo la mattina) me lo trovai avanti! Quale festa: stava benone ed era di ottimo umore. Era arrivato in licenza due giorni prima, il 30 gennaio.
Seguiterò a notare le vicende di questi giorni.
            CEGadda - Milano, 15-2-1916.

## GIORNALE DI GUERRA PER L'ANNO 1916

Carlo Emilio Gadda
Sottotenente nel 5.° Regg.to Alpini
89.° Reparto Mitragliatrici
2.ª Sezione

# Guerra per l'Indipendenza, anno 1916

# Giornale di Campagna Anno 1916 (Gaddùs)

Carlo Emilio Gadda,
Sottotenente nel 5.° Regg.to Alpini.-

## Giornale di Guerra
## per l'anno 1916.-

Vicenza, 4 giugno 1916.-

Nota. – Il presente quaderno venne acquistato in Torino il 31 maggio 1916.–

«Prospexi Italiam summa sublimis ab unda»
Aen. VI.

Carlo Emilio Gadda, (Gaddūs), Duca di Sant'Aquila
Anno 1916.

Carlo Emilio Gadda
Giornale di guerra per l'anno 1916

Paragrafo primo

Vicenza, 4 giugno 1916, ore 13.–
Rinnovo in queste pagine, all'inizio di un nuovo periodo della mia vita militare, il giornale di guerra che intralasciai durante l'inverno; con la speranza che per alcuna sua nota possa credermi soldato combattente nell'opera della redenzione. La brevità del tempo assegnabile alla redazione del presente diario mi toglie ora di corredarlo d'una chiacchiera, nella quale avrei riassunto le ragioni e il modo del mio concorso a costituire l'89.° Reparto Mitragliatrici; mi toglierà, nei giorni prossimi, di «farmi onore» scrivendo.– Partiti da Torino jer l'altro, giorno 2 giugno 1916, i Reparti 89.° e 90.° arrivarono a Vicenza jeri alle 7 del mattino; io ebbi la fortuna di riabbracciare a Lambrate i miei cari, a cui avevo dato telefonicamente un appuntamento da Musocco, il treno speciale non dovendo passare per la Stazione di Milano. A Vicenza abbiamo accantonato uomini e muli nello Stallo dell'Arena e stamani alle 6 (il computo delle ore è anticipato di sessanta primi dalla mezzanotte scorsa: ciò è a dire che le 6 sono in realtà le 5, e così via) abbiamo iniziato l'addestramento della truppa alla manovra delle «Saint Etienne». Io sono alloggiato in una discreta cameretta in via San Rocco 42: mangio dal ristoratore coi colleghi, o dalla padrona di casa.– Il mio spirito, occupato dall'amarezza e dall'ansia, si è oggi riposato in un po' di calma alla lettura del bollettino di Cadorna. Anche la popolazione è calma. CEG. Vicenza, 4 giugno 1916.

Ore 18.- Dopo le 13 m'addormentai con il proposito di esser pronto in quartiere alle 15, ma il sonno oltrepassò l'ora determinata occupandomi la prima parte del pomeriggio domenicale. Scrissi due cartoline, una alla mamma, una a Letizia: e mi recai all'accantonamento, dove non v'era che fare: arrivai buono per far coprire d'un telone impermeabile la carretta su cui erano le mitragliatrici, che senza me avrebbero preso quant'acqua il cielo voleva: l'indolenza e l'incuria degli alpini sono irritanti.- I comandanti delle altre due sezioni del reparto fecero invece un po' di istruzione dalle 15 alle 16.- È per noi uno stretto obbligo di coscienza l'intensificare questa istruzione, perché l'opera nostra, per quanto povera e scarsa, è attesa dai combattenti della grande battaglia come un sollievo: per ciò mi dolse di non aver presenziato all'ora pomeridiana.-

Il nostro Reparto, l'89.° dei 90 in costituzione a Torino per opera del maggiore Chiodo, risulta come gli altri di un comandante, (il capitano Mario Cirese, proveniente dall'Eritrea), di una squadra Comando (ufficio di amministrazione, ciclisti, telefonisti, porta feriti), di tre sezioni e delle salmerie. Gli ufficiali sono quattro, il capitano e tre comandanti di sezione, gli uomini 127 (uno manca ancora) e i muli 41: abbiamo inoltre quattro carrette da battaglione leggere. Sulla costituzione del Reparto ho altre note in un quaderno particolare: qui dirò che la mia sezione è composta come le altre di un comandante, sette tra sottufficiali e graduati, quattordici soldati per il servizio e il munizionamento dei pezzi, sei muli, sei conducenti, tre zappatori.- Essa è la 2.ª Sezione del reparto: la prima è ai comandi del tenente Fabiano Venier, di Udine; la terza del sottotenente Carlo Musizza; il capitano è nativo di Napoli. Tra noi ufficiali regna buon accordo e spero ci troveremo sempre benone.-

CEG.- Vicenza, 4 giugno 1916.-


Vicenza, 5 giugno 1916.- Jeri girai per la città, dopo l'istruzione fatta da Venier e Musizza, ammirando i magnifici monumenti del Rinascimento, le chiese romaniche, i gotici veneziani, che ripetono nelle loro linee il succedersi dei tempi. Poi

## 5 GIUGNO 1916

cena a caro prezzo da un ristoratore: notte agitata da tristezza e ansia sulle sorti della guerra, disturbata dal chiacchierare e dal ciabattare delle donne di casa. Sveglia alle 5 dell'ora nuova; in quartiere alle sei; istruzione intensa in piazza d'armi, donde vedemmo un velivolo nemico fuggire verso il Settentrione dopo aver gettato una bomba nei pressi della ferrovia. Colazione di minestra e uova, per calcolo di massaio, allo Stallo dell'Arena: riposo fino alle due e mezzo: poi istruzione e spesa viveri. Questa si prolungò tediosamente, essendo il magazzino carne affollato dai portatori di diversi reparti: il sole forte e il riverbero del lastrico ci intontì per bene.– Nelle ore libere, un po' di assiduità presso la padrona di casa, una bella signora di dimensioni matronali, in vestaglia e pantofole e incinta: poi diario, questo che scrivo.– Il mio animo, non ostante la placida vita di questi giorni, non è affatto sereno: alle ragioni permanenti della mia tristezza, latente sotto le attività consuete del cervello, si uniscono quelle fittizie, concernenti la nostra situazione militare. La preoccupazione patriottica, etnica e politica, vela come di un colore di desolazione l'aspetto della mia patria divina, della serena mia gente: nelle vie non vedo le torri, i palazzi, la gente, ma il loro pericolo; verso i monti guardo quasi con rincrescimento e paura, come all'origine d'una tempesta insostenibile, mentre altra volta pensai di loro: «muro con torre per la mia semente foste, avverso orda che di là s'accampa.» Il pensiero della mia famiglia e un po' anche quello del mio pericolo mi angustiano; ciò non ostante la volontà è fermissima, la ragione fermissima, nel decidere che è doverosa la mia presenza alla fronte.– Spero che il mio sistema nervoso, viziato congenitamente da una sensitività morbile, sostenga, grazie allo sforzo cosciente dell'animo, l'orrore della guerra, che ancora e sempre e non per ostinazione polemica e non per indifferenza di «imboscato» io credo necessaria e santa. E crederò questo con la ragione anche se pallido e contraffatto e fuori di sé e stremato dall'emozione e incapace di parlare e lurido e angosciato, affamato e assetato e pieno di sonno, ne invocherò la cessazione per debolezza, per stanchezza.

Vicenza, 5-6-1916.– CEG.–

Vicenza, 6 giugno 1916: ore 20.- Stamane il servizio cominciò alle sette, perché d'ora in avanti l'89.° e il 90.° Reparto si alterneranno nel partire dal quartiere alle 6 o alle 7, (alfine di non ingombrare il cortile), mentre fino ad ieri noi ci sbrigavamo alle 6 e il 90.° alle 7. Dormii così un'ora di più, il che non mi dispiacque, poiché ieri dopo cena mi attardai con la padrona di casa a guardare dalla finestra le vampe delle nostre batterie, sui monti lontani: veramente io non guardavo con attenzione, non ostante una specie di angoscia, la quale mi copriva l'anima quasi di un manto di piombo: la padrona si lamentava ch'io fossi distratto.- Durante l'istruzione di stamane smontai una delle due macchine della mia sezione: ho bisogno anch'io di molta pratica. Nel pomeriggio la truppa fu condotta al bagno dal sergente di giornata, e io riposai da mezzodì alle quattro: come si dorme bene in quelle ore! Ma anche questo sonno lecito è un rimorso per me, e l'animo non è sereno.- Alle quattro in caserma; poi ai bagni del Ponte Pusterla: lo stabilimento è piccolo, ma ben tenuto. Ora mangerò in casa, per spirito d'economia: infatti dal Ristoratore del Cavalletto non si spende meno di tre lire e mezza per pasto, a far la figura del povero diavolo. E sette lire al giorno, più il caffè del mattino, più qualche spesa di posta, di lavandaia, ecc. sono un peso troppo forte per il mio bilancio, tanto più che mi trovo agli sgoccioli della mia scorta. Il magazzino di Edolo mi «soddisfece», come si dice in termini militari, fino a tutto il 26 maggio di indennità di guerra e soprassoldo alpino: ma la mesata di stipendio del maggio non l'ho avuta ancora: i cambiamenti di residenza sono sempre deleterî per le finanze d'un ufficiale; tanto più quando si passa per Torino e Vicenza.-
Acquistai delle cartoline e scrissi alla mamma, alla signora Semenza, alla signorina Marchetti: mi informai del come poter visitare il teatro olimpico. Concludendo: animo triste, salute buona, finanze un po' meno (lire 35 e spiccioli): solitudine, perché tra colleghi, pur essendo ben amici, ci facciam poca compagnia: pensiero assillante della patria e dei miei cari.-
Vicenza, 6-6-1916. CEG.-

Vicenza, 7 giugno 1916.- Permane nell'anima la tristezza,

## 7 GIUGNO 1916

sollevata un po' dalle notizie della guerra dei Russi, i quali al primo assalto lungo un fronte di 350 Km. ottennero un buon successo: pare che il loro munizionamento sia stato seriamente preparato, che le condizioni di viabilità delle retrovie sieno state notevolmente migliorate dal Genio: speriamo. Essi ci ricambiano forse in questo momento l'aiuto che noi recammo loro il giugno scorso, allorché la nostra campagna distrasse dal fronte russo alquante forze austriache. Anche il bollettino di Cadorna (6 giugno) è discreto. Mi addolorò oggi la notizia della morte del grande lord Kitchener, il formidabile organizzatore della guerra inglese, uno forse degli uomini di maggiore ingegno che questi tempi presentino: egli acutamente intuì le necessità e le modalità della presente guerra, previde lucidamente le circostanze del suo svolgimento e della sua durata. Se la sorte, che io non affretto per me ma per alcun amore verso la mia patria e gli uomini tutti, sarà così buona da condiscendere ai disegni della mia infanzia e della mia adolescenza, io dirò per il grande generale una parola di ammirazione: fra il tumulto bavoso delle chiacchiere delle incertezze delle sciocchezze delle cecità più madornali, fra il dilagare delle ideologie diarroiche e delle speranze asinesche sui miglioramenti di un mondo tisico marcio per forze puramente ideali, la sua figura di uomo d'azione si leva nobilmente ed è una delle più splendide del nostro tempo: ed è un tragico monito ai babbei impigliati nell'insipienza, nella incapacità di condurre un'analisi che si accosti al reale, e di provenire conseguentemente ad una determinazione.-
Oggi l'istruzione cominciò alle sei: partenza dall'accantonamento, arrivo in piazza d'armi; smontai e rimontai l'altra macchina della mia sezione.- I miei uomini hanno poca abilità alla meccanica: sono per la maggior parte contadini: imparano adagio e balbettano molto. Cancellerini, il caporale del primo pezzo, e il mio attendente sono forse tra i più svegli: parlerò altra volta, se me ne ricorderò, dei miei soldati, della loro fisonomia intellettuale e spirituale: li conoscerò anche meglio.-
Ieri gli uomini non andarono al bagno, come scrissi, perché l'ordine non fu potuto eseguire in causa del tempo: andarono invece oggi. Anche oggi dormii da mezzodì alle quattro d'un sonno pesante e triste: mi levai un po' intontito e stanco. Do-

po la libera uscita andai col capitano al colle Berico: che luogo meraviglioso!- Mangiai per due lire allo Stallo dell'Arena, servito dalla simpatica Teresina, e cenerò ora con la padrona di casa. Scrissi alla mamma e all'Emilia e spero di aver domani loro scritti: quanto mi occupa anche il pensiero della famiglia!

CEG. 7-6-1916.-

Vicenza, 9 giugno 1916.- Ieri eseguimmo una marcia con il bagaglio al completo per recarci a Perarolo ad eseguire dei tiri: per noi, i tiri di prova delle nostre macchine, poiché quelli fatti a Torino vennero eseguiti con altre. Il nostro capitano, adottando un giusto criterio di previdenza militare, volle che la marcia fosse fatta come se dovessimo partire, con tutte le impedimenta: la marcia si svolse tutta su buona strada, all'infuori dell'ultimo tratto, da Perarolo al campo di tiro: al mattino ombra e fresco, al pomeriggio, nel ritorno, un caldo violento. Le condizioni di cammino erano quindi, ad eccezione di quest'ultima, assai favorevoli: ciò non ostante si ebbero a verificare degli inconvenienti: anzitutto le carrette cariche di munizioni non furono potute trainare non dico da due muli, ma nemmeno da quattro, e dovettero ritornare: poi la marcia si dilungò e si frazionò, essendosi mandati avanti i muli per lasciare i serventi in soccorso delle carrette: infine, al ritorno, forse per il caldo eccessivo, per la scarsezza di allenamento, la truppa era assai stanca e di malumore. I tiri, eseguiti alle due del pomeriggio, furono assai soddisfacenti: a trecento metri, con tiri di blocco e falciati, regolati e accelerati (poiché una delle proprietà della Saint'Etienne è il regolatore della velocità di tiro), i bersagli costituiti da sagome di uomini ritti vennero crivellati: i colpi tirati complessivamente dalle sei macchine del reparto furono 1200.- La faccenda dei muli delle carrette non deve parere a prima vista, come certo parrebbe ad ogni italiano che avesse assistito alla marcia di ieri, un inconveniente grave: non facciamo critiche ingiuste: anzitutto le munizioni devono esser portate con le carrette del Parco avanzato di Artiglieria nei pressi della sezione: durante il viaggio le carrette recano sì munizioni, ma non nel quantitati-

## 9 GIUGNO 1916

vo di cui siamo dotati noi, dovendo fidare solo sulla nostra scorta. Un aumento nell'organico dei muli e degli uomini che è già forte (127 uomini e 41 muli per sei mitragliatrici) sarebbe un errore, se non nel caso di operazioni coloniali.- I miei due colleghi brontolarono col capitano, e alla mia presenza si permisero anche di dargli della testa di rapa, non certo per cattiveria, ma in uno sfogo di malumore: la truppa pure brontolò. Ciò non ostante io approvo le disposizioni del capitano che servirono a lui di preziosa esperienza: egli, ufficiale in un reparto di ascari, non può avere quella conoscenza degli alpini che abbiamo noi e se la vuole acquistare.- L'italiano, nel momento della fatica, brontola e se la prende coi superiori: ed è ingiusto: e io dico allora: italiano carogna.- Io ero stanco morto, più dei miei soldati: mi sarei buttato a terra e addormentato, anche perché a colazione (che fu alle tre pomeridiane) avevo bevuto del vino senza prima assaggiarlo, nell'avidità della sete: e questo vino era assai forte.- Eppure non brontolai, non bestemmiai, non diedi della bestia a nessuno: ma dissi a me stesso e dico e dirò sempre che l'organizzare una marcia, anche in condizioni favorevoli, è una cosa difficile; che vi occorre proprio, oltre che energia e spirito di organizzazione, anche vero e proprio ingegno, fosforo, cerebro, materia grigia: e ci vuol molto ordine e molta disciplina: due cose di cui fanno difetto gli alpini, che hanno tanti altri meriti.- Assistei già a parecchie marce: discretamente eseguita quella dell'8.° Fanteria da Ponte di Legno a Edolo, con un battaglione: ho una discreta pratica di marce.- Quella di ieri coprì tra l'andata e il ritorno un percorso di 25 kilometri: a metà gli esercizî di tiro.
Tornato a casa, stanchissimo pel vino bevuto con cui m'ero mezzo ubriacato, mi gettai a letto senza cenare: oggi sto bene. Spiritualmente, sono sollevato dalle notizie della vittoria russa in Volinia: forse il comunicato ne esagera un po' le dimensioni; ma certo anche gli austriaci ammettono la propria ritirata e la perdita di Luzk: il popolo nostro si darà forse a un eccesso di ottimismo in conseguenza, mentre occorre ancora far molto. Io non voglio far previsioni, ma certo è soddisfacente vedere che tutto ciò fu preparato in silenzio: tanto che l'Austria si decise a concentrare nel Trentino le migliori sue forze.

Ieri ricevetti dalla mamma per pacco postale l'orologio aggiustato: segno questo che ella ha ricevuto le mie cartoline. Oggi aspettai invano della posta: da che sono a Vicenza non ho avuto nulla. Stamane si è fatta pulitura delle macchine in quartiere: dopo, nulla: io sono da oggi a domani ufficiale di servizio di compagnia per il mio reparto: il turno è a tre.- In questi giorni la mia salute non è ottima, un po' anche in causa delle fatiche, non ostante che io economizzi molto le mie forze.-
Vicenza, 9 giugno 1916.- CEG.-

Vicenza, 12 giugno 1916; ore 8, di sera.-
Ieri ricevetti una lettera da Clara e una da Emilia, con buone notizie: il mio compagno Giambartolomei, ferito sull'Isonzo, migliora e sarà trasportato a Milano.- Nulla di notevole nelle giornate di sabato e di ieri: nell'istruzione di sabato mattina comandai una manovra in ordine sparso (esercizio per fanteria) delle tre sezioni operanti come reparti ordinarî. Oggi monto di nuovo da ufficiale di compagnia. Sono cramai agli sgóccioli de' miei fondi e dovrò farmi anticipare del denaro dalla cassa del reparto, non essendomi state ancora liquidate la mesata di maggio e l'indennità di guerra oltre il 26.- In questi giorni mangiai al Pozzo Rosso presso il caffè Roma: cibo abbondante, ma non ottimo: spesa media lire 2,50; a cena sono sempre dalla padrona di casa, la signora Lena Brunacci; dalla mia cameretta al primo piano salgo all'ultimo, una soffitta arredata, dove l'ottima signora mi prepara da mangiare. La casa è in via San Rocco 44 e non 42 come scrissi erroneamente. Non ho voglia di scriver altro: della guerra dirò domani.-
Vicenza, 12-6-1916.- CEG.-

*N.B.* - Otto bombe ieri mattina, giorno 11, sulla città: due morti e qualche ferito.- CEG.-


Vicenza, 14 giugno 1916. Ore 20 e $\frac{1}{2}$.-
Ieri fu una giornata di servizio ordinario, la mattina bagno alla truppa nella piscina municipale lungo il Bacchiglione, al ponte Pusterla; dopo colazione, istruzione in piazza d'armi,

## 14-15 GIUGNO 1916

con un sole cocente. Qualche assiduità presso la padrona di casa.- Stamane una breve marcia con zaini, muli, carreggio sullo stradone di Verona; dormii dalle dieci e mezzo alle una, prima di far colazione, perché mi prese una sonnolenza invincibile; la colazione consisté di pane, prosciutto, acciughe salate per un totale di 65 centesimi. Dopo colazione fui in quartiere, poi al bagno di ponte Pusterla con Venier: nuotai e mi divertii, ma l'acqua fredda mi consentì solo delle brevi immersioni. Con la spesa del bagno e di un gelato preso poi al caffè, con Venier e il Capitano Cirese, mi alleggerii dell'ultimo centesimo. Non ho più nulla in tasca e domani dovrò farmi prestare del denaro: devo ancor riscuotere, come dissi, lo stipendio di maggio e una piccola parte del soprassoldo. Il foglio stipendî non arrivando dal 5.°; non arrivando alcuna risposta al Capitano, che telegrafò per avere fondi e in merito a numerose questioni amministrative, fu mandato a Milano il sottotenente Carlo Musizza per parlare de visu col Comando di Deposito del 5.°- Già dissi, mi pare, che il nostro reparto, l'89.°, dipende amministrativamente dal 5.°- Dovevo andar io a Milano, ma il Capitano volle mandar Musizza perché più pratico di faccende burocratiche: in realtà me la sarei cavata benissimo, con l'ordine e la precisione che metto nelle mie cose; ma mi rassegnai «pro patria», perché io non sono una carogna, ma un buon diavolo.-
Il gelato con cui esaurii le mie risorse, mi fu egregiamente avvelenato dalla lunga tiritera d'un sottotenente alpino, l'aiutante maggiore del Battaglione Cividale, dell'8.° Me ne raccontò di tutti i colori, della nostra ritirata: poco bene e molto male, specie dei Comandi di Divisione: ma anche molto pessimismo di maniera, di quello che mi rende sanguinario: molto spirito di corpo male inteso, un gran disprezzo per la fanteria. Sull'inettitudine dei nostri comandi, sulla loro cinica indifferenza per quello che è, nella peggiore delle espressioni, il loro mestiere, ho già raccolto dati in ogni bocca di militari: ma questi dati possono essere per avventura falsi, e molte volte lo sono certamente, in causa della porca rogna italiana del denigramento di noi stessi. Occorre molto diffidare dell'impressionismo di certuni: certo una cosa è palese: la mancanza di assiduità di questi Comandi alla fronte, l'inefficace o nulla

sorveglianza esercitata sui comandi in sottordine.– Un'altra notizia che mi fece male è che la nostra artiglieria spara poco per difetto di munizioni: un'altra ancora che le linee retrostanti alla prima non vengono munite con quell'assiduità e intensità che avrei supposto. Basta: spero di veder qualche cosa anche coi miei occhi, che credo siano quelli di un uomo ragionevole. Sfoghi contro i «generaloni» abbondano nella storia del mio pensiero: una lettera di mio fratello da Montozzo parla alla mamma dei «generaloni che piacciono al Carlo» con allusione al mio giudizio sempre severo verso gli alti gallonati. Se il Gobbi e il Semenza hanno conservato alcune mie lettere dell'estate 1914, credo che vi siano già dei cenni ironici sui nostri capi: io intuivo, con la diffidenza, che è la ventitreesima legge del mio spirito, l'insufficienza di molte anime porche anche nell'esercito. Basta di tutto questo, che troppo mi amareggia.– Durante la marcia di stamane, passò un tram a vapore coi coscritti del 97 che vanno alla visita e con dei prigionieri austriaci. Vi fu anche oggi un allarme per velivoli: cosa ormai consuetudinaria. Sento a questa prova di non esser molto coraggioso, perché questi allarmi mi destano una lieve apprensione: tuttavia, per un senso di fierezza verso me stesso, faccio tutto ciò che devo fare con la massima calma, giro per la città, attendo alle mie cose come se nulla fosse.– Oggi ho ricevuto due cartoline dalla mamma e le ho anche risposto: il mio pensiero è spesso con lei, e la mia tristezza è in gran parte causata dal pensiero delle sue sofferenze di madre.

        Vicenza, 15-6-1916. CEG.–


Breganze, 17 giugno 1916.– Ieri, dopo la consueta istruzione in Piazza d'Armi, ricevemmo l'ordine di partenza, per una circostanza che potrebbe parer strana a chi non conoscesse le abitudini militari. Il sottotenente Antonelli, comandante il 90.° Reparto (fratello gemello del nostro), si recò al Comando dell'Armata per sapere se egli realmente dovesse assumere il Comando titolare della sua truppa in vece di un tenente, proposto per la rassegna, e che rimase infatti a Vicenza. Esaurita la questione, grandi meraviglie per la nostra permanenza a Vicenza: noi avremmo dovuto esser già al fronte da un pezzo:

## 18 giugno 1916

comunque non indugiassimo a partire per Breganze e a presentarci al Comando dell'Altipiano. Noi partimmo alle 4 e $\frac{1}{2}$ pomeridiane (in realtà le $3\frac{1}{2}$ agli effetti del sole) con un caldo bestiale. Alle 10 e $\frac{1}{2}$ eravamo a Breganze, dopo una marcia faticosa per il caldo, ma discretamente condotta e senza allungamenti della colonna. Prima di partire un gentile brindisi dei proprietarî dello «Stallo all'Arena»; all'arrivo si piantarono le tende per ufficiali e truppa, si scaricarono i muli, ecc. Cenammo nella tenda di Venier, e alla una di notte circa ci coricammo: noi ufficiali non avevamo coperte e io dormii sulla nuda terra dove avevo disteso un po' di fieno tolto ai muli: dormii maluccio perché straziato dai ragli e dai nitriti di muli e cavalli del genio, e dalla sveglia del genio stesso, effettuatasi poco dopo le 3. Il cattivo sonno di quattro ore e mezzo non mi riposò quanto la toilette mattutina con acqua e sapone, nella mia catinella di gomma. Scrivo nell'accampamento, davanti alla mia tenda, seduto sopra le cassette porta munizioni.-
　　　　　　　　　　　　　　Breganze, 17-6-1916. CEG.-


Sul margine meridionale dell'Altipiano dei Sette Comuni, Sopra Calvene. 18-6-1916.
Da Breganze a Sarcedo con un orribile caldo: ero, anche, fisicamente depresso: da Sarcedo a Calvene, dove arrivammo iersera e ci accampammo. Venne un ordine scritto al Capitano di recarsi oggi a Malga Lavorezze. Non essendo tale località indicata sulla carta 100.000, fui incaricato di richiedere al Comando di corpo d'Armata (24.°) altre designazioni: dopo non poca fatica le ebbi per telefono. Stamane partimmo alle 7, (ora nuova) perché intervennero inconvenienti nel caricamento dei muli: dovevamo partire alle 5. Il percorso fin qui, su per la valletta a N.E. di Calvene, fu assai faticoso pei muli, per il pessimo stato del sentiero: la strada non poté essere usufruita perché ingombra di cannoni salenti: (149 G.) Venne anche parecchia pioggia, che ci prendemmo mentre verso le 11 mangiavamo pane e carne fredda, senza sale.- Siamo ora (ore 16) fermi alle cucine del 157.°, per fare, a nostra volta, il nostro 2.° rancio. Clima soffocante, aridità assoluta della montagna; erbosa, cespugliosa, con emergenze di calcare: in complesso nu-

da.- Incontrammo un ufficiale superiore del 157.° che ci disse della eroica resistenza dei suoi sotto il violentissimo bombardamento dei giorni scorsi.-
Le cannonate rintronano oggi con frequenza minore, a quanto dicono: ma certo con una frequenza superiore a qualunque da me sentita (1 circa al minuto): tutti i proietti scoppiano. Moralmente: un po' la fatica della ascesa e il caldo, un po' la coscienza del pericolo a cui andiamo incontro, affaticarono il mio animo. Ebbi un po' di batticuore e depressione fisica, che si tramutarono in sonnolenza, sfogata durante un alt con un po' di sonno. Dopo del quale ero molto più calmo. Adesso ancora un po' di irritazione nervosa, puramente fisica: di tutto ciò non il menomo segno esterno: calmissimo in apparenza, procedevo sbuffando per il caldo o canterellando, occupandomi dei muli; dormii anche: ma la sofferenza morale perdurò, indipendente dalla volontà. La reazione volitiva recò buoni effetti dopo il sonno, dopo un po' di tempo.-
Dobbiamo raggiungere la 32.ª divisione e precisamente il 41.° fanteria; speriamo sia un buon reggimento.
Gli shrapnels austriaci fischiano a 350 metri da noi scoppiando sul collo a Nord dello spiazzo in cui siamo.- La truppa nostra è a bastanza calma e serena: speriamo nella vittoria!-
18-6-1916. CEG.-

*Giorno 22 giugno 1916.-* In trincea, sulla falda orientale del piccolo rilievo roccioso, che forma una pozza coperta del prato a occidente e a sud di *Monte Magnaboschi*.- Ore 10,30' antim. Il giorno 18 arrivammo e pernottammo sulla pendice sud del rilievo M.te Carriola, credo, che copre il prato di Casera Carriola: il capitano si presentò al Comando di Brigata. Durante la marcia dalle cucine del 157.° a Casera Carriola incontravamo barelle di feriti, feriti, (profughi) del 157.°, reduci dallo spaventoso bombardamento del 17. Le notizie erano tristi: il numero giornaliero dei feriti raggiungeva (sul fronte della 32.ª divisione circa) il migliaio. Vidi in una tenda della sanità divisionale un tenente colonnello ferito all'addome.- La notte, passata nel luogo descritto, fu triste: le cannonate rintronavano e mi turbavano il sonno non pel rumore, ma pre-

## 22 GIUGNO 1916

sentandomi la visione delle sofferenze dei combattenti.- Il mattino del 19, verso le 9, ci mettemmo in marcia per raggiungere la nostra presente posizione, tenuta dal 41.° fanteria. La distanza di questa da Casera Carriola non è molta: si procede fino alla valletta a sud di Magnaboschi, la si percorre, e si sbocca nel prato coperto a occidente o meglio a Sud-Ovest di Magnaboschi: chiamerò questo: «prato C.» Lungo la valletta che chiamerò V, e che è boscosa come tutto il Magnaboschi, lacerazioni del terreno e degli alberi, prodotte dal cannone nemico: cenci, qualche po' di materiale gettato, qualche cadavere. Il genio lavorava a trincee leggere, con non soverchia lena: ma faceva pur qualcosa.
Ci presentammo al Comando del 41.° fanteria: il Colonnello è abbastanza simpatico, e mi dissero che ha del coraggio e dell'energia e del buon senso. La linea di difesa da lui scelta mentre arrivò con le sue truppe durante la ritirata del decimato 158.° Regg.to (che teneva col 157.° le posizioni, ma un po' più avanti sul Monte Zovetto) mi pare assai giudiziosa. La sera postammo le mitragliatrici con qualche apprestamento a difesa in sassi e sacchi a terra, dissimulando con frondi. Dirò poi, aiutandomi con uno schizzo, della precisa posizione.- La notte, fuoco di fucileria sulle posizioni del 42.°, a Nord di Magnaboschi e sul Lemerle: razzi, ecc.; le fucilate arrivavano anche a noi, rabbiose. Razzi austriaci illuminavano il Magnaboschi: noi non ne abbiamo neppur uno.- Il giorno 20 feci fare alla mia truppa dei ricoveri di sassi, un po' coperti, sul versante coperto del rilievo che difende il prato C; dov'è pure il Comando del 41.°- Aumentai e migliorai gli apprestamenti delle macchine; dormii e scrissi alla mamma.- Il giorno 21, ieri, continuammo un po' di lavori: (la notte sul 21 la solita fucileria).- Per non scoprire all'artiglieria nemica le nostre posizioni noi cerchiamo di mascherarle il più possibile: e siamo costretti a non sparare: di ciò approfittano gli austriaci per lavorare di notte, apprestando, (con molta miglior lena di quella dei pigri nostri soldati) le loro difese. La notte sul 21 mi fecero una bella trincea o camminamento, ben visibile, a Nord del prato di Casera Magnaboschi, sulla selletta che accede al Lemerle: e non si preoccuparono neppure di mascherarla.- Io la segnalai al Colonnello del 41.°, feci uno schizzo e glie la pre-

sentai: egli fu contento del mio interessamento e trasmise lo schizzo alla Brigata: (Brigata Modena).– Stanotte, a differenza delle due notti scorse, dormii d'un sonno pesante e profondo: che non mi lasciò neppur sentire la solita intensa fucileria con cui gli Austriaci si premuniscono da attacchi notturni: questo loro timore di un nostro attacco mi pare un buon segno.–

*Ore 18,30'*.– Oggi ingrandii, spronando i miei uomini al lavoro, un ricovero a scavo incominciato ieri, per premunirci contro eventuale bombardamento dei grossi calibri. La mano mi trema un po', perché lavorai indefessamente col piccone, dando ai miei lazzaroni l'esempio della buona volontà nel lavoro: il Colonnello del 41.° si lodò del lavoro. Io cerco sempre di pensare a quello che faccio: nel blindare e apprestare a difesa i due postamenti della mia sezione misi davanti i sassi e le frondi (perché il terreno è roccioso con qualche pino e cespuglio) e dietro sacchi a terra, essendo questi visibilissimi da lontano. V'è della gente che sta al fronte da 13 mesi e non sa questo: e mette in vista i sacchi, rodendomi il fegato.

Il mio ricovero poggia a un piccolo salto di roccia dell'altezza di m. 1,20: ed è cinto da un muricciolo di sacchi a terra e sassi, che comprende un'area di m.² 1,5 × 2,5 all'incirca: è presso il Comando del 41.° e il posto di soccorso della sanità.–

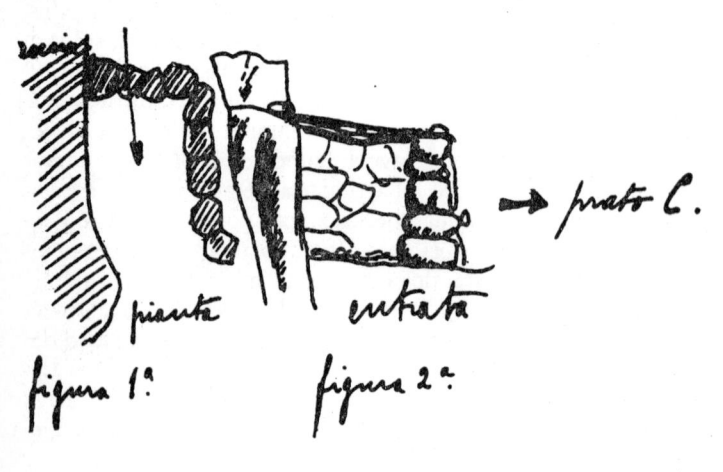

## 22 GIUGNO 1916

È coperto da un telo a tenda, sostenuto da rami, e il pavimento è fatto con frondi di pino che mi salvano un po' dall'umidità durante la notte. Eccone la pianta e l'entrata: la freccia della fig. 1.ª indica la direzione delle fucilate dedicate alla sezione di Venier e che mi passano a 1 metro sul capo, mentre scrivo.- Il capitano dorme in trincea, si può dire: così Venier: io non trovai posto presso la mia sezione e dormo a Sud del rilievo roccioso che scende a salti sul prato C e che chiamerò rilievo R; preparandolo il mio attendente, lavorai anch'io. Il servizio ho disposto così: la notte un caporale o caporal maggiore di guardia a ogni pezzo, pronti a sparare: un sergente di guardia alla sezione con una staffetta pronta per chiamarmi: io disto dalla mia sezione m. 120, che percorro in tre minuti primi, e dormo vestito: faccio frequenti visite alla sezione per accertarmi che i serventi non dormano. Si intende che i fucilieri di linea hanno le loro vedette: quello che io faccio è per soprammercato. Di giorno copro le feritoie, e sfilo le macchine, recandole in angolo quasi morto o almeno defilato (angolo morticino come dice il mio cervello), caso mai qualche boja canocchiale nemico le annusasse e mi inviasse un botolo ringhioso. S'intende che sono pronte a sparare in due o tre minuti. Ieri verso le 11 (ora nuova) della notte sparai qualche colpo per interdire i lavori agli Austriaci. Feci tiro bloccato, con regolatore minimo, per dissimulare il suono ritmico della mitragliatrice.-
Le artiglierie nostre sparano poco: invece il bombardamento nemico fu oggi intenso su Magnaboschi con piccoli calibri e sulla valletta V con piccoli e medî, a shrapnel e granate. Per la valletta V passano le nostre corvées.-
Ai nostri uomini arriva il rancio di carne e pasta una volta al giorno, alle 14; alle 9 del mattino il caffè e la posta: verso sera l'acqua e il vino: l'acqua è recata in ghirbe (recipienti di tela impermeabile a forma di grossi otri), come cosa preziosa. I muli recano la spesa da Calvene alle cucine: poi il rancio dalle cucine a Casera Carriola: corvées lo recano di qui a noi. In prima linea sono la sezione di Venier e la mia: la terza, cioè quella di Musizza, è a Casera Carriola (dove pernottammo dal 18 al 19) e sono appunto i suoi uomini che fanno la corvée. A Calvene sono il sergente furiere e il sergente delle salmerie,

con le salmerie.- Noi ufficiali abbiamo carne e pasta o riso, caffè, cioccolatta, ecc. una volta al giorno, ma in misura sufficiente.- Ieri ricevetti dalla mamma un salame, del cacao, un panattone ottimo; che devolsi a beneficio della mensa.- Ricevetti posta dalla mamma, Clara, signora Semenza, zio Carlo: direttami a Vicenza e pervenutami ora. Non sanno ancora della mia partenza per la fronte. Enrico sta bene e fu a Milano: Emilio Ronchetti è col suo reggimento a Lisiera, presso Vicenza. Mi duole di non poterlo aver veduto: è dal maggio 1915 che non lo vedo.-
Le nostre fanterie sono buone: il soldato italiano è pigro, specie il meridionale: è sporchetto per necessità, come il nemico, ma anche per incuria: provvede ai bisogni del corpo nelle vicinanze della trincea, riempiendo di merda tutto il terreno: non si cura di creare un unico cesso; ma fa della linea tutto un cesso; tiene male il fucile che è sporco e talora arrugginito; disperde le munizioni e gli strumenti da zappatore (quali fatiche devo durare io per radunare i miei picconi e badili!); dormicchia durante il giorno, mentre potrebbe rafforzare la linea; in compenso però è paziente, sobrio, generoso, buono, soccorrevole, coraggioso, e impetuoso nell'attacco. Non si ha idea di che spaventosa violenza fu il bombardamento sostenuto *allo scoperto* dai reggimenti 157.° e 158.° che mantennero quasi tutta la linea, con coraggio eroico. E quanto è grande il coraggio che occorre per rimaner fermi sotto il mostruoso fuoco d'artiglieria! Ne so ora qualche cosa.- Un esempio caratteristico di pigrizia è quello offertomi da un soldato di fanteria che l'altro sera fu ferito all'addome (nel luogo dove è posto il mio primo pezzo) da una fucilata nemica passata attraverso le connessure del muricciolo con cui egli aveva fatto la sua difesa. Non s'era neppur curato di integrare questa difesa con terra e sassi minori, per otturare i buchi.-
Descriverò domani la topografia dei luoghi perché ora s'è fatto tardi. Dirò adesso delle mie condizioni.- Esse sono soddisfacenti: fisicamente sto bene salvo un po' di sonnolenza provocata dall'umidità che io sento molto, e un po' di rabbia nervosa, provocata dal necessario disordine delle mie cose, de' miei abiti, ecc.- Moralmente sono calmissimo: ho sostenuto le fucilate benone, e non ostante che l'accesso ai miei due pezzi

sia affatto scoperto, vi passo indifferente. Anche il fuoco di artiglieria non mi scosse molto: granate da 75 e 105 caddero nel prato C, a dieci o venti metri da me. Da 149 piovvero nella valletta V, a trecento metri, con proiezioni di schegge fino a noi (poca roba però.) Shrapnel arrivano spesso ai lati del rilievo R.- Spero di farmi onore e di far tutto il mio dovere.- Un po' di apprensione mi prende nel sonno e dopo i pasti: per ragioni inerenti ad una forma patologica del cuore, di origine nervosa, dovuta alle violente emozioni da cui fu contristata la mia infanzia. Dico questo non per scusarmi, perché non ne sento affatto bisogno.

22-6-1916. CEG.

Giorno 25 giugno 1916: in trincea, nel luogo descritto il 22.- Scrivo verso le 10 del mattino, una ventina di metri più indietro del mio primo pezzo, seduto sopra una cassa di bombe a mano, con un sole acciecante.- I giorni 23 e 24 continuammo il lavoro del ricovero interrato, migliorammo i nostri appostamenti; feci fare una pulizia alle macchine. Ricevetti una cartolina dalla mamma, e le scrissi una lunga lettera dicendole dove sono, ma delineandole il pericolo minore di quello che è. In questa lettera dico che siamo in angolo morto, mentre ciò non è vero che per piccolissimi punti del nostro tratto di fronte: anzi il mio secondo pezzo è postato al margine d'una enorme buca di 305.- I servizî per la nostra truppa sono buoni: arriva tutto, anche l'acqua. La fanteria è rifornita pure discretamente, di notte, perché troppe corvées sarebbero troppo visibili nella valletta V.- Noi ufficiali dell'89.° mangiamo riso, carne, pasta; pane, acqua, vino, caffè non mancano. Condizioni morali della truppa un po' fesse, ma non cattive: qualche pauroso, qualche stanco; del disordine, ma in complesso umore discreto. I miei alpini hanno uno spirito più elevato anche perché si infonde loro un po' del mio.- Il tempo è freddo la notte: credo scenda la temperatura verso i 10 gradi se non sotto. Il giorno è caldissimo. Mie condizioni fisiche: buone: sonno e appetito regolari: un po' di fiacchezza derivata dal caldo: tengo una soffocante camicia di flanella perché la notte ho freddo: e gli abiti di lana spessa mi hanno sempre dato fastidio.-

Mie condizioni spirituali dei giorni scorsi: (fonte e motivazioni interne): ottime: serenità, coraggio, calma perfetta: le fucilate mi lasciano ormai impassibile. L'altra sera, mentre col mio attendente cercavo di disporre un pino caduto in modo da nascondere un nostro camminamento, ci raggiunse per caso una spoletta, che cadde a due passi da noi: un po' d'angoscia all'avvicinarsi del piccolo farfallone, ma tosto calma e ilarità. Ieri un 305 cadde tra noi e Monte Zovetto, credo a 150 metri circa da noi, facendo tremare tutte le rocce: un po' d'angoscia all'avvicinarsi dell'ittiosauro, poi calma. Altri 305 caddero verso la valletta V. Fonte esterna, motivazioni esterne: un po' di scoraggiamento allo spettacolo d'indolenza dei nostri soldati, al loro chiacchierio, ai loro brontolamenti: un po' di rabbia folle contro i nostri comandi, per le solite ragioni: massime due: la loro poca abilità nel sistemare i collegamenti tra i settori delle diverse unità reggimentali (nessun collegamento telefonico se non per il tramite del comando di Brigata): la loro assenza dalla fronte: (però i comandi reggimentali sono in primissima linea, si può dire in trincea.) Di Cadorna non dispero: credo sia uno dei migliori, non ostante la poca sorveglianza esercitata in questo settore. Buona, nella nostra battaglia, fu la sua pressione alle ali: certo non è strategia trascendente, perché la situazione strategica nostra e logistica del nemico dettavano questa mossa: in ogni modo la situazione fu veduta con prontezza e chiarezza.-

Soddisfazione personale ebbi dalle lodi e dalla tacita ammirazione con cui i colleghi e i soldati di fanteria osservarono i nostri lavori: il capitano Comandante la 5.ª Compagnia disse di noi: «questi sono uomini», e mi chiese due soldati per farsi un ricovero.- Già notai che noi siamo a disposizione del Comando del 41.° fanteria: non so poi se siamo propriamente aggregati al Reggimento, o assegnati al settore.-

Ecco ora un cenno topografico del luogo in cui mi trovo, fatto senza aver visto i dintorni se non dal solo mio punto d'osservazione, con l'aiuto d'una carta d'approssimazione litografata in nero, con linee di livello poco chiare: me ne servo per un'idea generale e per i nomi: sono anche molto mal comodo a scrivere, perché mi trovo per terra e disegnerò anche peggio di quel che potrei: c'era troppo sole nel sito dove scrivevo poco fa.-

## 27 GIUGNO 1916

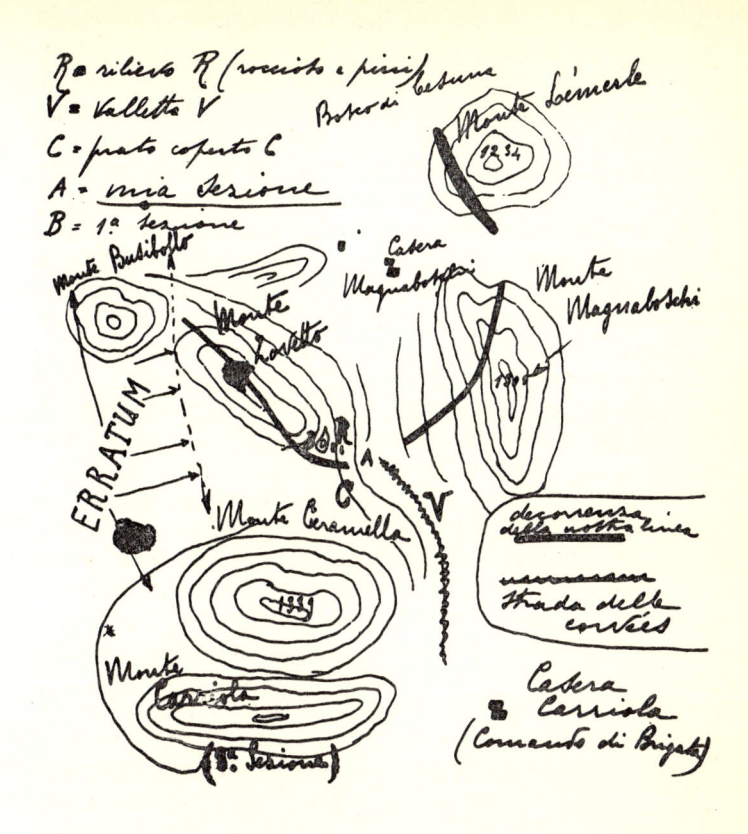

Monte Zovetto: (falda Sud-Ovest, ciglio militare): 27 giugno 1916.- Ore 16.- Dopo la scrittura dell'altra mattina, volevo scrivere ciò che accadeva durante la redazione del primo diario: ma il buon Marte dispose altrimenti. Nella notte sul 25 il nemico, senza attaccare Lemerle né Magnaboschi, lanciò i soliti razzi e fece un intenso fuoco di fucileria fin verso le 2 del mattino: alla quale ora circa le vedette scorsero tre alti bagliori (forse tre mine o tre esplosioni di materiale abbandonato) in direzione di Asiago. Il mattino, mentre scrivevo, le nostre pattuglie erano giunte sulle trincee nemiche dello Zovetto-Lémerle, che erano apparse sgombre. Il nemico, costretto dalla no-

stra pressione (strategica) sull'ala destra, s'era ritirato e noi ci preparavamo ad avanzare.- I nostri, così seppi dal sergente del Comando 41.° fanteria, avevano occupato Castellaomberto o Castel Umberto che sia. Nel pomeriggio, verso le 3, un violento fuoco d'artiglieria, di 210 o 305, a granate, prese a battere la valletta V, ma molto in basso, e Magnaboschi, a un centinaio di metri da noi.- Io mi rifugiai, per ripararmi dalle schegge che piovevano in modo impressionante, nella fossa ricovero da noi scavata.- Ma anche qui dentro arrivarono sassi e schegge; per fortuna nella corsa di ricaduta. Erano momenti terribili: ai primi due colpi, non perdetti il sangue freddo né l'ilarità: scherzavo ed ero calmo, più di tutti i presenti. Ma quando vidi che la cosa continuava, mi prese l'angoscia, pur mantenendomi in buono stato e lucido di testa e pronto a qualunque occorrenza di soccorso o d'azione.- Venne la sera e l'ordine di avanzare: ero, come gli altri, un po' scosso e la notte, passata nel trasporto del materiale, nella raccolta di legname, e nello scavo d'un ricovero, fu intensa di lavoro e d'ansia. Qualche colpo pioveva nella valle di Casera Magnaboschi: pochissimi per fortuna.- Mi aspettavo per la giornata un fuoco tremendo, sospettando anche che il nemico si fosse ritirato per attirarci sullo Zovetto in modo da batterci meglio. Invece la giornata fu relativamente calma: dormii parecchio fino a che un violento temporale, scatenatosi verso la metà del pomeriggio, non ci inzaccherò di fango, penetrando nel buio ricovero, a forma di serra per fiori, scavato e coperto nella notte.- Questo ricovero è scavato sotto la cresta dello sperone che dallo Zovetto si protende a Nord Est, sul nostro ciglio militare di detta cresta. La notte tra ieri e oggi ebbi molto freddo perché ero bagnato e il tempo, rasserenandosi, scese a una temperatura bassa. Una delle caratteristiche del clima di qui è il molto caldo diurno con freddo notturno. Ieri sera, dalla cresta, vidi ardere dei paesi nella conca di Asiago: forse Asiago stesso.- La nostra avanzata fin qui fu contristata dallo spettacolo delle orrende lacerazioni del monte e della foresta, dalla vista di numerosi cadaveri in putrefazione, verdi, cerei, neri, paonazzi.-
Noto ora che nel mio schizzo misi il monte Cieramella un po' fuori di posto, almeno stando alla carta del 100.000: che il prato coperto C è forse la Pozza del Favaro; che né oggi né ie-

ri non postammo le mitragliatrici in trincea, essendo questa ormai la seconda linea, poiché il nemico s'è ritirato parecchio: proseguiremo stasera per il bosco di Cesuna, essendo già arrivato l'ordine.- Scrissi oggi allo zio Pietro per il suo onomastico che ricorre dopodomani, al Pierino Gadda, e alla mamma. - In queste cartoline dico anche dove sono, con un po' di vanità.-
Oggi la giornata è serena e calda e stamane i velivoli nostri e nemici fecero le solite esplorazioni: i nostri volano molto basso, con discreto coraggio. Dal 25 si sente anche la voce delle nostre grosse artiglierie.- Non so se il genio lavora nelle retrovie: qui no di certo. Forse però non sarebbe nemmeno possibile trasportare materiale per grosse opere, perché i rifornimenti sono fatti da mulattiere salenti dal margine dell'Altipiano, non per la bella strada militare che lo attraversa a Casera Magnaboschi, la quale strada è battuta e in più punti rotta dalle grosse artiglierie.-
Un episodio tristissimo, che mi destò di soprassalto ieri mattina, fu lo scoppio di una nostra bomba a mano con cui degli imprudenti soldati di fanteria si baloccavano: al rumore dell'esplosione e alla ricaduta del terriccio presso di me, seguirono lamenti che mi provocarono, nell'improvviso svegliarmi, il batticuore. Un soldato morì all'istante, due rimasero feriti.-
Stanotte non riposai nel ricovero scavato ier notte perché troppo umido: dormii col mio attendente e con quello del capitano, sotto una tenda, preferendo una eventuale scheggia di granata all'orrore del fango e dell'acqua: dormii però malissimo, bagnato com'ero già, sul duro sasso, soffrendo freddo e umidità.- Dei miei soldati parlerò appena avrò un po' di tempo: noto solo, ora, che il caporale Scandella mostra una paura troppo grande per un soldato, per quanto padre di famiglia: la sua faccia è sconvolta da un'apprensione in cui non è nulla della tristezza di natura affettiva e sentimentale, ma in cui leggo invece la scaggia tripla. Ieri né oggi non ho avuto posta: penso molto ai miei, molto a mio fratello.-
Stasera all'imbrunire, come già dissi, proseguirò con la sezione per il bosco di Cesuna, a Ovest e Nord del Lémerle: verrà pure la 3.ª sezione, quella di Musizza, che s'era trasportata dov'eravamo noi: rimane qui, in 2.ª linea, la prima. Sono un

po' preoccupato per la nuova posizione, ma lieto dell'avanzata.- Stamane Musizza mi fece una fotografia, essendo io andato a trovarlo per ritirare la mia piccozza: (fotografia del 27 giugno 1916: pozza del Favaro).-
Stamattina feci pulire i fucili e le macchine: vedo ora con piacere dei soldati di fanteria che puliscono il loro.- N.B. - Le nostre avanzate si fanno tutte per trasporto a spalla di armi e munizioni.

CEG. 27-6-1916.

Cesùna, 29 giugno 1916.- Ore 20.-
Non nel bosco di Cesùna, ma nelle praterie a Nord-Ovest del paese, in modo da formare il vertice dell'angolo retto di un triangolo rettangolo che abbia per vertici la stazione ferroviaria, Villa Brunialti (l'oasi boscosa, di pini, a Nord del paese) e il nostro sito, siamo accampati. Siamo accampati io e la mia

sezione, perché Musizza col capitano Cirese sono presso il 3.° battaglione.- *Distribuzione degli elementi del Reparto*: salmerie, sergente furiere, a Calvène; le cucine sono avanzate fino nel piano di Caséra Carriola; i muli fanno servizio un giorno su tre, andando coi rifornimenti da Calvène a Carriola, che è un bel viaggio: intendo che un terzo dei muli fanno a turno il servizio ogni giorno: alcuni muli poi scendono coi viveri cotti fino al prato di Casera Magnaboschi: la sezione che è più arretrata, (presentemente è la 1.ª, quella di Venier) si serve e manda i suoi uomini a turno in corvées per recare viveri e posta alle altre. Le tre sezioni sono ora così distribuite: 1.ª col 1.° battaglione del 41.° fanteria; 2.ª, la mia, col 2.° battaglione; 3.ª col 3.°- Presentemente si trova il battaglione 3.°, e quindi la 3.ª sezione, in prima linea; il 2.° batt. in seconda

## 29 GIUGNO 1916

linea; il 1.° in terza.- Io sono con la mia sezione e col comando di battaglione nel punto descritto, in una specie di pozza che à due pareti a declivio erboso, e una, rivolta in modo da defilarci ai tiri nemici, a parete di roccia. Ci siamo messi nei posti disponibili contro la roccia: i soldati sanno ormai benissimo che cosa sia angolo morto o almeno defilato.- Le dimensioni della piccola conca sono di circa 200 metri quadrati: (14 x 14 circa, giudicando a occhio; forse 12 x 16) il fondo proprio è più stretto: il salto di roccia nel punto più profondo sarà di circa otto metri, ma un altro salto di due vi è più sopra:

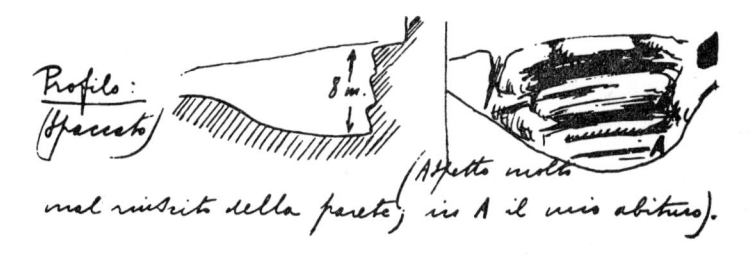

*Profilo: (spaccato)*

*(mal riuscito della parete; in A il mio abituro).*

*(Aspetto molto*

Il mio abituro è sito su un piedestallo di sassi e terra ed è costituito da una tenda retta da rami di pino sfrondati: oggi ho migliorato il pavimento, lastricandolo rozzamente di tavole di sasso, tolte alle divisioni, fatte in lastre, tra prato e prato: sòpravi rami e paglia.-
La linea nostra, che sarebbe di rincalzo, cerca nascondersi dietro avvallamenti del terreno in modo da defilarsi lungo la direttrice da Sud Ovest a Nord Est che détta la fronte. I soldati di fanteria hanno oggi lavorato discretamente a blindare un po' i loro ripari. Io non ho fatto blindare i nostri perché sono già molto (non interamente) riparati.- Nei diari scorsi non ho forse sufficientemente notato l'aspetto d'un attacco o almeno d'un fuoco di fucileria notturno: descrivo a cenni uno di quelli del Lemerle, che vidi le prime notti.- Crepitio di fucili, in aumento, razzi verdi nella pineta, qualche razzo rosso nostro, fuoco di mitragliatrice intermittente, sibilo di shrapnel‹s› che di notte scoppiano con un bagliore rosso-livido, qualche fragore di bomba a mano: aumento, maximum, decrescenza. Domattina conto di seguitare le mie note giusta il seguente pia-

no: resoconto dal 27 al 29: giudizî sul comandante del 2.° battaglione; descrizione dello scoppio di 305 tra Lémerle e Magnaboschi contro la nostra batteria enfant-terrible; aspetto di Cesùna, ecc., (casa del parroco); bollettini di Cadorna e mie situazioni d'animo.- Ieri né oggi niente posta.-
    Cesùna, 29-6-1916. (S. Pietro). CEG.-


Cesùna, 30 giugno 1916; ore 19.-
Arrivati nel descritto luogo la sera del 27, dopo mezzanotte; sonno a cielo scoperto, pioggia mattutina. Un po' di tende il giorno, qualche ricovero di rami: grande umidità; andai in paese, devastato dalla avidità nemica e straziato dalle cannonate: visitai la casa del parroco. La sera scavammo 4 piazzole per mitragliatrici, sui dorsi erbosi della 2.ª linea. Durante la notte grandissima umidità, freddo, sofferenze. Il giorno 29 fu sereno e caldo e ci asciugò un poco. Al mio attendente e al soldato Traversa feci migliorare, come dissi, la mia tana. Mi cambiai e mi lavai, nella mia catinella di gomma, mi feci radere i capelli con il rasoio, spendendo £. 1,20.- Poi mandai il mio attendente a Calvene, a lavare roba. Scrissi alla signora Semenza e alla mamma, invece non ho ricevuto nulla, né ieri, né oggi.- Stanotte dormii molto e benino.- Ieri sera scavammo altre due piazzole.- Oggi feci scavare due ricoveri nel fianco Est della pozza: larghi m. 1,50, intendo sprofondarli nel terreno.- Il *paese di Cesuna* appare devastato: parecchie case colpite da granata: il campanile pure toccato in uno spigolo: le case senza porte e senza gelosie, col mobilio e i cenci spezzati e sparsi, gli arredi frantumati. La libreria del parroco rotta e i libri spezzati, squinternati, sparsi sul pavimento, a mo' di strame. Il pianoforte in briciole. Asportai alcuni fogli del lacerato registro parrocchiale, e tre libri, per ricordo.- Sulle alture dello Zovetto i miei soldati trovarono tre cadaveri austriaci con la giubba italiana: i nemici vogliono farci bere che le loro perdite siano nostre.- Dei cadaveri denudati e gettati in pozze nei dintorni, di cui parla Cadorna, sentii io pure.- Gli shrapnels nemici di grosso calibro sono a pallettoni cubici dello spigolo di 2 cm.: forse perché di più rapida lavorazione. I bollettini di Cadorna, annuncianti la nostra avanzata,

non mi entusiasmarono come avrei creduto, perché mi trovarono scosso: perché scosso? Le cannonate non erano piovute più presso delle precedenti: eppure ero scosso. Per una strana ragione psicologica, che l'animo del combattente, come quello della donna incinta o del nevrastenico, è mutevole, e passa da estremo a estremo anche per fatti e ragioni che sfuggono all'analisi. Cercherà tuttavia la mia analisi di indagare le cause del fatto.-
Uno spettacolo quasi comico ci è stato offerto dal duello di una nostra batteria, credo di automobili, che dalla strada di Magnaboschi (strada militare che dalla valle tra Magnaboschi e Lemerle scende a Casera Magnaboschi e prosegue) con artiglieria nemica. La temeraria batteria, ogni sera, all'ora del tramonto, apre un fuoco breve e violento contro le posizioni nemiche. Rispondono gli Austriaci a colpi di grosso calibro, battendo bene: la batteria nostra nuova violenta scarica, che deve romper le scatole bene al nemico, giudicando dalla rabbia della risposta: non posso neppur contare le granate da 210 che si abbatterono tra Magnaboschi e Lemerle, sul margine Ovest del pendio: scoppî e fumate enormi: e la batteria sempre viva.- Oggi le nostre artiglierie baterono violentemente il gruppo di M.te Interrotto, a 149 e 75.- Una nostra batteria che sta piazzandosi nei pressi di villa Brunialti è stata vista perché le arrivarono, non so con qual esito, tre grosse granate. Ieri, granate sul paese di Cesùna.-
Pare che si parli di attacco frontale contro i trinceramenti nemici d'oltre Assa: il maggiore del 2.° battaglione, da cui io dipendo, che fu nel 6.° alpini ed è assai pratico dei luoghi, disapprova la cosa e forse ha ragione, data la natura topografica dell'Assa che è un solco profondo a pareti ripide, uso cañons dell'America: (geologicamente tutt'altra cosa).- Questo maggiore però è un pacifista, odia la guerra, parla di alleanza con gli imperi centrali, come di una cosa che sarebbe stata possibile, ecc. Un capitano sardo, il Comandante la 5.ª Compagnia, mostra una paura vacca: e la scusa con il pensiero della sua famiglia, de' suoi bambini, ecc.-
Non ho notizie da Casa, né di Enrico: anche ciò mi rende triste: le persone cui scrissi non mi rispondono, salvo le signorine Caligaris. E l'Emilio Fornasini, e il Semenza, il Gobbi, il

Meco, ecc.? Da quanto non sento la loro voce! Il Semenza non l'ho più visto dal principio della guerra.-
Oggi, oltre i ricoveri iniziati e la cinquina fatta dal sergente furiere e dal Capitano, nulla di nuovo. Ancora non mi è stato liquidato lo stipendio di maggio, né di giugno.- E così chiudo, il mese, cominciato a Torino.-

Cesùna, 30 giugno 1916.- CEG.-

## Paragrafo secondo

### Luglio 1916.

Cesùna, 1 luglio 1916.- Ore 19.- CEG.-
Stamane dormii parecchio, perché la notte non fu buona: nel dormiveglia il suono delle cannonate nostre e nemiche. Ricevetti finalmente il residuo del soldo di maggio, e tutti i soprassoldi fissi (indennità alpina e indennità di guerra) del mese di giugno, dal caporal furiere, venuto apposta.- Durante il giorno calma relativa sul nostro fronte: sulla destra, intenso cannoneggiamento. Da noi, qualche cannonata in arrivo.- Dopo il mezzodì feci pulire le macchine e i fucili. Poi venne distribuito il pane; il rancio arriverà stasera, poiché le corvées erano troppo esposte, specie quelle di prima linea. Anche la mia colazione, molto modesta, arrivò tardi: Venier, che volle essere direttore di mensa, se ne occupa poco.- Nel pomeriggio lessi il regolamento delle mitragliatrici, qua e là; dormicchiai: feci estrarre i caricatori dalle cassette, pulirli e asciugarli; perché un po' di ruggine o qualche cartuccia fuori posto potrebbero inceppare il tiro.- Forse questa sera ci sposteremo e occuperemo il fronte della brigata nostra vicina di sinistra: reggimenti 117 e 118.- Il maggiore del 2.° battiglione del 41, da cui dipendo, è pessimista sull'esito di un attacco frontale attraverso Val d'Assa e forse con ragione: pare però che detto attacco debba svolgersi secondo un indirizzo tattico di disgregamento del fronte nemico, con azioni iniziali di intaccamento operate da piccoli reparti.- Val d'Assa, tra Rotzo e Roana specialmente, mi dicono essere un solco profondo, come già notai, a pareti ripide o addirittura perpendicolari, di un'ottantina di metri.-
Il mio attendente, che mandai a Calvene jer l'altro a sera per lavare della biancheria, non è ancora tornato: lo aspetto all'imbrunire. Oggi non ho avuto posta né giornali, che attendo pure di avere. Sono ansioso di notizie della mia famiglia, che da tanti giorni non m'arrivano: ansioso di notizie d'Enrico.-
Cesùna, 1 luglio 1916.- CEG.-

Cesùna, 2 luglio 1916.- Giornata di tedio estremo e di fame. Stamane verso le 8 (ora nuova) arrivò il caffè, dopo di che distribuii i caschi, che vennero dati anche al reparto mitragliatrici: (la fanteria ne è completamente fornita). Sul mio, che ebbi jer l'altro, giorno 30 giugno, scrissi nome e cognome, luogo e data.- Venne a trovarci poi il capitano. A colazione quell'asino di Venier, che volle farsi direttore di mensa, mi mandò solo un po' di cattiva minestra. Sono ora le 8 di sera quasi e mi sento fiacco dalla fame.- Due ore fa arrivò anche il mio attendente, il quale tardò di un giorno la sua venuta, in causa di una dissenteria che lo prese a Calvene, forse perché sborniato. Io gli corrisposi 8 franchi come «onorario» del mese di giugno, con l'intenzione di dargli ancora qualche cosa.- Durante il giorno dormii e dormii, sulla mia paglia, per far passare il tempo. Ricevetti una cartolina dello zio Pietro e una di Emilia, ma da casa nulla, con mio gran disappunto. Sono perseguitato, in fatto di corrispondenza famigliare: ogni tanto arriva un periodo in cui non ricevo nulla; chissà se è la censura o cosa.- Sono di cattivo umore per la noia e per l'appetito: e un po' seccato del contegno di Venier, che poteva pure mandarmi una scatola di sardine o tonno, se non era arrivata carne.- Siccome egli ha la blenorragia, e il capitano pure, non bevono vino lasciàndone perciò senza anche noi: ma questo è il meno dei mali, visto che io non sono un bevitore.- Il mio attendente, Lumini, mi dice che a Calvene cominciano a tornare i borghesi.-

Siamo ancora nel medesimo luogo e lo spostamento laterale lungo il fronte non si è ancora effettuato: credo però che presto avverrà, perché stasera intanto partono 1 compagnia e gli Zappatori del battaglione.-

Il caporal maggiore Giudici, primo capo pezzo, è passato all'ospedale per dissenteria, causata dai disagi e forse dalla paura: qualche altro mio soldato soffre di dissenteria, anche di quelli coraggiosi: forse la causa è il cibo, o l'acqua: più probabilmente l'acqua perché il cibo è buono. Oltre il caporale Scandella, e Giudici, si mostrano piuttosto vili lo zappatore Carrara e forse il soldato Cattaneo. Coraggioso abbastanza è il caporale Cancellerini, e così il mio attendente.-

Aspetto da mangiare e la posta.-

2-7-1916. CEG.

## 3 LUGLIO 1916

Treschè Conca, (vicinanze), 3 luglio 1916.- Ore 19.-
Ieri sera arrivò l'ordine di trasferimento laterale, lungo la direttrice della fronte, per l'intero 41.° Reggimento.- Anche il 42.° si spostò, poiché si occupa il posto del 117 e 118.- Questo spostamento è di circa 2 kilometri e mezzo, poiché dalla dislocazione a Nord di Cesùna (parlo del 2.° battaglione) siamo venuti press'a poco fra Treschè Conca e Pànega, e precisamente a Nord Est di Treschè Conca e a Sud Est di Pànega, sul ciglio militare sud del rilievo mammellonare, erboso, che si leva nel punto geografico descritto; e sul quale nella carta al 100.000 è una crocetta con Oss (Osservatorio di artiglieria) in rosso.- Duecento metri a Sud Est di me è una cappelletta di muratura, a navata unica con abside rotondo e minuscolo.-
Già dissi dello scaglionamento in profondità del 41.°; noterò ora che questo fronte sull'Altipiano è denso di truppa, e credo che ogni unità reggimentale sia schierata come il 41, cioè su tre linee, di un battaglione ciascuna, a distanza di qualche ki-

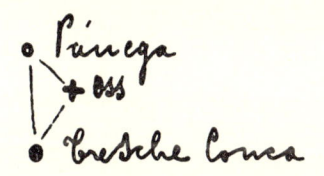

lometro: tuttavia anche il battaglione di prima linea (qui parlo del mio, perché non so degli altri reggimenti) tiene in avamposti una compagnia e mezzo circa. Come so, la compagnia d'avamposti nostra è sul margine meridionale, boscoso, dell'Assa, tra Pànega e quota 1015 credo; (a Sud Ovest di Sculazzon). Più che una linea intera, fa un intenso servizio di pattuglia, specie la notte: almeno questa è la direttiva impartita dal nostro maggiore; e non ha torto, perché il carattere delle posizioni austriache a Nord dell'Assa e il contegno tattico del nemico sono strettamente difensivi. Siamo dunque noi del 2.° battaglione in prima linea, il 3.° in 2.ª, il 1.° in 3.ª, credo dietro M.te Zovetto; poiché dall'Assa alla linea Cieramella-Zovetto corrono circa 4 Km, e più tale è la profondità del 41.°. (Noto che nello scarabocchio di p.na ‹549›, seguendo una carta bastarda, devo aver messo fuori di posto M.te Cieramella.)-

Il trasferimento del 2.° battaglione si iniziò alle 22: la mia sezione mosse alle 23 e $\frac{1}{2}$, trasportando il materiale su sei muli, che il capitano fece venire: (già notai che abbiamo con noi 6.000 colpi, cioè 20 cassette). La marcia di reggimento, nella notte, fu buona e ben effettuata, riuscendo a scampare ai due forti riflettori nemici che esploravano tutta la zona e che parecchie volte ci colpirono in pieno: (che momenti d'ansia!). Per evitare di essere scorti bisogna addossare le truppe ai muri, farle marciare sull'orlo della strada, farle gettare a terra appena il faro batte in pieno; tenere la linea piuttosto rada: tutte cose che impicciano l'ordine di marcia, specie quando si tratta di unità già considerevoli quali il reggimento; e quando quattro di queste unità (41.°, 42.°, 117.°, 118.°) ingombrano la via, coi reparti mitragliatrici, corvées dei viveri, ecc. Giungemmo sul nuovo posto oltre l'una, quando già il battaglione era schierato. Feci scaricare i muli e li rimandai. Dopo un piccolo spostamento a spalla, per metterci in una zona più coperta, e dopo una raccolta di legname da una casa in ruina, ci gettammo a terra, assonnati e stanchi, nell'umidore dei prati. La fanteria lavorò nella notte alacremente a farsi dei ricoveri, noi lavorammo dopo l'alba: questi ricoveri sono buche nel pendio lene del colle, coperte di pali che sostengono terra: costituiscono un riparo contro gli shrapnels, non contro le granate; specie le grosse. Il luogo dove siamo è defilato alla vista, non al tiro, perché il terreno è tutto costellato delle buche d'esplosione dei 105 e 152 (piccolo e medio calibro austriaco). Stamane alcuni imprudenti e mascalz‹on›i soldati, (è impossibile fargli capir la ragione a questa fanteria) raggiunsero il ciglio geografico del colle, mostrandosi al nemico. Subito arrivarono sei o sette granate da 75, ferendo gravemente un soldato: che rabbia mangiai, contro questi incoscienti! Se noi siamo scorti, è finita, perché non siamo affatto al riparo. La giornata dormicchiammo e digiunammo: verso le 17 arrivò la mia colazione, impastata di maledetto formaggio.- Il clima nelle ore meridiane è caldissimo, opprimente: questi bei prati, densi di magnifico foraggio e infiorati dell'estate, sono dilaniati dalla guerra: qua e là vedo uomini che colgono mazzi d'erba, con l'aspetto delle vecchierelle che raccolgono l'insalata, per coprirne le tende onde dissimularle, e per farsi un po' di letto.-

## 3 LUGLIO 1916

Dormendo sull'umido e sul duro il corpo riposa male; mi sveglio spesso con qualche dito morto, in cui la circolazione è arrestata dalla compressione del braccio o della gamba.- Qui si soffre anche la sete poiché la sola acqua è quella accolta dal cielo in pozze da ranocchie.-
Oggi non ho ricevuto posta: anche ieri sera non arrivò. È questa una ragione di grande tristezza e di rabbia per me: non ho notizie de' miei cari, non de' miei amici; le persone a cui scrissi non mi rispondono. Mi pare che nessuno pensi a me, mentre io penso intensamente a tutti, e con vigile memoria rivado tutte le note fisionomie, tutti i casi del passato, tutti i colori e gli aspetti dell'antico mondo; col pensiero vivo insieme a mia madre e mia sorella, al mio adorato Enricotto.-
Una polemica giornalistica tra il Comando Italiano e Austriaco verte sugli ultimi avvenimenti militari. Credo tuttavia che la ritirata austriaca sia stata veramente determinata, oltre che dalle cose del fronte russo, dalla nostra pressione sulle ali: certo che al centro essa ritirata si svolse indisturbata. Ora il nemico mantiene contegno strettamente difensivo. D'ora in poi i riferimenti del reggimento si faranno da Campiello, non più da Calvène.
*Asineria N.° 2*: Fra le ondulazioni dolcissime dell'Altipiano, vestite del folto pratìle, il trillo dell'allodola nell'estate è segnato da una nota di apprensione paurosa: un bizzarro spaventapasseri fa venir l'itterizia alle povere creature, avvezze al deserto silenzio della vegetazione. Esse lo credono un mostro giallo e maligno, che guarda l'universo con l'occhio dell'augurio funebre: ma egli non è che il vecchio e bravo capitano, a cui il Ministero ha tardato la promozione, a cui la guerra ha cosparso di peli e di sudiciume la faccia, ha impolverato le scarpe e bisunto il vestito. Come un palo sgangherato egli sorge dal verde, le tasche rigonfie di carte e di oggetti di prima necessità, gli abiti d'un color frusto e pieni di ogni sorta di pataffie, la giacca corsa da funicelle che reggono il canocchiale e il fischietto e la borsa, la cravatta sollevata nel collo, la faccia malata e stanca. Guarda con tristezza la montagna da cui sgorga la rabbia nemica, porta senza gioia la medaglia della campagna coloniale, aspetta senza desiderio la colazione. Mentre le granate fischiano paurosamente egli è ritto nel prato, calmo

perché ha fatto quanto poteva per riparare i suoi soldati, e pensa all'ardua prova che il decadere della vita gli serba, dopo tutti i disinganni e le amarezze di questa. Io vedo che la sua cravatta si sposta sempre più verso l'alto dell'esile collo, lasciando nudo il pomo d'Adamo, e mostrandosi anche più sudicia di quello che credevo: ascolto alcune sue osservazioni molto sensate, che egli pronuncia con qualche spruzzo di saliva dalla bocca stanca, e mi allontano per non intenerirmi, perché il dar corso a sentimenti troppo affettuosi non è da soldato. Egli mi guarda mentre m'allontano con una faccia che dice: – Te ne vai perché t'ho annoiato?–

CEG.


*Sulla strada fra Treschè Conca e Campiello, a Nord-Est di Belmonte.* Giorno 6 luglio 1916.– Ore 10 antim.ᵉ–
Verso la sera del giorno 4, mi arrivò addosso, mentre stavo mangiando, il nuovo generale di Brigata che ispezionava la fronte. Volle vedere la mia macchina e mi rivolse alcune domande di carattere tecnico. Un'ora dopo mi arrivò, perché lo trasmettessi al mio Capitano, il seguente fonogramma:
Dal Comando 41.° Fant., al Com. 89.° R.M.:
Protocollo N.° 31. Disponga che le sue tre sezioni si riuniscano nella notte al 1.° Battaglione del 41.° e ivi rimangano al coperto. Dia assicurazione.– Firmato

Colonnello Giri.–

Il generale aveva trovato che noi eravamo troppo esposti. Il fatto è che nella notte ci trasferimmo, nel luogo indicato.– Pioggia torrenziale, notte in guazzetto dietro un sasso. Ieri giorno 5 umidità, rabbia, malumore per la mensa, per il disordine, per la vicinanza della fanteria: abbiamo qui un reparto di chiacchieroni d'ogni risma, abbandonato a sé perché gli ufficiali chissà dove sono. È una cosa che mi rende sanguinario dalla rabbia: vado rimasticando e sognando di insultare quegli ufficiali appena li vedrò.– Io ho fatto erigere la mia tenda, in un luogo di sassi, in modo da nasconderla un po': i nostri soldati sono addossati alle rocce, coperti alla meglio con teli da

tenda messi come si può, in tutti i modi. L'altro ieri ho avuto della posta, ieri no.- Verso la sera, jeri, feci un passeggino con Venier, a cui la blenorragia mette addosso una stanchezza fisica e spirituale da non si dire, fin verso Campiello: che strada magnifica, che bella valle!- Ovunque i segni della guerra nelle case sventrate, nelle buche dei grossi calibri, nei reticolati in abbandono. Le trincee austriache sono fatte con cura, ben dissimulate: in sassi se su roccia, in zolle se nel prato.- La ferrovia è in più punti guastata, con le rotaie contorte, da cannonate o mine.- Oggi la giornata è serenissima e calda, il mio umore è più placido; sono lieto che nostri nuclei del 95.° credo, e del 42.° abbiamo passato l'Assa in due o tre punti, che pareva una cosa impossibile: a sinistra progrediamo benino. Stamane violentissimo bombardamento delle nostre artiglierie contro il lontano Mosciagh.- Poi, visita di un aereoplano nemico che volava bassissimo: salve di fucileria e mitragliatrici senza effetto: veniva a vedere le batterie sul nostro settore: che non hanno ancora sparato.-
Quasi a contraddire le disposizioni del Comando di Brigata a nostro riguardo è arrivata una circolare di Cadorna, che conservo, sull'impiego delle mitragliatrici: fra l'altro dice che nell'attacco esse non devono limitarsi a battere da lontano le posizioni nemiche, ma esser portate avanti, «fra le prime ondate» d'assalto. In realtà credo che il nostro materiale sia troppo pesante per utilizzarlo fino a questo punto. Vedremo in pratica. Noi siamo un po' al coperto, a destra della strada per chi scende a Campiello. Il paesaggio si presenta assai pittoresco, a boschi di abeti con radure erbose, sparse di blocchi emergenti. In questo delizioso sito, se il tempo è piovoso la vita diventa un inferno. Ma se il tempo è così sereno come oggi, noi possiamo dire di essere in villeggiatura. Il nemico, non so se per calcolo o per altro, rivela poche artiglierie: non spara che rare volte e a piccoli calibri.- Mi sono allontanato dal nostro accampamento e scrivo in un bel posto, solo, all'ombra: ora intendo riordinare le mie carte e aggiornare la mia corrispondenza.-
Fisicamente sto bene: nelle giornate umide, con gli abiti bagnati, dormendo sul suolo bagnato, soffro un po' di dolori

reumatici, che il caldo dissipa subito. L'appetito non è molto, ma ciò si spiega con la vita sedentaria.

6-7-'16. CEG.


Treschè Conca, (nel luogo del giorno 6).- Giorno 9 luglio 1916.-
Nulla di nuovo da segnalare in questi due giorni: continuammo la nostra vita monotona, fatta di sonno e di noia, disturbati spesso dalle cannonate, che battono la vicina strada. Oggi ne è venuta una bella pioggia, che ci hanno dato parecchio fastidio: stanotte pure non ci lasciarono riposare. Piovevano a 100 metri circa, e anche meno: erano da 152 mm.- Il tenente Venier è stato ferito in mezzo alle sopracciglia da una piccola scheggia di granata: è il primo ferito del Reparto: finora la ferita appare leggera, (sebbene abbia prodotto un notevole gonfiore), tanto che Venier non ha lasciato il comando della sua Sezione. Oggi è venuto il sergente Trivelli a far la cinquina, e l'ho incaricato di spedir due vaglia, uno alla mamma di £. 200, e uno al signor Semenza di £. 100. Con questo credo che i miei risparmi depositati presso di lui salgano a £. 800.- Arrivò finalmente posta da casa: zia Isabella forse a Longone: i miei a Longone dal 7 luglio. Mi mandarono a Vicenza la roba loro richiesta, con 2 pacchi postali; incaricai Trivelli, il sergente furiere, di mandare un conducente in bicicletta a prenderli e di farmeli avere.-
Essendo ieri arrivato l'ordine di trasferirci in prima linea, sul margine dell'Assa, nel tratto di fronte assegnato al 41, stanotte il capitano e noi tre ufficiali andammo a visitare le posizioni: sono buone tatticamente per la difesa, ma esposte parecchio, e proprio sotto l'occhio del riflettore di Cima di Campolongo. Partimmo alle tre, in modo da essere sul posto ai primi albori: tornammo che già era giorno, indisturbati. I luoghi sono assai pittoreschi e scoscesi. Stanotte andremo con gli arnesi da zappatore a iniziare appostamenti e ricoveri, domani notte faremo il trasferimento.-
Le mie condizioni d'animo erano oggi un po' scosse: non il coraggio delle altre volte: sempre però calma. Le notizie della famiglia mi hanno allietato e tranquillizzato.-

### 10 LUGLIO 1916

Stamane fui anche oltre la stazione di Campiello, a prelevare arnesi da zappatore e 1120 sacchi a terra, dal Magazzino del 41.° fanteria. Vidi un vagone deragliare in corsa pazza di discesa.-

CEG.- 9-7-1916.-


Treschè Conca.- Solito posto.- Giorno 10 luglio 1916.-
Il tenente Venier entrò ieri all'infermeria per passar poi all'ospedale, essendogli salita la febbre e aumentato il polso, anche per lo stato precedente del suo organismo.- All'imbrunire partimmo per il nuovo punto di dislocazione e vi lavorammo la notte intera, a preparare gli appostamenti (nel gergo capponiere) per le macchine, e qualche ricovero. La 1.ª sezione, che ora è senza ufficiale, è sulla destra, la mia al centro, la 3.ª alla sinistra. Io scelsi le postazioni in un rientrante, sebbene le buone regole tattiche consiglierebbero di postare la mitragliatrice sulla spinale dei salienti: (parlo dei rientranti e salienti topografici, orografici, non militari). Ma per combinazione i salienti vicini sono scopertissimi, e trovandosi il nemico sull'altra sponda del burrone a qualche centinaio di metri, il postarmi lì vorrebbe dire saltare all'aria io e le macchine il giorno dopo. Del resto posso battere benissimo la valle, le posizioni nemiche e gran parte del pendio, salvo proprio le due spinali.

Dormii dall'alba fin verso il mezzodì; ebbi cartoline dalla mamma, signorina Castelli, signorina Marchetti. I miei pacchi non sono arrivati entrambi, ma solo uno: la signora Brunacci rispedì questo per posta.- Grande mal di testa stamane, passato con la colazione: nel pomeriggio sonno, soliloquî, caldo, mosche. Ora mangio e poi partiremo per la nuova dislocazione.-

CEG.- 10-7-1916.-

CEG.- Sui margini dell'Assa, a circa 2 Km. e ½ a monte del suo sbocco nell'Astico, verso quota 1000 s.m., a Est della località detta «Le Fratte».- 13 luglio 1916; ore 19.-
La sera del 10, trasporto della baraonda alla nuova dislocazione. Completamento delle capponiere; sonno; il giorno 11 completamento del ricovero pel capitano, noia, crisi d'animo. Grande e intensissimo nostro bombardamento sul Mosciagh, a shrapnel‹s›, granate, 305: colonne di fumo. Qualche fucilata a noi dai tiratori annidati sull'altra sponda dell'Assa. Sonno sotto un cencio teso fra due rami, pioggia, rabbia, noia. Scesi col capitano fino a una Malga o Casera a Ovest del nostro sito, e in basso, in posizione amenissima: la carta al 100.000 non la segna. Raccolsi un volumetto d'una traduzione tedesca dei *Promessi Sposi*, eguale a quella che abbiamo in casa: vidi i ricoveri fatti per gli ufficiali austriaci nella detta località, solidi, belli, a spese dei nostri larici. In complesso nulla da fare, uggia. La notte passata dormii nuovamente per terra, nella buca iniziata pel mio ricovero. Stamane Traversa, Luraschi e altri soldati completarono il mio ricovero, sostenendo la ghiaia di erosione che forma il sottosuolo con pali e graticci, e sacchi a terra: mi allestirono una tavola per scrivere, una branda, con un ramo e sacchi a terra, ecc. Dimensioni del locale, $1,50 \times 1,80$ superficie: $\times 1,30$ altezza: dissimulato assai bene nell'erosione torrentizia del rientrante dove ho posto le mie macchine.- Ebbi oggi la cattiva notizia dello scoppio del nostro cannone da 305 postato a Campiello.- Qui il rancio arriva 1 volta sola, a sera: il caffè ante lucem, per ragioni di fuoco. La truppa si lamenta sempre, un po' a ragione, un po' a torto. In compenso ai soldati che mi costruirono il ricovero diedi una scatola di sardine e del caffè, le uniche cose di cui dispongo.- *Avvenimento caratteristico* è la continua dipartita, dal nostro reparto, di malati che entrano all'ospedale. Tutti poi piagnucolano artriti, dolori, indigestioni, ecc.: alcuni a ragione, altri schifosamente, per fifa. Questo mi fa venire una rabbia convulsa, e diminuisce in me la stima per i miei soldati, a cui sento che non sono legato da vero affetto, perché i fifoni e gli impostori mi fanno rabbia. Si noti che la nostra situazione rispetto al pericolo, come quella di tutta la Brigata, fu ottima, salvo nei primi giorni: che forse ancora per molto tempo stare-

## 13 LUGLIO 1916

mo di fronte agli austriaci *senza sparare un colpo* né noi, né loro. Adesso manderemo a turno i soldati a Chiuppano, dove sono le nostre salmerie, per lavarsi e cambiarsi i panni. Oggi va il sergente Franchi.-
I soldati che finora hanno lasciato la mia sezione sono: lo zappatore Zanini, a Vicenza; Tavecchio andato a sostituire un conducente; Giudici il caporal maggiore fifone, con caghetta, all'ospedale, da Magnaboschi; poi Mora, Marchesi, lo zappatore Franzoni, e un altro; Mapelli è stato mandato in licenza per 15 giorni, per postumi di artrite; con faccia terrorizzata mi chiedeva se dovesse tornar qui, o andare al Magazzino di Edolo; gli rispose per me il capitano (il quale è spesso abbastanza spiritoso) dicendo che se allo scadere della licenza non fosse ricomparso, l'avrebbe mandato a prendere dai carabinieri, col rischio di essere fucilato: ciò a parole spiccate, con un comicissimo accento.- Tentarono pure di imboscarsi per aritmia cardiaca o altre frottole i soldati Crescini e Cattaneo. Lumini, il mio attendente, accusa varicocele: l'ho raccomandato al medico, perché voglio liberarmi di questa gente. Povera Italia! Ci vuole la mia dose di idealismo, di pazienza, di speranza, di fede inalterabile, per tirare avanti fra tante delusioni e amarezze.-
Sotto di noi una trentina di metri lavora il genio a belle e ben combinate trincee, a robusti reticolati; meno male.-
Un ordine del giorno della 1.ª Armata reca a voce d'infamia la gesta di alcuni disertori della brigata *Salerno* e della brigata *Venezia*: il fatto deve essere stato abbastanza grave, per farne un manifestone simile, distribuito a tutti i reparti e letto a tutta la truppa: conservo il documento.- Esso dice, con mia gran gioia, che d'ora in avanti i nomi degli infami saranno pubblicati sulla porta della Caserma ed esposti nell'Albo Comunale del paese nativo.-
Ieri abbozzai una risposta per la signorina Marchetti, che non so se spedire o no; troppe chiacchiere e vanterie, non di me stesso, certo, ma dei soldati, che non meritano sempre quello che si dice di loro.- Oggi niente posta, mediocri notizie militari: scriverò ora una breve cartolina a Longone; anche il mio pacco non è arrivato. Salute ottima, non ostante l'umidità.-

CEG. 13-7-1916.

Sui margini dell'Assa, alla soglia del mio ricovero.- 15 luglio 1916. S. Enrico.-
Ieri fu una giornata di noia, d'apatia, di crisi, di sonnolenza: tutte conseguenze dell'inazione forzata, della vita da galeotti (rispetto alla mobilità) a cui siamo costretti. Caffè il mattino: verso le 1, la colazione (che arriva alle 3 del mattino con la corvée del caffè): io mangio nel ricovero del Capitano, Musizza sta alla sua sezione, con poco spirito di cameratismo, visto che non dista dal capitano più di 100 metri (1 minuto di strada).- Potrebbe ben venire 2 volte al giorno a cambiar quattro chiacchiere.- Qualche fucilata arrivò durante il giorno: un po' di fucileria nemica rimbombò a sera verso il fondovalle, contro qualche pattuglia nostra: a sera le solite bombe a mano che i tòderi fanno ruzzolare sul fondo, come tiro di interdizione.-
Verso sera feci un passeggino, nei prati madidi dalla pioggia, verso lo sbocco dell'Assa, ma sempre su quota 1000: ammirai Pedescàla, la strada che serpeggia salendo verso Rotzo, tornai triste. Mi arrivò una cartolina della mamma (10-7) in cui, rispondendo alle mie lamentele del non ricever posta, diceva: «non so che altro fare per esservi di aiuto.» Questa frase mi rattristò, mi fece quasi piangere, mi gettò in uno stato di tristezza infinita. Povera mamma! Ella fa e fece sempre troppo per noi. Spero avrà ricevuto a quest'ora il vaglia di 200 lire, speditole appena potei, con cui intesi indennizzare le spese per me fatte. La signora Brunacci mi scrisse di mandare a prendere il 2.° pacco, che è arrivato. Oggi Trivelli (Trivellazzo curato di campagna, come dice il capitano) mi liquidò lo stipendio di giugno: 149 lire e rotti, meno una giornata di soldo devoluta a beneficio del Circolo Ufficiali del 5.° Alpini: è questo un vero furto.- La mensa dal 15 giugno al 18 luglio compreso costò £. 43.- Ho in tasca £. 105.-
Altri passeggini feci, scendendo verso il fondo: ammirai la solidità dei ricoveri per ufficiali, come dissi, fatti dai tognini. Oggi scrissi a Besozzi, Enrico, Salaròli, mamma: queste lettere e cartoline partiranno stasera. Stanotte piovve e l'acqua penetrò attraverso il tetto del ricovero fatto di assi e sacchi a terra, bagnandomi le gambe: giornata umidissima; ancora tedio e amarezza.- Il mio attendente Lumini è entrato all'ospedale per varicocele: l'ho sostituito con Noris.- Il capitano

18 LUGLIO 1916

ha fatto la richiesta a Edolo di 10 complementi per rimpiazzare i vuoti lasciati dagli ammalati: speriamo arrivino presto. Oggi silenzio assoluto: a mezzodì una fucilata ben mirata ci arrivò addosso mentre ci preparavamo alla mangiata: nessun danno.

CEG.-15-7-1916.-

Giorno 18 luglio 1916.- A sera.-
Giorni di noia, di asfissia per la reclusione a cui siamo costretti: in certi momenti abbattimento, paralisi della volontà e del desiderio. Tuttavia le mie condizioni generali sono soddisfacentissime. Mi giunse il pacco più grosso speditomi da casa, contenente la desiderata macchina fotografica (West-pocket-Kodak), delle negative; la borraccia, il coltello, dell'inchiostro: della cioccolatta, caramelle, una bottiglia d'anice, ecc. Mi arrivò parecchia posta, dalla mamma e dalla signora Semenza.- Qui non si fa nulla, non si conclude nulla. La fanteria almeno lavora a reticolati e trincee, ben fatti.- Ho bell'e visto che ben difficilmente io potrò distinguermi in questa guerra: sono capitato in un punto morto. Ieri ho riordinato il mio palazzo, oggi mi sono mutato la biancheria. Ho mandato il mio nuovo attendente, Noris, a Chiuppano per lavarsi e lavare. Starà via fino a dopodomani sera. Quest'oggi ho risposto cartoline alla mamma e alla signora Semenza e allo Stella. Ho scritto una lettera alla sorella di Meco, in risposta a una sua risposta. La mamma mi scrive che Ambrogio Gobbi le ha scritto per chiederle il mio indirizzo: quale degnazione! Povero Ambrogiazzo: è un gran porco, ma n'importe. Il Semenza lavora, con 20 minatori, a strade caverne e gallerie, sul M.te Volaia, dove è stato trasferito.-
Il tenente Venier è stato mandato all'ospedale territoriale di Verona, non per la ferita, ma per la sua gastro-enterite. Credo che non lo rivedremo più all'89.°.- È arrivata dal comando supremo un'altra circolare sopra le mitragliatrici. Tra S. Etienne e Fiat, se ne imbastiscono niente meno che 1200 (200 reparti autonomi). Oltre tutte le sezioni di battaglione. La circolare dice che non si dovranno mai, dai comandi di grandi Unità, sostituire le sezioni organiche dei battaglioni che an-

dassero a ballìno con sezioni dei reparti, ma che si dovrà far richieste, per il rimpiazzo, al Com. Supremo: dice ancora che possibilmente i reparti dovranno essere uniti e combattere organicamente: sono a disposizione dei Comandi di Grandi Unità, i quali «li destineranno a quel settore della linea, dove ritengano opportuna una maggiore intensità di fuoco.» In attesa, possono essere tenuti in linea, come pure presso i Comandi: possibilmente dovranno esser loro concessi dei turni di riposo per riorganizzarsi. Ancora dice la circolare che nei parchi d'armata vi è un quantitativo di armi di riserva nella misura di una per ogni reparto: e ancora che si pensa a sostituire il calibro Lebel delle 1907 F (S. Etienne) col calibro mm. 6,5 del 91 nostro.-

– 18 luglio 1916.– CEG.–


Semper in eodem loco.– 21 luglio 1916.–
Continuano lievi crisi d'animo, alternate di noia e di paralisi: la cui ragione determinante è l'ozio assoluto, nei riguardi militari, che prostra il corpo e lo spirito. Aggrappati al pendio, in tane semisotterranee, i miei soldati passano il loro tempo sul suolo, come porci in letargo: dimagrano per questa vita orizzontale e si infiacchiscono.– Io cerco di leggere, di scrivere: di muovermi, facendo dei passeggini di ricognizione; ma sono pur sempre legato al mio buco, pieno di roba in cui l'ordine è quasi impossibile, e sgocciolante nelle giornate di pioggia. Sicché questa casa non mi serve neppure come riparo contro l'acqua. La seconda ragione della mia indolenza e prostrazione è un'antica, intrinseca qualità del mio spirito, per cui il pasticcio e il disordine mi annientano. Io non posso fare qualcosa, sia pure leggere un romanzo, se intorno a me non v'è ordine. Ho qui tanta roba da vivere come un signore: macchina fotografica, liquori, oggetti da toilette, biancheria: e non mi lavo mai neppure le mani e non bevo neppure un sorso di grappa per non scomporre la disposizione della catinella di gomma e degli altri oggetti disposti sul fondo d'una cassa di legno, da birra. Le sgocciolature di stanotte nell'interno del mio baracchino mi hanno demolito quel residuo di forza volitiva che mi rimaneva. Io che mi sono immerso con gioia nelle bufere di

neve sull'Adamello, perché esse bufere erano nell'ordine naturale delle cose e io in loro ero al mio posto, io sono atterrito al pensiero che il soffitto del mio abituro sgocciola sulle mie gambe: perché quella porca ruffiana acqua lì è fuor di luogo, non dovrebbe esserci: perché lo scopo del baracchino è appunto quello di ripararmi dalle fucilate e dalla pioggia. Sicché, per non morir nevrastenico, mi dò all'apatia. Tuttavia, non ostante questo spegnimento delle mie velleità d'azione nella santa guerra, e questa paralisi, cerco di far qualche cosa. Vorrei studiare il tedesco: ma da Torino ho mandato a casa i libri: appena potrò ne comprerò a Vicenza. Mi metto ora ad abbozzare una specie di romanzo, dove vorrei fermare alcune visioni antiche del mio animo: ma non ne farò nulla.- Scrivo lettere e bestemmio le mosche, altra fra le più puttane troie scrofe merdose porche ladre e boje forme del creato.- Quale impressione, quanto dolore e orrore la fine del povero Battisti!-

CEG.- 21-7-1916.


Ancora 21 luglio. Ore 20.- Oggi scrissi a Enrico, alla signora Lena Brunacci, alla Clara.- Ieri tornò Noris, da Chiuppano dove l'avevo mandato a lavarmi la roba, felice del viaggio fatto e della polenta mangiata. Mi portò l'altro pacco della mamma, contenente maglie, nastri antiparassitarî, naftalina, cartoline in franchigia. La malinconia, al pensiero delle strettezze finanziarie della mia famiglia, mi cresce: col pensiero instancabile rivedo tutti gli anni di privazioni e di fatiche durati dalla mamma, vedo il ritardo con cui noi arriveremo (dato che avanziamo incolumi da questa guerra) a sollevarla del nostro peso, a compensarla un po' delle sue abnegazioni eroiche: quale tristezza deve occupare il suo animo, oltre la continua angoscia, a pensare che tante fatiche potrebbero in un attimo tornar vane! Io mi ripeto angosciosamente il voto già fattomi: che la guerra prenda me, ma non mio fratello! Egli desidera passare all'aviazione: è il suo sogno: quanto sarei felice di vederlo esaudito! Oggi un nostro 149 bombarda la via di Roana. Più lontano, a destra, cannoneggiamento intenso. Oggi hanno sparato anche loro contro il Dosso qua e là, con 75 e con un grosso calibro.-

Nei passati due giorni molto mi turbò la fine del tenente Battisti che io avevo conosciuto a Milano di vista, nella primavera del 1915, e in Valcamonica, non ricordo se a Edolo, o a Montozzo, di persona.- Con la mente ho rivisto la sua tortura in prigionia, la nefanda vendetta: è forse questa una delle scosse morali più forti provate da che son qui. La rettorica nostra scacazza i giornali, «Corriere» compreso, sul conto suo. Ma sta di fatto che è una grande vergogna l'averlo lasciato vivo in mano ai nemici.- Non diciamo «meglio così» a spese del martire impiccato: diciamo che la nostra viltà si è rivelata una volta di più, perché il capitano, il comandante di compagnia non viene preso dal nemico se i suoi si comportano bene, salvo circostanze eccezionalissime.- Ho sentito dire in proposito che un battaglione di rincalzo non s'è neppur mosso.-

CEG.-

24 luglio 1916: (semper in eodem loco).-
Nei passati giorni noia, sonnolenza, pioggia e crisi: la notte sul 22 preparammo del legname e iniziammo lo scavo per un ricovero-capponiera per artiglieria da montagna, dietro ordine del Com.$^{do}$ di battaglione.- In questi due giorni, forse in conseguenza dell'umidità, grande sonnolenza, alla quale non manca il modo di soddisfare.- Tuttavia all'alba del 22 ricevemmo l'ordine di proteggere col fuoco le nostre pattuglie salenti sulle pareti d'oltre-Assa: che tiro si poteva fare? A una distanza di 700-1000 metri secondo i punti, contro terreno coperto dove gli effetti o la giustezza del tiro non sono visibili neppure col canocchiale, mentre le S. Etienne richiedono una singolare precisione d'alzo; senza veder un uomo: certo non potevamo che eseguire l'ordine alla meglio, cioè stimando la distanza (media delle stime) e regolando l'alzo in conseguenza: battendo quindi i punti sovrastanti ai sentieri di accesso, donde tiratori nemici avrebbero potuto col fuoco o con bombe a mano impedire l'avanzata delle pattuglie. La sponda settentrionale infatti, più ancora della nostra, è ripida, con salti di roccia di 30-80-100 metri che costituiscono un unico bastione, intaccato solo qua e là da pietraie di franamento, boschive d'arbusti, che offrono qualche accesso. Per questi scarsi aditi solo posso-

no salir le pattuglie: ma da una parte e dall'altra, come da torri che proteggano la porta d'un castello, pochi uomini possono fronteggiare una valanga di assalitori.-

Non credo che il nostro fuoco abbia avuto molto effetto, appunto perché eseguito alla cieca: tuttavia esso si approssimava a un tiro blando di interdizione. Continuammo a sparar qualche colpo il giorno, e la notte sul 23.- Salve di fucileria di protezione fece la linea dei fucilieri.- Le pattuglie riuscirono a prender piede e a stabilirsi (certo in posizione difficilissima) all'altezza delle rocce.- Finora sul fronte del 41.° due morti e una decina di feriti (le pattuglie erano 2, di otto uomini e 1 ufficiale ciascuna).- Già notai che il fronte del 41.° è brevissimo, come quello di tutti i reparti qui dislocati, essendovi molta forza scaglionata in profondità: la linea di fuoco è costituita ora da 2 compagnie compresi gli avamposti.- Il turno avviene nel reggimento per battaglioni, nel battaglione per compagnia. Solo noi dell'89.° siamo sempre in linea.-
Passando ad altro argomento, ricevetti dal mio amico Besozzi l'assicurazione che né al Comando Supremo (in una prima lettera) né al Ministero of Krieg (in una cartolina ricevuta ora) esiste né esisté mai alcuna pratica, relativa al passaggio di complemento del sottotenente di M.T. Carlo Emilio Gadda. Questo mi fa impazzire dalla rabbia, poiché la persecuzione che la burocrazia (personificata dal disordine e dall'insufficienza mentale di tutti i miei compatrioti) esercita su me, mi atterrisce. Nella mia vita di studente, per le carte necessarie all'esonero dalle tasse; nel chiedere la nomina alla M.T. nell'a-

prile maggio giugno 1915 quando le mie carte languirono in un ufficio, per disordine, dal 1 aprile al 30 giugno, ritardando di 3 mesi la mia nomina e quindi la mia anzianità e facendomi fare la figura di averla chiesta solo dopo lo scoppio della guerra, mentre la domanda era del 27 MARZO 1915 (lettera a Lulù) e ora, dopo aver fatto un corso al Tonale, dopo esser stato promosso «buono con 3», nel fatto che non m'arriva nulla, dal gennaio a questa parte; in tuttociò si vede una sfortuna bestiale, che mi abbatte. Tra l'8.° fanteria e il 5.° alpini e la Commissione di avanzamento avranno imbastito tali pasticci, che non è più possibile uscirne. Che porca rabbia, che porchi italiani.- Quand'è che i miei luridi compatrioti di tutte le classi, di tutti i ceti, impareranno a tener ordinato il proprio tavolino da lavoro? a non ammonticchiarvi le carte d'ufficio insieme alle lettere della mantenuta, insieme al cestino della merenda, insieme al ritratto della propria nipotina, insieme al giornale, insieme all'ultimo romanzo, all'orario delle Ferrovie, alle ricevute del calzolaio, alla carta per pulirsi il culo, al cappello sgocciolante, alle forbici delle unghie, al portafogli privato, al calendario fantasia? Quando, quando? Quand'è che questa razza di maiali, di porci, di esseri capaci soltanto di imbruttire il mondo col disordine e con la prolissità dei loro atti sconclusionati, proverrà alle attitudini dell'ideatore e del costruttore, sarà capace di dare al seguito delle proprie azioni un legame logico? Perché farmi perdere tre mesi al Tonale? Se non volete passarmi di complemento, cosa che dovrebbe interessare più a voi che a me, perché è a *voi*, italiani, che difettano uomini che vogliano andare al fronte, mentre per me andare al fronte è solo un piacer mio; se non volete passarmi di complemento, non istituite il corso, non offritemi di andarci, non fatemi perdere 3 mesi. Volete o non volete? Volete sì o volete no? Volete sì? bè allora sia sì fino alla fine, e, quando son passato, nominatemi. Volete no? Bè: allora non aprite il corso, non mandate un ordine del giorno in cui si chiede ai terribili di passare di complemento. Porci ruffiani, capaci solo di essere servi, e servi infedeli e servi venduti, andate al diavolo tutti. Non siete degni di chiamar vostri figli i morti eroici. Combattere qui per sentire un lurido cane troja ladro e lenone d'un senator Barzellotti che fa quello che fa, e impune-

mente: combattere sapendo che Giolitti e Bertolini e altri escrementi organizzati a dominare il paese non sono ancora stati scannati, e che i loro figli non sono stati espulsi dallo Stato: che gusto è? Combattere tra soldati che hanno paura d'una fucilata, che ingialliscono al rumore del cannone nemico, che se la fanno addosso al pensiero d'un pericolo lontano, e *non* perché hanno moglie e figli (non raccontatemi mai una tal balla!) ma solo per paura personale, paura di me, paura di io, paura di esso Io, del proprio Io, del proprio Io-me, combattere tra questi, come sono due o tre dei miei giannizzeri che il diavolo li scoglioni, che gusto è? Non nego che il sacrificio della vita sia gravissimo per tutti: che gravissimo appaia anche a me: ma l'uomo deve esser uomo e non coniglio: la paura della prima fucilata, della prima cannonata, del primo sangue, del primo morto, è una paura da tutti: ma la paura continua, incessante, logorante che fa stare Scandella e Giudici e Carrara rintanati nel buco come delle troje incinte, è roba che mi fa schifo. Bene: basta altrimenti passo la mattina a scriver ingiurie al mio paese, dove viceversa il coraggio e l'eroismo non mancano. Ma il disordine c'è: quello c'è, sempre, dovunque, presso tutti: oh! se c'è, e quale orrendo, logorante, disordine! Esso è il mare di Sargassi per la nostra nave.
CEG.- 24-7-1916.-

Est eadem domus.- 26 luglio 1916.
Tra la lettura d'un romanzo mensile, e quella del *Le Malattie del Secolo* di M. Nordau, tra qualche fucilata venuta a schiacciarsi sulla pietraia in consistenza d'un sibilante granulo di piombo, tra qualche bizza e qualche idea fissa, tra un nugolo di mosche e un quintale di rabbia, passai anche questi due giorni.- Il mio animo è tuttavia placido, la mia salute buona, il mio appetito zero: a stento trangugio la fetta di lesso che costituisce il nucleo fosfopeptonico del nostro pasto meridiano, aggiunta a una tazza di non porca minestra, e inaffiata da ottimo latte, base dietetica della repressione dello scolo del capitano. Il pranzo, alle undici di sera (ora nuova) è costituito da pasta, carne; qualche raro contorno di fagioli in insalata o patate o frittata. La minestra e il caffè vengono scaldati nella

macchinetta a spirito del capitano: il caffè è quello della truppa, buono ma lungo.- Oggi un disertore austriaco venne a costituirsi prigioniero: ha la famiglia in America e gli parve inutile combattere per l'Austria.- Rivelò qualche notiziola; fu invitato a colazione da un ufficiale e, tra sorrisi ospitali, condotto al Comando di Reggimento. I deputati socialisti italiani fanno delle scenate alla Camera, dicendo che anche noi trattiamo i nemici come essi trattano noi: e si danno l'aria di gente navigata, a cui non si può darla a bere. Comunque io giudico il tenente colazionaio un perfetto imbecille.
CEG. 26-7-1916. Ore 20.-


Semper in eodem loco.- 30 luglio 1916. Ore 19.-
Il giorno 27 scesi al piano, per riscuotere dalla Direzione di Commissariato del 24.° Corpo d'Armata i fondi per il mese di agosto, lire diecimila. Partii, dopo essermi lavato e cambiato della biancheria, verso le otto del mattino; arrivai dopo un'ora a Campiello e quindi alle cucine. Dopo un po', verso il ponte dove la valle precipita, salii su di un camion che mi condusse a Chiuppano.- Il nastro stradale scende a risvolti sulla ripida costa: e un leggero brivido mi prendeva al pensiero che a una di quelle curve si andasse a finire al diavolo.- A Chiuppano, nel tepido sole della pianura, mi addormentai presso le tende dei conducenti, aspettando il sergente Trivelli che s'era recato a Thiene per acquistar l'occorrente al calzolaio del reparto. Questo non arrivava mai: mi decisi allora a partir per Thiene e lo incontrai sulla strada. Combinammo che m'avrebbe mandato un ciclista a Sarcedo per recarmi le carte (un atto di delega, un avviso di esazione e una ricevuta), stampate e firmate dal Capitano, occorrenti al pagamento.- Un caldo infernale in quel pomeriggio: feci colazione a Thiene, alla trattoria del Castello, guardai la bella cittadina e, sulla carretta delle salmerie che mi vi aveva condotto, proseguii per Sarcedo. Volendo recarmi a Vicenza, dovevo prendere il treno a Thiene per le 16 e $\frac{1}{2}$: l'ufficio del Commissario si apriva solo alle 16. Decisi di tornare l'indomani e lasciai l'avviso di pagamento.- Spesi £. 3,20 per il biglietto di andata e ritorno in 2.ª classe. A Vicenza acquistai presso un rivenditore di edizioni economiche 22

romanzi per 12 lire. Comperai ancora una grammatica tedesca: volevo acquistare un vocabolario tedesco-italiano ma per distrazione (avevo la testa nelle nuvole per il sole preso e per le noie della giornata) lo acquistai italiano-tedesco. Mangiai e dormii in un albergo di secondo ordine dove mi spelacchiarono a dovere.- La mattina alle 8 (in realtà alle 7) mi diressi alla stazione e ripartii. Bighellonai per Thiene fin verso colazione: alle tre e mezza venne a prendermi il sergente Rossi con la carretta: andai a Sarcedo, ed, esatte le 10.000 lire, me ne tornai. La Direzione di Commissariato ordina il pagamento alla Cassa, con un modulo che conservo; poiché avendone spedito uno al nostro Comando, mentre io già ero partito, la direzione ne fece un duplicato, dicendomi di lacerare quello che sarebbe arrivato a noi. Invece il Capitano tenne quello per mandarlo al Deposito del 5.°, e mi disse di lacerar questo: io lo conservo per memoria, il che fa lo stesso.- Le 10.000 lire erano un pacchetto di 100 banconote da 100 lire, che, nella salita da Chiuppano a Campiello, la sera stessa, io inzuppai di sudore.- Infatti non trovai alcun camion che mi risparmiasse la rampata: solo verso la fine potei montare su di uno, fino al ponte.- A Thiene avevo fatto un buon bagno, alla trattoria del Castello.- Giunto a Campiello feci sellare un mulo e, per la prima volta in vita mia, salii in groppa a un quadrupede. Me ne venni così fino a Treschè, anzi fino a Conca, facendo più fatica che se fossi venuto a piedi. Al mio ritorno trovai tutto al solito posto. Ero arrabbiato per la storia del dizionario e per aver speso quaranta lire tra viaggio, pasti, albergo, libri, ecc. Perché ho voluto narrare così minutamente queste sciocchezze? Perché saranno interessanti di qui a trent'anni.

CEG.- 30-7-1916.

*Semper in eodem loco.-* 31 *luglio 1916.* (Ore 16).-
In questi tre giorni dopo il mio ritorno avevo in programma la messa in ordine del mio scabuzzino, dove libri carte e biancheria si accumulano in un disordine deleterio per il mio sistema nervoso. Ma ieri arrivò l'ordine dal Comando della Brigata Modena di andare a riposo nella notte del 31, a Campiello: lasciando solo le armi e il minimo di uomini necessarî a sparar-

le.- Così i miei piani andarono a Patrasso. A Campiello non c'è acqua, non ci sono case: c'è una folla di uomini, mosche e quadrupedi. Perciò tutti vedono questo riposo come un servizio, a cui bisogna rassegnarsi. Il capitano, avendo avuto nei passati giorni una febbre da cavallo, rimane. Musizza rimane perché, avendo maggior energia di me, non ho saputo mandar lui invece di andar io: il capitano aveva detto che uno di noi due doveva restare e uno andare: la prelazione sarebbe toccata a me, come più anziano. Mi propongo sempre di essere più energico, ma non sono altro che di più in più debole.- Dunque stanotte partenza per Campiello: ho dato tutte le disposizioni necessarie e lascio solo tre uomini per macchina.- Un futile motivo ha condotto la discordia tra Musizza e il Capitano. Essendo venuto un ordine del Comando di divisione di tagliar molto corti i capelli, il capitano lo comunicò: Musizza che ha le chiome lunghe e che si atteggia a spirito fiero e indipendente disse: «io non me li taglio.» Il capitano, da cui i superiori esigevano assicurazione che l'ordine fosse eseguito, si sarebbe trovato nella necessità di mentire: cosa che gli ripugnava per sé stessa, e per il significato di debolezza che avrebbe assunto. Perciò, da quel temperamento nevrotico che è, gridò al signor Musizza che l'avrebbe fatto legare e tosare a forza; cosa certo un po' sconveniente. Ora sono come cani e gatti. Se queste mie memorie saranno lette in futuro, chi leggerà sappia che la discordia nelle file del nostro esercito, nella compagine della nostra vita nazionale è novanta volte su cento il frutto di imbecillità e di frivolezze come questa e peggio. La nostra anima stupida, porca, cagna, bastarda, superficiale, asinesca tiene per dignità personale il dire: «io faccio quello che voglio, non ho padroni.» - Questo si chiama fierezza, libertà, dignità. Quando i superiori ti dicono di tosarti perché i pidocchi non ti popolino testa e corpo, tu, italiano ladro, dici: «io non mi toso, sono un uomo libero.» Quando un generale passa in prima linea, come passò Bloise, e si lamenta con ragione delle merde sparse dovunque, tu, italiano escremento, dici che il generale si occupa di merde: (frase da me udita sulle labbra d'un ufficiale). Se il generale se ne sta a casa sua, dici che è un imboscato, ecc. Abbasso la libertà, abbasso la fierezza, intese in questo senso. Non conosco nulla di più triviale che questi

## 31 LUGLIO 1916

sentimenti da parrucchiere. Qual'è la portata dell'incidente tra Musizza e il Capitano? Questa: che se domani in combattimento il Capitano dicesse a Musizza di avanzare con la sua sezione in luogo esposto, Musizza direbbe: «Ci vada lui a farsi ammazzare: io non ci vado per far piacere a lui.» – L'egotismo cretino dell'italiano fa di tutto una questione personale, vede dovunque le persone, i loro sentimenti, il loro amor proprio e a questi sentimenti e a questo amor proprio sente il bisogno istintivo di contrapporre un altro amor proprio, pien di veleno e di bizze. In un salotto italiano è pericoloso dire: «io so far delle belle fotografie» perché questa innocente vanteria genera una reazione di veleni e stizze d'ogni maniera. Nell'esercito italiano, dove tutti si vantano d'essere genî ed eroi e danno del cretino agli altri, è pericoloso per un Comandante di compagnia o di reggimento o d'armata lodare un subalterno: perché si è sicuri che tutti gli altri subalterni diranno: «che ha fatto di speciale costui, per essere premiato? Io ho fatto ben di più quando, ecc. ecc.» Il sentimento della stima e dell'ingenua ammirazione per un proprio simile, sono così rari nei giovani italiani quanto la comprensione della poesia dello Shakespeare fra un'accolita di Arcadi. Il Capitano è un uomo di non grande coltura; d'animo abbastanza elevato, e retto; egoista senza oltrepassare i confini dell'urbanità e della gentilezza: egotista alla maniera puerile («io so correre, sparar bene il fucile, camminare, scrivere come nessun altro»); ha vivo il sentimento dell'equità e della disciplina.– Musizza ha l'animo e la coltura del viaggiatore in amminicoli per sartoria. «Io sono fiero, indipendente, lungicrinito; vedi questo Chianti? Me lo faccio venire per conto mio; qui ho la mia macchina fotografica, le mie caramelle, il mio bastone, la mia branda: vedi questo: guarda quest'altro: sai, io me ne strafotto di tutti! Faccio quello che mi pare e piace e gli altri s'aggiustino. Adesso sto scrivendo un dramma: sai... un dramma; (dubitava che io non comprendessi la difficile parola): non un dramma come questi (e additava con un'espressione di superiorità qualche romanzo stupido che forma la sua lettura favorita): un dramma di concetto: la nobiltà, l'aristocrazia sono tutti pregiudizî umani... eh? Che ne dici?». Il povero e tristo Gaddus ha una sola risposta per queste e altre discorse: «Già.» –

Oggi scesero nei nostri dipressi, una ventina di granate, credo da 105, dirette a noi, che troppo ci mostriamo al nemico, andando su e giù.- Nessun ferito dei nostri perché i ripari fatti ci difesero dalle schegge e dai sassi che piovevano a grandine dopo ogni esplosione: (un blocco pesantuccio venne sul mio tetto, incurvandone la travatura).- Poco dopo, mentre ero andato presso il capitano per parlargli, salì una barella con un ferito: il poveretto, colorato in viso come i cadaveri, con le mani giallastre e l'aspetto della morte sparso nella persona, aveva piena conoscenza e si lamentava debolmente.- Un mazzo di budella, d'un color rosso-visceri, gli fuorusciva dal ventre, presso il pene adagiato sull'inguine verso l'ombilico. Il giovane medico, senza alcuna possibilità di operare chirurgicamente, gli lavò con alcool la parte di budello colpita dal sasso e che appariva più rossa, come ammaccata: e lo inviò alla sezione di sanità.

In questi giorni ricevetti della posta interessante: una lettera di Invernici da Edolo, una dai Fornasini, una lettera dalla signora Semenza, una della zia Isabella.- Anche Clara mi scrisse.-

Questi giorni furono pieni di sonnolenza e di malumore: non proseguii, perché distratto dal viaggio e dal cambiamento di destinazione, a lavorare intorno lo schema del romanzo.

    Semper in eodem loco: 31 luglio 1916. CEG.

## Paragrafo terzo

Agosto 1916.

Carlo Emilio Gadda, Duca di Sant'Aquila.- 1916.
Lasciata la prima linea all'imbrunire, a passo veloce, con la maggior parte dei miei giannizzeri me ne venni a Campiello. Un'ora buona di marcia, qualche precauzione in causa del riflettore. Dormii sotto la tenda e ormai è questo il mio palazzo. Siamo sulle falde orientali del Cengio-Barco, a trecento metri a monte del ponte allo sbocco della valle, e a 30 metri sulla strada di fondo Val Canaglia. Questo sbocco di valle, dalla stazione di Campiello in giù, non è che un grande accampamento di truppe e servizî: qui arrivano i camions, dopo superato l'aspro margine dell'altipiano, di qui proseguono le colonne di muli. Qualche camion si avanza ancora, di notte. Quando mi recai a Thiene la strada era ingombra di una quantità di automobili, facenti parte di tre delle nuove magnifiche batterie automobili da 102. Ora queste automobili erano in gran parte state tolte. La strada è stata a un dato punto ben allargata, in modo da costituirne uno scalo per gli autocarri.- Qui, sulla montagna diboscata dalla necessità dei soldati, (che con le legna fanno tende, capanne, ecc. e cucinano), si vede il solito villaggio delle retrovie, pieno d'uomini, di carri, di tende, di quadrupedi, che sulle ripide falde dei monti si ammucchiano in un disordine non scevro di una pittoresca spiritualità. È la sola volta che i miei nervi non sono stati capovolti dal disordine.-
Il capitano scenderà stasera. Trivelli curatone mi ha liquidato £. 202,91 nette; indennità alpina e indennità di guerra del mese di luglio.- Ricevetti una cara lettera da Enrico e una cartolina dalla mamma. Sono di buon umore.- La mia enorme, madornale distrazione, che a certi momenti assume proporzioni di cretinismo (vedi viaggio a Vicenza), mi ha fatto scrivere: paragrafo quarto, (dipinto a lettere cubitali) mentre que-

sto non è che il paragrafo terzo del mio diario. Inoltre ho dimenticato il solito antescritto con data e designazione di località al principio del diario d'oggi.–

CEG.

Falde Orientali del massiccio Cengio-Barco, sul fondo di Val Canaglia, presso le cucine del nostro reparto: davanti alla mia tenda.
 CEG. Giorno 1 agosto 1916.– Ore 19-20.–

(In eodem loco quo 1 agosto).– 4 agosto 1916.– Ore 18.
Il giorno due agosto nulla di notevole all'infuori di una lettera della mamma da Longone, annunciantemi che Enrico è stato destinato all'aviazione.– Il giorno 3, alle 3 del mattino (in realtà alle 2) partii con tutti gli uomini disponibili per Chiuppano. Ivi ci lavammo e io feci un bagno nell'Astico, sotto Caltrano, e qualche fotografia al capitano e all'attendente. Un caldo bestiale: sudavamo come dei malati. Lì a Chiuppano ricevetti una lettera della Clara, in cui ella mi diceva che Enrico, di passaggio per la nuova destinazione, aveva fatto una improvvisa apparizione a Longone, salutato entusiasticamente da tutti. Ripartì l'indomani per Torino dove deve presentarsi. Io lo seguo, felice che le sue aspirazioni siano state esaudite. Il mio collega Pagnanelli mi scrisse da Pontagna che noi siamo passati ufficiali di Complemento con bollettino del Comando Supremo 22 marzo 1916. È semplicemente meraviglioso! Tuttavia resta a vedere se è questa una pietosa bugia dell'amico, il quale ha voluto inventarmi una notizia che mi faceva tanto piacere, o se è la verità.– Andai in bicicletta a Thiene, a mangiare e dormire, alla trattoria del Castello, perché a Chiuppano non v'era una camera e non avevo tenda. Disposi perché oggi si facesse l'adunata per la partenza alle 6, ma ciò non accadde. Io, puntuale alle sei, con sacrifizio di sonno perché avevo in più la strada da Thiene a Chiuppano che è in salita, dovetti aspettare i comodacci dei soldati. Feci un biglietto di punizione per il sergente Trevisan, responsabile dell'adunata, e per il caporal maggiore Isonne, decano della mia sezione, e per il cap. magg. Di Mario della 3.ª sezione: spero che il capi-

tano non vorrà avere una deplorevole indulgenza. In caso diverso, il nostro reparto va a rotoli.-
Durante la marcia di ritorno mi inquietai di nuovo perché i soldati non volevano star in ordine. All'arrivo a Campiello, un aeroplano volitava super vallem et montes. Immediatamente un violento shrapnel da 152 arrivò, mirato al centimetro, sull'accampamento. Altri shrapnels e granate da 152 (centocinquantadue) arrivarono. Sopportai male il fuoco: mi prese il batticuore, stanchezza, sonnolenza. Durante tutto il giorno in causa del poco sonno, della marcia faticosetta, e della paura presa e del caldo bestiale, mi sentii fisicamente depresso. Un orribile forno è la tenda piena di mosche: un solo scoglio e sterpeto è la montagna. Non si sa dove stare.-
     CEG.- Campiello 4-8-1916.-


Val d'Assa (in prima linea); solito posto.- 9 agosto 1916.
Il giorno 5 nulla di notevole, salvo il disagio provocato dal caldo, dalle mosche, dal sole senza riparo, dal sonno disturbato nella notte per i ragli degli asini e dei muli.
Il giorno 6 arrivò il capitano; si fece la cinquina, la distribuzione degli oggetti di corredo, delle scarpe, a quelli che le avevano richieste. Fu una fatica improba il decifrare le note fatte dai sergenti, il risolvere tutte le piccole questioni che nascono dal pasticcio, dal disordine e dalla trascuratezza. Inoltre avevamo degli uomini in trincea, degli uomini a Chiuppano, altri a Campiello.- Il giorno finì per me con una indigestione di cattivo umore per tutto questo esasperante lavoro di distribuzione e perché il Capitano non aveva punito il sergente Trevisan e i due caporali maggiori.-
Il giorno 7 cominciai la piazzola per i muli: i nostri muli erano sparsi qua in un'area a forma centrale, sulla montagna (Cengio) di circa m. (50)$^2$ a gruppi di uno, di due, di cinque. Il capitano li volle riunire giustamente: perciò stabilimmo di costruire due piazzole parallele, sul pendio: cosa difficile per i mezzi rudimentali che possediamo (picconi e ba-

dili); inoltre la montagna è a roccia portante un lieve strato di terra pieno di radici, ecc. in quel punto: ancora il capitano aveva premura di veder il lavoro finito. Sicché si lavorò come si poté.-
Verso sera arrivò l'attendente di Musizza con il bagaglio del tenente, che voleva venir a riposo (io credevo di fargli un piacere rimanendo a Campiello); inoltre portò al Capitano il seguente biglietto di Musizza, che conservo nell'originale:

Signor Capitano,                              7-VIII-916
Il Cap. Magg. Cicuttini capo-mitragliatrice rimane al pezzo fino a che il Caporale Fabbro farà la barba ai rimanenti uomini, quindi il detto Cap. Magg. avrà il cambio, non occorre telefonisti, ai pezzi non saprebbero far niente come niente fanno in sezione, è meglio stieno alla squadra Comando.- Questa notte quando gli uomini della mia sezione si saranno dati il cambio e gli arrivati si saranno sistemati, lascerò la sezione per godere del riposo che mi spetta. Salutandola

S.ten. C. Musizza.

Ho trascritto letteralmente il biglietto, per la cui intelligenza occorre sapere che, volendo il capitano trattenere a Campiello il cap. Fabbro che fa da barbiere, lo sostituì con un telefonista, ponendo questo fra i sei che nella notte dovevano venire in trincea.- Non occorrono commenti alla sconvenienza del biglietto che è un'asineria come italiano, come biglietto a un superiore, e come lettera d'una persona educata. Il «riposo che mi spetta» l'aveva rifiutato lui mandando me a deliziarmi nel disordine e nella confusione.- Inoltre non si usa parlare in quel tono a un superiore e nemmeno a un collega. Il fatto si è che il Capitano divenne pallido dalla rabbia e dopo aver gridato tre o quattro volte come un ossesso: «Il reparto lo comando io, io lo comando il reparto» mi disse di dire al ten. Musizza di guardarsi bene dal mutare le disposizioni impartite.
La notte, all'imbrunire, veleggiai coi 18 uomini, sei per sezione, verso l'Assa, dove ora sono, tranquillo e felice.-
Ancora devo notare alcune cose: il giorno 7 sera due shràpnels da 152, con fumone giallo ambra e un fracasso bestiale, sulla pendice del M.te Barco. Stavo riponendo nel cofano la roba

## 9 AGOSTO 1916

messa al sole a prender aria e inzuccherandola di naftalina: rimasi male. Perché ricordo il fumo giallo sul monte? Perché *anche l'immagine esterna, pittorica* dell'episodio possa esser risuscitata.-
E ancora ricordo che tra le numerose circolari, ordini del giorno, ecc. in arrivo, ve ne erano alcune duplicate che mi affrettai a devolvere nel mio archivio (io sono un archiviòmane): una, interessantissima, che è un documento *storico, etnico, militare* a cui attribuisco *eccezionale importanza*, e che contiene un giudizio degli ufficiali austriaci prigionieri sull'attacco italiano. Con soddisfazione (parlo di soddisfazione meramente intellettuale) vidi stampate qui, dall'ufficio del Com.do Supremo, e per bocca degli uff.li austriaci, le ragioni dei nostri insuccessi nell'attacco: le ragioni *da me intuite* da tanto tempo, ben prima di venire al fronte. Noto le tre principali: dispersione nel tempo e nello spazio del fuoco d'artiglieria, che quanto al tempo permette con estrema facilità al nemico di capire il punto d'attacco e di preparare i rincalzi con spostamenti frontali (se anche avesse insufficienza d'uomini): e che non inebetisce sufficientemente la linea avversaria. Arresto dell'attacco di fanteria alla trincea espugnata: si compie così il lavoro, il sacrificio più arduo senza ricavare il vantaggio dell'avanzata, dando modo al nemico di organizzarsi sulle retrostanti linee e di preparare il contro attacco. Pigrizia dei soldati italiani nel munire e nell'organizzare a salda difesa le posizioni occupate, durante la notte: e di questo mi pare d'aver sufficientemente parlato per aver il diritto di dire: «l'avevo detto io». È questa una delle vanterie più triviali e più basse della nostra anima: e sarebbe triviale, bassa, porca, ruffianesca anche in me, se io avessi, in ciò dire, un sentimento d'amor proprio soddisfatto, uso Giolitti che aspetta avidamente la débacle per poter trionfare.- No, no, no, no: per carità: io guardo con dolore agli errori commessi, e con ansia e con rabbia e con mal di fegato assisto alle loro conseguenze: guardo al passato con tristezza, senza alcuna gioia per quanto riguarda alcune mie intuizioni: vorrei essere un imbecille e che avessimo vinto: vorrei (Dio lo sa) non aver capito niente io e che avessero capito tutto gli altri, gli eroi e i comandanti, gli eroici morti e i loro condottieri. La soddisfazione di cui parlavo è puramente intellettuale: am-

mettiamo che un matematico, o che uno statista, pur nel dolore, giungano alla risoluzione d'un problema d'analisi o di politica: il dolore da cui sono circondati permetterà loro pur sempre di godere del risultato critico ottenuto, *non* per la loro persona, ma per il giudizio in sé. Un intellettualista si appassiona all'analisi come un raccoglitore di quadri alla sua raccolta.
Un altro foglio, da me conservato, contiene l'ordine di Cadorna all'esercito di passare per le armi i nemici trovati intenti ad offese del diritto delle genti (spogliazioni e mutilazioni di cadaveri, efferatezze, gas asfissianti) ecc., essendo riuscite vane le proteste presso il Comitato Internazionale della Croce Rossa in Ginevra.-
La circolare sull'«*attacco italiano*» mi mostra che Cadorna è a conoscenza dei più pregevoli giudizî tattici della guerra moderna: certo è un'intelligenza nitida, perché rispecchia stupendamente e raccoglie in forma ordinatamente sintetica le acute osservazioni del nemico. Questo mi dice che esse osservazioni erano già nella sua mente, che già il suo spirito le aveva in possesso.- Cadorna è un professore di tattica: credo valga poco come stratega, non ostante le lodi che si fanno di lui: deve essere un organizzatore; ma troppo poco ha sorvegliato i dipendenti comandi.-
Una notizia che mi spiacque è l'ordine del Comando Supremo (31 luglio) a noi pervenuto il giorno 6, che ci fa passare effettivi dal 5.° al 3.° Regg.to Alpini: lascio con molto rammarico il mio 5.°- Si è diffusa qui la notizia della presa di Gorizia: chissà se essa sarà vera: coordinandola con l'attacco dei giorni scorsi a est di Monfalcone, si potrebbe veder in quello una finta: sarebbe forse la prima operazione di manovra sul nostro fronte, dove la guerra fu per lo più una operazione tattica.-
Scarse notizie ricevetti da casa: Enrico deve passare una visita medica per essere ammesso agli aviatori.- Speriamo.
                Val d'Assa; giorno 9 agosto 1916.- CEG.


Val d'Assa, 10 agosto 1916.- Ore 18.-
Dopo redatto il mio giornale di jeri, che finii di scrivere verso le 11, passò per le nostre posizioni il capitano De Castiglioni del 5.° Alpini, già appartenente al batt. Edolo dove comanda-

## 10 AGOSTO 1916

va come tenente un plotone (se non erro) e poi duce della Centuria del batt. Val Camonica. All'Edolo, sulle posizioni della Forcellina di Montozzo egli ebbe come soldati Dosi e Moiana, gli amici di mio fratello: mio fratello era alla 52.[a] – Me gli presentai: aveva il petto fregiato di 5 fascette: Libia e guerra italo-austriaca, e 3 medaglie al valore.– Il tono del superiore con cui mi accolse e mi porse la mano venne rapidamente trasformandosi in gentile cordialità quando gli dissi il mio nome, il mio stato di servizio, i miei titoli di studio e la mia origine milanese. Appena io ebbi fatto il mio nome, rimase un po' sopra pensiero: poi, levandosi di bocca il filo d'erba che c'era, e facendo dei moti lievi con la spalla come usava il povero papà, mi chiese appunto: «lei è di Milano?» Alla mia risposta: «Signor sì», mi domandò se ero fratello, ecc. ecc., come dissi. Volle vedere i miei soldati: con effusione salutò il mio nuovo attendente Noris Saverio del '93, della sua compagnia, e subito intuì la bravura del cap. Cancellerini, che difatti è uno de' miei migliori e proviene dalla 50.– Lo accarezzò e mi disse che voleva vederlo caporale maggiore. Poi proseguì, seguito da un capitano Comandante di compagnia, dal mitragliere colazionaio (v. indietro) e da me. A un certo punto si volse per congedarci: credendo volesse congedare me pure, mi misi sull'attenti e salutai. Ma egli mi disse: «no, no lei Gadda viene con me.» E, come fummo soli, di nuovo si informò di me, de' miei studî, di mio fratello, e mi disse di salutarlo. Che uomo!–
Parlando di mio fratello esclamò: «lo faremo presto tenente!». Io, che sono un ardito-impacciato un petulante-timido, avanzai la domanda se potessi sperare la promozione anche per me: alla qual domanda non degnò neppure di rispondere, lasciandomi avvilito. Più tardi lo pregai, in tono freddo, d'un favore: di vedere cioè se il bollettino del Com. Supremo del 22 marzo u.s. recava il mio passaggio a uff. di Complemento. Egli ne prese nota. Mi lasciò, con minore effusione di quella con cui mi aveva accolto: quasi che la mia persona lo avesse deluso, dopo avermi sentito parlare. Con una voce che mi parve avere una lieve intonazione di tristezza e di severità mi disse, stringendomi la mano: «Addio Gadda, e in gamba! neh! Mi saluti tanto suo fratello.» E la voce a quest'ultima frase divenne più affettuosa. Rimasi male, scontento di me: mi parve

che quelle parole volessero dire: «Credevo meglio di lei, a quanto il suo legame di parentela con l'altro Gadda mi poteva far supporre.» Inoltre l'espressione «stia in gamba» poteva benissimo essere interpretata in due sensi: il più bonario è un voto ch'egli mi faceva: «non si lasci cogliere dagli austriaci»: il più severo un rimprovero: «non abbia paura».-
Paura io? paura di che? Qual moto o accento poteva avergli fatto venire una simile idea? Forse il fatto che invece di stargli al fianco io lo seguivo? Facevo ciò in segno di rispetto. Forse il tremito della mia voce quando mi vidi solo con lui? Era questo il prodotto della commozione che prende un cuore facile alla stima e al rispetto quando una persona illustre o autorevole vi onora d'una speciale attenzione. (Vedi il sarto dei *Promessi Sposi*). Il capitano De Castiglioni è ciò che il D'Annunzio chiamerebbe un Ulisside: (vedi l'incontro della nave d'Ulisse, nel *Laus vitae*). Il capitano De Castiglioni mi aveva confermato la vittoria di Gorizia, il cospicuo numero d'armi, di prigionieri, di cannoni presi. I giornali della sera, che avidamente aspettavo, completarono la mia gioia. Vivo in attesa del giornale, nell'ansia delle notizie.-
Il pomeriggio fu un seguito di crisi spirituali, avendomi la visita del cap. De Castiglioni turbato l'equilibrio d'animo: poi, amarezze, avvilimento, sconforto, ecc. a tanti pensieri.
Oggi ebbi una cartolina della mamma, del sei agosto, nella quale mi dice che Enrico è presso Gallarate, alla scuola di aviazione, e mi dà il suo indirizzo. Sono ben lieto per lui.-
È arrivata una circolare del Comando di Divisione con lamentele del generale (che visitò le linee) circa i piccoli posti, i reticolati, le consegne, ecc. ecc.- Non so se ho già notato che dalla 32.ª Divisione siamo passati, con tutta la brigata Modena, alla 33.ª. È mutato solo il Com.<sup>do</sup> di Divisione.
Cancellerini, il cap. magg. Isonne e il soldato Traversa lavorano a scavare nella roccia un cunicolo.
Val d'Assa; 10 agosto 1916; ore 18-19.- CEG.


12 agosto 1916 (S. Clara)
Val d'Assa, solito posto: (sotto le case di Dosso, frazione di Pànega, a Est delle «Fratte» ma verso quota 1000, cioè più in alto: nel mio scabuzzino); ore 16-17.- 12 agosto 1916.

## 13 AGOSTO 1916

L'altro giorno, verso notte mi presero dei forti dolori di pancia, che durarono poi tutta la notte e parte della mattinata. Non so proprio a cosa attribuirli. Stetti digiuno dalla colazione del 10 fino a jeri, giorno 11, a sera e presi delle pastiglie di laudano e di bromuro e del succo di limone. Guarii bene e ieri sera mangiai con appetito e senza inconvenienti.- Le coliche che accompagnavano i dolori sono pure cessate. Distribuii la mia «mensa» fra i soldati: a questo proposito noto che sempre che mi è possibile distribuisco quel po' di roba che m'avanza (vino, caffè, carne) fra i soldati. L'attendente divide quasi sempre con me la mia colazione.- Passai la giornata di ieri quasi sempre sdraiato e a digiuno: salvo i giri di ispezione. Oggi è S. Clara, l'onomastico di mia sorella, e le ho rinnovato gli augurî fattile il giorno 7. Ricordo che lo scorso anno ero a Casa, essendo appunto caduto in quest'epoca il mio passaggio dai Granatieri agli Alpini per effetto della nomina a Sottotenente.- Ricevetti una lettera della Signora Semenza, con notizie varie; la più notevole è che Emilio Fornasini si trova ad Asti, non so come né perché.-

Ieri sera arrivò un ordine di operazione per la prossima notte: tutto il 41.° si raduna a Campiello, e così il reparto nostro: dobbiamo perciò stanotte, dopo le 9 e prima delle 4, compiere la marcia di trasferimento e le operazioni di trasporto. L'ordine d'operazione non dava dettagli per il nostro trasferimento: conteneva istruzioni molto severe sull'ordine di marcia, sul modo di effettuare la consegna del materiale (reticolati, lavori, ecc.) per i reparti zappatori, ecc. ecc. Lo mandai stamane a Campiello, al Capitano, pregandolo di mandare i muli e una corvée di uomini per aiutarci nel trasporto. Egli mi rispose che disporrà per tutto.- Stasera lasceremo quindi di nuovo le nostre posizioni per recarci a Campiello.

            12 agosto 1916.- CEG.-


Campiello: (pendici del Cengio; eodem loco quo 1-7 agosto); davanti alla mia tenda.- 13 agosto 1916.
Ieri notte iniziammo le operazioni di sgombero della prima linea e le terminammo stamane verso le tre: (in realtà le due.) Il capitano arrivò con i conducenti e i porta-munizioni con un'o-

ra di ritardo rispetto a quella che s'era prefisso, perché il sergente Franchi che comandava la corvée uomini s'era staccato dalla corvée muli, girovagando. Così il capitano s'inviperì, con ragione: ma non sfogò tutta la rabbia col sergente: ne serbò un po' per me, dicendomi alcune imbecillità: la prima è questa: che dovevo far radunare tutto il materiale delle 3 sezioni in un unico luogo: cosa impossibile a farsi di giorno, per il fuoco nemico: di sera per l'oscurità: io disposi perché ciascuna sezione radunasse di giorno il suo materiale.- La marcia di trasferimento si effettuò per la strada militare che passa a Ovest di Belmonte e che scende in Val Canaglia alla fermata di Campiello: è un po' più lunga, ma era meno ingombra, poiché l'altra era occupata dal 41.° che scendeva.- Una notte, una luna meravigliosa: stavo benissimo ed ero allegro. Magnifica la lunga colonna del 41.° scendente, con gli elmetti che luccicavano alla luna: pensai alle milizie di Cesare, per qualche strada alpina passanti «ad hibernandum.»- All'arrivo, Luca, l'attendente del Capitano, ci ammanì un ottimo «vin brulé» dopo il quale, verso le tre e mezzo, andai a dormire sotto la tenda.- Mi levai stamane verso le 9 e a poco a poco mi venne addosso un umor nero, in causa delle sguaiataggini di Musizza (solite vanterie: si vantò perfino di possedere dei francobolli e della carta da lettere) e delle puerilità e tirchierie del capitano, il quale mi parlò di bottiglie vuote da rivendere, di vino che costa caro, ecc. Dopo mezzodì Musizza fece una rivista alle armi, prendendone la matricola sul ruolino tascabile; io sono incaricato della sistemazione di alcune piazzole.- Il cattivo umore crebbe nel pomeriggio in causa della visita degli ufficiali del 90.° Reparto, che si prolungò interminabilmente; bisognò bere vino, annoiarsi e ricevere un invito a pranzo che smaltiremo stasera e che avrà per conseguenza un contro-invito.- Il capitano si accanì in una sciocca discussione di servizio con Antonelli (il sottotenente che comanda la 90.ª) facendomi dileguare i testicoli: il capitano è un essere uggioso, di mentalità un po' puerile e pedantesca insieme.- Pazienza! ha altre buone qualità!-

CEG.- 13 agosto 1916.

Campiello: sempre nello stesso luogo.-
15 agosto 1916. (Festa della Madonna d'agosto).-
La sera andammo difatti a pranzare dagli ufficiali del 90.° Reparto, al loro campo, sulle pendici sud-est del Cengio: un bel posto, con bella vista di Rocchette e Thiene: un po' lontano dalla rotabile.- Il pranzo di ottimo risotto, polli, frittura e pesche fu monotono. Io stavo poco bene e tornai alla tenda con dei bruciori di stomaco, che già da un po' di giorni mi annoiavano.-
Ieri feci una piazzuola per mettervi le macchine, un'altra per disporvi i basti in bell'ordine. Oggi terminammo il lavoro e facemmo dei cavalletti per i basti.- Durante il giorno lessi un po' un romanzo d'una austriaca, la contessa Editta Salburg di Frankenstein, intitolato *Il medico dell'Aristocrazia*. È uno scritto di «Storia del costume» abbastanza acuto a quanto pare dalle prime pagine.- Sorvegliai i lavori, dormii, mi feci radere barba e capelli col rasoio dal barbiere del reparto, il caporale Fabbro; mi lavai, mi cambiai la biancheria.- Il mio attendente, Saverio Noris, che è un gran bravo ragazzo e il soldato Traversa, mi fecero ieri un ricovero: tetto di lamiera zincata tolta da un accampamento sgombrato dal 41.°, pareti di roccia naturale da una parte, di sacchi tesi su pali dall'altre. Ci si sta «mica male»; il tetto è infrascato per smorzare un po' la rabbia del sole.-
Oggi scrissi delle cartoline a mamma, Enrico, Signora Semenza, Semenza Lulù: ebbi un buon mal di pancia.- Abbiamo a desinare gli ufficiali della 90.ª e Musizza, il nostro direttore di mensa, s'è incaricato del pranzo. È una bella sera, e io ho un appetito formidabile, perché in causa del mal di pancia ho saltato la colazione.-
Il 41.° e il 42.° regg.to, cioè tutta la brigata Modena dalla quale noi dipendevamo, e tutta la 33.ª Divisione, sono partiti per altro punto della fronte. Noi siamo passati alla 30.ª divisione e dipendiamo dalla brigata *Bisagno* (209.° e 210.°). Finora non so nulla del nuovo assetto, rispetto a noi.-

       Campiello, 15-8-1916. CEG.

Campiello: (nel nostro accampamento): giorno 19 agosto 1916.- Ore 18.-
Il giorno 15 sera pranzammo con gli ufficiali del 90.° Reparto e il pranzo organizzato da Musizza fu ottimo. Tagliatelle all'uovo, pollo fritto, ecc.; vino e Asti spumante. Il capitano litigò con Antonelli, il comandante del 90.°, per tutta la durata del pranzo, giungendo fino alla scortesia.- Finii ad addormentarmi verso la mezzanotte. Alle tre e mezzo mi levai e con la 1.ª e 2.ª sezione e 10 conducenti scesi a Chiuppano perché la truppa si lavasse. La marcia di andata fu effettuata con ordine e non mi procurò seccature. Con una carretta del reparto, accompagnato dal mio attendente e da alcuni soldati che dovevano salutare loro congiunti del batt. Monte Suello del 5.° Alp., e che mi pregarono di accompagnarli, mi recai a Schio. Bella cittadina: passai la mattina girando qua e là, entrando nelle chiese. Feci alcune spese: ritornammo alle 1 e $\frac{1}{2}$. Alle 7 di sera partimmo da Chiuppano per Campiello, dove eravamo verso le 10. Spesi in totale, compresa una mancia di £. 6 per l'attendente, una ventina di lire.-
Il giorno 17 nulla di nuovo, salvo la pioggia che in questi siti è veramente tormentosa. Arrivarono ordini e circolari di cui una sull'assegnazione dei reparti mitragliatrici, che conservo.- Questa dice che reparti Fiat o S. Etienne sono assegnati come segue: Com. di Brigata: 1 reparto; Com. di Divisione: 1 Reparto; Com. di Corpo d'Armata: 3 reparti. Ogni Divisione di Fanteria su due brigate ha quindi 3 reparti; ogni Corpo d'Armata su due divisioni 6 reparti. Il reparto è organico presso il Comando da cui dipende, lo segue nei turni di impiego e riposo e negli spostamenti.- Il comando di Gruppo Alpino e d'Armata può avere poi un numero vario di Reparti secondo il bisogno. (Il «gruppo alpino» è un insieme di battaglioni riuniti e, per l'importanza, equivale a un Reggimento o a una Brigata secondo i casi.)- Ieri altri arrivi di circolari; nulla di notevole pel resto.- Poca posta: una cartolina di Clara del 14, in cui mi dice che Enrico fu con loro.-
Oggi il tenente Musizza si recò alla visita, perché à una espulsione alla gamba: il capitano medico lo consigliò di entrare all'Ospedale da Campo di Chiuppano, per eczema sudorifero. Il tenente mi fece la consegna dei fondi della mensa e del «fon-

do nero» della Compagnia e se ne andò.- Il «fondo nero» è un residuo di spese non fatte ma che figurano nella contabilità ufficiale: (p.e. i muli mangiano foraggio trovato abbandonato nella zona d'operazioni: l'acquisto foraggio figura nel giornale di cassa: però non sono sicuro se sia questa la provenienza o se si tratti di un residuo più lecito). Tutte le compagnie hanno un fondo nero, accumulato più o meno lecitamente secondo la correttezza del comandante. Il nostro capitano era correttissimo nell'amministrazione e non so capacitarmi da dove provengano le £. 163 consegnatemi da Musizza: certo da *fonte lecita, onestissima* (non come quella del foraggio): tanto è vero che il cap.no le consegnò a Musizza e ora a me, per beneficio dei soldati. Il capitano è pure malato e ha forte febbre.- Oggi mi hanno liquidato lo stipendio di luglio (finalmente!) non perché sia arrivato il foglio stipendi dal deposito, ma perché, impazienti di più aspettare i comodacci altrui, lo ha compilato Trivellazzo curatone di campagna.- Sono nervoso e aspetto la destinazione del Reparto giusta la circolare Cadorna: aspetto cioè di vedere dove sarà destinato il reparto, se assegnato a una brigata, a una divisione, o a un Corpo d'Armata.-

*Campiello*, 19 agosto 1916. CEG.

Campiello: giorno 20 agosto 1916.- Ore 10 antim.ne-
Sette anni or sono, alle due di mattina del 20 agosto 1909, moriva mio padre. La mia memoria rievoca nitidamente quel giorno e quelle circostanze, ma il mio animo non può rappresentarsi senza sgomento tutte le tempestose e terribili circostanze della mia vita intima e privata in questi 7 anni. Voglia la mia fortuna che un periodo migliore succeda a questo, oppure che la morte utile e bella mi impedisca di continuare una vita di inutili sofferenze.-
Musizza ieri sera si avviò verso Chiuppano per entrare all'Ospedale. Prima avevamo liquidato la contabilità della mensa e del fondo nero, come dissi: la quota mensa, come non dissi, dal 9 luglio al 19 agosto (41 giorni) è di £. 87: una spesa esigua come si vede.- Il capitano ieri sera aveva 39,2 di febbre, stamane 37,5: pare voglia entrare all'ospedale, e allora io mi troverei comandante di Reparto, e unico ufficiale presente al Re-

parto.- La responsabilità non è poca, data l'incapacità e la svogliatezza dei sergenti.-

*Ore 18, sempre del giorno 20: Campiello.-*
Il capitano è infatti entrato all'Ospedale. Stamane mi fece le consegne dei fondi del Reparto, della contabilità, ecc.- Era ammalato, sulla sua branda, nella sua tenda. Mi consegnò £. 9.200 in contanti, e le ricevute dei denari versati a Trivelli. Il totale del fondo cassa al 1.° Agosto era di £. 11.712 e 77 cent.$^{mi}$ Tale è l'ammontare complessivo dei titoli e dei contanti. Trivelli mi chiese oggi £. 400 per liquidare lo stipendio al Capitano.- Questo partì verso le 12 e $\frac{1}{2}$. Io feci passare in rango la compagnia perché lo salutasse, ed egli le rivolse brevi parole di commiato. Il mulo sellato lo attendeva ed egli, febbricitante, vi salì. Lo accompagnai fino all'infermeria di Campiello, donde in un'autoambulanza sarebbe stato trasportato a un ospedale da campo.- Nel pomeriggio sorvegliai un po' la truppa, feci fare qualche lavoretto di sistemazione, e lessi un po': venne anche dell'acqua, che inumidisce e raffredda il clima.-
Sono dunque comandante di reparto e unico ufficiale presente al reparto, di quattro che ce ne dovrebbero essere.- Questo fatto e le notizie del terremoto delle Marche e della Romagna, mi amareggiano assai la giornata.- Il terremoto è una sciagura così immeritata dalla nazione che si gettò in una guerra per una ragione ideale, che viene il mal di fegato al solo pensarci. Quando la nostra dolorosa storia non può raccontar altro, parla di terremoti.- Le epidemie hanno almeno una causa che pertiene alla responsabilità degli individui, alla capacità morale e civile di un popolo: ma il terremoto è una delle brutalità della sorte contro una nazione, che si trova per esso, in confronto delle altre, in condizioni di inferiorità. La mancanza del ferro e del carbone e la frequenza dei moti sismici sono tre cause di primissima importanza che rendono la nazione italiana meno delle altre «adatta all'ambiente» (nel senso darwiniano della parola), per il decorso del presente periodo storico.-
Sono rimasto solo al reparto: incontrerò resistenze passive, difficoltà d'ogni genere, responsabilità amministrative e militari: tuttavia mi propongo di fare del mio meglio per adempie-

re al difficile dovere, nel senso scrupoloso della parola. Queste «difficoltà», di cui parlo, non sono esterne, ma interne alla mia persona: consistono nella mia timidità, nella mia debolezza d'animo, nella mancanza d'autorità su questa masnada di vecchioni sbilenchi e di giovani pelandroni. Se io fossi un uomo autoritario, come p.e. il mio amico Salaròli, sarebbe il pane per i miei denti, questa mia presente posizione: ma io sono un po' il vaso di terracotta che viaggia coi vasi di ferro. Tuttavia cercherò di farmi animo, pensando sempre a ciò che deve essere un comandante di Compagnia perché la sua coscienza di cittadino e di soldato non abbia rimorsi. Io sono certamente incapace di una ingiusta severità, ma troppo pecco nell'indulgenza e, praticamente, nell'eccesso di riguardi verso persone rozze che li considerano una stupidità. Speriamo bene: troppo mi dorrebbe di far cattiva prova!–
    Campiello: 20 agosto 1916.– CEG.–


Campiello: (sotto il pergolato di frasche secche che costituisce il capannotto della mensa ufficiali). Ore $10\frac{1}{2}$ antim.$^{ne}$.– Giorno 21 agosto 1916.
Gli aeroplani nemici ci annoiarono un po' ieri e oggi, spiegando quell'attività dietro la quale arrivano talvolta nelle testone agli esplorati i 152 e i 305. Ma devono aver visto poca roba, poiché le riserve tattiche sono ora esigue, essendo stata questa fronte notevolmente sguarnita dopo l'offensiva di Gorizia.– Stamane feci un'accurata pulizia alle macchine e agli utensili, alle $8\frac{1}{2}$; feci pulire i fucili del magazzino del Reparto (fucili versati da militari entrati all'ospedale). Poi feci la cinquina, la quarta del mese di agosto. Sono arrivate nuove circolari: *noto una volta per sempre che delle circolari e degli ordini di operazioni in arrivo tratterrò per il mio archivio quelli che potrò trattenere senza pregiudicare il servizio: gli altri giaceranno fra gli Atti del Carteggio del Reparto. Molte volte le circolari, gli ordini permanenti, gli ordini del giorno, se stampati, arrivano in duplice o triplice copia.*– Terrò io una nota di tutto il carteggio in arrivo, a cominciare da oggi: (figuro di aver assunto oggi il Comando del Reparto).–

Campiello: (sempre nello stesso luogo). Giorno 22 agosto 1916.- Ore 10 antim.^ne.-
Ieri ebbi parecchio da fare per le circolari e ordini in arrivo: anche stamane ne son giunte parecchie, che séguito a protocollare.- Alcune devolvo al mio archivio. La prima seccatura datami dal nuovo incarico è stato un biglietto di Musizza, il quale non può dar ordini contrarî ai miei, essendo io il Comandante: tanto meno poi può darne, trovandosi ora all'ospedale.- Io avevo ordinato che i muli ammalati che trovansi ora a Chiuppano venissero condotti qui, perché qui si trova il veterinario del 210.°, che può meglio curarli del nostro maniscalco. Musizza, assente per ora dal reparto, stando all'ospedale di Lugo, non comandando il reparto, si permette di mandarmi *aperto* e quindi leggibile dal latore, il seguente biglietto: «Caro Gadda, vi sono 2 muli che non possono camminare e perciò non possono venire a Campiello perché ammalati alle gambe. Io spero fra qualche giorno ritornare, il riposo lo farò a Chiuppano poiché qui occorre sempre qualcuno dei soldati per tante cose. (sic!).- La posta viene distribuita sempre a Breganze non andando a Boscon, dunque occorrono soldati. Il mio attendente resta a Chiuppano ti manderà 50 fiaschi vino e tu favorisci mandarmi la ricevuta di £. 163,65 che rilasciai al Capitano. Addio e divertiti. C. Musizza.» Ho rispettato la punteggiatura dello scrittore. Non faccio commenti, nemmeno alla graziosa richiesta della ricevuta. Noto che ho lasciato i muli a Chiuppano, come Musizza dice, perché mi fu assicurato che realmente non possono fare la salita senza danno, dal maniscalco e dal cap. Briante: (come si vede non sono un uomo piccino e autoritario). Ho lasciato anche la bicicletta a Chiuppano, perché la posta possa esser ritirata a Breganze, il che è realmente comodo. L'attendente di Musizza (uno strafottente Veneziano che mi è poco simpatico) lo lascio pure giù, per compiacere Musizza e perché anche se gli dicessi di salire non verrebbe e bisognerebbe imbastire un processo.- Al villano biglietto, militarmente inqualificabile perché non s'è mai visto un *assente* dare ordini a un *superiore* (dico così per intenderci), civilmente pure inqualificabile pel tono e perché mandatomi *aperto*, mi guarderò bene dal rispondere.- Seppi ancora che l'attendente di Musizza rivende ai soldati i fiaschi

di vino con un leggero guadagno: ne avvisai i soldati: facciano quello che credono.
Adesso, o Italiani di tutti i tempi e di tutti i luoghi, che avete fatto della patria un inferno per i vostri litigi personali, per le discordie uso La Marmora e Cialdini (che il demonio li copra di sterco: anime schifose), per i veleni, le bizze, le invidie, dall'epoca dei Comuni a questa parte: adesso ditemi: appartengo io alla vostra razza? So vincere la mia ragion personale con la ragione dell'interesse del servizio e della concordia, oppur no? Rispondo al glorioso motto dei Gesuiti, che dovrebbe essere il motto di ogni soldato, come anche prescrive il regolamento di disciplina («la persona del soldato deve scomparire dinanzi alle esigenze del servizio, della patria»), rispondo al glorioso motto: «*Perinde ac cadaver*»? Un soldato una volta mi rivolse, senza sapere che io lo sentivo, delle parole che ferivano la coscienza della mia gentilezza e lealtà, parlando con altri suoi compagni di me. Udite le sue parole, che contenevano un giudizio non solo immeritato ma addirittura opposto all'indole mia vera, lo ammonii. Poco dopo il soldato stesso commetteva una mancanza di servizio, per cui avrei dovuto punirlo. Non lo punii, affinché il suo animo rozzo e triviale non credesse la punizione essere provocata da risentimento *personale* per l'incidente avvenuto prima.-
Ricevetti ieri una lettera dal Semenza, cartolina da Enrico, Signora Semenza, Gobbi: il cui arrivo mi fu amareggiato dal contemporaneo giungere del biglietto di Musizza. Ho scritto a penna ordinaria perché la stilografica s'è vuotata.
Campiello, 22 agosto 1916.- CEG.


Campiello, 27 agosto 1916.- Ore 10.-
I passati giorni segnano una pausa assai triste della mia vita militare: scoraggiamento, affanno per la responsabilità, seccature d'ogni genere, amarezze.- Il disordine è il mio continuo cauchemar e mi causa momenti di rabbia, di disperazione indicibili.- Disordine nella tenuta degli oggetti consegnati a ciascun soldato: dispersione di attrezzi. La fureria poi è un pasticcio indicibile: il giornale di contabilità non è così pulito come dovrebbe essere e contiene qualche correzione a penna,

con rischio di vedercelo lacerato dal Consiglio di Amministrazione.-
Le circolari in arrivo sono sempre una caterva e il carteggio è ben noioso.- È venuto l'ordine di prelevare gli indumenti invernali, una terza coperta, e una coperta per i muli. Ho mandato i buoni all'Ufficio Commissariato della 30.ª Divisione, a Granezza (osteria di Granezza) e per ora li hanno là trattenuti. Da qui a Granezza vi sono tre buone ore di marcia.-
Da casa ebbi notizie varie: la più triste è la morte del nostro lontano parente G. Casati, avvenuta a Gorizia. Ho ricevuto lettere dal Gobbi ecc.; ho risposto: conto però, d'ora in avanti, di annullare la mia corrispondenza se non con la famiglia.-
Tutte le mattine, dalle 9 alle 10, bisogna presentarsi al Comando di Brigata, a rapporto.- Ieri feci fare il bagno a Campiello al mio Reparto, dietro ordine del Com.$^{do}$ di Brigata: il bagno è caldo.-
È venuta l'assegnazione del Reparto al Gruppo supplettivo di Corpo d'Armata, affidato alla 30.ª divisione. È noto che Cadorna dispose che i Reparti dovessero essere così distribuiti: un reparto per ogni Com.$^{do}$ di Brigata e di Divisione: 3 per ogni Com.$^{do}$ di Corpo d'Armata. Tuttavia la 30.ª Divisione di Fanteria (Comando delle truppe dell'Altipiano) ha il valore di un corpo d'Armata e le hanno quindi assegnato il gruppo supplettivo di Corpo d'Armata: esso è costituito dal nostro reparto, dal 90.° e da uno che arriverà.-
In questi giorni, oltre il bagno, cinquina, ecc. ho fatto iniziare la costruzione di 2 magazzini per ripararvi il materiale, esposto a deperimento allo scoperto. Sono ricoveri piccoli, di muro a secco assai ben fatto dagli abili muratori del Reparto.-
Ancora, per ordine del Com.$^{do}$ di Divisione, ho richiesto una ennesima volta i complementi: ho chiesto anche 2 ufficiali, 1 Capitano Comandante di Reparto, 1 sottotenente comandante di sezione, oppure due comandanti di sezione.-
La storia con Musizza peggiorò il giorno dopo: mi mandò un biglietto più villano del primo, contenente svariate grossolanità e trivialità: cominciava col chiamarmi: «Signor Comandante» (che finezza di spirito); poi parlava di baraonda, di caos, ecc. Gli risposi il giorno dopo, gentilmente e pacatamente: egli mi ririspose chiedendomi scusa e spero che tutto sia fini-

to. È ancora all'Ospedale.- Conservo i suoi biglietti.-
Stamane è arrivato un foglio d'ordine del Com.$^{do}$ 30.$^a$ Div., in cui è detto che i tre reparti del gruppo supplettivo e il Reparto Divisionale (38.°) si daranno il turno per la sistemazione difensiva del sottosettore di destra dell'Altipiano. Dovremo quindi spostarci a suo tempo verso Asiago.

27-8-16. CEG.


Campiello, 29 agosto 1916.- Il giorno 27 stavo mangiando la mia colazione quando arrivò improvvisamente il sottotenente Guido Dellarole, del 3.° Alpini, mandato a sostituire Venier per una richiesta ancor vecchia, fatta dal capitano. Lo feci accomodare e gli feci improvvisare un po' di colazione.- Questa richiesta di Complementi è sempre stata un gran pasticcio: vi sono disposizioni tassative, modificate e dimenticate, mestolate, rovistate, baraondate in tutti i modi. Si dovrebbero perdere di forza i militari e chiedere i conseguenti complementi dopo 15 giorni dall'entrata nell'ospedale. Ma essendo venuto un ordine dalla divisione di chiedere i Complementi subito, compresi gli ufficiali, mandai la richiesta per un comandante di reparto e per un capo sezione. Adesso sento che torna Venier, torna il Capitano: saremo qui in cinquanta, che il diavolo ci porti tutti.- Il sottotenente Dellarole, del 1894, è un giovanotto simpatico, sveglio, buon camminatore e molto gentile. È di Vercelli, ha studiato agrimensura ed è coltivatore di riso. Credo che sarà forse il migliore della brigata.- È stato già al fronte sul Podgora nel novembre 1915 per pochi giorni ed è stato ferito in un attacco.-
Ieri, oltre la consueta visita del mattino, alle 10, (dobbiamo presentarci al Comando di Brigata ogni mattina alle 10 io e Antonelli, il comandante della 90.$^a$), dopo essa visita, il Comando di Babibrigata ci chiamò ad audiendum verbum.- Per ordine del comando di divisione ci incaricarono di percorrere una linea di sistemazione difensiva che va da 500 metri a Ovest della punta del Cengio (di quota 1351) fino alla Valletta tra Lemerle e Magnaboschi. Io e Antonelli avremmo dovuto percorrere tutta la linea, fissandovi le postazioni per 12 mitragliatrici (2 reparti), e ricoveri per i serventi. Dovendosi

presentare la relazione oggi, ci dividemmo il percorso per metà, il discrimine fissando sul Belmonte. Il mio tratto era dunque: Cengio, Barco, Panoccio, Belmonte. Partii con Dellarole alle 7 (in realtà le 6): dopo un bel soffiare per la rapidità del passo in salita, arrivammo alla cresta: la percorremmo fino al Cengio: scendemmo, girammo, pasticciammo e non trovammo un corno: avevo un mal di pancia fottuto.-
Quando ci avvicinammo a Valle Barchetto, finalmente trovammo qualche lavoro, e cominciammo a seguire il tracciato della linea. Seguiterò domani.-

29-VIII-1916. CEG.

Campiello, giorno 31 agosto 1916.-
Ieri non ebbi voglia di scrivere: seguito la storia della gita del 29.- La linea della trincea, fatta con criterio e ben dissimulata girava la sommità, nel senso largo della parola, del Monte Barco.- Una bella escavazione nella roccia, larga da 80 cm. a 1 metro, con lavori di mina in corso di effettuazione, profonda intorno a 2 metri: spesso sostegni in muro a secco, qualche piazzola per mitragliatrice assai ben fatta, ecc.- Il lavoro è notevole: quando sarà finito e sistemato in tutta l'estensione del tracciato costituirà una bella linea difensiva. Le pendici Nord del Cengio sono a lento declivio, mentre a Sud la parete strapiomba verticalmente: tutta la zona del Pianoro Cengio, Barco e annessi rivelava le tracce della passata battaglia nelle buche d'esplosione, nel semenzaio di bossoli, ecc. Si incontravano tombe austriache e nostre: una, d'un nostro granatiere, con una pietosa inscrizione austriaca: «Ruheställung des italienisches grenadier‹s›... gefallen am 3 juni 1916.»: non so se il tedesco è corretto.-
Vedemmo due nostri cannoni da 149 fatti saltare con gelatina durante la ritirata e che si presentavano come un ammasso di rottami: presi una fotografia, che però credo non sarà riuscita perché mossi la macchina.- Dopo molto girare e camminare, arrivammo al Belmonte, dove nessun lavoro era fatto. Scendemmo allora all'accampamento dove si mangiò verso le 3 del pomeriggio. Dopo un po' di riposo il sottotenente Dellarole mi fece uno schizzo del tracciato: io feci una breve relazione

## 31 AGOSTO 1916

e, unitamente a quella mandatami da Antonelli, pure con schizzo, le mandammo alla Brigata. Ero stanco della gita, per mancanza di allenamento.- Ieri mattina, alla solita ora, mi recai al Comando di Brigata: nulla di nuovo.- Da Lucca (non Luca come altre volte scrissi) seppi che il Capitano tornerà presto al Reparto. Sono lieto di ciò.-
Ieri piovve nel pomeriggio con mia gran noia: stanotte piovve pure assai, raffreddandosi l'aere: (magnifffico!). Stamane il tempo era sereno, la pineta di Val Canaglia tersissima e nera contro il cielo lucido. Ma il Comando di Brigata, in persona del capitano aiutante di campo, mi ingranò con gli schizzi e la relazione dell'altro giorno. Bisognò rifare uno schizzo unico, di cui si incaricò compiacentemente il Dellarole.- Nel pomeriggio mi chiamarono ancora al Comando di Brigata, per altre chiacchiere: tutto un lavoro inutile: dico questo non pel mio disturbo che non conta né deve contar nulla, ma perché l'indole del lavoro chiestomi mi pare troppo sommaria e approssimativa.-
Oggi piove schifosamente: un'acqua fottuta, un'umidità boja, una melma al controcazzo.- Quanto si soffre su questi monti umidissimi, senza riparo, sotto la tenda o in uno sbertolato baracchino! Il mio alloggio poggia per due lati alla roccia muschiosa, da cui colano rigàgnoli nella camera, per altri due è fatto di sacchi tesi su bastoni di legno che costituiscono le colonne del tempio. Il tetto, con buchi e sgocciolature è in parte di lamiera, in parte di telo a tenda: il pavimento è solcato da corsi d'acqua che ne fanno uno strato melmoso. Il suo aspetto è dato dalla figura.

Esso è situato un po' fuori l'accampamento, tra le scarpe rotte, gli stronzi e i cenci degli ex-accampamenti di fanteria che gremivano queste pendici.- Naturalmente è più basso di me e non posso starci in piedi: dentro v'è una branda mal comoda, che può funzionare da cilicio.- In questi giorni nulla ricevetti da casa: spero avere oggi o domani qualche notizia. Gli uomini completarono i muri di due ricoveri per il materiale: ma prevedo che uno sarà sfruttato dal Capitano.– Sono qui infreddolito e di pessimo umore: prevedo le sofferenze di questi mesi di freddo e di pioggia, che sosterremo senza ripari.–

   Campiello, 31-8-1916, CEG.  31 agosto 1916.

Paragrafo quarto


Settembre 1916.-
Carlo Emilio Gadda, Duca di S. Aquila.


Campiello, 1 settembre 1916.-
La mia situazione nel reparto, creatami dalla mia debolezza, non migliora certo: scarsa autorità ho presso tutti, e la mia eccessiva longanimità mi procura noie e forse ingiustizie. Comprendo di aver mancato ai miei doveri, al mio massimo dovere, usando troppe cortesie, troppe bontà e gentilezze. Per compiacere Musizza lasciai che la posta venisse ritirata a Breganze anzi che a Boscon (per me era perfettamente indifferente la cosa, avendola in giornata in entrambi i casi); lasciai che il suo attendente, certo Menegon, un veneziano intrigante, glie la recasse in giornata all'ospedale di Lugo, e che perciò si fermasse a Chiuppano. Adesso il furiere, certo Federici, un uomo di dubbia lealtà, (come anche mi assicurava il mio caro collega Invernici, di Edolo) è sceso a Thiene, per pagare lo stipendio al Capitano che sta all'Ospedale: avendo Federici un'animosità contro Menegon, avrà dipinto al capitano l'indulgenza da me usata a Menegon e a Musizza, sotto colori esagerati: il capitano si inquietò, disse alcune asinerie al mio indirizzo, e il villan Federici, pettegolo come un commesso di parrucchiere di provincia, venne a dirmi, in presenza ai soldati, che «il Capitano è incazzatissimo con lei; à detto: - già: via questa barba nera, tutto va male al Reparto -» ecc. ecc. Io rimasi male, perché la mia bestiale ipersensibilità mi fa ingrandire ogni amarezza, e non ebbi neppur la prontezza di redarguire il furiere.- Adesso il Capitano se la prenderà con me, svillaneggiandomi: io, che ho un carattere poco equilibrato, perché poco abile è la mia capacità pratica nel disbrigare con tatto questi aggrovigliati pasticci e il residuo di rabbia che sempre mi rimane dopo ogni battaglia esterna si converte in «fondo pensioni» ut ulciscar, io darò fuori a mia volta, stufo,

arcistufo, indignato, esasperato.- Inoltre il capitano latrerà con Menegon, Menegon ringhierà con Musizza: Musizza mi guarderà con occhio canino, affibbiandomi, nella sua immaginazione di commesso cinematografico, la parte di sobillatore del Capitano. Questo sarà il pingue raccolto, la doviziosa messe della mia bonarietà, del mio sacrificio d'amor proprio, delle cortesie che usai a Musizza. Ben mi sta. Il debole paga.-
Quando potrò uscire, dalla mia povera casa di sassi, verso la foresta gocciolante nell'autunno, tra la visione delle cime e delle nebbie, senza udir la voce dei così detti miei simili? La mia anima intiepidita dal fuoco domestico, rabbrividirà deliziosamente a quel cielo triste, e si perderà con quelle nebbie che sono più amiche a lei di un'umanità di uomini intelligenti, di uomini liberi, di uomini forti, di cravattoni, di armigeri, di lanternoni, di banchierazzi, di demagoghi, di pretazzi e di troie.-
Il mio attendente Saverio Noris, un villan bergamasco di Fiobbio, frazione di Albino, mi fa un po' di compagnia: è un buon diavolo, e vorrei crederlo a me affezionato se non sospettassi ormai d'ogni cosa.- Oggi i muratori finirono i due ricoveri per magazzino e domani faremo mettere al riparo buona parte del materiale.- Feci inoltre, con Dellarole, far pulizia alle macchine e un po' di istruzione ai serventi.- Ai soldati che più lavorarono distribuii qualche sigaro, avanzato dalla spartizione della razione tabacco. Chiudo la mia giornata senza aver posta da casa (che mi manca già da più giorni) né da nessuno, in modo ben triste.

Campiello, 1-9-'16. CEG.

Canòve di sopra, 7 settembre 1916.
Ore 13.- Il racimolare le notiziole della mia vita di questi giorni, per fermarle qui, mi prenderebbe troppo tempo: perciò noterò solamente i fatti più notevoli, usando per di più lo stile telegrafico.- *2 settembre*: ricovero della roba nel rifugio preparato a Campiello; ordine d'operazioni della 30.ª Divisione di trasferirsi nel suo sottosettore di destra (Brigata Forlì: 43.° e 44.°). Io e Dellarole facciamo una visita di congedo al Comando della Bisagno. Essendomi accorto che Dellarole è

più anziano di me, gli lascio il Comando del Reparto.- Impiccio psicologico nel far ciò, avendo tenuto il comando su di lui per parecchi giorni.- Soluzione soddisfacentissima: Dellarole buon camerata e serio.- Con otto uomini ci prepariamo a partire per la Brigata Forlì all'indomani.- *3 settembre*: cavalcata bizzarra: io e Dellarole, con 8 uomini (2 per sezione, Noris, e 1 conducente) partiamo in ricognizione ciascuno a cavallo d'un mulo: io con la sella del capitano, lasciatami gentilmente da Dellarole più abile cavallerizzo. A cavallo per Zovetto, Magnaboschi, ecc. (strada militare) fino a Casere Magnaboschi: poi giù fino a Cesuna (non proprio in paese), poi a destra verso Canòve. Lasciamo i muli e due uomini al ponte rotto sul Ghelpack. Io, Dellarole e gli altri ci rechiamo a Canòve: presentatici al Comando di brigata, visitiamo il capitano Assereto, comandante il 38.° Reparto di S. Etienne, a cui diamo il cambio. Egli ci mostra le posizioni: le postazioni, le trincee, i lavori fatti, i camminamenti, il materiale raccolto, il materiale consegnatogli, ecc. Ci informa sulla situazione, sui bersagli, sulla decorrenza del fronte, sugli umori del generale Cecchi (comandante di Brigata), sui tiri nemici.- È gentilissimo: conosciamo anche uno dei suoi ufficiali.- Paese devastato: non una casa intatta: anche recentemente un 152 ha demolito il cantonale d'un palazzotto, da cima a fondo: durante il nostro giro nessun colpo di cannone: quiete assoluta. Alla Brigata prendemmo accordi per il trasferimento, da effettuarsi nella notte sul 5 settembre. Ritorno al ponte rotto attraverso i prati: colazione: riposo per gli uomini. Ritorno a cavallo dei muli per Bivio di Boscòn, Boscòn, Lémerle, Magnaboschi, Val Canaglia.- Paesaggio forestale stupendo: piazzale Cesare Battisti: accampamento della Brigata Piemonte a riposo nel Boscòn, scelta dell'accampamento per le nostre salmerie a bivio di Boscòn. Lémerle devastato, alberi secchi e stroncati (cannone), ramoscelli secchi e stroncati: (fucile).- Ho riveduto i luoghi delle nostre prime postazioni sotto Magnaboschi, e nello Zovetto: la prima patria della mia vita su questo fronte.- Ritorno a Campiello: definitiva consegna del comando a Dellarole: cessione di fondi e ricevute: del fondo nero, ecc. I contanti del fondo di reparto erano allora £. 7099, i titoli £. 135,08. (totale £ 7234,08). Poi chiusura del rendiconto del

mese di agosto, con Trivelli: un milione di firme sul giornale di contabilità, sul giornale di cassa, sui titoli, ecc. ecc.-
Ore 22.- Riprendo il diario oggi interrotto. Il giorno 4 mattina trasferimmo il reparto da Campiello a Bivio di Boscon, per la strada percorsa il giorno innanzi. La mattinata era splendida, come il giorno 3; la marcia si effettuò bene, perché le disposizioni date da Dellarole e da me avevano previsto tutto discretamente. Le carrette ebbero un po' di fatica, tratte da due muli e cariche com'erano, a superare le aspre salite.- Naturalmente non si portò tutto, ma solo quanto fu possibile. Con viaggi successivi si portò poi, il giorno 5 e 6, l'altra roba: casse di munizioni di riserva,[1] lamiere zincate per tettoie-stalle, ecc.- A guardare la roba lasciata comandammo un caporal maggiore e un piantone.- A mezzodì il Reparto era a Boscon: io e Dellarole, assillando la nostra truppa, facemmo costruire una tettoia per la cucina, una per il magazzino: sistemammo un accesso e iniziammo piazzole e tettoie per muli: preziose, per i tetti, le lamiere zincate che avevamo raccolte o prelevate: i pilastri in legno d'abeti non difettavano certo: legamenti a filo di ferro. All'imbrunire una pioggia torrenziale prese a inondare la foresta, bagnandoci tutti. La traslazione dei serventi con zaino e delle macchine e munizioni a dorso di mulo da bivio di Boscòn a Canove, a notte fatta si effettuò pure sotto la pioggia, nella buia pineta: rallentata dall'ingombro che ci occorse lungo la strada, occupata dai muli del 35.° Reparto S. Etienne che andava pure in linea. Questo 35.°, giunto al ponte rotto sul Ghelpack, dovette sfilare per muli distanziati a 50 metri: così pure noi, essendoci tale disposizione comunicata dalla sentinella a guardia del ponte in legno. Infatti il tratto che segue al ponte può esser battuto dal riflettore, e infilato da Monte Rasta. Pioggia, stanchezza, impazienza. Svoltammo poi per il fondo d'un valloncello prativo, umidissimo, e come Dio volle arrivammo a Canove. Dopo una lunga chiacchierata che Dellarole fece col capitano Assereto, comandante il 39.° Reparto, a cui davamo il cambio, e che mi spazientì assai, cia-

---

[1] La dotazione munizioni da mitragliatrice che rechiamo con noi è di circa 85.000 colpi.-

scuna sezione si portò al suo posto. Dellarole, molto coscienziosamente, si recò a visitare una per una le tre sezioni: io non postai le macchine, perché il buio pesto impediva di farlo con profitto, attraverso gli umidi camminamenti.- Stanco, bagnato, avvilito dalla mia incapacità di comandante di sezione, mi buttai su un letto verso le una. Dellarole tornò un'altra volta nella notte e una all'alba, asfissiandomi.- Gli uomini dormirono sulla paglia in un'altra camera della casa.-
Il giorno 5 settembre fu uno dei più tetri, dei più tristi della mia vita al fronte: pioggia e freddo, svogliatezza e timidezza, incapacità di comandare e rabbia di non saper decidermi a nulla: Dellarole esigeva dei lavori, penosissimi con la pioggia, di approfondimento dei camminamenti: lavori di nessuna premura. Feci scavacchiare, un po', essi camminamenti, e non ebbi il coraggio di mantenervi gli uomini, con un simile maltempo. Però me ne rimase un residuo di rabbia, di scontento e quasi di rimorso, avendo le altre sezioni lavorato molto di più. Dormii molto la notte, e mi levai più sereno la mattina del sei. Il giorno sei, granate qua e là su Canòve, da 105: due vicino a noi, con proiezioni di sassi sul tetto dei camminamenti. Paura degli uomini, che si ripararono in cantina, facendomi venire una rabbia fottuta.- A proposito di granate, noto una mia strana e invincibile superstizione o suggestione, per cui quando mi sfuggono delle bestemmie penso e pavento che, per punizione, debbano arrivarmi addosso o vicino dei colpi.- Questo mi accadde ieri, giorno sei: più anche mi accadde oggi, verso le due, allorché, proferita una buona bestemmia, immediatamente un fuoco di shrapnel piovve nelle vicinanze, addosso ai bersaglieri porta ordini che girano sempre per il paese e per le adiacenze.- Il giorno sei a notte fatta, sparando qualche colpo con la mia macchina di destra sfilata dalla capponiera e recata sulla strada, Dellarole e il sergente Franchi fecero tacere il riflettore.- Intanto io con gli uomini scoperchiammo detta capponiera e la rifacemmo di sana pianta. Delle rotaie usate come travi, dei tronconi quadrati sopra le rotaie-poutrelles; sopra uno strato di lamiera zincata con adeguata pendenza per lo scolo dell'acqua: sopra sacchi a terra ecc. fanno un'ottima, comoda capponiera, solida e dove non piove una goccia. Rifaremo anche l'altra, non meno solidamente. L'interno della

capponiera è foderato di assi compatte, come una cabina di nave: la feritoia è stata curata in special modo.

Canòve, 7 settembre 1916. C E G.

Canove, 8 settembre 1916.- Ore 11.-
Riprendo la storia.- Verso le 1 della notte sul 7 andammo a riposare: gli uomini erano stanchi e bagnati, avendo accudito alla capponiera sotto la pioggia. Ieri, giorno 7, finimento della capponiera, grattamento del camminamento. Stanotte poco lavoro, essendosi annunciata la visita del general Trallo006i, comandante la 30.ª Divisione: invece non venne.- Ieri e oggi bombardamento austriaco delle adiacenze, e di Canòve, ecc. a shrapnel e granate da 75: roba tenue, effetto nullo.-
Dov'è sistemato e scaglionato il nostro reparto presentemente? Come funzionano le cose? Ecco.-
*Ufficiali presenti*: Dellarole, comandante di reparto e della 1.ª sezione; io; Musizza tornato dall'ospedale. Io e Dellarole siamo a Canove, Musizza viene la sera ma il giorno va a sorvegliare l'accampamento delle salmerie a Boscòn. Si sta infatti sistemandolo.-
*Salmerie, rifornimenti da tergo*: l'accampamento delle salmerie è al Bivio di Boscòn, in Valle Boscheldar: la lieve e non larga insenatura valliva che sta fra M.te Lémerle e M.te Bruscòn e che continuando poi declina e sbocca verso il Ghelpac‹k›. Il bivio è così chiamato perché la strada militare che vi giunge da Zovetto, Magnaboschi, (e che è una delle più belle e meglio indovinate strade militari che ho visto, per defilamenti, ecc.) si biparte: un ramo scende per valle Boscheldar fino al ponte sul Ghelpack della rotabile Cesùna-Canòve: un ramo, il maggiore, continua per Prià dell'Acqua e Valle degli Orsi (Bärenthal).- Il nostro piccolo accampamento è sulle pendici del *Bruscòn*, verso quota 1100.- Qui stanno i 41 muli, i conducenti, il sergente Rossi capo delle salmerie, il maniscalco, ecc.- Gli uomini sono attendati: per muli ecc. si completeranno dei baracchini, possibilmente con tetto in lamiera.- Il clima è freddo e umidissimo (montano-forestale) essendo la pineta fitta.- La spesa viveri si fa con le carrette all'osteria di Granezza che è assai lontana, o alla Barricata, (sulla strada

## 8 SETTEMBRE 1916

che da Campiello scende a Chiuppano).- In detti luoghi vi sono le sezioni di Commissariato (sussistenza) della 30.ª Div. per il sottosettore di sinistra (Barricata) e di destra (Granezza). Il tabacco si preleva però solo a Granezza, dove ha sede la direzione dell'uff.<sup>cio</sup> di Commissariato.- La spesa foraggio si fa nientemeno che a Rocchette, in pianura: è un bel viaggio. L'avena si prende invece coi viveri.- Alla spesa vanno le carrette.- L'acqua, che a Campiello veniva attinta dalle botti recate prima da camions e poi col trenino a cremaillère, qui vien presa a Prià dell'Acqua. La misura è di 4 litri per uomo al giorno, per tutte le truppe dell'altopiano. Detta acqua serve ora però solo per i conducenti, perché noi l'abbiamo qui a Canove: e la trasportiamo da una fontana a Sud del paese, con ghirbe.-
Il rancio e il caffè vengono cotti la notte, poiché il Com.<sup>do</sup> Brigata Piemonte ha proibito di accender fuochi durante il giorno, e con ragione. Il caffè vien recato al crepuscolo mattutino, la carne cotta rimane là durante il giorno e recata col rancio di riso o pasta a notte fatta. Gli uomini mangiano quindi, verso le 11 di sera, con fame lupina, e prendono il caffè verso le 5 di mattina.- Di giorno hanno talvolta il formaggio (3 volte per settimana). La razione è completata 3 volte per settimana da cognac o marsala o anisette.- Il servizio viveri per le 3 sezioni in linea è fatto naturalmente con le casse di cottura e i sacchi da pane a dorso di mulo: (1 mulo per sezione.)- I conducenti vengono a turno.-
*Sezioni in linea: appostamenti: terreno: bersagli: mensa ufficiali.-*
Le tre sezioni sono a Canòve: schierate sul ciglio del pendio che degrada verso l'Assa. Preciserò dicendo che sono tutte a Canòve alto o Canòve di sopra. La terza a sinistra, la prima nel mezzo (col comando), la seconda a destra. Gli uomini e gli ufficiali hanno tutti alloggio più o meno comodo in case del paese, più o meno diroccate dalla bombardation (bombardescion).- La terza sezione dipende tatticamente dal comando del 43.º Fanteria (Brigata Forlì), la 1.ª e la 2.ª, alla di lei destra, dal 5.º Bersaglieri. Già dissi che noi, cioè l'89.º Reparto Mitragliatrici 1907 F, facciamo parte del Gruppo suppletivo di corpo d'armata (assegnato alla 30.ª): tatticamente il nostro com.<sup>do</sup> dipende dalla *Br. Forlì*, le sezioni dai su detti comandi

di Reggimento. Infatti tra la 1.ª e la 3.ª è la linea di demarcazione del settore del 5.° Bersaglieri e del settore del 43.°. La terza sezione è in una casetta bianca, quasi isolata tra Canove Alto e Canove Basso: le sue postazioni sono nella trincea di resistenza o dei bersaglieri (2.ª linea): e vi si accede per una galleria che dalla casa si diparte all'ingiù percorrendo una decina di metri. La 2.ª sezione ha i due pezzi distanziati, in due case del paese guardanti verso l'Assa: per camminamenti scoperti si accede alle postazioni, che sono indipendenti dalla 2.ª linea, la quale passa sotto la loro quota.- Il Comando è pure in una casa al centro del paese, che doveva essere la casa dell'Esattore Comunale, a giudicare dagli stampati di esazione che vi abbiam trovato.- Lì sta Dellarole, con l'attendente, il sergente Trivelli, la fureria, ecc.- Finalmente la mia sezione.- (2.ª).- Gli uomini e io siamo alloggiati nientemeno che all'*Albergo del Paradiso*, una delle ultime case, della strada rotabile che conduce a Case Taliano e quindi ad Asiago, che guardi verso l'Assa.- La casa, verso Nord, cioè verso il fronte nemico, ha il tetto rotto, credo dall'esplosione della mina con cui gli austriaci hanno fatto crollare il campanile della vicina chiesa, ritirandosi, e da qualche rottame del campanile stesso. Quasi tutti i vetri sono rotti, compresi quelli della mia camera. Io abito la camera d'angolo al piano terreno, verso Sud e Est, che è un ex salotto: è una discreta camera, con le pareti e il soffitto intatte, con appesi quadri a cromolitografia, ecc. La finestra che guarda M.te Rasta (o meglio verso M.te Rasta, poiché in realtà non lo vede, essendovi un muro in faccia, ed essendo essa turata) è stoppata di sacchi a terra: le altre 2 sono libere.- C'è dentro un letto, con elastico ma senza materasso, su cui quindi dormo vestito: due tavolini, un «lavabo», ecc. Come si vede «sono un signore».- Dalle finestre senza vetri entra la pioggia e il freddo del vento sciroccale.- Gli uomini stanno nel camerone in faccia alla mia, rispetto al grande atrio d'entrata. Ci stanno bene tutti e 19, compresi i sergenti: dormono su sacconi o su pagliericci.- L'atrio di ingresso mi serve per la pulizia delle macchine, lavoretti, ecc.- Le sue finestre a Nord sono barricate di seggiole e rottami per dissimulare, a qualche potente canocchiale, il passaggio di gente nell'interno della casa. Dalla cascina delle legna, appiccicata alla casa, ver-

## 8 SETTEMBRE 1916

so Nord, si scende nel camminamento che conduce alle postazioni. Questo camminamento varia di altezza da 1,60 a 1,80, è scavato nella terra e nel detrito roccioso caratteristico delle sponde dell'Assa, fatto di ghiaia e lastre silicee, che si sciolgono in creta.- La larghezza del camminamento varia da 60 a 80 cm.- Esso è, per così dire, blindato: coperto di tavole, di porte stese su a ponte, e il tutto coperto in un pietrame bianco che lo fa vedere a mille miglia lontano: il lavoro è stato fatto dal 39.° Reparto Mitragliatrici, a cui abbiam dato il cambio.- Le capponiere sono tre, una al centro, due ai lati, alle quali si accede con analoghi camminamenti. Quella di sinistra è proprio sotto il muro del recinto parrocchiale. Ogni capponiera disterà dall'altra una trentina o quarantina di metri: come si vede sono molto vicine.-

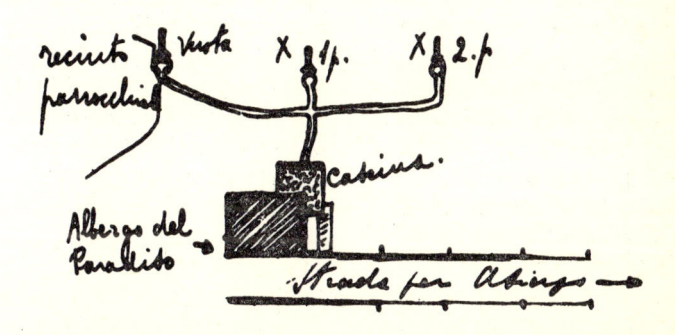

La capponiera ricostruita da noi, molto bella è quella del 2.° pezzo, a destra cioè.- *Il terreno* è prativo, a dorsi di montone, offre campo di tiro libero ma in compenso molta visibilità. *Il bersaglio* è il settore di trinceramenti nemici sulla destra dell'Assa: questi stanno lungo il ciglio di detta valle, sono visibilissimi perché il terreno smosso è stato gettato per la scarpata: sono blindati, assai ben fatti, protetti da reticolato.- Certo dalle nostre postazioni, che per la mia sezione sono retrostanti di circa m. 200 alla seconda linea, possiamo fare un tiro di interdizione di dubbia efficacia. In caso d'attacco alla 2.ª linea, poi, non possiamo far nulla, perché essa e il suo approccio per l'attaccante sono in angolo morto al nostro tiro, come risulta

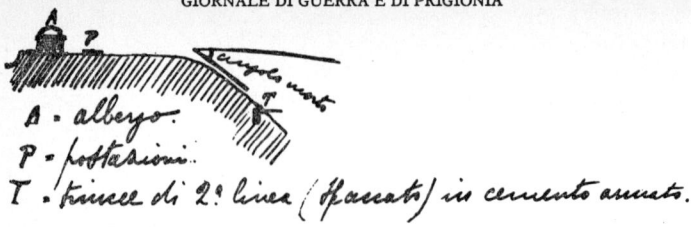

*[schizzo con annotazioni:]*
A = albergo.
P = postazioni.
T = trincee di 2ª linea (spaccato) in cemento armato.

da questa figura che rappresenta lo spaccato della valle. La figura esagera un po'.-
Appunto perciò, anche dietro consiglio del capitano, comandante la 1.ª Compagnia, andai con un tenente dei bersaglieri a riconoscere un nuovo luogo di postazione, almeno per un'arma: vi ritornerò stasera e ne riparlerò. *Mensa ufficiali*: Essa è stata ora riorganizzata da Musizza, ritornato al reparto. Acquistò una macchina a petrolio (£. 29) con cui facciamo cuocere le vivande, essendo proibita e pericolosa ogni accensione d'altro combustibile che faccia fumo. Così mangiamo roba calda: il cuoco è Lucca, l'ex-attendente del capitano, che fa da mangiare assai bene, essendo stato cuoco nei wagon-restaurant internazionali.- Due volte al giorno, cioè verso le 3 del pomeriggio e verso le 11 di sera, ci raduniamo a mangiare nella casa ov'è il comando.-

*Ufficiali dei bersaglieri*: Molto gentili, molto simpatici, molto allegri tutti. Con noi furono cordialissimi: il capitano della 1.ª Compagnia fu gentilissimo con me, così il cap. Cecchetti della 5.ª che è un emerito professore di agronomia. Anche il maggiore comandante il 14.° battaglione (i 40 batt.ni di bersaglieri che formano 12 regg.ti sono numerati progressivamente), un siciliano attivo, spiritosissimo, calvo, cinquantenne, pieno di brio; ci fece un'accoglienza delle più cordiali. Egli ha una parlantina e una terminologia e una gesticolazione vivace, brillante, bersaglieresca, meridionale. Chiama «scannagatta» ogni persona e ogni cosa, chiama «piscio» lo Champagne, «benzina» i liquori, «olio pesante» il vino, paragonando il corpo che li riceve a un motore rifocillato.-

*Ore 16-17. - Mie condizioni spirituali*. Oggi già dissi quanto fossero tristi nei passati giorni: debolezza con gli altri, avvilimento, tristezza, scoramento, sfiducia di me stesso, pena per il freddo e la pioggia. Oggi esse sono notevolmente migliora-

te: la capponiera ben finita, i lavori fatti, il giro di ricognizione, il moto, il sudare, il distogliermi dai miei pensieri, mi hanno rallegrato ed eccitato lo spirito. Le cannonate da 75 a shrapnel e granata non mi fanno la menoma impressione, anche perché ben difficilmente possono farci del male. Però esse non lasciano così indifferenti i miei soldati, che pure non sono dei vili.- Ho avuto buone notizie da casa; la signora Semenza mi mandò, nei passati giorni, un pacco di 200 ottime sigarette.- Oggi ho anche avuto una lettera dell'amico Chirò. Ho mandato Noris a Schio, per lavare roba e recare a sviluppare alcune fotografie.- Il *tempo*, das wetter, è piovoso e fangoso, freddo, umido, ventoso, da tre giorni a questa parte. I camminamenti sono pieni di fango, fino all'altezza del malleolo: le scarpe e i vestiti si inzaccherano orribilmente.
*Mia promozione a ufficiale di complemento*: Non so se già notai che a Campiello, presso il Comando della brigata Bisagno, potei vedere dispensa del *Bollettino del Comando Supremo* che reca la mia nomina a sottotenente di Complemento, come l'amico Pagnanelli mi aveva annunciato, in una sua cartolina da Pontagna.- Essa è la dispensa 49.ª, *del 22 marzo 1916*, del *Bollettino speciale del Comando Supremo, riflettente le nomine provvisorie*[1] *e le promozioni straordinarie*, ecc. ecc. ecc.- Così finisco la lunga chiacchiera.

   Canòve di sopra, 8 settembre 1916. ore 17.- CEG.


Canòve, 10 settembre 1916: (domenica); ore 18.- Ieri nulla di specialmente notevole. Mi levavo sonnacchioso la mattina, quando venne a vedere le mie postazioni e le mie macchine il maggiore del battaglione del 44.° che aveva, nella notte, dato il cambio al 5.° bersaglieri, trasferito in altra zona. Si chiama Di San Marzano ed è parente del deputato: è una persona gentile e abbastanza simpatica. Dopo aver vedute le macchine, lo accompagnai alla 1.ª sezione; sulla porta della casa del Comando nostro incontrammo il colonnello del 44.°, un tipo comicissimo e simpatico. Costui è stato già gravemente ferito, parmi sul Carso, e, a detta del Maggiore, ne ha risentito una

---

1 Provvisorie, cioè da ratificarsi dal Ministero della guerra.-

impressione nervosa. Certo la sua persona, anche prima che il maggiore mi dicesse ciò, mi aveva fatto l'effetto di aver qualche nervo paralizzato. Mi diede la mano, sollevando la spalla come se il braccio fosse morto, e la mano non aveva alcuna energia: ha le guance molli, quasi cadenti; un petto rientrante, la schiena un po' curva e un gran pancione, che ne fanno una figura poco amica di Fidia o di Michelangiolo.- Buonissimo fu con noi, mi chiese quali fossero i miei obbiettivi di fuoco: finì con un elogio di me e di Dellarole, che non era meritato perché nulla di particolarmente notevole avevamo fatto, in più del nostro dovere.- Parlava lentamente, faceva delle corserelle ridicole nei punti in vista, diceva, staccando le sillabe: - Calma; aspetti; un momento: calma: dunque.. là c'è la trincea, di là siamo visti, lei... batte là: benissimo: calma: dunque: aspetti ecc. ecc.- In giornata e nella serata passarono diversi ufficiali del 44.°, tenenti e sottotenenti, meno «brillanti» certo di quelli dei bersaglieri.-
Crisi d'animo, avvilimenti e scoraggiamenti; poi anche un mal di pancia causato dal freddo.- La sera, (una magnifica luna) disfacemmo e rifacemmo la capponiera di sinistra: tronconi quadrati e rotondi d'abete, di 20-25-30 cm., lamiere in pendenza, sacchi a terra, terra e sassi.- Fuoco, dopo mezzanotte, contro le trincee nemiche, come *tiro di rottura di coglioni* contro i lavoratori.- Stamane sonnecchiai, leggicchiai: durante il giorno mal di pancia. Un ordine riservato, riguardante le segnalazioni coi razzi.- Dellarole si mostra sempre buon camerata; comanda un po' a bacchetta, ma io non sono il tipo che si formalizza.- Del resto è un giovane attivo, sorveglia molto le sezioni, si prende molto a cura il servizio.- Stasera tornerà Noris, che mandai a Schio con delle fotografie, fatte con la mia west-pocket, da far sviluppare. Scrissi una lunga lettera a Clara e ricevetti una cartolina dallo zio Carlo.-

Canòve, 10 settembre 1916. CEG.

Canòve, 11 settembre 1916.- ore 18.-
Noris tornò, ma mi disse che il fotografo non sapeva nulla delle mie fotografie e cascò dalle nuvole. Questo è l'ordine e la cura che gli Italiani pongono nell'accudire ai loro interessi, al

## 11 SETTEMBRE 1916

loro commercio: poi ci si meraviglia, o meglio gli Italiani si meravigliano, quando la Germania intraprende il commercio suo sul mondo, impadronendosi di tutti i mercati.- Speriamo che altrettanto non faccia della nuova film, quella puttana porca sfondatissima stroiazzata vacca d'una moglie del fotografo, cagna asinesca e bubbonica: altrimenti le pianto una grana che non finisce più.-

Noris, non so perché, aveva il muso: andai a letto verso mezzanotte, piuttosto insonnolito. Dopo che io ero a riposo, sentii Dellarole che andava a ispezionare il mio pezzo, lo salutai e me ne compiacqui. Durante la notte si fece qualche tiro di interdizione contro le trincee nemiche, dove si lavora: la macchina che era in batteria fu puntata quando ancora era chiaro. Oggi fui tormentato dal mal di pancia e da coliche.- Ciò non ostante attesi a un'istruzione de' miei uomini sulle segnalazioni luminose in caso di attacco, ecc. recentemente rinnovate dal generale Zoppi per il 22.° corpo d'armata. (Zoppi comanda il 22.°, Trallori la 30.ª divisione; Cecchi la Brigata Forlì; la Brigata Bisagno, finché io ci stetti, fu comandata dal colonnello brigadiere Di Giorgio, un coloniale, e poi da Barco, del 5.° Alpini.) Dopo questa istruzione sorvegliai un po' di pulizia del locale, e l'istruzione sulle mitragliatrici, impartita agli zappatori dal caporale Cancellerini: perché voglio che anche gli zappatori conoscano perfettamente la macchina.- Poi feci delle osservazioni col canocchiale; ma la maggior parte del tempo impiegai a ricavare dalla carta militare di 1:25000 uno schizzo delle posizioni nostre e nemiche, di Canòve, ecc. alla scala di 1:5000. Ho fatto la minuta e domani o stasera spero di continuare il lavoro.- Dal Caporale Mora, che è falegname, ho fatto impastare, sui telai delle mie due finestre, (senza vetri) due telai con vetri asportati dalla casa di Dellarole. Adesso, essendo finita anche la capponiera di sinistra, metterò in batteria anche l'altro pezzo.-

A fare il mio schizzo fui invogliato dal vedere che Dellarole ne aveva fatto uno, determinando con precisione gli alzi, ecc.- Io ho sempre bisogno di esser spinto dall'amor proprio o dalla necessità a far qualcosa. In sezione siamo in 20; io e 19 di truppa. Due sergenti (Vismara e Franchi); un caporal maggiore, due caporali, tre zappatori, un armaiolo e 10 soldati.

Canove, 11-9-1916. CEG.-

Canòve, 12 settembre 1916. Ore 20.-
Scrivo il mio diario stando seduto al mio tavolino, mio per modo di dire, nella mia stanza dell'Albergo del Paradiso, le cui imposte ho chiuso accuratamente; al lume della lucernetta a petrolio che trovai qui appena venuto.- Non sono mai stato, al fronte, tanto comodo. La sera è umidissima e fredda, avendo piovuto tutto il giorno. Ieri mi coricai verso la una di notte, dopo aver fatto parecchie ispezioni ai miei pezzi, dopo aver sparato parecchi colpi, e girato con Dellarole per le trincee di 2.ª linea, che è su per giù la nostra. Vidi gli appostamenti delle altre sezioni; e degli appostamenti in costruzione; in genere però trincee deboli, fangose, non curate; soldati di fanteria al lavoro senza ufficiali, al comando di graduati o sergenti: lavoro non redditizio, lungo, fiacco, sbertolato.- Era una magnifica luna ma io ero stancuccio anzi che no. Stamane mi levai tardi, mi mutai di biancheria cospargendomi di naftalina perché durante la notte alcune infami pulci, prese non so dove, mi avevano tormentato. Durante il giorno proseguii nel mio lavoretto di schizzo delle posizioni, dormii un po', con qualche crisi di scoraggiamento e di sconforto. Verso sera tali condizioni dell'animo migliorarono: non interamente però: apersi le poesie del Leopardi, che da parecchi giorni non guardavo. Scrissi a Letizia, alla mamma, e a una sconosciuta corrispondente dell'Ufficio Centrale delle Notizie per militari (Bologna, Via Farini 3) per ringraziarla dell'interessamento avuto pel soldato Noris Giuseppe, fratello del mio attendente, disperso a Monfalcone. Il mio spirito, pur nell'abbattimento che lo coglie tratto tratto in questa sua solitudine, e nella tristezza dei ricordi d'infanzia e d'adolescenza che vengono a pungerlo come la visione d'un bene perduto, è illuminato talora dalle speranze dell'opera futura, la quale gli pare oggi meno incerta che in altri giorni del pre-guerra; poiché, se la possibilità della morte utile e bella rende precaria la possibilità del lavoro avvenire, tuttavia le ragioni interne di speranza sono aumentate notevolmente dal 1913 a questa parte.- Il desiderio e la passione dello studio, dell'analisi e della indagine, della creazione conclusiva, del lavoro proficuo alla gloria della nazione e alla sua saggezza, sono cresciuti: la speranza di racquistare la calma, la felicità (nel senso puramente psicologico del-

la parola, intesa come esuberanza di energia spirituale), la equilibrata norma del pensiero e della vita, è un po' aumentata.–

Quanta trepidazione, anche in me, per le sorti di Venezia! Questa città, a me sconosciuta ancora, racchiudente le fortune della nostra fioritura artistica in così cospicua somma, è un oggetto di preoccupazione intensa per la mia mente appassionata alle magnificenze della pittura: specie della nostra pittura classica, il di cui magistero si direbbe oggi scomparso dal mondo. Io vedo la divina città esposta alla bassezza del furore nemico come Ruggero vide Angelica bianca e nuda esposta alla fame dell'Orca, mentre il flutto dell'oceano artico le lambiva i piedi marmorei.– Talora, pensando alle modalità della presente guerra, da me sempre giudicata come una necessità, senza declamazioni filantropiche, e non per un concetto esclusivamente deterministico (il determinismo è una delle migliaia di norme del mio giudizio) ma anche secondo il concetto dello «sviluppo storico»[1] così detto, e anche secondo l'altro della «lotta per vivere», e secondo un altro ancora della «brama tedesca» ecc. ecc.; talora vedo in questa guerra un pervertimento di alcuni valori, che ormai sembravano conquiste sicure dell'umanità, il quale segni oscuramento e decadimento. Il giudizio in questo senso è però tutt'altro che definitivo.–

La chiacchiera mi ha portato a Cinisello donde tornerò notando l'andamento della nostra linea, che ancor non ho fatto con sufficiente cura. Nel settore della Brigata Forlì essa decorre sul ciglio dell'Assa: parlo della 2.ª linea o linea di resistenza: è la trincea di cui ho parlato nel diario d'oggi: in parte è anche blindata, in cemento armato, ecc.– Ma sul nostro fronte (parlo di quello della detta Brigata) siamo anche con una linea intera sulla destra (riva settentrionale dell'Assa) sotto le posizioni nemiche.– Questa linea, mentre non ha un grande valore tattico in guerra difensiva, ché anzi espone la guarnigione al lancio di bombe dall'alto per parte degli austriaci, può servire

---

[1] Lo sviluppo storico p. e. secondo l'idea dello Stuart Mill: associazione a difesa di unità sempre maggiori, fino al «conglobarsi» finale di tutte le unità etniche.– Canòve, 12 settembre 1916.

però come approccio: inoltre sorveglia meglio le eventuali pattuglie nemiche ed è sempre un più diretto contatto col nemico: e io credo che, salvo eccezioni, nella guerra moderna il contatto strettissimo col nemico sia sempre un vantaggio: esso impedisce bombardamenti con grossi calibri delle artiglierie nemiche, possibilità di escavazioni sotterranee e mine improvvise, ecc. Si può sorvegliare più da vicino i preliminari tattici di un attacco (rumori, trasporti, ecc.: distribuzione di bombe fra gli attaccanti, ecc.); e inoltre (e questo è un vantaggio enorme, specie per noi italiani, facili alla trascuratezza) il contatto massimo costringe a lavori di apprestamento a difesa serii ed intensi, a una sorveglianza notturna seria ed efficace, perché chi ha in gioco la pelle dorme meno (non dico: non dorme del tutto.)– Certo coloro che tengono la destra dell'Assa compiono un servizio duro: essi criticano il Comando che ve li tiene, perché chi soffia ha sempre parole amare verso chi fa soffiare: ma se il Comando non ve li tenesse sarebbe egualmente accusato, da altri, di debolezza e dappocaggine: perché questi altri sono esigenti, tanto più, quanto più lontani da quel servizio.–
La seconda linea o linea di resistenza decorre sul ciglio sinistro dell'Assa: batte bene il ciglio destro a distanza media (nel senso del fuoco di fucileria) e il suo proprio approccio a distanza minima, ché il fondo dell'Assa è angolo morto: si mantiene intorno a quota 950-975, salendo, verso destra. A «le Fratte», verso Pedescala, scendeva a quota 900 e meno.– Può darsi che queste cifre non siano molto esatte: ma l'imprecisione è facile per me che ho visitato e percorso la detta linea solo di sera, senza la carta, e che a memoria ho ricavato poi i dati dalla carta. Essa linea passa insomma sotto il cimitero di Canòve, tagliando la strada Canòve-Roana. La prima linea, o d'approccio, sulla destra dell'Assa, assedia le posizioni nemiche del dosso di quota 940 a sinistra e di quota 950 a destra: quota 950 è da noi chiamata quota 878 per non confonderla con altra posizione. L'878 è scritto sulla carta al 25.000 sul contrafforte, sullo sperone sud occidentale di detta quota. Esse quote (940 e 878) sono la prima a sud di Pozzo, l'altra a sud di Roana. La trincea nostra decorre credo a quota 850-825, ma sale a una maggiore altezza sulle pendici di 878. La trincea

nemica decorre parallela alla strada Roana-Camporovere, sotto detta strada, perciò a quota 960-70. Verso destra sale però finò a 1000 e più, tagliando la strada. È visibilissima.-
Canove, 12 settembre 1916.- Ore 20-21.- CEG.


Canòve,13 settembre 1916.- Ieri sera lunga conversazione dopo pranzo, alla mensa, nella casa del Comando, con Dellarole, il capitano del 44.° comandante la 6.ª comp., Musizza, un tenente di Fanteria studente di matematica. Bevemmo del cognac, e me ne tornai dopo mezzanotte alla sezione. Scesi a ispezionare i pezzi e trovai i serventi della mitragliatrice di destra al loro posto e svegli; quelli di sinistra dormivano così bene, che io potei asportare la culatta mobile, parte essenziale del meccanismo di caricamento e di sparo, senza che si svegliassero.- Quando si accorsero della mancanza dell'ordigno, dal non funzionamento della macchina, i due si disperarono. Il sergente Franchi spiegò loro quali punizioni incontrano le sentinelle e le vedette addormentate: essi piangevano, si lamentavano. Li lasciai passare una giornata di paura, poi, d'accordo con Dellarole, li punii con 10 giorni di prigione di rigore, che equivalgono praticamente a 4 lire di multa nel soldo. Feci naturalmente una predica severa a loro e alla truppa.-
Canòve, 13-IX-1916.- CEG.


Canòve, 17 settembre 1916. Ore 9 antimeridiane.
Il giorno 14 nulla di specialmente notevole: salvo l'annunciato arrivo di complementi. Il giorno 15 arrivano infatti, con due ufficiali, all'accampamento delle salmerie: sono quelli mandati in merito alla richiesta da me fatta. Naturalmente ora sono esuberanti: ecco perché. Il 15 sera arriva qui, rientrato dall'ospedale, il capitano Cirese, più pesante che mai, più uggioso che mai. Dellarole poi arrivò che la richiesta era già spedita: ecco perché i due posti vacanti sono occupati. Non so quale sarà la sorte di questi ufficiali. Per ora uno rimane a Boscon, con Musizza che vi fu mandato ieri dal capitano; l'altro, il sottoten.te Gastaldi, comanderà la 3.ª sezione. Il capitano ha distribuito i complementi, arrivati qui ieri sera, secondo la sua

idea fissa del raggruppamento regionale: a me à dato 4 lombardi, tre del Piacentino, 1 del Pavese, che mi hanno l'aria di valer poco: tutti di classi medie (87-88).- Sono stati istruiti a Torino per una quindicina di giorni.-
Nella notte sul 15 la brigata Forlì à ricevuto il cambio dalla Brigata Piemonte (3.° e 4.°), la quale non spara mai un colpo, tanto che non ci si accorge di essere al fronte se non da qualche rara bomba inviata dagli austriaci. Noi, con le nostre macchine, facciamo qualche tiro di interdizione, specialmente notturno. Ogni dieci, 15 minuti, si sparano dei colpi contro i lavori nemici: se si vedono i punti di partenza dei razzi nemici, o lumi, ecc. si spara. Il concetto di disturbare i loro lavori è giusto, ma il fuoco di interdizione dovrebbe essere più intenso: fatto anche dalla fucileria. Le nostre macchine fanno già molto. Non possiamo sparare tutta notte a fuoco continuo.-
Intanto gli austriaci costruiscono, sulla destra dell'Assa, delle vere fortezze.- Noi non abbiamo ancora compiuta la nostra 2.ª linea. Scarsissime azioni d'artiglieria in alcuni giorni: in altri nulle.-
Le nostre salmerie, per accordo fra Dellarole e Musizza, sono state recate in luogo più solatìo, verso Prià dell'Acqua, dove si sta appunto organizzando l'accampamento.- Ho ricevuto lettera da Clara, dalla Signora Semenza, dalla zia Giuditta; oggi aggiornerò la mia corrispondenza. Intanto ho poco da fare per il mio servizio: tanto che esso mi pare ogni giorno più povera cosa.-

Canòve, 17 sett.bre 1916. CEG.


Canòve, 19 settembre 1916.- Ieri nulla di nuovo né di specialmente notevole. Avendo visto che i complementi non sono quasi affatto istruiti sulla mitragliatrice, perché, mentre gli avran frastornato la testa di chiacchiere, non gli avranno mai fatto vedere la macchina, cominciai a far loro un po' di istruzione sulla macchina. Nel pomeriggio terminai il mio schizzo delle posizioni, al quale mi manca di segnare appunto le posizioni: è questo però il lavoro più facile. La sera, a cena, le solite vanterie e storie insulse del capitano; di tutti gli esseri barbuti che mi potevan capitare addosso, quello è decisamente il più barbuto, il più sterile di tutti: la sua anima mi assomiglia a uno di quegli strati di neve che fermissimamente ricoprono un lastrone di roccia: ci si mette su il piede, o almeno i poco pratici ci mettono il piede, credendo di trovare uno spessore profondo, e scivolano. La superficiale banalità del discorso, la cocciutaggine egotista, la foga subitanea nell'innamorarsi d'un'idea che poi si rivela assurda, e nel voler costringere tutti gli altri a trovarla eccellente, sono tra le principali sue caratteristiche.- Non poteva capitarmi un comandante un po' intelligente, un po' simpatico: uno da cui potessi imparare qualche cosa di buono, e non le solite zuppe sull'Eritrea, i buluk-bash, gli scium-bash, il porto-Said, ecc.? Un uomo d'affari, un nobile, un uomo politico, un uomo spiritoso, un letterato, un geografo, un geologo, un matematico (quanto avrei discorso con lui!), un pittore col quale avrei potuto entrare in relazione per dopo la guerra? Almeno uno che sapesse giocare a scacchi e fare delle chiacchierate, magari insulse, di politica? Che non dicesse le solite trivialità sul D'Annunzio? Non poteva capitarmi qualcuno che mi fosse di giovamento nella mia vita o nella mia carriera? Nossignori: mi capita un ex-sergente, provinciale come un ricevitore delle imposte di provincia, che aspira unicamente alla regia pensione dopo un certo numero d'anni di servizio.- Basta.-

Stanotte e stamane grandi dolori di pancia: la cosa comincia ormai a seccarmi, perché oltre al disturbo in sé, che è assai noioso nella nostra vita, temo un deperimento del sistema gastro-intestinale. Ero sempre stato bene! anche a Magnaboschi, a Cesùna, ecc.! Perciò oggi mantenni digiuno assoluto: per quanto la fame mi divori. Stasera, se potrò averlo dal posto avanzato di sanità, prenderò un purgante per evacuare completamente l'intestino: poi qualche pastiglia di laudano e di bismuto.-

Il bollettino del 17 recava fra l'altro la notizia di un tremendo bombardamento nemico nei dintorni del passo di Volaja, dove è il Semenza: chissà la signora Semenza, se à visto il giornale, che ore avrà passato! Tuttavia il fatto che Lulù e i suoi soldati hanno delle buone caverne, mi fa sperare che nessun incidente si sia verificato. Di Emilio Fornasini, dei Ronchetti, di altri compagni, nulla di nuovo, nessuna notizia.- Mi scrisse ieri la

mamma, oggi la Clara: non mi dicono che poche parole di Enrico e della sua vita; gli scriverò, per avere maggiori ragguagli.- Nella mia sezione parecchi soldati ammalati: spero che non mi vadano via, ché mi dorrebbe.-
     Canòve, 19-9-16. CEG.- ore 20.-


Canòve, nell'Albergo del Paradiso; 21 settembre 1916. Ore 24.-
Forse mezzanotte è già passata: allora dovrei già segnare 22 settembre.- Ieri, giorno 20, rimasi a letto tardi; il digiuno cessò verso le 13, con la colazione. Nel pomeriggio riposai, lessi, scrisse cartoline e mi occupai di una questioncella di geometria analitica. La sera mangiai abbondantemente, bevvi liquori in compagnia, dopo cena: Strega e Rhum. Poi chiacchierammo fin verso mezzanotte, io, il capitano e Dellarole: pioveva a dirotto: ritornato all'Albergo del Paradiso, nella notte buia, fredda, piovosa, feci la mia ispezione alle macchine. Poi andai a dormire, coi piedi freddi, con un brivido di freddo in tutto il corpo. Il ventre, non ben guarito, gorgogliava. Stamane levai tardi, dopo un buon sonno; essendomi appena svegliato, Dellarole e il capitano vennero a farmi visita in camera e chiacchierammo un po'.- Mi prese subito un fottutissimo mal di pancia, che non mi lasciò se non dopo colazione, quando mi sdraiai sotto un cumulo di coperte: Dellarole m'aveva dato una ventriera di lana.- Stasera dopo pranzo il mal di pancia tornò: ne sono veramente tormentato. Esso è causato dal freddo che prendo, scioccamente: tengo infatti i capelli rasi col rasoio, e non indosso che la giubba, un gilet di tela, e una camicia di tela sottile. Data la vita piuttosto sedentaria, la pioggia e la temperatura già invernale, mi espongo troppo al freddo e all'umidità, e questi mi fregano. E dire che ho qui camicie di lana spessissime, maglie, ecc.; ma la mia pigrizia è inconcepibile, colossale! Dopo colazione dormicchiai e lessi; un po' di crisi d'animo, d'abbattimento, di tedio. Al quale stato conferì la terminata lettura del romanzo di E. Zola: *La joie de vivre*, in una discreta traduzione italiana edita da Salani di Firenze e intitolata *Voluttà della vita*.- Questo romanzo, che descrive le miserie di un abulico sognatore, è, in parte, la storia

## 21-22 SETTEMBRE 1916

de' miei dolori: le descrizioni terribili della fine del libro agghiacciano l'anima. Nulla di notevole nel resto della mia giornata: militarmente calma assoluta.- Devo notare parecchie coserelle relative alla vita del reparto: già dissi che Musizza è a Boscon, o meglio a metà strada fra Boscon e Prià dell'Acqua, dove organizza il nuovo accampamento per le salmerie: ivi è anche il sottotenente Ceola, arrivato coi complementi. L'altro arrivato, Gastaldi, comanda la 3.ª sezione. È un avvocato di Chieri, un po' calvo, ventottenne: gentile di modi, asciutto della persona, con due baffi neri ben curati, è un buon camerata. Credo però, così a lume di naso, che debba essere una persona un po' pettegola, nel senso meno sgradevole della parola. È uno che ha frequentato la vita della débauche torinese, i ruffianesimi e i puttanesimi della città nel genere sartine, commesse, vedove, ecc. Deve essere di carattere un po' focoso, un po' acceso, un po' ribelle e contraddit‹t›ore per natura: (come Cavalli). Da una frase detta credo che militi nel partito socialista. Con tuttociò dice d'aver fatto tre assalti sul Monte Kukla, col battaglione Bassano del 6.° Alpini, in uno dei quali fu ferito.

In questi giorni, entrò all'ospedale il mio Caporal Maggiore Isonne, con mio dispiacere: spero ritornerà.- Devo notare che il Comando del Reparto si è trasferito nel Municipio, dove era prima il Comando di Brigata. Infatti il generale Corfini, comandante la brigata Piemonte, appena arrivato, fece sgombrare il nostro Comando dalla casa che abitava, costringendolo al cambio. Nell'aula della scuola, a pian terreno, mangiamo e passiamo le serate: sulla cattedra si è impiantata la fureria. Dellarole e il Capitano si son fatte due cabine, dove dormono. Il Municipio è stato in parte devastato dagli austriaci ne' suoi archivî. Noi vi abbiam potuto arraffare una serie di fascicoli riguardanti la storia dell'Altipiano dei Sette Comuni.-

L'asportazione di quello che ci fa comodo avviene ormai, in questi paesi devastati, senza scrupoli di coscienza: è un ragionamento sui generis che ci fa tagliar corto sul rimorso: diciamo: la rovina c'è già, un ferro più un ferro meno non fa differenza: e, con questa bella scusa, «preleviamo», come diceva il maggiore dei bersaglieri, quanto di utile possiam trovare. Abbiamo asportato due stufe in ghisa e delle porte dell'Albergo

del Paradiso; delle porte altrove; delle tele metalliche da letto; delle lastre di «aeternit» che servono come copertura di tetto, da una capanna in legno; dei sacchi di carbone dal Municipio. Tutta questa robaccia è spedita nottetempo a dorso di mulo o su carrette all'Accampamento delle salmerie. A nostra scusa abbiamo l'umidità del clima e lo spettro dell'inverno, della neve, del vento: quando andremo a riposo, nessuno ci avrà preparato delle baracche; se non ci pensiamo noi a ricoverarci, avremo a crepare di freddo e di reumatismi e di bronchiti. Bisogna aggiustarsi: meno uomini entreranno negli Ospedali e meglio sarà per la nazione. Non giudichiamo quindi l'asportazione di qualche ferravecchio da case sventrate o in rovina come un delitto di lesa proprietà: non ci accusino i posteri come predatori e ladroni: pensino che siam qui allo sbaraglio, e non per un giorno solo, ma per dei mesi: noi non conosciamo la distruzione brutale, l'incendio, la devastazione se non come opera del nemico: dalle rovine lasciate da lui andiam raccogliendo qualche cosa con cui ripararci.-
Anche stasera, dopo pranzo, si bevve un cicchetto e si chiacchierò. Scrivo ora nella mia camera dell'Albergo del Paradiso, coi piedi freddi, col mal di ventre. A tratti qualche scoppio di bomba di lanciabombe, che fa tremar la casa; qualche scoppio di bomba a mano; qualche fucilata, come d'una tribù che vada a caccia, sparsa per le foreste. Tutti questi rumori non hanno il potere di svegliare la mia attenzione, tutta adoperata nel mio diario, nel freddo che ho addosso, e nel mal di ventre che ne è la puttanesca conseguenza. Le mitragliatrici, appiattate giù nelle loro capponiere, sparano tratto tratto qualche colpo, con un rumore sordo e soffocato, come di tonfo.- CEG.

Canòve: 21-22 settembre 1916.- Ore 1 di notte.-


Canòve superiore.- 25 settembre 1916.- Ore 15.-
Il giorno 22 fu giornata di noia e poi di malessere; di abbattimento d'animo.- La vita fu la solita: qualche visitina alle trincee (cioè agli appostamenti): nessuna novità. A sera il comando della 13.ª Compagnia del 4.° fanteria, da cui io tatticamente dipendo, mentre le altre due sezioni dipendono tatticamente dal 3.°, schierato alla nostra sinistra; il comando della

13.ª mi mandò il seguente fonogramma a mano: «Da fonogramma intercettato sembra possibile, per stanotte, attacco nemico sul fronte del 22.° Corpo d'Armata. Pregasi voler disporre che la vigilanza sia intensificata e che le armi poste sul tratto di trincee occupato da questa compagnia, si tengano pronte ad intervenire in caso di bisogno.» Intensificai infatti la sorveglianza, aumentando i serventi con la presenza del caporale Cancellerini; stetti alzato fino alle 3, e mi levai di nuovo dalle 5 alle 6; ma nulla accadde. I nostri 149 fecero tutta la notte fuoco intenso sulle posizioni nemiche: qualche proietto non esplodeva, affondandosi nel prato: altri laceravano l'aria e l'oscurità con dilanianti esplosioni.- Il giorno 23 il fuoco dei nostri 149 continuò a intervalli, più lento, contro trincee e retrovie, battendo anche, come nella notte, il paese di Roana.- Dopo colazione e dopo pranzo le solite chiacchierate, che a sera si prolungano fino verso la mezzanotte. Io, il capitano, Dellarole, e Gastaldo (non Gastaldi come erroneamente scrissi), ci intratteniamo nell'aula scolastica del Municipio di Roana (posto qui in Canòve, che ne è una frazione), chiacchierando, discutendo e ridendo. Si beve magari un punch o un vin brulé per combattere il freddo cane. Verso mezzanotte me ne torno alla sezione, vado a ispezionare le macchine. Poi salgo in camera mia, dove leggo e scrivo: in questi giorni avevo da leggere i due articoli del D'Annunzio, pubblicati sul «Corriere» intitolati: «I morti del mare.» - Sto leggendo, svogliatamente, il primo volume del *Guerra e pace*, di Leone Tolstoi, che già lessi in parte.- Il giorno 23 nel pomeriggio, mentre facevo istruzione sulla mitragliatrice ai complementi, cominciò un bombardamento piuttosto secco del paese: gli austriaci sparavano a 105, e caddero una quindicina di colpi. Siccome dei sassi e schegge piovvero sulla casa e sui camminamenti, e i colpi mi parevano indirizzati alla mia sezione, smisi l'istruzione: non per altro che per lasciar sgombro l'androne centrale, dove stavamo, che è il più esposto: e perché, se un colpo cadeva sulla casa, non ci lasciasse morti tutti assieme, come accade quando tutti si adunano in gruppo. Gli uomini meno coraggiosi, fra cui i complementi, si rifugiarono in cantina: altri rimasero nella camerata, chiamiamola così: io andai in camera mia a fare un sonnellino.- Seppi poi, a sera, che gli Austriaci avevano bombardato il paese, non particolarmente la mia sezione, come avevo creduto; illudendomi il rumore e le schegge che mi faceva‹no› parere le esplosioni vicinissime. Durante il bombardamento, feci sfilare anche la 2.ª macchina e recarla in casa; appunto perché il fuoco mi pareva diretto alle mie capponiere.- In realtà i colpi caddero anche a una cinquantina di metri dall'Albergo del Paradiso, presso la chiesa.- Ieri il bombardamento non fu rinnovato.-

*Fuoco e lavori nemici. Gas asfissianti. L'accampamento delle salmerie. Lettere e notizie. Carta da lettere.-*
Si fa fuoco, la notte, sui lavori di trinceramento e d'apprestamento nemici: è questo una specie di tiro di interdizione: ogni dieci-quindici minuti si spara, con la macchina previamente puntata, una breve serie di colpi a fuoco lento. Si fa anche qualche scarica sugli accessi alle trincee, sui pezzi di camminamento che possiamo infilare. Lo scopo di questi tiri, che per noi sono di scarsa soddisfazione, è però nobile e io lo credo un dovere: si disturba il nemico, lo si costringe a interrompere i lavori, a farli senza uscire di trincea, ecc. Certo che troppo scarsa è la quantità di fuoco di cui lo si copre, perché due macchine, che sparino a intervalli, così come fo io e come fanno le altre sezioni, sono come due fucili. Ma se tutti sparassero un po', se tutti vigilassero e non dormissero, il nemico si troverebbe assai a disagio, non costruirebbe quelle fortezze che costruisce. Le sue linee prime costituiscono oggi mai delle vere ridotte: sono blindate con travature di grossi pali e d'assi, credo coperte di lamiere, hanno feritoie bellissime: essendo costruite lungo il ripido pendio che sottostà alla strada Roàna-Camporovere (nel tratto di fronte innanzi a me), lo sterro gittato fuori dalla escavazione è rotolato, per l'angolo di caduta assai ripido, formando una larga striscia bianco-terrosa, che sarà verde la primavera ventura. Le frane a monte sono sostenute da palizzate e graticci, come si vede nei tratti ancora in costruzione: credo poi che dalla trincea si acceda in cavernette scavate addentro nella montagna. La trincea è ben divisa in segmenti da opportuni traversoni che la proteggono da eventuali infilate di cannone: (per le infilate di fucileria ci basta la blindatura). Ne farò uno spaccato e una pianta:

## 25 SETTEMBRE 1916

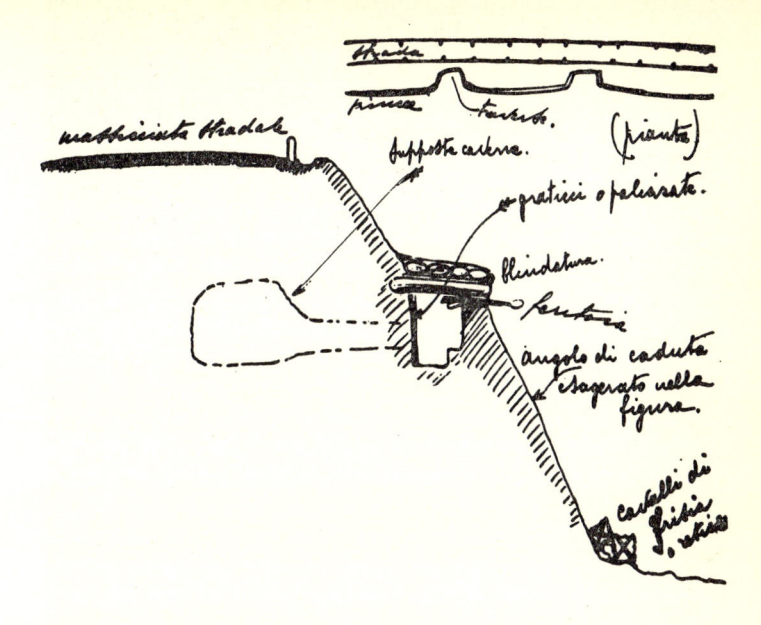

Questa figura svisa un po' le dimensioni dell'insieme, perché io vedo da 1000 metri di distanza. L'angolo di pendenza sotto la trincea è ripido, sebbene non come l'ho disegnato.- Esso supererà un dislivello di circa 10-15-20 metri secondo i siti, e in fondo dove la pendenza si fa più mite, è la linea dei cavalli di Frisia o dei reticolati: si vede quindi come siano formidabili queste posizioni, una volta terminati i lavori. E noi glie li lasciamo fare!-
L'altro ieri e ieri il sergente Franchi della mia sezione e due soldati d'altre sezioni furono ad assistere agli esperimenti d'emissione di gas asfissianti, fatti per il 22.° Corpo d'Armata che ora è il nostro.- Tutti i corpi e reparti mandarono una rappresentanza, anche in maggior misura, secondo le prescrizioni superiori contenute in un foglio d'ordine circolare.- Furono esperimenti interessanti, con dilucidazioni preziose: Franchi riferì ai soldati e a me l'esito della prova. Per me nulla di nuovo: (pesantezza dei gas, che, quasi un liquido, scivolano in basso per canaloni e docce; fuoco di paglia e legname per li-

berarsene, rarefarli, e costringerli a salire.) Adesso sarà distribuito un nuovo tipo di maschere e di occhiali in sostituzione dell'altro preesistente: Franchi ne aveva un campione: sono veramente ottimi.- Arrivarono pure degli occhiali *paraschegge*, costituiti da una laminetta d'acciaio con opportune fessure: 10 in tutto il reparto, per esperimento.- All'accampamento delle salmerie si lavora per la sistemazione delle baracche: vi è il sottotenente Céola: Musizza scese a Marostica quattro giorni fa per prelevare del legname e non è ancor tornato: non è fesso l'amico. Non so ancora quando ci manderanno a riposo: è oggi il ventunesimo giorno di prima linea, dove, d'altronde, si sta benone.-
Lettere da casa; risposi; mandai anche un vaglia di £. 250 per l'affitto. Sono assillati dalle spese, che difficilmente fronteggiano; ciò mi angustia e anche un po' mi irrita: Enrico chiede denaro alla mamma: certo avrà molte spese, essendo a Gallarate, ma credo, secondo il suo solito, non faccia nulla per diminuirle. Ha acquistato una motocicletta e fa viaggi frequenti a Longone: io gioisco per lui, perché ogni distrazione e divertimento suo fa bene a me, al mio animo: ma lo vorrei veder prudente e massaio.- Non mi scrive mai nulla di sé, né della sua preparazione aviatoria. Io ho mandato a casa, dalla fin d'aprile, £. 500 (50 + 200 + 250) che sono pur qualche cosa.- Ne mandai credo 200 a marzo, per l'affitto; altre 120 diedi alla mamma quando fui in licenza e servirono per l'abito di parata di Enrico. Egli poi ebbe da me, che glie le offersi spontaneamente, parecchie decine di lire durante la licenza; pagai io l'intero viaggio a Torino per mia sorella, mentre glie lo si era offerto metà io e metà Enrico.- Egli diceva di non aver ancora riscosso qualche mesata di stipendio e indennità di guerra: che avrebbe poi risparmiato, mandato a casa, ecc. Ma non ha risparmiato nulla, e credo non risparmierà mai nulla.- Posso calcolare a più di 900 lire le spese e i denari da me dati alla famiglia quest'anno: non è molto; ma è qualche cosa: ed essendo a casa solo mamma e Clara, le condizioni finanziarie nostre dovrebbero conoscere un periodo d'assestamento. Invece vanno peggio che mai.-
Oltre tuttociò che mandai a casa quest'anno; oltre il denaro mandato l'anno scorso che è circa 500 franchi, lordi però delle

## 25 SETTEMBRE 1916

spese di vestizione fatte per me dalla mamma e ascendenti a circa 200 franchi; oltre ciò, risparmiai per mio conto, depositandole in un libretto postale tenuto dal signor Semenza, £ 1100 (millecento). È questo uno dei vanti della mia politica finanziaria: ché, se avessi mandato tutto a casa, avrebbero speso tutto: e non in divertimenti, in vestiti, ecc., ma in pasticci e per mancanza d'economia. Mia madre ha fatto infiniti, troppi sacrifici per noi: guadagna e spende per noi moltissimo, tutto: ma, in certe cose, non ha sufficiente oculatezza amministrativa.- Ultimamente ha rilevato delle cartelle della Banca Popolare dalla Sign.$^{ra}$ Didoni, pagandole a rate: ma avrebbe forse meglio fatto ad acquistare altri titoli, se non si fosse innamorata dell'idea.-
Mi scrissero il Gobbi, il signor Semenza, e la signora Semenza. Il signor Semenza dice d'esser andato d'accordo con Riccardo per un *pranzo di congedo*, dove saranno chiamati a raccolta tutti gli ufficiali parenti ed amici, con l'obbligo di presentare una fidanzata: ma io non la presenterò mai, perché le difficoltà finanziarie e la debolezza della mia volontà mi lasceranno sempre imbarazzato; per fare all'amore nel senso elevato della parola, come vorrei fare con una fidanzata, occorrono oltre a pregi fisici ed esterni, come bellezza, eleganza, ecc., occorrono una voglia di vivere e di godere che io non ho, perché le amarezze e gli sconforti patiti, la visione delle quotidiane difficoltà, me l'hanno tolta. La lotta che io ho combattuto nella vita è stata terribile, spossante; è stata atroce per la superiorità del nemico, che scherniva i miei sforzi. Io ci ho lasciato l'anima e ormai non sono che un vegetale. Il nemico atroce e cane si chiama *sensibilità, eccitabilità*; l'eccitabilità cerebrale, del pensiero indagatore che immagina le sofferenze future, le lotte future: la sensibilità morbosa che atterrisce ad ogni ostacolo, ad ogni prova. Veramente le prove sostenute nella mia infanzia sono state tali, per circostanze famigliari, da scuotere qualunque sistema nervoso: figuriamoci il mio, il mio di me, che avevo paura a salutar per la via un mio compagno di scuola o la mia maestra, che immelanconivo e impaurivo all'avvicinarsi della sera!-
In combriccola, noi altri ufficiali del reparto, decidemmo di far stampare a Torino della carta da lettera con un trofeo-

stemma del reparto. Bandimmo tra di noi un concorso, il quale fu vinto da me. Dellarole si incaricò di far stampare a Torino, per mezzo d'una sua conoscenza di là, il mio disegno fatto a penna.-
Canòve, 25 settembre 1916.- CEG.

Canòve, 28 settembre 1916. Ore 16.-
In questi giorni, nei riguardi militari, continuò la solita vita; fuoco di carattere proibitivo per i lavori dell'avversario, che ora, sotto la linea dei cavalli di Frisia, pianta pali e allaccia potenti reticolati.- Qualche cannonata nostra, o nemica, a spizzico. Molte bombe di lanciabombe mandano, gli Austriaci, sul fondo valle: ieri, con la nebbia che calò verso sera, presero per combinazione quattro soldati del 4.°, uccidendone uno e ferendo gli altri. Queste bombe fanno un fracasso madornale e si schiantano come una scrofa incinta che cada dalla torre Eiffel e vada in mille pezzi.- A distanza d'un migliaio di metri, e sul fondo dell'Assa, fanno tremare la casa.- Ieri mattina, dalle 5 alle 6 fin verso le 8, e dalle 11 alle 12, sentii sul monte Zebio un violentissimo e intensissimo bombardamento, credo fatto da noi: chissà se si sarà fatto un attacco e se questo sarà riuscito!- Vidi anche le fumate (i pennacchi, come li chiama Luigi Barzini) delle cannonate levarsi dalla foresta, su detto monte.-
Già notai che ora la linea è occupata dalla brigata Piemonte, comandata dal generale Corfini; la quale si alterna nei turni di guarnigione e di riposo con la Brigata Forlì. Credo che i turni delle brigate siano di 15 giorni; forse minori, certo non maggiori. Corfini ci sfotte un po' e il suo aiutante di campo lo coadiuva: osservazioni perché i porta ordini girano di giorno, cicchetti, ecc. Invece i bersaglieri e la Brigata Forlì ci trattarono benone.- I miei uomini non sono molto diligenti nel servizio notturno: qualche volta dormicchiano; ciò mi indispone un po' verso di loro. I due sergenti, poi, non fanno quasi nulla: sono un peso morto. Questo è un vero difetto di molti nostri reparti, credo di gran parte dell'esercito nostro: il cattivo funzionamento dei sottufficiali e dei graduati: io non ho due sergenti e 20 uomini di truppa; ho 22 uomini di truppa, di cui

due hanno la manica sporca d'un gallone di sergente e perciò non fanno nulla.- Certo è compito di un bravo ufficiale il correggere questo stato di cose; ma io non ne sono in grado, mi vergogno di dirlo, un quarto per colpa mia e tre quarti per colpa del Capitano. La mia colpa, già altre volte confessata in questo diario, consiste nell'esser troppo buono, troppo debole, troppo gentile: coi soldati ci vuole severità e ruvidezza, unite, s'intende, a bontà e buon senso. Non mi mancano certo le doti intellettuali d'un ufficiale: preparazione tecnica, spirito di fervente disciplina (i giudizî poco benevoli verso i superiori sono *chiusi* in questo diario come in una tomba) ecc.; ma mi manca l'autorità nell'enunciare i miei giudizî e nel farli accettare alle menti primitive di questi uomini, appunto perché l'abito critico m'ha avvezzo a non affermare mai nulla con certezza assoluta: e invece per parlare a costoro occorre precisamente la sicurezza di parola dell'autoadoratore. Mi manca l'energia, la severità, la sicurezza di me stesso, proprie dell'uomo che non pensa troppo, che non si macera con mille considerazioni, che non pondera i suoi atti col bilancino, ma che agisce, agisce, agisce a furia di spontaneità e di estrinsecazione volitiva naturalmente eseguita. I miei atti sono sottoposti al controllo impacciante della mia sensibilità morale e civile, nazionale ed etnica, sociale ed umana. Occorre invece sacrificare certe convinzioni e certe abitudini dello spirito, adattarsi all'ambiente, parificare le proprie armi a quelle dell'avversario (l'avversario sarebbe qui il soldato che devo domare e condurre), livellare le manifestazioni della propria entità psicologica a quelle dei compagni, degli uomini con cui si deve convivere. Bisogna tagliar corto con certe finezze, lavorar di grosso con certe teste. Un filosofo o un apostolo della «virtù per sé stante» direbbe che l'uomo convinto d'un bene non deve rifiutar questo bene per comodità d'adattamento, deve proseguire nell'attuazione dei suoi convincimenti; ma qui si tratta di venir meno a una conclusione del mondo ideologico personale per attuare una conclusione inerente al bene comune, alla causa dell'indipendenza e della libertà, della affermazione del diritto di vita dei popoli. Qualche postero saggio, che avrà studiato la storia di questa guerra quando le passioni saranno attutite e la costanza tedesca sarà, con lavorio pazien-

te, riuscita a *cancellare le tracce della propria colpa* dal bagaglio storico-filosofico della cultura mondiale, troverà false queste mie ultime parole, esaltato il mio animo. Ma realmente io credo che questa lotta sia l'affermazione suddetta, nel campo delle forze elementari, cioè nel meccanismo, puramente dinamico, di quella parte della attività sociale che ancora sfugge al dominio della volontà limitatrice onde ciascun ente riconosce i confini del suo potere, del suo diritto.- Ancora, tre parti della colpa le attribuisco al Capitano, che è impulsivo e fa il tragico come un bamboccio o una donna, ma che non punisce mai, e non accetta mai le proposte di punizione fatte da noi ufficiali, mettendoci quindi nella condizione di dover fingere di non vedere e di non sentire per non incorrere in un attrito con lui. Io avevo, con Dellarole, affibbiato 10 giorni di prigione di rigore (la quale si riduce a una privazione della indennità di guerra, cent. 40 giornalieri) ai due che trovai a dormire. Ora che c'è il Capitano ne trovai altri due e ho dovuto non punirli.- Sentii qualche frizzo dei soldati prima puniti, a me diretto, senza che mi sapessero ad ascoltare.-
      Canòve, 28 settembre 1916.- CEG.-


Canove, 30 settembre 1916. Ore 23.-
La mensa, che ora si tiene non più nel Municipio, ma nella casa che gli sta in faccia, immediatamente al di là della strada e verso Est, perché quivi si trasportò il capitano con la squadra Comando e Dellarole, la mensa continua sullo stesso tono: abbondanza di carne, perché Musizza ce ne manda troppa: verdura, vino, vin brulé. La sera lunghe chiacchierate, dopo pranzo, tra me, Dellarole, Gastaldo e il capitano, su temi varî (musica, porcherie, argomenti della vita civile, sociale, scambî d'opinioni, ecc.) che si protraggono fin verso la mezzanotte.- Poi ispezione ai pezzi, poi sonno. In questi giorni ha piovuto schifosamente: umidità enorme: i fiammiferi non si accendono. Pare che due disertori abbiano affermato che il nostro fuoco notturno abbia fregato due austriaci che lavoravano e feritone uno. Oggi ho sparato contro le siluette che si sporgevano dalle trincee, con buon esito. La pioggia deve avere inzuppato i signori austriaci che dovunque avevano steso panni

## 30 SETTEMBRE 1916

e coperte, nelle trincee, ad asciugare.- Di notte i soliti tiri di interdizione e contro il riflettore del cimitero di Roana.-
*Varie*: Io non ho orologio poiché il mio Omega ha il vetro rotto.- Stanotte l'ora ritarderà di 60', per compenso dell'avanzata del giugno. Quindi ore nuove. Le ex-quattro saranno le cinque, come prima del giugno, ecc.- La signora Semenza mi mandò un bel dono per i soldati e per me: quattro pacchi con indumenti di lana e dolci: la lana per loro, i dolci per me. Domani farò la distribuzione.- La mamma mi scrive di aver accettato il posto di direttrice della scuola normale di Modica. È una rivoluzione nella storia della nostra famiglia. Povera e cara mamma! Lo fa per noi, per aumentare la sua posizione finanziaria, in quanto il nuovo ufficio importa £. 1200 annue di aumento. Forse anche, e questo pensiero m'addolora, ella non va molto d'accordo con Clara e la lontananza, che un tempo le pareva insopportabile, ora le è più accettabile. Ma non credo a questa probabilità: si tratta proprio di un sacrificio del suo immenso amore materno! Modica, la Sicilia è così lontana!- Ne riparlerò.-
Ebbi da Stresa una cartolina con saluti da Enrico, da Emilio e dagli altri. Enrico vi si era recato da Gallarate in motocicletta.- Buone notizie dell'offensiva franco-inglese.- Condizioni spirituali discrete.- Oggi la brigata Forlì dà il cambio alla Piemonte. Pare che la linea della destra dell'Assa sarà ritirata.-
Così finisce il mio settembre, mese triste e monotono, senza gloria. Speriamo sempre in un miglioramento futuro delle condizioni dell'animo! Speriamo bene per le nostre armi.-
Credo che il mio diario non continuerà molto a lungo; probabilmente esso finirà con questo quaderno. Le ragioni della cosa sono più d'una: prima: pigrizia; seconda: il diario mi prende troppo tempo; terza: ho già notato quanto basta per descriver la mia vita di guerra; su per giù sarà sempre la stessa, salvo qualche maggior sofferenza pel freddo.- Oggi pulizia, cambio di biancheria e toilette. Comincia il nuovo mese. Scrissi a Gobbi e Lulù, a Emilio e a casa. Carlo Emilio Gadda, Duca di Sant'Aquila; Canove, 30 settembre 1916.

*Finis septembris mensis, anni MCMXVI.*

Paragrafo quinto

Mese di ottobre 1916.-

Canòve, 2 ottobre 1916.- Ore 9 antim.-
Ieri fu una giornata di singolare malessere, credo causato dall'umidità; la mattina stavo veramente male: c'era un bel sole che non mi rallegrò affatto; dovetti levarmi perché il capitano mi piombò in camera dicendo che i due generali delle brigate Piemonte e Forlì venivano a trovarmi; difatti poi non vennero affatto.- A sera distribuii gli indumenti invernali della Sign.$^{ra}$ Semenza, che furono accolti con viva compiacenza dagli alpini, pur senza parole: dissi a tutti di mandare una cartolina per uno alla signora.- Io le scriverò.-
Ieri finii di spedire (perché occorsero 2 buste) una mia lettera-romanzo a Lulù, scrissi pure una cartolina a Emilia a Stresa, e una lettera alla mamma, nella quale ancora le parlavo della cosa che ora più interessa le condizioni della famiglia, cioè del suo trasferimento a Modica.-
Militarmente nulla di nuovo; qualche tiro contro austriaci che sporgono la testa, ecc.- Anche nella linea nemica le piogge provocarono frane di terra, cedimenti ecc. La crosta calcareo-carsica dell'Assa, sotto il terriccio, è fatta d'un ghiaietto di frammenti piatti, squammiformi, dati dal detrito della roccia bianca, e decomponentisi spesso in una pasta argillosa.- La nomenclatura è impropria.-
Col Capitano, con Dellarole e con Gastaldo, i soliti rapporti: chiacchierate dopo i pasti, a sera specialmente, gran discussioni che il capitano tramuta spesso in bisticci col suo fare aggressivo. Ier sera me ne venni presto, perché il malessere non era ancora cessato.- Musizza venne a trovarci, recando i conti della mensa, che, oltre la razione viveri passata dal governo, erano miti. Io e Dellarole, dal 4 al 30 sett. pagammo £. 80,95. Come si vede la spesa non è grave per quel che si mangia.-
Canòve, 2 ottobre 1916.- CEG.-

Canòve, 3 ottobre 1916.– Continua il malessere del giorno 1, in minor grado; causa, credo, la grande umidità del clima, la tosatura della testa, un po' d'imbarazzo gastrico.– Militarmente nulla di nuovo, relativamente al nostro compito. Ormai la brigata Forlì ha cambiato totalmente la brigata Piemonte. Ieri azione di un nostro pezzo da campagna, che sparacchiò nel pomeriggio contro non so che cosa. Nel frattempo un 210 o un 280, nemico, bombardò la zona con una dozzina di colpi, piuttosto intensamente; ciascuna granata era accompagnata da shrapnels e granate da 75 che pure bombardavano intensamente. Credo che sparassero contro una supposta nostra batteria, avendo scorto del fumo levarsi da un valloncello, dove bruciava un casolare. Credo che l'unico danneggiato sia stato il prato. I colpi più vicini, da 210, caddero a circa 400 metri da noi.– Io rimasi meravigliato della ricomparsa d'un grosso calibro sul nostro settore.–
Il generale Cecchi, comandante la Forlì, sobillato da Corfini che non ci poteva vedere, diede un cicchetto al capitano per l'affare del carbone asportato dalle cantine del Municipio, e gli ordinò di farlo quivi immediatamente riportare. Dellarole ricevette dalla signorina sua conoscente di Torino l'annuncio ch'Ella si era interessata della nostra carta da lettera.–
Scrissi ier l'altro alla mamma ma le scriverò una cartolina oggi pure. Viceversa non ho ricevuto alcuno scritto da lei né dalla signora Semenza.– Oggi sono amareggiato dalla notizia dello scacco romeno nella zona del passo di Vulkan: pare che gli austro-tedesco-turco-bulgari si vogliano scaraventare rabbiosamente contro la Rumenia, facendo contro di lei il massimo sforzo. Lì bisogna sperare negli aiuti della Russia, altrimenti le cose andranno assai male.– Attraverso una giornata di nervosismo.

Canove, 3-10-16. CEG.

Canòve, giorno 4 ottobre 1916.– Ore 11.–
Un bel sole d'ottobre, pieno di bontà per le nostre anime intirizzite, riempie le ondulazioni dell'Altipiano, vaporanti di nebbia: le foreste fumose della catena marginale che forma il bastione su cui opponemmo la difesa della disperazione e della

fine (tale io la credevo), macchiano d'un color cupo lo sfondo del sito: solo il Kaberlabo, il lontano Belmonte e l'altra torre della porta di Val Canaglia, il Busibollo, sono nudi fra la corona forestale: il Magnaboschi è violetto per i vapori che velano l'abetaia immensa: il Lémerle è calvo sulla vetta rotonda, e ricorda con quel diradarsi del suo mantello boschivo la rovina della battaglia, lo spasmodico dilaniamento dei 305 con cui i nemici lo catapultarono.-
Ore 17. Stanotte rimasi in piedi fin verso le 2 (ora nuova arretrata) in preda a una sconfortante crisi d'animo, disperato del mio avvenire ecc. Poi il sonno riparò un poco questo malessere dello spirito. Oggi nulla di notevole nella mattinata, in cui dormii e scribacchiai la prima parte del mio diario. Ricevetti a mezzogiorno una cartolina della mamma, in cui non dice di aver ricevuto il vaglia. Spero però che ormai le sarà giunto, sebbene in ritardo.- Alla colazione chiacchierai parecchio con Gastaldo di argomenti economici e commerciali, di roba di borsa, ecc. Poi, nel bel pomeriggio di ottobre, mi sedetti con Dellarole e col capitano su una panchina fuori della porta dell'abituro: ridemmo della paura di un automobilista per lo scoppio lontano, sebben fragoroso, di una bomba di lanciabombe. Difatti nel pomeriggio parecchie bombe e cannonate caddero nella zona, così alla spicciolata, con un fracasso orribile ed eco ripercosso nei monti.- Poi, verso le tre, un porta ordini recò l'ordine di trasferimento del reparto da effettuarsi nella notte di domani. Dobbiamo andare «a riposo» dietro la linea di resistenza ad oltranza e fare ivi dei lavori: ci dà il cambio il 225.° reparto Fiat, a cui faremo la consegna delle posizioni.- Stasera mando all'accampamento delle salmerie il bagaglio mio.-

       Canòve, 4 ottobre 1916.- CEG.


Spiazzo Langabisa, 11 ottobre 1916. Ore 11.-
Il giorno 5, l'ultimo del nostro soggiorno all'Albergo del Paradiso, passò in una accurata pulizia delle macchine, nei preparativi di partenza e nell'adunata del materiale. La sera del 4 e la sera del 5 si caricarono (ogni sera) due carrette di materiale vario, come seggiole, tavoli, reti da letto, asportate dal pae-

se.- Il 225.° Reparto Mitragliatrici Fiat, di bersaglieri, che ci dava il cambio, arrivò tardi, oltre le 10 di sera, nonostante la nebbia che avrebbe permesso di fare il trasferimento anche assai prima. Inoltre solo il tenente comandante del reparto era venuto a vedere il luogo la notte del 4, a tarda notte; ma non vide affatto le postazioni. Gli altri ufficiali non vennero né di notte né di giorno. Sicché, la notte tra il 5 e il 6 ottobre, verso le 11, all'oscuro, non capivano più nulla, non si orizzontavano più. Gastaldo dovette tardare assai a raggiungerci nel punto di adunata (sul bivio della strada di Cesuna, dove questa si allaccia alla strada Canòve Sopra-Canòve Sotto), perché il suo successore chiedeva spiegazioni, si lamentava della strettezza delle feritoie, ecc. Finalmente si partì: nella notte nebbiosa fucilate e rumori di bombe nell'Assa: la luna forava le nubi, con un alone opaco.- Dopo una marcia di circa tre ore, passando sulla strada di Cesuna fino al ponte rotto sul Ghelpack, indi per la strada di Boscon fino al bivio Boscon, e finalmente sulla strada di Granezza, giungemmo allo spiazzo di Langabisa, località non segnata ancora sulle carte perché il nome è nuovo, sulle pendici meridionali del monte omonimo. Facemmo due alt.- Notte serena, marcia buona. Qui arrivati, gli uomini si attendarono, dopo aver messo a posto le macchine, e noi andammo a riposare. Dellarole dormì nella capanna in legname di Musizza, Gastaldo nel capannotto in «eternit» di Céola, io sotto la tenda, e il capitano nell'unica camera allora abitabile della capanna ufficiali. Dormii profondamente.-

– Ore 11-12. Spiazzo di Langabisa, 11 ottobre 1916.-

*Monte del Busibollo*, 15 ottobre 1916. Ore 9 del mattino.- Siamo qui, in un collo che divide due coccuzzoli mammellonari della piattaforma del Busibollo, a fare delle piazzole per mitragliatrici.- La 3.ª sezione lavora sul fondo Val Canaglia, la 1.ª sulle pendici est di Belmonte.- Io faccio due piazzole nel luogo indicato, con lavori di piccone, di mazza, di mina: siamo venuti dal nostro accampamento di spiazzo Langabisa, donde partimmo alle sei circa. Mi levai, come ieri, alle cinque e un quarto (ora regolare), con una guardata alla luna che

«adima», alle foreste nebbiose. Anche ieri venimmo qui a lavorare: per la prima volta.-
Ciò posto, seguito nella narrazione degli avvenimenti al punto in cui la lasciai. Il giorno 6 cominciò il «riposo». Il capitano istituì il solito turno di servizio, cominciando dal più anziano, Dellarole: poi io, poi Musizza, Gastaldo, Céola.- Il primo giorno si iniziò lo spiazzo per la baracca degli uomini, con penosi lavori di piccone per la rimozione di enormi blocchi (alcuni fino a 3 metri cubi) che costituivano la carogneria principale. La piazzola è al margine dell'abetaia del Langabisa, dentro l'abetaia stessa, a 50 metri circa dalla rotabile di Granezza. Altri uomini furono impiegati a finire la baracca ufficiali, con struttura in legno, pareti in assi, rivestimento esterno di tronchi di pino di 10-15 cm. La baracca ufficiali è proprio al limite dell'abetaia, così com'è ora, a 30 metri dalla strada, presso le baracche della 70.ª compagnia del genio.- Essa ha la forma centrale, data dalla figura:

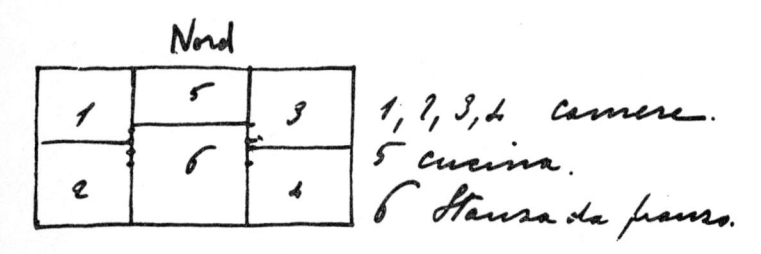

[figura: pianta della baracca con stanze numerate 1, 5, 3 / 2, 6, 4; Nord in alto. 1, 2, 3, 4 camere. 5 cucina. 6 stanza da pranzo.]

la mia camera è il N.° 1, quella del Capitano 2, Musizza 3, Dellarole 4. Le camere da dormire sono di m. 3 × 3.-
Per il primo giorno e per altri fino a che la baracca non fu finita mangiammo nello Châlet di Musizza. Mensa discreta, abbondante, con qualche piatto dolce. Musizza e il Capitano prendono qualche piatto a parte, in qualità di convalescenti. Continuammo nei lavori, per più giorni: l'ufficiale di servizio fa la adunata alle 7 del mattino, manda gli uomini al lavoro: ora anche la baracca della truppa è a buon punto: se ci danno il materiale di copertura la finiremo presto: l'ho progettata io, copiando la solita struttura delle baracche per truppa, con corridoio centrale, e due file di giacigli sovrapposte: le lasciai di-

## 18 OTTOBRE 1916

stanti (la fila superiore dalla sottostante) 1 metro e mezzo circa, per modo che gli uomini che dormono sotto siano ben comodi.- La parete è alta 3 metri: col tetto si arriva a 4 e mezzo: c'è dunque sufficiente aria.- Lateralmente vi sono delle file di finestre di cm. 35-40 di altezza, per 80 di larghezza. Tale tipo di finestre sdraiate è normale in queste baracche in legno, e così pure sono le finestre della baracca ufficiali: poiché occorre applicare i vetri, di dimensioni stabilite e piuttosto piccole, senza telaio mobile, che implicherebbe lavori di falegname troppo lunghi. Il tetto della nostra baracca è in lamiera di fer-

*Baracca ufficiali*

ro zincato a ondulazioni: i soffitti delle camere in lastre di «eternit».- Nella rivestitura di pini, esterna, si sono chiuse le connessure con terra e muschio.- Speriamo di poter godere durante l'inverno il frutto delle nostre fatiche: cioè che il comando di Divisione non ci scaraventi in altro settore, dove, per accamparci, dovremmo intraprendere nuovi, pesanti lavori.-

        Monte del Busibollo, 15 ottobre 1916.- CEG.-

Spiazzo di Langabisa: (Baracca ufficiali, stanza da pranzo); 18 ottobre 1916. Ore 11.- Aspettando la colazione scribacchio il mio diario. Oltre l'ordine di sistemare gli alloggiamenti invernali, arrivò quello di fare istruzione e di costruire, sulla linea di massima resistenza, delle piazzole per mitragliatrici. Così si cominciò a fare un po' d'istruzione sul nuovo regolamento formale; e il giorno 14, con tempo meraviglioso, ci si recò a cominciare le piazzole. Complessivamente ne costruimmo sei, che ora sono quasi finite. La prima sezione ne costruì 2 sul Belmonte (versante N.E.), la 3.ª, 2 sul fondo Val Canaglia; la mia due sul Busibollo. Occorsero lavori di mina e di piccone,

durante il 15, 16, 17. Oggi avremmo dovuto terminare questi lavori, ma un ordine di operazione giunto stanotte ci dice di tenerci pronti a partire, considerandoci alle dipendenze del 20.° Corpo di Armata.-
La mamma è partita per Modica, accompagnata fino a Messina dallo zio Carlo; mi ha mandato una cartolina da Napoli, dicendo che tutto va bene. È partita da Milano credo mercoledì 11 corr.; sullo stesso treno con cui partiva da Milano il Presidente del Consiglio dei Ministri, on. Boselli.- La Clara è rimasta sola nella casa a Milano, con la donna di servizio: Enrico è stato trasferito a Busto, al Campo Scuola Aviatori, e va spesso a Milano.- Ho scritto a Clara facendole coraggio e offrendole denari.- Clara mi mandò un attestato del Politecnico in cui era detto che io devo sostenere esami, ecc., allo scopo di farmi avere una breve licenza (circolare di Cadorna); ma il Comando di Divisione mi disse che dovevo rinunciare in tal caso alla licenza invernale; cosicché la rifiutai. La licenza invernale l'ho chiesta per Modica per andare a salutare la mamma; (purché non mi capiti durante le vacanze di Natale, quando la mamma sarà a Milano). Ma ora, se saremo trasferiti al 20.° Corpo d'Armata, dovranno rinnovarsi le pratiche.-
Nessuna notizia dagli amici e scarse da casa.- Nella mia cameretta ho messo delle tappezzerie, per ripararmi un po' all'umido: ora dobbiamo lasciarla.-
Siamo sempre in cinque subalterni al Reparto: tre comandanti di sezione (Dellarole, io, Musizza) e due ufficiali in soprannumero: (Céola, Gastaldo).- Il capitano è sempre lo stesso, zuppatore di prima classe e «parvenu» straziante.- Sul nuovo regolamento per l'istruzione formale c'è poco di interessante da dire: la sezione someggiata è in linea, e in colonna (nomenclatura della artiglieria). I comandi sono: avanti in colonna, dietro front a destra, ecc.- Ad ogni pezzo (per le Saint Etienne) sono ascritti 7 uomini; 1 capo arma, 1 vice tiratore, 2 serventi, di destra e di sinistra, 3 rifornitori.- La sezione comprende inoltre: 1 Comandante, 1 sergente vice-comandante e porta binoccoli; 1 armaiolo, 1 attendente, 1 graduato comandante i muli scarichi; 8 muli coi rispettivi conducenti. Dei muli 2 portano le 2 mitragliatrici, 6 portano le munizioni (3 muli per arma).-

## 18 OTTOBRE 1916

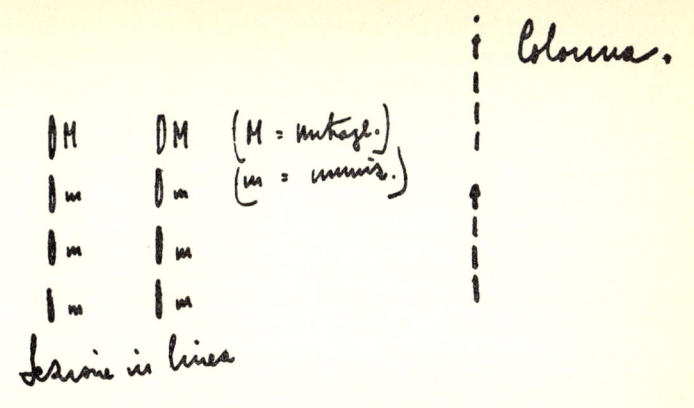

*[schizzo manoscritto: colonna in formazione, con annotazioni "M = mitragl.", "m = munic.", "sezione in linea"]*

Quando andammo a costruire le piazzole sul Belmonte-Busibollo partimmo il mattino alle sei (sveglia alle cinque); tornammo la sera alle sei o alle sette. La strada è la rotabile Langabisa, Boscon, selletta del Lémerle, Magnaboschi, Zovetto, ecc. per un totale di circa Km. 10 su strada; quindi Km. 20 tra andata e ritorno. Le prime marce riuscirono faticose, per mancanza di allenamento, le altre non molto: anche il tempo di percorso diminuì.–

Presi, colla mia macchina fotografica, delle fotografie sullo Zovetto e sul Lemerle; chissà se saranno riuscite.– Durante queste marce varî aspetti pittorici della guerra che mi piacerebbe poter ricordare: monti spelacchiati dal bombardamento (Busibollo), prati pieni di buche di granate e di trincee campali sullo Zovetto; sepolture nelle buche di esplosione; ecc. Ancora è un quadro interessante lo spettacolo degli accampamenti nelle pinete: uomini intirizziti che si scaldano al fuoco rosso dei pini nell'oscurità mattinale e serale; tende; baracche di pino. Le foreste van diradandosi per il diboschimento: noi stessi, per costruire le nostre baracche, cogliendo un pino qua e l'altro là abbiam cooperato alla distruzione.–

18 ottobre 1916. CEG.

Spiazzo di Langabisa.- Baracca ufficiali.- 25 ottobre 1916.
Ore 10 antimer.-
Scrivo nella mia camera, piena d'umidità, mentre una pioggia a diluvio annega il mondo. Nulla di notevole durante questo prolungarsi del nostro soggiorno; salvo l'ordine, arrivato dal Comando della 30.ª Divisione, e recatoci da un motociclista durante la notte, di passare «a disposizione» del 20.° Corpo d'Armata, che tiene il fronte dal M.te Rasta a Cima Undici. Si parlò di offensiva su detto fronte: altro ordine, arrivato poi, ci comandava di partire alle ore 20 del giorno 22, e per Gallio e Valle di Campomulo recarci a Malga Fossetta. Il giorno 20 mattina io dovevo partire per recarmi a Marostica a prelevare fondi dalla Cassa della Direzione di Commissariato del 22.° Corpo d'Armata. Una nevicata copriva il terreno e la pineta, per cui dovetti ritornare a piedi da Bivio Boscon (dove m'ero recato a farmi rilasciare il permesso di salire su d'un autocarro dal Comando di tappa) fino a qui. Fortunatamente potei salire su l'autocarro postale che mi portò a Granezza e di qui scesi pure in autocarro, su d'una colonna di rifornimenti che tornava, fino a Breganze. Ivi feci colazione copiosamente all'Albergo del Ponte, dove dimenticai un paio di guanti di lana. Poi salii di nuovo su d'un autocarro che mi recò a Marostica. Alla direzione di Commissariato, non ostante fossi munito del regolare atto di delega, e la richiesta dei fondi fosse già stata fatta da tempo, mi fecero delle difficoltà riguardo alla mia identità personale. Dovetti tornare all'Albergo Centrale, dove m'ero messo, a prendere il permesso dell'autocarro e il foglio di viaggio, ecc. Finalmente mi rilasciarono le 5000 lire.- Feci alcune spese fra cui un bel paio di guantoni foderati di pelo; feci sviluppare le pellicole delle fotografie prese con la mia West-Pocket, ecc.- Potei anche ottenere la condiscendenza di una cameriera dell'Albergo ad un altro «servizio» che non compievo da mesi: era una vedova trentenne. Anche la sera mangiai molto e, dopo tanto tempo, feci un bel sonno in un comodo letto.- La mattina, con tempo autunnale ma sereno, salii su di un autocarro d'una lunga colonna che mi condusse direttamente ad Osteria di Granezza. Di lì me ne venni a piedi a Spiazzo di Langabisa dove arrivai per colazione con tempo nebbioso. Consegnai al Capitano le 4500 lire che m'erano ri-

## 25 OTTOBRE 1916

maste dopo aver consegnato 500 lire a Federici a Marostica. Federici, col sergente Rossi e una carretta, era pure sceso a Marostica per andare a Bassano a versare i bossoli sparati al tiro, al magazzino avanzato d'artiglieria: detti bossoli rendono a chi li versa 80 centesimi al kilo.- La carretta tornò a Marostica, da Bassano, alle 5 di sera. Alle 7 ripartì; arrivò all'accampamento alle 2 di notte.- Sono circa trentacinque kilometri di strada, con mille metri circa di dislivello, superati da magnifica strada a lunghi tourniquets.- Immaginiamo la carretta che sale lenta, nel freddo, nel buio.-
Il giorno 22 dopo colazione ci preparammo alla partenza; feci il mio bagaglio, caricammo le carrette, ordinammo e preparammo ogni cosa, con lo spettro della marcia notturna di dieci o dodici ore.- Alle cinque eravamo lì fuori, a chiacchierare, io, Dellarole, qualche graduato: le tende stavano sparendo a poco a poco dalla foresta umida, di tra la neve caduta. Tutt'a un tratto una motocicletta, piovuta forse dalla quarta dimensione dello spazio, si ferma davanti a noi.- Una speranza di gioia balena sul volto di molti presenti: io pure capisco subito di che si tratta, con dolore, con vero dolore, con un senso di delusione.- Il motociclista scendendo dice: «non partono più!» e chiede del capitano a cui recapita una busta gialla, contenente il contrordine: la partenza è sospesa fino a nuove disposizioni.- Alle parole del motociclista un coro di voci di gioia s'era levato per tutto l'accampamento: dove le voci d'offensiva sulla nostra destra, per cima Dodici, erano giunte, facendo stringere il buco del culo a tutti questi alpini fessi.- Seguì l'ordine: «rifate le tende», e al motociclista venne dato da bere. La sera gran gioia di tutti; i più religiosi avevano ascoltato, la mattina, una messa detta all'aperto da un Cappellano della 70.ª Compagnia del Genio, accantonata vicino a noi, in baracche.- Molti anche poco religiosi s'erano recati alla Messa, perché la paura suggerisce la pietà molto più di quanto non si creda.- A questa messa venne attribuito il merito di aver fatto ritardare l'offensiva: chissà Scandella, il mio caporale della paura, come avrà ringraziato Dio! Non sapeva più da che parte voltarsi allorché seppe della partenza: per giunta gli era giunta la notizia della morte d'un fratello in combattimento.-
*L'Offensiva* sul fronte del 20.° Corpo d'Armata, dal Rasta alla

Val Sugana, con obbiettivo di destra Cima Dodici, doveva stupendamente completare quella del Pasubio, con mossa a tenaglia: ma il mal tempo la ritardò, o meglio, finora, la impedì e forse la impedirà per tutto l'inverno. Così è perduta la rapidità della mossa e forse il nemico ne avrà già avuto sentore, e avrà preso delle contro misure. Pare che nella regione di Campomulo (s'intende nel posto utile) siano state portate 27 batterie d'ogni calibro: così almeno si dice qui. A Marostica la popolazione parlava di offensiva e un farmacista mi chiese quando sarebbe avvenuta: io, che allora credevo di partire il 22 per Malga Fossetta, risposi che non sapevo nulla ma che in ogni modo l'offensiva non si sarebbe fatta, per il maltempo. Senza volerlo, anzi volendo dire il contrario, dissi giusto.–
Anche qui faccio notare la mia devozione al silenzio, il mio spirito tedesco: nessun altro ufficiale italiano, ne sono certo, avrebbe resistito alla porca e stupida voglia di farsi vedere ben informato; e avrebbe spifferato ogni cosa. *Prova*: il fatto che il farmacista di Marostica sapeva già che si sarebbe fatta l'offensiva a Cima Dodici, prima che l'89.° Reparto si fosse portato sulla Zona d'operazioni.–
I Reparti destinati dal 22.° Corpo al 20.° erano sei, due alpini, due di bersaglieri, due di fanteria. L'ordine di trasferimento conteneva l'ora di partenza per ciascuno, incolonnandoli sulla stessa via: i due reparti alpini erano naturalmente l'89.° e il 90.°, che in attesa della marcia venne dislocato a Osteria di Granezza.– Ora siamo sempre a disposizione del 20.° Corpo, ma chissà se prenderemo parte all'azione, chissà se questa si potrà fare.–
Sono veramente costernato di non esser partito: il grido di gioia degli alpini fu per me l'inizio d'un periodo di amarezza e d'attesa: spero ancora di partecipare a qualche operazione, di poter fare qualche cosa di utile, di serio. Intanto il mio triste, nebuloso, schiacciante destino mi ha ripiombato nella mediocrità della vita, anche sotto le armi. Nessuna gioia, nessuna soddisfazione, nessun orgoglio. Certo le mie capacità militari sono poche: ma appena sento il rumore della battaglia, appena i cannoni urlano nelle foreste, una specie di commozione sovrumana mi pervade l'anima: appena la fucileria tamburreggiante si fonde in un solo boato, l'ardore della lotta mi pren-

de, sotto forma d'un moltiplicarsi della energia, della volontà, del vigore fisico, della spensieratezza e dell'entusiasmo.- Chi fosse a leggere queste note non creda a una goffa vanteria quando si troverà alla affermazione del mio dolore per la mancata partenza verso cima Dodici: è così: sotto il fuoco, presente, immediato, provo il tormento che prova ogni animale nel pericolo: ma prima vi è solo il desiderio di fare, di fare qualche cosa per questa porca patria, di elevarmi nella azione, di nobilitare in qualche maniera quel sacco di cenci che il destino vorrebbe fare di me.- La mia vita è tutto un deviamento, uno sciupìo di meravigliose facoltà: potrei dire di me stesso la parola del giudice paradisiaco: la parola messa in bocca a Beatrice: *questi fu tal nella sua vita nova, virtualmente, ch'ogni abito destro fatto averebbe in lui mirabil pruova. Ma tanto più maligno e più silvestro si fa il terren, co'l mal seme, e non colto, quant'egli ha più del buon vigor terrestro.* Intanto marcisco a Spiazzo Langabisa e marcirò poi sull'Assa.-
Appena venne sospesa la partenza, si riprese il lavoro della baracca per la truppa: vien bella e solida: il tetto è in assi coperte di cartone catramato.- Già dissi che le strutture di sostegno sono in legno d'abete; ricavato dalla foresta del Langabisa.- Ormai manca solo di finire il tavolaccio interno, di applicare vetri e porte.-
*Il tempo*, mantenutosi bello fino verso il 16 del mese, si cangiò poi e in questi ultimi giorni divenne orribile. = Sono arrivate le coperte per i muli, per le quali feci io il buono a Campiello: si preleveranno pure stufette di ghisa (due, rubate a Canòve, ne abbiamo già), pagliericci per la truppa, ecc. Purtroppo quando la baracca sarà finita dovremo andare in linea; sull'Assa.-
Da casa poco liete notizie finanziarie: la Clara rimase a Milano con sole 30 lire lasciatele dalla mamma: Enrico ha solo lo stipendio e il soprassoldo alpino.- La mamma, a Modica, si alloggiò a un albergo modestissimo: ma non chiese il prezzo preventivamente, sicché ora abusano nelle esigenze. La mamma è famosa per spender male i denari: per lasciarsi vincere nei contratti: è una delle mie rabbie. Tanti sacrifici fa; e tanti si assume volontariamente per esser troppo buona coi porci fottuti.- Ho mandato alla Clara 50 lire, e le ho scritto una lettera di incoraggiamento per i suoi esami.-

Spiazzo Langabisa, 25 ottobre 1916.

Spiazzo Langabisa (baracca ufficiali), 26 ottobre 1916.- Ore 10 antimeridiane.- Scrivo nella mia camera.-
I lavori della baracca per la truppa procedono. Il tempo è temporalesco, con rovesci di pioggia furiosi, che nell'abetaia e sul tetto zincato della baracca fanno un rumore indiavolato: notte buia; pioggia sulle umide tende. Rimaniamo a Spiazzo Langabisa e le mie speranze che l'azione si faccia vanno diminuendo.- Nello stesso tempo questo mio quaderno si avvicina alla fine e io non ne ho altro, da proseguire: inoltre la monotonia di queste note mi consiglia a cessarle: come già cessai a Edolo il mio diario lo scorso inverno.- Mi duole solo che quella soluzione di continuità nelle mie note, fino al 3 giugno 1916, comprendesse il periodo del mio servizio sull'Adamello (Ghiacciaio del Mandrone e della Lobbia) che è un bel tratto della mia milizia.-
Ora intendo notare diverse cose di carattere generale osservate in questi ultimi tempi; premetto anche che due mattine (19 e 20) eseguimmo dei tiri, in una specie di poligono che il Comando di Divisione ha organizzato qui presso. Detto poligono si trova in una valletta a Sud Est di M.te Torle.- Facemmo tiri individuali e collettivi per sezione: le mitragliatrici funzionarono bene; sparammo 1500 colpi per sezione. La mia sezione ottenne il primato, coi tiri di Lumini e del sergente Vismara.

*Argomenti di carattere generale.*
*Autocarri*: meravigliosa è l'organizzazione dei rifornimenti da tergo in queste regioni di montagna. Colonne di ventine e trentine di autocarri carichi di viveri; vini, generi di conforto, materiali da costruzione. Io viaggiai nel ritorno da Marostica su un camion, appartenente a una colonna, pieno di forme di formaggio intere.- Questi autocarri sono di diverse fabbriche (Fiat, Spa, ecc.); di diversi tipi; di diverse dimensioni. Sono organizzati in sezioni di 22 vetture circa: per solito ogni colonna è una sezione: la sezione è ai comandi di un subalterno; più sezioni raggruppate formano un autoreparto alle dipendenze di un capitano.- Di solito un reparto è su 10 sezioni (220 vetture circa). Un parco (Autoparco) comprende migliaia di vetture. Qui vi sono in ballo, tra l'altre, le sezioni 341.[a],

## 26 OTTOBRE 1916

346.ª, 356.ª (da me notate) dell'11.° Autoparco. Una colonna di camions ha sulla vettura di testa il subalterno comandante la sezione; sulla vettura di coda una bandiera che segna la coda della colonna, dimodoché l'ufficiale, sporgendosi dalla vettura, possa vedere che tutti i suoi autocarri sono presenti; se no fa fermare la testa e aspetta i ritardatarî.- Queste autocolonne, su strade nevose, come la mattina del 22, fanno vite d'Inferno: difficoltà, ritardi enormi, disguidi di macchine che fermano tutta una colonna per ore, nella neve, al gelo.-

Vi sono anche numerose automobili per trasferimento di ufficiali superiori, motociclette portaordini; tricicli con seggiola, ecc.-

Belle sono pure le numerose trattrici per il trasporto di materiali pesanti: ne vidi due salire da Marostica, lente lente, con un rumore indiavolato, cariche di granate da 280; ciascuna ne recava 12.

*Licenze invernali*: Cominciano il 1.° novembre, durano 15 giorni più il viaggio: vi sono le tradotte come l'anno scorso. Io sarò tra i primi avendo più di sei mesi ininterrotti di zona di guerra: (salvo i giorni di Torino). L'ho chiesta per Modica a fine di salutare la mamma.-

2.° *Reparto Mitragliatrici*: È accampato presso di noi, dall'altra parte della strada, un po' più verso Boscon.-

*Pipa*: mi feci comperare da Musizza, che fu pure a Marostica, una pipa con cui fumacchio un po'.-

*Scacchi e scopone*: Gioco a scacchi con Gastaldo e col padre Domenicano che è caporale di sanità alla 70.ª Comp. Genio. Ho perso molto in bravura da quanto sapevo nel periodo di allenamento al gioco, con l'amico Cavalli, a Edolo: vinco però tutti i presenti. Giochiamo anche a scopone, dove persi 8 o 10 franchi.-

*Cannoni da 95*: vi sono qui numerose batterie francesi da 95; cannoni vecchi ma molto buoni, di lunga portata, con una granata a poppa carica di alto esplosivo.-

Ne vidi in postazione dietro il Busibollo e mi mostrarono anche il puntamento indiretto, col falso scopo.-
*Pasubio*: Lavorando sul Busibollo assistemmo al nostro bombardamento sul dente del Pasubio. Fumi enormi di granate sulla roccia, velanti il tramonto: la montagna sembrava un vulcano: il bombardamento durò tutta notte, e i colpi, spenti, arrivavano fino a noi.-
*Marostica* è una bella cittadina, incastellata da un muro e da torri medievali, con porte medievali: col Leone veneto nella piazza: è più piccola e più chiusa di Thiene e di Schio. Bassano ancora non vidi.
*Strade*: numerose e larghe strade di costruzione recente vincono il ripido margine meridionale dell'Altipiano con kilometri e kilometri di percorso: è una bell'opera. A sgomberarle dalla neve lavorano molti borghesi, anche qui, nella zona di operazioni. Altri borghesi frangono i sassi per farne ghiaietto da massicciata.- Questi *borghesi* hanno un buon soldo, rancio come i soldati, dormono in baracche; la loro vita è però disagiata come quella dei soldati: sono esposti, come noi, al freddo e alle intemperie. Visi pallidi, stanchi, infreddoliti; altri robusti; dai 14 ai 70 anni; bambini e vecchi coperti di sacchi a guisa di mantello, nella neve, fra il trambusto dei carri.-
*Fili telefonici*: la neve fa cadere al suolo molti fili telefonici e molti pali mal messi, ingombrando vieppiù le strade: occorsero riparazioni, ben fatte, operate dalla sezione divisionale dei telefonisti genio.-
*Freddo e umidità*: Il clima è freddo e già parecchie volte è gelato; tuttavia ad esso freddo, finora, si resiste bene. Quella che più ci frega è la pioggia: e l'umidità perenne di queste foreste. Nella mia camera, che pure è chiusa, il cioccolatto si bagna, la carta si ammolla e si macera; le sigarette, il thè, il materiale fotografico, i fiammiferi si deteriorano: questi ultimi non si accendono più. Bisogna tenerli indosso per riscaldarli col calore del corpo e asciugarli.- Quelle povere tende, madide per rovesci d'acqua, con l'ingresso di fieno fradicio mi fanno accorare. Per fortuna con tronchi e rami di piccolo calibro i soldati hanno formato un pavimento sollevato dal suolo, una specie di terrazzo pensile, su cui hanno eretto la tenda.- I pini umidi e

## 26 OTTOBRE 1916

gocciolanti anche dopo la pioggia fanno un'atmosfera delle più umide.

*Menegòn*, il veneziano intrigante, petulante, strafottente, ma buon diavolo, attendente di Musizza, è stato deferito al tribunale militare, per ordine del Comando della 30.ª Divisione, essendosi bisticciato con i carabinieri che gli intimavano di scendere da una carretta. È partito su di una moticicletta (quella del motociclista che ci portò l'ordine di sospesa partenza), seduto dietro al sellino, per consegnarsi a Prià dell'Acqua ai carabinieri che l'attendevano colà. Chissà che faccia avran fatto vedendosi arrivare la vittima in motocicletta!
È un bel «record» di impertinenza.

*Fotografie*: Sul Busibollo, sul Lémerle, a Spiazzo Langabisa (e a Campiello già dalla permanenza colà) ero andato facendo parecchie fotografie con la mia macchina regalatami dalla mamma: queste feci sviluppare a Schio e Marostica e qualcuna riuscì bene. Alcune sono fatte da Dellarole e in esse figuro io.- Sono dell'agosto-settembre-ottobre 1916.-

*Osteria di Granezza*, una casa nel deserto, stazione di carrettieri e di boscaioli che dal piano passavano la foresta per Canòve e Asiago, nota a pochi montanari, è ora sede del Comando della 30.ª Divisione di Fanteria e sarà nota a italiani d'ogni parte della nazione. È circondata di numerosi baraccamenti, che aumenteranno in seguito; è stata rimodernata ed offre comodo asilo a Trallori, che noi chiamiamo il «nemico» come tutti i suoi sudditi della divisione. Trallori, maggior generale comandante la 30.ª, scorrazza in automobile qua e là esercitando continua sorveglianza: e ha la manìa, celebre in tutta la 30.ª Divisione, di veder i capelli rasati. Credo che se vede me mi dà la medaglia d'argento per merito di rasatura: me li taglio col rasoio! Già ha punito Trivelli, il sergente furiere, e un soldato con 10 giorni di rigore: ha invitato il capitano a togliersi il cappello in presenza della truppa, per vedere se aveva i capelli corti.-

*Drachen-ballon*: si innalza presso Osteria di Granezza: nelle giornate serene lo si vedeva da Canòve, brillare argenteo sull'orizzonte della buia pineta. Lo vidi abbassato, passando da Granezza per andare a Marostica, e sembrava una baracca o una tenda di sanità, un po' gonfia a dir vero. (Pallone drago).-

*Macchine per lavori*: *Perforatrici* ad aria compressa per le caverne che si scavano dietro la linea dei capisaldi. *Frantoî* di pietre per la manutenzione stradale: (frantoio a vaglio, per avere il ghiaietto di diversa spezzatura). *Motori a benzina* per pompare l'acqua da Prià a Granezza. A Granezza v'è pure una sezione di autocarri per il servizio fino a Boscòn, Asiago, ecc.-
*Merde*: sono sparse, di tutte le dimensioni, forme, colori, d'ogni qualità e consistenza, nei dintorni immediati degli accampamenti: gialle, nere, cenere, scure, bronzine; liquide, solide ecc.
*Mensa ufficiali*: Il direttore ne è sempre Musizza: funziona bene, e non costa troppo: si beve parecchio vino. Scorrazzano per il campo le galline della mensa; beccando briciole: si accovacciano nella terra, sotto la baracca pènsile della fureria.-
*Il Capitano* non è un genio, ma nemmeno un cretino: è impulsivo, un po' maniaco, soffre qualche idea fissa. Una di queste è quella di non volerci fare la proposta per la promozione a tenente. Eppure io ho a momenti 15 mesi di servizio, e un bel tirocinio di guerra. Sono passato volontariamente di complemento! E molti meno anziani di me, e che se ne stanno a Bologna o Torino, sono già tenenti! Lulù e Chirò sono già tenenti.- Io credo che non lo sarò mai. - Ore 11.
Ore 16. - Queste mie note devono cessare per mancanza di spazio. Il sottotenente Carlo Emilio Gadda, del 3.° Reggimento Alpini, ha finito di scribacchiar chiacchiere.- In questo libro, scritto tutto di prima mano, anche nei luoghi di bello stile o quasi, sono contenute molte notizie di piccole cose, tanto più importanti in quanto sfuggiranno alla Storia. In questo libro sono sfoghi di rabbia d'un povero soldato italiano, pieno di manchevolezze come uomo, pieno di amarezza per motivi intimi, familiari, patriottici, etnici, ma forse non pessimo come soldato.
Intanto stamane, giorno 26 ottobre 1916 è giunto di nuovo l'ordine di prepararsi a partire per Malga Fossetta, attraverso Valle di Campomulo. Il tempo è variabile.-
Or ora è arrivato, per mezzo di un capitano aiutante di campo, l'ordine di partire alle otto di stasera (ore 20 del 26 ottobre 1916), emanato per tutti i sei reparti già citati.-
Quindi Carlo Emilio Gadda, Duca di Sant'Aquila, (Gaddùs)

## 26 OTTOBRE 1916

parte col piede sinistro e si avanza con passo scozzese verso Malga Fossetta per partecipare, se pur si farà, alla offensiva del 20.° Corpo d'Armata.
Spiazzo Langabisa, 26 ottobre 1916. Ore 16.-
Carlo Emilio Gadda<br>Duca di Sant'Aquila (Gaddùs)

Fine del mese di ottobre.

DIARIO DI GUERRA PER L'ANNO 1917

La numerazione progressiva delle pagine di questo diario si inizia con la pagina seguente.

Sottotenente CarloEGadda

Sottotenente
Carlo Emilio Gadda
Duca di Sant'Aquila
(Gaddus).

# Diario di guerra per l'anno 1917.
## Volume 2.°

470.ª Compagnia Mitragliatrici

Prospexi Italiam summa
sublimis ab unda.
Verg. Aen. VI

Sverinaz (Clodig), accampamento della 470.ª C.M. – 5 ottobre 1917. Ore 11.
L'ora legale è stata ritardata di sessanta primi con il 1.° ottobre u.s.; essa coincide quindi con l'ora geografica, secondo le convenzioni internazionali. A detta ora si riferiscono le indicazioni del tempo nel presente diario. –
Ore 15. Nei passati giorni del mese di ottobre proseguì la consueta vita, piuttosto intensa di lavoro per le istruzioni antemeridiane e pomeridiane, nelle quali prodigai ⟨?⟩ la mia solita diligenza. Condizioni fisiche e morali discrete. – Buone notizie da casa. – La fine della guerra, che si dice prossima, mi fa grigie queste ore, con il pensiero che la parte eroica della mia vita è ultimata. Tuttavia la ragione considera come mio bene la fine delle ostilità per molti e molti motivi che non è qui il caso di riassumere. – Disciplina della compagnia discreta. – Con i colleghi buona armonia. Cerrato è in licenza ordinaria. Sveglia alle sei. L'attendente mi porta un po' di caffè della truppa nella sua gavetta e me lo mesce in una piccola tazza rubata per rappresaglia in un'osteria dove gli fecero pagare troppo caro il vino. Mi levo poi, spesso un po' pigramente: adunata della compagnia alle 6 e $\frac{3}{4}$; partenza per l'istruzione coi muli. – L'istruzione mattutina comprende tattiche, indi marce in salita, sebbene brevi, con le mitragliatrici a spalla: oppure scavo di appostamenti. Zona: per solito il soprastante M.te Planin. Ritorno alle $10\frac{1}{2}$, distribuzione del rancio; disbrigo di pratiche affidatemi da Cola: (licenze, protocollo, ecc.). – Mi lavo le mani davanti alla tenda. A colazione salita al capannotto della mensa: un tetto di paglia per ricovero usuale di fieno e strame. Alla $1\frac{1}{2}$ (prescritta sarebbe la 1) seconda istruzione: fondo valle. Lezioni teoriche di vario genere. Ritorno

alle 16½, conferenza di Cola alla truppa; alle 17½, rancio. – Poi ancora pratiche, noie, fonogrammi, ecc. – Dopo le 6 pom. un po' di libertà (18).
Sono in genere piuttosto stanco. Mensa alle 19: enormi ritardi abitudinari di Cola: la portano alle 20, spesso. Dopo le h. 21 rientro nella tenda: l'attendente mi mette le coperte addosso. Sonno. –
Stanotte pioggia: oggi, uscito per la 2.ª istruzione, presi un'acquata che ancora non mi tolgo di dosso.
*Schema* dei livelli dei diversi centri di servizio nel nostro accampamento, sul pendio del monte.

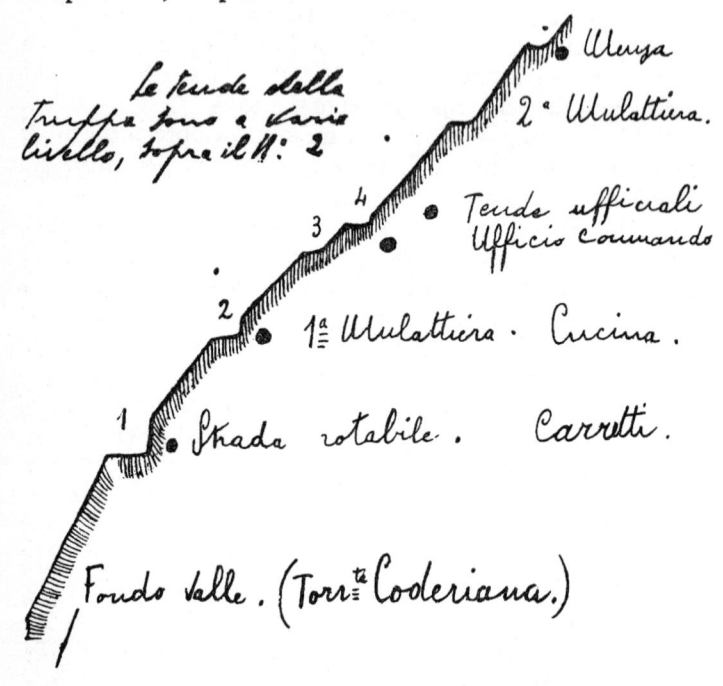

*[Schizzo manoscritto: Ulurya; 2ª Mulattiera; Le tende della Truppa sono a vario livello, sopra il N.: 2; Tende ufficiali – Ufficio Commando; 1ª Mulattiera – Cucina; Strada rotabile – Carretti; Fondo valle. (Torr.ᵗᵃ Coderiana.)]*

Dall'opposto lato della valle di Senza, durante l'intera giornata, ci giunge lo strombazzamento della Musica del Comando di Raggruppamento.
Come già dissi, il Comando del 5.° Raggr.ᵗᵒ è in Senza. – 5
‹ ›.

## 9 OTTOBRE 1917

Sverinaz, accampamento della 470.ª – 7 ottobre 1917. Ore 19.
In questi 2 giorni la pioggia ha cambiato il finir dell'estate in autunno avanzato, umido e freddo, travolgendo le foglie dei castani giù nella valle. – In compagnia, nulla di nuovo: ma la vita sotto le umide tende, a ridosso del monte, comincia a diventar grave.
Un ordine del Comando 5.° Raggruppamento Alpini ha prescritto delle ricognizioni alle linee, a turno, per gli ufficiali dei battaglioni e delle compagnie mitraglieri. Io devo partire domattina. Avrò a compagni un ufficiale del btg. «Belluno» e uno del btg. «Val Chisone». Sono molto lieto che mi sia concesso di toccare la Bainsizza.


Brezovo di Bainsizza. – 9 ottobre 1917. Con il caporale Raineri partii ieri a piedi dal nostro accampamento. Giunti a Peternel, salimmo sull'autocarro messo a nostra disposizione dal Com.ᵈᵒ di Raggruppamento. Siamo in 5: io, il cap.ⁿᵒ Beretta del Batt. «Val Chisone» (3.° Alpini) e un tenente del Batt. «Belluno» – inoltre Raineri e l'attendente del capitano.
L'autocarro percorse la rotabile di nuova costruzione (strada militare) che dal bivio ⟨?⟩ sopra Peternel sale a Rucchin o Rukin; poi prosegue mantenendosi approssimativamente ⟨...⟩ per Praponitza o Prapotnizza, indi con ⟨... ...⟩; poi a Zambire a quota sui mille della catena del Kuk; poi a Kambresio, indi all'Isonzo davanti ad Acizza dove si arrivò alle 10. Tempo nuvoloso, con minaccia di pioggia; animo ilare e lieto, mente serena.
Davanti ad Acizza, e precisamente alla stazione ferroviaria, un ponte in ferro largo m. 3,50 circa e della portata di 10 Tonnellate, attraversa l'Isonzo: (costruzione del Genio italiano). Un altro ponte di ferro è in costruzione. Inoltre il fiume è attraversabile per mezzo d'una passerella pedonale e della linea teleferica.
Durante la discesa all'Isonzo fuoco intenso delle nostre batterie; per l'azione di quota 814. I cannoni automobili da 102: (la batteria in azione, sul cielo piovoso ⟨?⟩ i lampi e il rintrono). Lampi e devastazioni ovunque; la batteria da 149 a ricupero poco sopra l'Isonzo. Passaggio dell'Isonzo in autocarro.

(Gaddus upon Isonzo, davanti alla stazione ferr. di Acizza: ponte del Genio italiano: giorno 8 ottobre 1917; ore 10,20 antim.^ne. L'autocarro prosegue sulla rotabile in costruzione (in alcuni tratti già mulattiera austriaca) che dalla stazione di Acizza sale a Levpa o Leupa. Discendiamo dall'autocarro. La strada da Acizza a Leupa in costruzione: terreno facile, poca roccia; genio, centurie, fanteria ai lavori). Fango. Il bivio di Leupa: la frascata e due carabinieri; le ⟨...⟩; ecc.: solito spettacolo. La conca sotto quota 814 tempestata dalle artiglierie nemiche: fuoco contro rincalzi: la verde montagna piena di fiocchi bianchi e cinerei. Gli shrapnels sopra il bivio: la pioggia delle pallette. Facciamo una pisciata. Riprendiamo la via.

Anziché salire al Veliki ⟨...⟩ (a nord della strada), ché pareva impresa troppo lunga e senza risultato, dato il tempo piovoso, scendiamo nella valletta e risaliamo a Cithovenich o Citovenik. La 252.ª Sezione someggiata di Sanità nelle case di Cithovenic; buche di granata ovunque. Al ⟨...⟩ sezione i feriti dell'8.ª sezione arrivano uno dopo l'altro. I feriti leggeri; le barelle, i lamenti, lievi e sommessi. Sangue, bende, facce enfiate; fasciature inzuppate di rosso. La sala operatoria: i chirurghi al lavoro: le lampade ad acetilene (nella buia camera d'una casa contadinesca, al piano terreno). I lamenti del paziente ferito alle gambe. – Gli shrapnels sulle case. – Facciamo colazione addossati al muro della casa: mangio con appetito: pane, scatola di carne, caffè.

Dalle case di Cithovenich saliamo alla soprastante quota di Breg, dove si trova la batteria. La montagna: spari a tiro diretto contro le postazioni nemiche.

Nell'osservatorio della batteria. La «blague» del maggiore di gruppo, che sta facendo colazione e non ci dà ascolto. Il capitano ed il serg. della batteria cortesemente ci indirizzano. Fango e pioggerella. Lasciamo l'osservatorio, passiamo ai pezzi: tempesta di colpi tutt'attorno, nel prato. Il fango delle mulattiere e dei sentieri, viscido, mi procura fatica. Scendiamo alle case ⟨?⟩ di Koprevich: l'artiglieria nemica ci scorge e spara: qualche granata da 105 arriva, ma dopo il nostro passaggio. Un po' d'impressione. – Rombi d'artiglieria, nostra e nemica. Al posto di medicazione del 208 Fanteria, Brigata

## 13 OTTOBRE 1917

Sele, in Koprevich[1]: l'ospitalità del dottore: l'elisir di china offertoci. Le baracche austriache: «of‹f›iz. messe» (mensa ufficiali?): la macchina da cucire nella baracca incendiata. –

Sverinaz. (Accampamento della 470.ª Compagnia Mitr.$^{ci}$ – Ore 11) Giorno 10 ottobre 1917. –
Proseguo nella narrazione interrotta. Da Koprevich, che alcune carte segnano Koprivce, per un sentiero molto battuto raggiungiamo la mulattiera che congiunge Cithovenich a Zabrdo. Il prato e il sentiero arato dalle pozze di granata; il terriccio umido, a gnocchi, sparso sul tappeto verde. Il sentiero centrato al millimetro.

*Sentiero e buche di granata.*

Il paesaggio autunnale, nebbioso, con bei boschi: come le ideazioni de' miei poemi: ma ci manca l'anima degli uomini che io immagino; il cap. Beretta e il tenente brontolano per la pioggia. Shrapnels nelle vicinanze. –
Sbuchiamo sulla mulattiera, (posto di corrispondenza del 206: Br. Lambro); un soldato ci accompagna fino al posto di medicazione del 220.º fant. L'in‹n›affiamento delle pallette di shrapnels: la spoletta sibilante d'un 105; cade a pochi passi, mentre la terra sembra succhiare le pallette. Un moto per ripararmi contro un sasso, di cui mi vergogno poi, vedendo che gli altri non si sono mossi. Raineri calmissimo.

Sverinaz, accampamento della 470.ª Comp.$^{ia}$ Mitragliatrici: giorno 13 ottobre 1917.
Tornato dalla ricognizione, la cui narrazione non ho ultimata, continuai il solito servizio in compagnia: le piogge quotidiane nell'umido bosco rendono ben grave la nostra vita. Piedi e vesti bagnate, freddo umido, e dopo il disagio la tenda, che gocciola. –

1 Koprevich o Koprjv̌sce.

Sverinaz: Accampamento. 17 ottobre 1917. Ore 11. -
Stamane, come il solito, piove. Ordine di trasferimento a
Drezenca, sotto il M.te Nero, per il Comando del Raggruppamento e le tre Compagnie mitragliatrici.
Il Gruppo Alpino che ancora rimaneva alle dipendenze del
Raggruppamento (5.° Gruppo Alpino, batt. Belluno, Albergian, Val Chisone), è passato in linea nel settore del Krad-Vhr
e del Kukli-Vhr, credo davanti a Tolmino. - Nei passati giorni
si temette e tuttora si teme una offensiva austro-tedesca contro il nostro settore. Noi pure dovevamo andare in linea sul
Krad-Vhr o vicinanze, ma viceversa il 5.° Gruppo rimane nella
regione, mentre noi (469.ª, 470.ª, 790.ª Compagnie Mitragliatrici) e il Comando di Raggruppamento ci trasferiamo nella
zona del Monte Nero. Per le compagnie mitragliatrici l'ordine
arrivò, come il solito, poche ore fa, e cioè alle 8. Si provvide
affrettatamente al caricamento e a dare le necessarie disposizioni: abbiamo anche due carrette a San Leonardo! E facciamo
la spesa viveri a Cividale! - Ore 11.
Ore 22,30.[1] Alle dodici circa si lasciò l'accampamento di Sverinaz sotto un'acqua torrenziale. Salimmo a Trusnje, Kras,
con marcia discreta: vento e pioggia, vita terribile. Dopo Kras,
su per un sentiero reso quasi impraticabile dalle piogge. I muli
cominciarono a cadere: a ogni mulo caduto bisogna levare il
carico e il basto. E la pioggia ci macera. Vita d'inferno.
Dopo ore e ore, raggiungemmo Raune, sotto M.te Cucco
(M.te Kuk). Era quasi buio, erano le sei pomeridiane. Poi giù,
per Luico, fino a Caporetto; pioggia dirotta, buio pesto. Arrivammo a Caporetto verso le dieci di sera, fradici, stanchi. -


18. Pernottamento della truppa nella Chiesetta di S. Antonio
sulla paglia fradicia. Noi ufficiali mangiammo alla tappa, dormimmo in un camerone, nelle brande: (locale di non so quale
ospedaletto). - Le allegre risate provocate dal vino bevuto:
pioggia continua, implacabile. -


1 Scritto a Caporetto.

Košec, sopra Drezenca. –
Drezenca, 18 ottobre 1917. Ore 19.
Stamane m'adoperai, sotto la pioggia, per far funzionare il servizio: ottenni il caffè alla Compagnia, dal Comando di Tappa: diedi disposizioni d'ogni genere. Tutto ciò a Caporetto. –
Lasciai Caporetto con le salmerie della Compagnia, per arrivar presto a Drezenca e far preparare il rancio. –
A Drezenca[1] ci siamo accantonati in baraccamenti aperti ai quattro venti. –

CarloEGadda

25 ottobre 1917
Lasciammo la linea dopo averla vigilata e mantenuta il 25 ottobre 1917 dopo le tre, essendo venuto l'ordine di ritirata. Portammo con noi tutte le quattro mitragliatrici, dal Krašjj (Krasii) all'Isonzo (tra Ternova e Caporetto), a prezzo di estrema fatica. All'Isonzo, mentre invano cercavamo di passarlo, fummo fatti prigionieri. –
La fila di soldati sulla strada d'oltre Isonzo: li credo rinforzi italiani. Sono tedeschi!
Gli orrori spirituali della giornata (artiglierie abbandonate, mitragliatrici fracassate, ecc.). Io guastai le mie due armi. –
A sera la marcia faticosissima fino a Tolmino ed oltre, per luoghi ignoti.

26 ottobre: marcia notturna e diurna per luoghi ignoti. I maltrattamenti: nessun cibo ci è dato. Cola si sperde. Sassella solo rimane con me. La tragica fine.

27 ottobre. Arriviamo dopo una penosissima marcia a una segheria, e vi dormiamo, in un mucchio di trucioli, la notte tra il 26 e il 27. Il 27 mattina giungiamo a Kircheim. Marcia

---

1 O meglio a Košec.

spietata fino a Kostherinen o Costherina che sia. Ci vien dato il primo cibo alle 18, cioè 53 ore dopo esser stati presi prigionieri. Ci siamo aggiustati coi viveri di riserva di Sassella e con rape colte lungo la strada. La fetta di pane elemosinata. L'esosa durezza dei croati.


28. Kostherinen-Bischofslawk: marcia dalla mezzanotte alle otto: orrore, estremo sonno e stanchezza. –
Le condizioni spirituali sono terribili: la mia vita morale è finita: non ne parlerò neppure: è inutile. –
28. Sotto la pioggia si sta tutto il giorno nel campo tra Bishofslàk e Kremburg. Si dorme sotto la pioggia, poi in una chiesetta. Abbiamo, nella giornata del 29 ottobre, una seconda distribuzione di viveri, ed è il quarto giorno di prigionia. Ci danno: 1 pagnotta nera in 5; 1 cucchiaio di marmellata; 1 scatola di carne in 12; orzo cotto in acqua e caffè di ghiande. –


Notte sul 29: orribile, pioggia continua. –
Il giorno 29 è sereno: durante la notte 28-29, come dissi, si dormì allo scoperto, poi in una chiesetta: nessuna organizzazione per i prigionieri. Fino alle 15 nessuna distribuzione di viveri. Perdo Sassella, come già avevo smarrito il tenente Cola, nell'enorme confusione. I prigionieri di questo campo presso Bishofslàk li valuto circa 50 mila. Desolazione, solitudine. Notizie gravissime, terribili, sull'avanzata tedesca: estrema mia desolazione. Penso a Enrico, ai miei. Quale orribile destino si approssima!
Rape e cavoli colte dai soldati nei campi.


Giorno 31 ottobre. – Ieri salutai per un'ultima volta alcuni miei soldati (Raineri, Gandola, Dell'Orto Oscar e Luigi) ecc. che come le altre migliaia di soldati avevano pernottato sotto la pioggia all'aperto, fermi, dopo giorni e giorni di fame. –
Cercai a lungo, invano, il mio attendente Sassella, col quale mi

ripromettevo di passare questo tempo di prigionia, essendo egli un'anima infinitamente più elevata di questi ufficiali che mi circondano, un'intelligenza bellissima e rara.
Lo cercai jeri e gli altri soldati mi dissero di averlo visto, ma stupidamente non l'avvertirono che io lo cercavo. –
Le cattive notizie e questa perdita mi fecero pazzo; anche stamane cercai invano Sassella, ma egli deve esser partito stanotte. La disperata ricerca, stamane. –
Il mal di cuore, la patria perduta, la famiglia perduta, quest'ultimo amico perduto; il pianto, la demenza. Sassella Stefano, di Grosio (Valtellina), cl. 1897; anima splendida e rara,

*La chiesetta di Scheifnitz presso Bishoflack, dove dormimmo dal 28 al 31 ott 1917 sdraiati in 250 come porci*

devoto come gli eroi dell'Ariosto; piango come se avessi perduto mio fratello. Si separò da me sotto la pioggia dirotta, nel campo dove migliaia di prigionieri erano mescolati. Una tristezza terribile sul suo viso. Mi lasciò perché venne l'ordine che gli attendenti lasciassero gli ufficiali. Poi viceversa qualcuno tenne l'attendente con sé. Io sono ora finito: nella sventura, nell'orrore anche questo amico ho perduto!
Il giorno 31 ottobre, dopo le ore 12 si fa l'adunata per la partenza, dallo scalo merci militare presso Scheifnitz. – Abbiamo avuto una distribuzione di Zwi‹e›back (galletta) e di

caffè; poi, presso il treno, una di pane (1 pagnotta in 5) e di rancio. –
Le notizie che giungono sull'avanzata tedesca nel Veneto sono sempre più gravi. Pare che i tedeschi siano a Udine e convergano verso il mare.
Povera patria!
31 ottobre. – Treno. – Sopra un carro merci ordinario, 30 ufficiali oppure 50 soldati!

*Novembre 1917*

1 novembre 1917. –
Dalle 6 di jeri siamo chiusi in 30 in un carro merci e trascorriamo una tetra regione di colline e grandi boschi. Il clima freddo, umido, aumenta le nostre sofferenze. –
Il carro merci, come tutto il treno, non è attrezzato: è privo di ogni sedile. Bisogna dormir sdraiati sul pavimento nudo e sporco e provvedere con artifizî ai nostri bisogni. Non siamo prigionieri, ma carcerati. Ci umiliano, ci indeboliscono fisicamente, come i vinti del *Laus Vitae*.
Finora non abbiamo visto cibo (ore 11). –
Le stazioni passate e di cui mi fu possibile leggere il nome sono Cilli (CILLI) e St. Georgen. Questa dove siamo fermi mi dicono, se ho bene inteso, che sia Pragerhof. – Ho comperato un giornale alla staz. di Cilli e da quel poco di tedesco che so mi pare d'aver inteso che sono arrivati al Tagliamento. – È la catastrofe! I nostri generali hanno perso la testa, i nostri soldati il cuore. – Sono torturato dalla vergogna che la nostra forza sia stata impotente a frenare l'urto nemico. – È un fenomeno di suggestione e null'altro: ma io sono finito; come un cadavere. –

1 nov. – Ore 12-13 Pragerhof. –
Una fetta di pane con un cucchiaio di marmellata. –
Ore $14\frac{1}{2}$ Marnburg. Tristezza, abbattimento orribile. Fine.
Poi brodo e carne, discreti: mia meraviglia. –
Poi: ci cambiano vettura passandoci dai carri merci a vagoni di 3.ª classe. – Tristezza.

2 novembre 1917. Ore 8.
Siamo nuovamente fermi in una stazione di questo interminabile viaggio, poco fuori la stazione di Bruck an der Mure. L'orribile treno percorre la via con una velocità di dieci-venti chilometri all'ora; si ferma lungamente a ogni stazione. I soldati sono ammucchiati nei carri merci scoperti e tremano per il freddo, che è già forte: il viaggio dura ormai da 36 ore circa. Io vorrei arrivare presto per poter presto mandar notizie a casa; chissà come sòffriranno i miei, chissà quale orribile stato sarà il loro. Povera mamma!
Poco fuori la stazione di Bruck o Bruk ci danno mezzo bicchiere di thè, una fetta di pane, una piccolissima salsiccia (würste). -
Ore 12-13 *Leoben* Hauptbanhof. Sosta interminabile. Partenza. - *Saint Michael.*


3 novembre 1917. - La notte, nel vagone di 3.ª cl., quasi impossibile dormire per il freddo e il disagio. Luna, fredde e tetre pinete e monti. Neve. - Leggo il nome della stazione di *Hüttau*. Al mattino si arriva a Bishofshofen. Nella stazione, thè e pane - Partenza da Bish. alle 10. *Werfen, Collinc-Abtenau? Aigen*: le ville, la prateria, i castelli.
Alla Stazione presso Salisburgo ci danno cavoli, brodo, carne: niente pane. - La fame è sempre terribile. Sosta lunghissima, anche dopo il pasto. - Ore 14,40. - CEG.
Notizie incerte sull'andamento delle operazioni nel Veneto. - Siamo presso il confine. -
*Salzburg*; la bella stazione vista di notte. - Dopo Salzburg il treno prosegue e passa il confine austro-tedesco. -


4 novembre 1917 in Germania. - Alle 2 di notte (notte sul 4) si arriva a *Rosenheim* e si passa la stazione. -
Il treno si ferma presso un quartiere di grandi baraccamenti, dove sono impiantati bagni e apparecchî di disinfezione per indumenti. Gli apparecchî di disinfezione sono eguali a quelli usati presso il nostro esercito e da me visti a Molin di Ponte, presso Palmanova. -

Il servizio delle docce è disposto assai bene. *Rosenheim*. –
Prima si depositano gli oggetti (chiavi, occhiali, orologi, ecc.) in tante cassette allineate sotto una tettoia. Poi ci si spoglia, ponendo gli abiti e la biancheria in un sacco, le scarpe e gli oggetti di cuoio appese a un anello. Sacco e anello portano lo stesso numero progressivo della cassetta valori. Il sacco viene disinfettato a 110 centigradi, al vapore; gli oggetti di cuoio con lo zolfo. – Intanto si fa il bagno e si mangia: orzo brodaglia e pane, una tazza di thè amaro. Poi ciascuno va a prendere un sacco e un anello disinfettati e li appende a un gancio con il numero corrispondente. Poi ciascuno si veste. – Dalle 2, scesi dal treno, alle 11 dura questa faccenda. Alle 11 si sale in treno alla stazione di Rosenheim.
Il mio giorno onomastico. La desolata ondulazione delle foreste bavaresi. Squallore, deserto. Partenza da Rosenheim alle 13 meno $\frac{1}{4}$. – Alle 15,15 si arriva a Monaco: la grandiosa città vista dal treno. Gaddus in München; 4 novembre 1917. Alle 15,30 arrivo nella Stazione principale.

Le tettoie grandiose. Le sentinelle in alta uniforme e la popolazione affollata sulla banchina.

Si lascia Monaco alle 16,35: solo gli ufficiali, in un piccolo treno. Il treno va ora abbastanza velocemente: si passano le stazioni di Staunhofen, poi Augsburg, Podlichen (??) ecc. Alle 10 ci danno un pezzo di pan nero e una tazza di beveraggio.


5 novembre 1917. –
Al mattino, alle 8 circa, in una stazione, pane, un pezzo di salsiccia, caffè cioè brodaglia inconcepibile color nerastro.
5 novembre 1917. Altra stazione *Bietigheim*. Pianura più coltivata che nella Baviera.
*Gross-Sachsenheim, Illingen, Mühlacker, Pforzheim*; Pforzheim. Arriviamo a Karlsruhe alle 15 (3 pomer.) del 5 novembre. – Si riparte alle 3,45. In ferrovia ci trasportano nella vicina città di Rastatt. Discesa dal treno; sfiliamo per 4 tra un po' di gente curiosa; attraversiamo un quartiere di villini e la caserma Leopolds... poi un bosco: si arriva al campo

di concentramento di Rastatt, fatto per i soldati russi prigionieri. -
Circuito di un doppio reticolato, non insormontabile: sorveglianza abbastanza attiva. La mia idea di fuga: per ora impossibile per debolezza fisica, mancanza di alimento, ignoranza dei luoghi. -
Il 5 novembre, dopo le 8 del mattino, ci danno da mangiare solo alle 7 di sera, brodaglia e pane. -


6 novembre 1917.
Rastatt.
Abbiamo finalmente dormito al coperto, con lenzuola e qualche coperta, su giacigli allineati nella baracca. Ogni baracca ha circa 100 posti. Latrine in baracca separata. La cartolina alla famiglia, stampata. Si può uscire e passeggiare nel recinto. - Orribili mie condizioni spirituali. La fame. - Dal 25 non mi cambio di biancheria. Il caffè al mattino e 1 pagnotta divisa fra cinque, per tutto il giorno. -
A mezzogiorno e a sera un mestolo di brodaglia. Rastatt (o Rastadt?). -


7 novembre 1917. - Continua la vita ieri incominciata, nel campo di concentramento. Fame. Nel prato magro, uso Arena di Milano, baracche allineate: ognuna 100 uff. - Cuccette sovrapposte: finestre. Tavoli e sgabelli: 2 stufe. Alle 7 sveglia, alle 8 un mestolo di liquido nerastro che vorrebbe essere caffè; (ghiande e fave tostate). Alle 9,30 adunata per l'appello e le comunicazioni. Alle 12 brodaglia di rape, ecc.; alle 18 brodaglia di orzo. -

*Lesione della baracca.*

Nelle ore libere si gioca un poco a carte; si gira nel prato. Dopo la cartolina stampata, nessun modo di corrispondere con le nostre famiglie. -

Ci distribuiscono una scheda, assai ben compilata, da riempire; nome, cognome, dati militari, età, professione, ecc. ecc. –
La compilo e vengono consegnate. –


Rastatt. Campo di concentramento. – 8 novembre 1917. –
Jeri vidi Cola, che sta nel Blok N.° 1 e gli parlai attraverso il reticolato. – Nessuna novità, salvo la fuga di un nostro capitano dalla baracca N.° 7. Di Cerrato nessuna notizia. – Ho fatto degli scacchi di carta. – La fame è tremenda. –
Oggi: caffè e 1 pezzetto di pane la mattina. A mezzogiorno la sbob‹b›a di orzo. –
Nel pomeriggio ci condussero nell'attiguo recinto dei soldati russi, dove in una cantina russa potemmo acquistare oggetti. – Trovammo varia roba, a buon prezzo. – Per 10 lire io acquistai 2 pezzetti di sapone, (finalmente) 1 rasoio tipo gillette, quaderni, penna, matita. –
In una attigua cantina per pochi pfennigs bevvi thè con alkermes (7,5 pfennigs la tazza), comprai delle caramelle russe e della colla di pesce da mangiare.
Ora vado a vedere se posso parlare a Cola. –


10 novembre 1917. – Rastatt. Solito. Nulla di nuovo ieri e oggi se non la fame continua, e la cominciante debolezza dell'organismo. Jeri ho trovato a comperare una grammatica tedesca e ora studierò un poco. – Stamane rividi Cola, e mi promise di nuovo che si sarebbe interessato per farmi passare con lui. – Cattive notizie dal fronte italiano. – Dolore, costernazione, trepidazione e debolezza fisica. –


11 novembre 1917. Rastatt. Campo.
Jeri stavo scrivendo quando Cerrato mi apparve improvvisamente davanti. Ci abbracciammo, poi mi narrò le peripezie sue e della 2.ª Sezione. – Continua la debolezza fisica; le gambe cominciano ad essere un po' fiacche. La idea della fuga pure continua. Tempo nuvoloso stamane, ma non eccessiva-

mente freddo. - Ancora non ci consentono di scrivere a casa, e questa pure è una disperazione. Non so nulla de' miei cari, nulla di Enrico. -
11 novembre 1917. S. Martino. - (Rividi dunque Cerrato, ed ebbi la narrazione delle peripezie della 2.ª sezione il 10 novembre 1917 a sera). -

13 novembre 1917. - Rastatt. - Campo.
Hanno cominciato a far partire per i campi definitivi alcuni ufficiali, finora di fanteria, radunandoli per brigate. Finora ne partirono sette od otto dalla nostra baracca, di 2 brigate. -
Con Cerrato mi trovo qualche volta; gli ho prestato 5 franchi perché il poveraccio, appena tornato dalla licenza, non aveva un soldo. Cola gli fece volare al disopra della strada e del reticolato un paio di calze. - Io sto nella baracca 67, Cola nella 4 (Blok N.º 1), Cerrato nella 70A. Sono qui prigionieri anche i colleghi Carissimi di Bergamo e Bellotti di Grumello del Monte che conobbi a Edolo. - Ho comperato l'*Eneide* di Vergilio.
La fame continua, terribile; jeri a cena 2 patate lesse; oggi un po' meglio, a mezzodì: 1 mestolo di brodo e rape, 1 di brodo e pezzetti di merluzzo puzzolente. -
Si parla di pace separata della Russia. - Belluno è presa: (10 mila prigionieri nell'alto Cadore? Vi sarebbe forse Enrico Ronchetti?) -
Mie condizioni spirituali terribili, come nei peggiori momenti della mia vita, come alla morte del povero papà e peggio. Fine delle speranze, annientamento della vita interiore. Angustia estrema per la patria, per la mia povera patria, per la mia terra; pensiero fisso della Lombardia, del Lago di Como, della Valtellina, del Varesotto: terrore di vederli presi dai tedeschi? -
Comincia, ciò che finora era grave ma meno intenso, anche il pensiero della famiglia: intendo comincia nel senso del terribile, angustioso, angoscioso, che già anche prima era fortissimo: la mamma adorata, il pensiero di lei sola e angosciata dal dubbio: la Clara sola a Milano! Ed Enrico, che sarà di lui? Dolore sopra dolore. -

Pensiero delle belle giornate dell'alto vicentino! La Val Canaglia, Calvene, Chiuppano, Lugo Vicentino: le dolci e malinconiche giornate del dicembre scorso, all'Ospedale!
Ricordi di Longone, assillanti: la mia adolescenza passionata, tormentata, mi ritorna costantemente d'avanti. Il Legnone, la Grigna! Dolore e dolore, dolore sopra dolore. – Oggi è il 13 novembre 1917, la vigilia del mio ventiquattresimo compleanno; come terribilmente comincia il mio venticinquesimo anno! Quale orrore, quale terribile lenta fine. –
Pensiero anche degli amici, delle care consuetudini! Tutto il passato ritorna e mi annienta. –
Talvolta ripenso anche con amaro rimpianto a Sassella, e agli ultimi mesi della mia vita militare, Carso compreso, che ora mi paiono splendidi. Mi dolgo più che mai dei libri perduti (D'Annunzio, Todhunter, cari alla mia adolescenza, Murani) e al mio libretto di note personali, prezioso diario di Torino Carso Clodig. – Qui nulla di nuovo: la fame terribile, continua, la debolezza fisica, insistente: la mancanza di ogni agio e necessità: (non abbiamo da mutarci biancheria). –
Così terribilmente finisce il mio ventiquattresimo anno di età, la triste sera del 13 novembre 1917. – Così terribilmente domani comincierà il 25.° – CarloEGadda. – Tenente di Complem.to nel 5.° Alpini. –
Rastatt, 13 novembre 1917.

Diario del tenente Carlo Emilio Gadda, del 5.° Regg.<sup>to</sup> Alpini, dal giorno 14 novembre 1917 in avanti. – (24.° genetliaco compiuto). –

Le note personali precedenti il 14 novembre 1917 sono contenute nelle pagine precedenti numerate da 1 a 46. Con il 14 nov. 1917 si inizia anche una nuova numerazione progressiva delle pagine di questo quaderno. Questa è la pagina 1. – CEG.

Rastatt, 14 novembre 1917. – Campo di concentramento dei prigionieri italiani. – Ore 20,30. –
Oggi ho compiuto 24 anni. Giornata grave. A rapporto, ci hanno promesso una prima distribuzione di cartoline. Speriamo! Giornalmente partono ufficiali per i campi definitivi, raggruppati per brigate. – Stamane il primo gelo, la prima brina dell'anno. Lessi un po' di Leopardi e di *Eneide*; scrissi alcuni versi, come gioco di pazienza, senza alcuna inspirazione. Gran debolezza fisica: patii molto la fame, come il solito: a cena un mestolo di farina cotta in acqua. Cattive notizie dal Veneto e angoscia. Protesta mia contro colleghi che trattavano di farabutti gli interventisti, col senno di poi. La paura che la guerra prolunghi le loro sofferenze fisiche, li rende ferocemente egoisti. Desiderano solo la pace, a qualunque prezzo. Anch'io desidero ora la pace, dopo il disastro subito, ma non per me, che anelo solo di fuggire e ritornare a combattere. E combatterei terribilmente, con la forza della disperazione. – E qui morirei di fame, se sapessi che la durata della lotta migliorasse le sorti d'Italia. –

Povera patria! Povera mia famiglia! – Ho fame: ma non è nulla al confronto del dolore. – CEG.


Rastatt, 16 nov. 1917. – Jeri ci dettero una cartolina, da scrivere a casa: ci misi la data di oggi. Stamane fu consegnata al segretariato. – Un nostro ufficiale rubò un paio di pantaloni ai soldati francesi: si lasciò insultare senza reagire! (Ecco come avvengono le catastrofi nazionali.) I francesi (soldati addetti alla pulizia) erano cortesi con noi. Poi molti di noi pagarono prezzi smodati per acquisto di viveri, servendosi di denaro del governo, molti avendo indosso i fondi, quali comandanti di compagnia. Sicché oggi si paga una pagnotta 80 marchi, oppure un orologio; la galletta, 1 scatola di sardine vengono pagate 10, 12 marchi. La maggior parte di noi sono impazienti e rabbiosi: a ciò siamo ridotti dalla fame. Poca solidarietà e affabilità e cameratismo di alcuni, giustificati dalla poca o nulla educazione di altri. – Continue descrizioni e narrazioni degli ultimi giorni di lotta, rimpianti, accuse, difese: amarezza. – Jeri vidi Cerrato e ci trovammo un po' insieme. – Io andai a trovare Cola al blok N.° 1; ma egli stava per venire a trovare me: perciò tornammo nel blok N.° 7, il mio. – (La mia baracca è N.° 67). Discorremmo, mi parlò di colleghi qui prigionieri (artiglieri dell'8.° batt. del 4.° Campagna, conosciuti sul Krasji, alpini mitraglieri della 417.ª Poi mi disse dei viveri ch'egli riesce a procurarsi: 1 pagnotta, gallette, marmellate, talora in regalo. Credo che al Blok N.° 1 non siano avvenute scorrettezze eccessive nei prezzi. – Parlammo anche della nostra compagnia e presi appunti riguardanti la nostra comp. e di cui mi servirò nella redazione di appunti, ecc. – La visita tra i blocchi è dalle 14 alle 15. Oggi tenterò di andare a trovar Cola. – Continua in me l'idea della fuga, ma le difficoltà da superare sono così grandi, le probabilità di riuscita così piccole, che non vorrei fare una bambinata. Qui ci sono reticolati e sentinelle, ma sarebbe forse il meno. Per raggiungere la frontiera svizzera ci sono 160 km. e la foresta nera. Il clima è freddo, bisogna evitar le città per terreno ignoto, non so parlar sufficientemente il tedesco: ma soprattutto mancano i viveri. Dove trovare sei o sette giorni di viveri? – Inoltre mi

trovo, per la denutrizione e la fame, in uno stato di estrema
debolezza: ieri verso sera non mi reggevo: dovetti buttarmi sul
pagliericcio. – Due tentarono la fuga stanotte; furono presi e
puniti con sei giorni di arresti di rigore e col divieto di scrivere
a casa: la sorveglianza venne intensificata. – In ogni modo ho
preso, da una carta avuta da un francese, uno schizzo della
Germania meridionale, con nomi, ecc. – Appena un'occasione
mi si presenta, e se avrò un po' di viveri, tenterei la fuga. Che
felicità poter ancora far qualcosa per la mia patria! –
Continuo a soffrire orribilmente la fame e mi trovo in uno
stato di debolezza, come dopo una malattia. Dopo Rosenheim
ancora non abbiamo preso un bagno: non ci danno biancheria
da cambiare, ho indosso ancora quella di quando mi presero
prigioniero. Ci si lava poco e male, solo il viso. – Studio un po'
di tedesco, ma la nutrizione non è sufficiente. –
Il pensiero della famiglia, della patria, dei dolci luoghi noti è
continuo, assillante. Mi trovo in uno stato di terribile miseria
morale: attraverso una delle prove più terribili della vita. –
CEG. 16-11-17.


Rastatt, 17 novembre 1917. – Sabato. – Jeri andai nel pomeriggio al blok N.° 1, a trovar Cola. Mi offerse una mela che
divorai, e mi regalò un notes. Rimpianti comuni; dolore di non
essere uniti. Ci separammo baciandoci. – Fame continua. Acquistai da un francese per 8 marchi, cioè L. 13,28, due piccoli
vasetti di marmellata, una solenne porcheria. Avevo divisato
di tenerli come viveri di riserva, ma la volontà non bastò. Ne
mangiai una ieri sera, una oggi, così di colpo, senza pane. Alcuni
partono sempre, di giorno in giorno. – Grande abbattimento
morale, sopra tutto al pensiero di non poter fare più nulla per
la patria. Sogno di combattere sul Piave. Idea di fuga per ora
rimandata, per mancanza di viveri. – Un po' di sollievo nello
studio del tedesco. – Notizie meno cattive, ma sempre gravi. – Fame, orrenda fame. Stamane scrissi 1 ottava. – Ci diedero
un'altra cartolina, che spedirò con la data di domani. Ho
acquistato un vocabolarietto tedesco per L. 3,70. – Tempo
nebbioso. Alcuni di noi hanno i pidocchi; da quando fui fatto
prigioniero non ho ancora mutato biancheria. – CEG. –

20 novembre 1917. Rastatt. Campo. -
La cartolina fu spedita in data 18 ma credo partì più tardi. Continua la fame. Continuano, a piccoli gruppi, le partenze. La rabbia, la stizza, provocata dalla fame, dura sempre in tutti e si manifesta a mille piccoli incidenti. Tempo sempre nebbioso, nuvoloso, orridamente monotono. Vita solita. Jeri un po' sollevato dallo studio del tedesco, e da qualche notizia più confortante. Sempre però trepidazione ed angoscia; patria e famiglia occupano il mio animo. Qualche momento di sogno, di speranze. -


26 nov. 1917. Nulla di nuovo; sempre alla baracca 67. Ci hanno pagato lo stipendio, in ragione di 60 marchi mensili a tenenti e sottotenenti; di 100 ai cap. Detraggono Marki 1,60 al giorno pel vitto. Fame. Nessuna notizia ancora da casa; chissà quando! Studio il tedesco.


29 novembre 1917. Rastatt. -
In questi ultimi giorni spinsi lo studio del tedesco a un buon maximum di diligenza, data la scarsezza dell'alimentazione; cinque o sei orette al giorno. - Tenuto conto che la mattina alle $9\frac{1}{2}$ si deve esser presenti all'appello e ci si perde una buona mezz'ora; e che bisogna lavarsi, rifare il letto, ecc.; lavare le stoviglie; la giornata era ben occupata. -
Jeri non potei studiare perché andai dal parrucchiere, poi ebbimo il cambio della baracca. Siccome per le continue partenze di ufficiali destinati ad altri campi di concentramento, eravamo rimasti in pochi, ci mandarono a stare nella baracca N.° 64. Persi diverso tempo per mettermi a posto. Occupo un letto presso la stufa, dalla parte dell'entrata: non l'ho scelto, m'è toccato prenderlo perché non v'era di meglio.

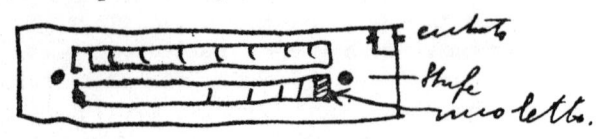

In questi giorni il tempo si mantenne quasi sempre nuvolo,

## 29 NOVEMBRE 1917

tetro. Oltre il reticolato non si vedono che brulli campi, lontane colline e foreste, foreste. Le notizie della guerra arrivarono scarse, ma non cattive, data la situazione formatasi. Il pensiero di fuga fu per ora abbandonato per tre principali ragioni: estrema mia debolezza fisica, causata dalla denutrizione; mancanza assoluta di viveri di riserva e impossibilità di procurarne; stagione oltremodo rigida. A questo proposito oggi parlai al reticolato col cap. *Corniani* del blocco N.° 1, quello che scappò col soldato francese, e che fu ripreso. Aveva abiti borghesi, viveri, e partì quando ancora la stagione non era così rigida. - Pure disse d'aver sofferto assai il freddo, d'aver incontrato grandi difficoltà, ecc.; aveva la bussola; aveva fatto 160 km. e gli era riuscito di passare il Danubio. Disse che la cosa non è ritentabile se non a primavera, tempo in cui io pure ci penserei più seriamente. -
Ho rivisto Cola, al reticolato e abbiam fatto un po' di conversazione. Finora non sa nulla della sua partenza. - Cerrato non vien mai a trovarmi: è un tipo pigro, egoista. Tuttavia tratto tratto lo vedo. -
I partenti pare siano destinati dal Comando del 14.° Corpo d'Armata (non so se risieda a Karlsruhe o a Rastatt); e, a quanto vedo, sono chiamati alla rinfusa. - Dissi che ci hanno dato Marki 19,50 come residuo dello stipendio di novembre da cui fu detratto il prezzo del vitto. Ci diedero anche una quarta cartolina, che scrissi alla mamma, ripetendo la preghiera di mandarmi viveri. La terza cart. fu diretta al signor Semenza. -
La fame è sempre terribile, torturante; ci danno il solito quinto di pagnotta al mattino, neppure 200 grammi di pane. - Insieme un mestolo di cosiddetto caffè, vale a dire ghiande toste e macinate diluite in molta acqua calda. A mezzodì e a sera, due mestoli di sbobba, roba liquida, totalmente acquosa, in cui, secondo i giorni, nuotano bucce di patate, o un lieve velo di farina, o qualche veccia. - Le sofferenze della fame sono assai gravi; per me in special modo gravissime, torturanti. La debolezza fisica ha raggiunto uno stato notevole, opprimente. Ma soprattutto la tortura morale della reclusione, del non poter essere più utili in alcun modo al paese, e della poco simpatica compagnia di alcuni colleghi, mi affligge e mi pro-

stra. Vado pensando e ripensando a quanto potrei fare se fossi libero: l'inesauribile mia volontà e passione per la vita di soldato, splendida vita, là dove essa è più dura, farebbero di me un ottimo e provetto ufficiale, capace di rendere utili servigî. E invece son qui chiuso, mentre nel Veneto i nostri combattono. – Alla famiglia sono motivo di dolore e sarò anche un gravame finanziario. –
Rivedo tutti i luoghi e gli episodî della mia vita passata, che fu povera, modesta, torturata da tempeste terribili: eppure essa mi pare splendida e ricca di luce. Ogni episodio, ogni luogo, ogni affetto mi torna a mente: tutta la mia patria rivedo, dal Piemonte alla Valtellina, da Lagonegro a Pavia, al mare ligure, al Veneto! Anche luoghi visti fugacemente, aspetti solo momentaneamente fermatisi nel mio animo! Quali torture. – Quale orrore è il mio.
Oltre la fame, anche il disagio del freddo, e del levarsi la notte tre, quattro volte per orinare alla latrina, che è lontana nel prato. E poi i bisticci, i piccoli litigi, le piccole miserie, le intolleranze, ecc. – Vita durissima, squallida, senza rimedio e senza speranze.
Rastatt, 29 novembre 1917. Ore 13-14. – Campo di concentramento dei prigionieri. Blocco 7. Baracca 64. –


Rastatt, Campo; 8 dic. 1917. –
Terribile fame, freddo atroce, avvilimento nei passati giorni. Ora il freddo è un po' diminuito. Ci hanno dato la 1.ª cartolina di dicembre, che scrissi in data di domani. Cola e quelli del 1.° Blocco, sono passati al nostro, il 7.° Si fa scuro e devo rimandare.


Rastatt, Campo, baracca 63; giorno 10 dicembre 1917. –
Mi trovo a quando a quando con Cola, con cui scambio qualche parola; anche egli è molto abbattuto, tanto più che, come me, è alla fine de' suoi fondi. – Nei passati giorni aveva del denaro, prestatogli da certo Bettoni di Bergamo, e Cola era maestro nel trovare a prezzi relativamente buoni, pagnotte, marmellata, ecc. – Jeri egli era abbattutissimo, anche perché si

## 19 DICEMBRE 1917

lesse sulla «Badische Presse» che la regione delle alpi e valli Orobie verrebbero sgomberate dalla popolazione. - Mi comunicò la sua sfiducia e finii orribilmente la giornata. La fame è terribile e ci abbrutisce, ci ottunde il sentimento. Tuttavia il pensiero della patria e della famiglia sono in me sempre vivissimi, angosciosi. - Jeri mi mangiai con avidità di belva una scatola di pesce che pagai 5,50 marchi, cioè quasi 10 lire. Non so che farei per trovar da mangiare, per colmare l'orribile vuoto del mio stomaco, per quietare l'orribile tortura della fame cagna. -

Rastatt, 11 dicembre 1917. -
Giornata assai fredda. Fame, piedi freddi, ma l'animo è abbastanza sollevato. Ci hanno annunciato un lieve miglioramento del vitto; mi trovo con Cola e scambiamo qualche discorso confortevole, incoraggiandoci a vicenda. Cerco di pensare il meno possibile al passato, ma esso torna implacabile, come un flutto, dantescamente. -
(L'ordine di ritirata fu trasmesso dal Comando della 6.ª Batt. (4.° Campagna) dal Magg.ʳᵉ Modotti (Gino), proveniente dal Comando Brigata Genova. Giunto a Cola alle ore 3 del 25 ott.)

Rastatt; Fortezza. - Giorno 19 dicembre 1917 - Ore 15. -
Lunedì 17, al campo di concentramento (Russenlager) facemmo una protesta generale per la denutrizione. Tutti gli uff. prigionieri si diedero malati, chiedendo la visita medica. I tedeschi rimasero un po' impressionati e, non potendoci condurre tutti all'infermeria, fecero venire i medici al nostro reparto: (Blok N.° 7). Essi visitarono i più deperiti. I nostri medici presentarono un memoriale firmato da tutti gli uff. medici prigionieri: in esso erano sollevate proteste contro gli alloggi, la mancanza di biancheria, i giacigli antiigienici e soprattutto contro il vitto; veniva dimostrato che alla nostra alimentazione mancano 750 calorie del minimo indispensabile. -
Ci diedero un aumento settimanale di 100 gr. di orzo e 200

di vecce (settimanale). – Sarebbe già qualcosa. –
Ma nel pomeriggio del 17 mi annunciarono che dovevo partire dal Campo, l'indomani. – Tra il blocco 2 e il nostro (blocco 7) eravamo 74 partenti: Cola era con me. – Ci condussero qui, nella fortezza di Rastatt. –
Jeri, giorno 18 dicembre 1917, con un mattino gelido e ventoso, terribilmente freddo, a piedi, tra sentinelle armate, ci condussero qui, girando la circonvallazione della città. Essa alle $8\frac{1}{2}$ -9 del mattino appariva muta, deserta, senza vita. Non incontrammo anima viva. – Giunti alla fortezza, ci chiusero tutti e 74 in un locale buio e scuro, a pianterreno, a sinistra entrando: locale adibito a carcere. – Lì ci lasciarono per interrogarci e perquisirci minutamente uno dopo l'altro. Io non fui interrogato, ma solo perquisito. La perquisizione avvenne per me e Cola in una stanzetta e per opera di 2 sottufficiali tedeschi, che parlavano correntemente l'italiano. Essi avevano vissuto in Italia; uno conosceva anche il dialetto piemontese, l'altro aveva una faccia di spia o agente di professione. Mi sottrassero le 150 lire in denaro italiano che ancor possedevo. – Cola riconobbe nel sottotenente tedesco addetto alla sorveglianza del campo un commerciante di cotone che possiede un filatoio nella sua provincia: tipo rigido di tedesco all'ennesima potenza, magro, piccolo, biondo, zuccone. –
A sera venimmo portati alla Caponiera N.° 17 della fortezza, luogo orribile che mi depresse. Questa «caponiera» è un saliente del forte, coperto d'erba e di prato e di terra come i vecchî bastioni, a forma di mastio circolare: un camerone interno, coi soliti giacigli sovrapposti, freddo, umido, coi vetri rotti, (e la notte gela) pieno di paglia trita lasciata dagli ufficiali di passaggio, fu ed è la nostra dimora. – La luce filtra da feritoie e da finestre interne a inferriata. – L'accesso è una scaletta circolare, come nelle vecchie torri, coi gradini scavati e consunti dall'uso. – Per star un po' più riparati io e Cola ci mettemmo in una piccola diramazione del camerone, ancor più oscura, a volta incrociata: ha luce solo da una feritoia, i vetri sono rotti: pare la prigione del Conte Ugolino, la classica prigione delle storie. – Il cibo è il solito, la fame orrenda. – Solite scene e litigi nella distribuzione, voci, proteste, confusione, ecc. – Io oggi ero di servizio; cioè dovevo e devo andar

## 20 DICEMBRE 1917

a prendere il vassello del cibo (recipiente simile a quello in cui si abbeverano i porci), coi soldati italiani addetti al nostro servizio. Nel gelo della mattina bisognò percorrere più volte (per il cibo, il carbone, ecc.) lo spazio che ci separa dalla cucina, cioè tutta la lunghezza della fortezza, cioè oltre 500 m. Il freddo preso è indicibile, per avere poco caffè; e a mezzogiorno un po' di farina e di cavolacci cotti. Che fame, che atroce umiliazione, che miseria morale e fisica! – Il disordine del luogo e la sporcizia fanno testimonio bassissimo della generosità tedesca: latrine improvvisate, all'aperto o quasi, distanti centinaia di metri. Pavimenti bagnati, luridi, impossibili a pulirsi. Gelo, umidità, freddo. –
Gli ufficiali italiani predisposti ai servizî (uffici, cucina, ecc.) fanno a gara coi tedeschi nell'essere scortesi, scompiacenti, ecc. per tener buoni i padroni e salvare il proprio posto privilegiato. – Cito la brutta figura del ten.te Raspaldo, Alpino, del 5.° Raggrupp. e di un capitano nostro che deve essere una spia tedesca perché ha l'accento tedesco e la faccia tedesca. E combatteva nelle nostre file! – È questo finora il periodo forse più orribile della mia vita! CEGadda


Rastatt, Fortezza. 20 dicembre 1917. Ore 15. – Il tempo trascorre come il solito. Jeri sera, nel riscaldare dell'acqua alla stufa, una parte cadde sui carboni, ustionandomi poi le mani, nell'uscire vaporizzata. – Cola gridò, come il solito. – Jeri gli prestai 1 Marco, oggi 5, degli 86 che mi rimasero. Non glie li posso negare, ma anch'io mi trovo a corto di soldi. Egli ne aveva una trentina. – Ieri sera mi coricai con le mani torturate dalla scottatura e stanotte dormii poco. Bisogna sempre levarsi per orinare, durante il sonno. Si esce, si va alla lurida latrina, si prende freddo. – Stamane venne distribuito il solito caffè; alle ore 8; l'ufficiale di servizio accompagna la corvée che gira per i posti. – Il soldato versa a tutti il solito mestolo di sbrodaglia. Alle 10, adunata nel cortile per l'appello: arriva il sottotenente tedesco, ci contano, ci ricontano; finalmente, dopo averci fatto prendere un'ora di freddo (oggi la tempera-

tura era sotto 0) ci lasciano in libertà. – Dopo l'appello oggi fui alla visita medica, a farmi medicare la mano. Poi me ne andai in cantina, a mangiarmi 4 frittelle, esigue lastrine di pane, circolari, pregne d'ammoniaca, spesse 4 o 5 millimetri, del diametro di 5 o 6 cm. Costano 1 marko 4! Ognuna fa mezzo boccone. – A mezzodì e mezza e oltre l'una, la «sbobba»; un po' di brodo e carne, poi rape cotte in acqua. Fame, fame, orrenda fame. – Gli ufficiali superiori sono separati, ma non stanno meglio di noi. Oggi vidi il gen. Farisoglio, comandante la 43.ª divisione, che è qui prigioniero; con Cola parlò. – A sera si mangia dopo il 2.º appello, oltre le 18. La nostra prigione, la nostra «muda» è addirittura degna d'un vecchio scenario: a volta, con feritoia: lugubre, tetra. Ci dormiamo in 10, in 5 palchi: 5 dormono ai primi piani, 5 ai secondi come nelle navi. Una tavolaccia nel mezzo, e degli sgabelli. – Il pane vien qui distribuito la sera del giorno prima, ragione per cui io me lo mangio sempre la sera, come fanno quasi tutti. – Confesso che mi secca del piccolo prestito fatto a Cola, non per altro che per l'esiguità del denaro che mi rimane. Egli spese già parecchie centinaia di lire, trattandosi sempre bene: ora conta anche sulle mie piccole riserve. – D'altra parte la nostra amicizia non consente un rifiuto. Il tempo è oggi nebbioso, tetro, e aumenta la nostra tristezza. – Penso alla patria e alla famiglia come a cose orribilmente lontane, disperatamente irraggiungibili! L'accasciamento, la denutrizione crescono di giorno in giorno. – !
Rastatt, Fortezza: 20 dicembre 1917.


Rastatt, Fortezza; Caponiera N.º 17 Ala destra. – (Poterne siebzehnte). Giorno 21 dicembre 1917. Venerdì.
Il tempo è rigidissimo; gela quasi tutto il giorno e la notte la temperatura scende più gradi sotto lo zero. Vento freddo, cielo grigio, uniforme. – Oggi, giornata più breve dell'anno, fu anche una delle più terribili di questo terribile 1917. –
Siccome jeri sera non ci diedero che un mestolo di acqua con qualche pezzetto di rape lesse, stamane decidemmo una protesta collettiva, e ci rifiutammo di andare al solito appello delle 10 antim. in cortile. Io ero veramente debole, e mi trattenni

a letto più tardi, fino oltre le nove e mezzo. Poi mi sdraiai di nuovo: l'organismo tutto è denutrito, i muscoli vuoti, senza forza. Il polso è sceso a quarantacinque pulsazioni al minuto, nelle ore di maggior fame. – Il sottotenente tedesco che comanda la fortezza si inviperì e ci obbligò a venire all'appello, dopo le 11. –
Prendemmo freddo; egli ci rimproverò, ecc. – Più tardi venimmo avvisati che al segnale di tromba che dava l'*attenti*, avremmo dovuto radunarci di corsa. Il segnale venne dato infatti, non appena s'era iniziata la distribuzione della prima «sbobba» consistente, per colmo di sventura, in acqua con un po' di rape: ma era tutta acqua. – Corsero in cortile; io vi andai passo passo, non potendo correre. – Era giunto il maggiore comandante il presidio di Rastatt; urlava come una belva. Rimproveri lunghi, a raffiche, in tedesco; tradotti dal sottotenente e ripetuti dal nostro generale Foghetti, qui prigioniero; urla, minacce di rappresaglia, ecc. – Ci tenne quasi un'ora a prendere il vento gelato, lui in pelliccia; noi denutriti, senza abiti pesanti, con le scarpe lacere, ecc. – ! Nel pomeriggio, per rappresaglia, fecero tre appelli in cortile: uno alle due e mezza, uno alle tre e mezza, uno alle quattro e mezza. Si pensi alla sofferenza di oggi: a ogni ora prender venti minuti di vento gelato, sotto zero. –
Il freddo, la rabbia, il dolore furono aggravati da notizie cattive giunte dall'Italia: i giornali tedeschi parlano di insurrezioni nell'interno, di fermento nella popolazione, di malvolere nei combattenti, di dissensi alla camera, ecc.; a sentir loro si tratterebbe di una minaccia di rivoluzione. – Io, noi tutti su per giù, ma io con la mia martirizzante sensibilità in modo speciale, mi sento solo, avvilito, abbandonato da tutti: nessuno ci protegge, a nessuno possiamo rivolgerci! Sopra di noi la brutale, inflessibile vendetta del nemico, il suo odio implacabile. Nessuna plebe, nessun vinto, nessuna massa di schiavi è stata mai così duramente trattata: il canto amebeo della guerra, del *Laus Vitae* di G. D'Annunzio, si canta, si vive da noi e dai nostri vincitori. – E questo io soffro, pensando che i vincitori avremmo potuto e dovuto essere noi! – Noi che per la nostra, o meglio i miei compatrioti che per la loro infame incostanza e svogliatezza hanno consegnato la patria allo stra-

niero e se stessi all'infamia. – Oggi mi son divorato come una belva 5 marchi di quei biscottini, cioè 20 biscottini: li trangugiai un po' a un'ora un po' a un'altra senza neppure sentirli. – Divorai inoltre due panini che mi diede Cola; la mia fame è insaziabile, serpentesca, cannibalesca. Raccolgo da terra la buccia, la briciola; trangugio la resca di merluzzo. – Nell'abbrutimento però la mia patria e la mia famiglia sono però vive nel mio cuore. Il passato, la mia infanzia, tutte le più piccole e fuggitive immagini mi rivivono nell'anima con una intensità spaventosa, dantescamente. –
Rastatt; 21 dicembre 1917. – Ore 20

Rastatt; Fortezza; Caponiera N.° 17; carcere in fondo all'ala destra. – Lunedì, 24 dicembre 1917. Ore 20. –
Stamane l'appello si fece alle nove anzi che alle dieci, nello spiazzo centrale. Vi andai col bavero del soprabito rialzato d'attorno agli orecchî e con la punta del naso trafitta dal gelo. Diedi uno sguardo al termometro, che segnava undici centigradi sotto lo zero. Infatti ovunque era ghiaccio: salii anche sul bastione occidentale e vidi la desolata pianura ravvolta in una tenue, freddissima velatura di vapori. Nello scendere e nel salire la lurida scala circolare che conduce al primo piano interno del bastione, dove siamo alloggiati, (caponiera 17), scala consunta dall'uso come quella di S. Pietro o del Duomo, occorsero riguardi speciali, per non sdrucciolare sul ghiaccio. Stetti parecchio presso la stufa, nella nostra orrenda prigione; i miei diciannove compagni di carcere non furono oggi più amabili del solito. La fame li rende pedanti, scontrosi, stizzosi; la naturale povertà d'animo li fa mancar d'amore e di rispetto alla patria; con la viltà del debole a cui la forza pare esser la sola cosa degna di rispetto, essi vituperano nelle loro chiacchiere la patria, la negano, la chiamano serva. E questo è un acuirsi del tormento morale: la compagnia malvagia e scempia è ciò che più mi grava le spalle. – Stetti parecchio d'attorno alla stufa. – Lessi con fatica degli occhî e della mente due pagine del «Tartarin sur les Alpes», di Cola. Con avidità di belva, con voluttà serpentesca, le mie labbra, il mio palato, il gozzo e lo stomaco raccolsero dalla scodella la pappa di rape e

## 24 DICEMBRE 1917

l'altra di fave disciolte, una specie di beverone da cavallo. Un mestolo dell'una e un mestolo dell'altra furono la colazione del mezzodì: tra l'una e l'altra tre interminabili quarti d'ora, occorrenti al trasporto e alla distribuzione. – Nel pomeriggio, la disperazione e l'abbrutimento mi resero inerte: con faccia e con atti da ebete trascorsi un po' di tempo seduto, mutamente; un po' mi sdraiai per cercare nel sonno l'assopimento dell'anima e della sua sofferenza; mi riuscì di dormire dieci minuti. Alle tre ci radunarono, nella cappella di legno; il cappellano disse, in francese, alcune parole d'augurio e di pace, che non ebbero sul mio animo nessun effetto. Sono ottuso alla commozione, assorto nell'orribile fame, nel freddo, nella mancanza d'ogni fiducia per il futuro. – Riportai alla stufa le mie scarpe rotte e i miei piedi gelati, non protetti che da alcuni brandelli sfilacciati delle calze che portavo il 25 ottobre. – Poi, imitando un compagno, m'avviai all'atrio della cucina, dove si accumulano le scorie della verdura: e nel mucchio delle immondezze, delle bucce di patata e dei resti dell'insalata, cercai alcune foglie e torsoletti di quest'ultima: rovistai parecchio, e mi riuscì di radunare un mazzo di foglie fradice e scartate da chi aveva mondato l'insalata; le lavai nella prigione e mi servirono ad aumentare un po' il mezzo mestolo toccatomi stasera. Il condimento di questa insalata era acido acetico diluito: null'altro. Trangugiai questa e la «sbob⟨b⟩a» di patate disciolte: un mestolo. Trangugiai a morsi rabbiosi e voluttuosi il pane, distribuito verso le 18; il solito quinto di pagnotta nera, impastata di segale e patate. Questo quinto risulta da un'accurata divisione della pagnotta: le porzioni si misurano al millimetro e al grammo, poi si sorteggiano col tratto delle dita. E ancora l'occhio e l'anima sperano e cercano il pezzo che pare più grosso: lo invidiano al compagno o lo accolgono con compiacenza se la sorte lo porge. Cola mi prese metà dell'insalata raccolta: mi diede un po' di sale per condirla. Noto che egli mi invitò a pranzo a casa sua per il prossimo Natale, nel caso che la sorte ci conceda di trascorrerlo in patria. – Qualcuno si procurò per stasera della marmellata, del pesce in scatola, ai soliti prezzi esosi, con cui il tedesco ci estorce il poco denaro rimastoci. Io non lo feci poiché già ieri sera pagai cinque marchi una razione di pagnotta K, dal sapore della paglia,

comperata da un soldato e divorata di nascosto, alla latrina. -
Vedo sfumare i pochi soldi che mi rimangono; la fame cresce,
la debolezza fisica mi prende sempre più, e il gennaio si avvicina coi suoi rigori implacabili. Le mie spalle e le mie braccia
scarnite, il mio cuore dal debole battito, le gambe lente, la
mente confusa fanno di me un automa, che vive per quel
rimasuglio d'egoismo che è nel fondo bruto di ciascuno di
noi. - Oggi ebbi anche il dolore di saper da Cola ch'egli rimarrà qui, con certezza; mentre noi partiremo, si dice per
l'Hannover. Egli ha trovato, con la sua felice attività, un posticino, come Raspaldo e Bruno, da scritturale o magazziniere,
qui alla fortezza, per tutto il periodo in cui gli ufficiali italiani
prigionieri saranno qui di passaggio. Dormirà in una cameretta
separata, e mangerà abbondantemente. - Io lo lascerò e sarò
nuovamente solo: un morto che pensa e che si muove. Ora,
dopo che il soldato addetto al nostro servizio ci ha lavato le
scodelle, bagnando d'acqua il pavimento già umido, mentre
ancora qualcuno trova la forza di chiacchierare del più e del
meno, finisco queste note e poi mi coricherò. - Penso, e me ne
faccio un dovere, alla famiglia lontana, agli splendidi soli della
patria, ai cibi che non mi mancarono mai. Già dissi che ogni
più piccolo particolare della mia vita passata risfolgora nella
mia memoria, implacabilmente: il flutto dei ricordi dolcissimi
finisce di rovinarmi, come la tempesta un vecchio rudere. Così
ripenso alla mamma, alla mia povera mamma, alla mamma
adorata, che si logorò la vita per me; per avermi ora qui senza
vita. Dov'è la mamma? Dove sarà a patire e a vegliare? Dove
sono i miei fratelli? Dov'è Enrico? E che fa Clara sola e
senz'aiuto? Io, che dovevo precederli, sono ora scomparso dal
mondo; io che dovevo aiutarli e soccor⟨r⟩erli, scòrgerli avanzando nella terribile vita, imploro dalla lor pietà di fratelli il pane di che sostentarmi, il pane che il mio stomaco insaziato chiede, che il sangue chiede per convogliar vita ai tessuti. - Sono un bruto. - La vita animalesca urge anche contro le
soglie dell'anima. - E la mia patria è straziata dal nemico e
dalla viltà dei suoi figli, e il dolce paese del Vecellio e di Cima
è fatto preda dei tedeschi. La demenza, l'orrore, il male, la
povertà, la fame, l'asservimento alle leggi brutali sono oggi il
collegio de' miei compagni; le ore passano nel desiderio atroce

del cibo, nella rapida voluttà del deglutire, nell'orrore della fame insaziata, nel freddo dell'inverno nordico, nella solitudine tra la folla. –
Rastatt, 24 dicembre 1917. Ore 21.


25-12-17.

Rastatt; Friederichsfestung; Kaponiere N.° 17. Rechts. Carcere. –
Oggi ci hanno regalato con due mele e un po' di pesce conservato nel sale ammonico, a mezzodì. Questo fu l'aumento di vitto per il Natale, tutto ciò che la generosità tedesca poté offrirci in un momento di sublime fratellanza umana. Stamane raccolsi ancora un torsolo di cavolo e una mezza patata dal mucchio delle immondizie. La fame terribile, implacabile mi spinse a consumare 12 marchi, dei 60 che mi rimanevano, in biscotti. Con un marco si comperano le solite 4 ostie: quattro bocconi di segatura, imbevuta pure di sale ammonico. – Dopo un marco ne comprai un altro, che abbrustolii alla stufa, scottandomi le mani; poi un altro, poi un altro; trangugiando quelle porcherie con avidità serpentesca, e di nascosto da Cola, il quale è rimasto senza denaro, pur avendone avuto più di me. Egli si è sempre trattato bene, ha fatto prestiti, ecc.: ora vorrebbe spillarmi quel poco che mi rimane. In queste terribili circostanze non mi è possibile essere generoso, neppure il dì di Natale. La fame terribile mi sovrasta: egli ha trovato un buon posticino e mi lascia, mentre io andrò a finire nell'Hannover, solo fra la folla, con la mia miseria e l'orribile fame, egli ha saputo imboscarsi qui: dormirà con l'attendente del generale Farisoglio, il quale è un brigadiere dei carabinieri: e non gli mancherà la sbobba, abbondante; cioè la vita, cioè il sangue: poiché quelle carote, quella farina cotta, quelle patate e rape sciolte in acqua sono tutto per noi! –
Non si sa ancora quando si partirà, se si partirà tutti, quelli che qui siamo. Il generale Farisoglio (Comandante la 43.ª Div.), il generale Foghetti e gli uff.[li] superiori pare vadano ad Augusta-Baden. – Forse Cola, maestro di abili legami di simpatia, si attaccherà a loro e li seguirà. Oggi dunque mi sfamai,

momentaneamente: ma domani avrò più fame che pria. Il sangue reclama viveri, viveri: la vita è appesa a un sottilissimo filo. – Stamane nevicava fortemente: poi uscì una bella giornata di sole, con un limpido turchino: verso sera, nubi strane, cupe, nevose, altrove rossastre fra sprazzi di turchino: stasera luna. Stetti poco all'aperto, ma molto vicino alla stufa, e parecchio in cantina, a mordere biscotti: tracannai anche un bicchiere di vin bianco slavato, per un marco e sessanta. Ero una belva nel mangiare. Molto tempo trascorse anche nelle interminabili distribuzioni delle diverse «sbobbe»; dovendosi scodellare per 111, (tanti siamo ammucchiati nella Kaponiere), occorre mezz'ora per ogni minestra. – A mezzodì, oltre ciò che dissi, ci fu un mestolo di patate sciolte in acqua, e un mestolo d'acqua con qualche fogliolina di cavoli e un po' di farina. Stasera un mestolo di patate, e uno di barbabietole-cetrioli e pesce orribilmente salato (Pesce lo chiamano, ma sono in realtà frutti di mare.) – Dopo cena giocai a tressette perdendo le 2 partite. In complesso mi sentii più sollevato: è naturale – il cibo preso fu maggiore del solito, e l'animo segue lo stomaco.
Mandai un religioso saluto ai miei cari lontani, alla mia povera patria! Possa venire per loro e per lei un tempo migliore! La mia vita è a loro e a lei data. – Scrissi una cartolina, la quarta di questo terribile dicembre, che mandai alla mamma, e indirizzai a Milano. «La notta de Natale è cchiù notta bella – Ce pija la chetarra e vva sunenno», questi dolci versi, imparati dall'amico Chirò mi risuonano negli orecchî al finir di questo Natale. Anche pensai oggi ai miei cari libri: lasciai in mano dei tedeschi le tre *Laudi* del D'Annunzio, le prose del Carducci (il testo mio durante il liceo, regalatomi da mia madre), i 2 Todhunter, i 2 Murani. – Così pure mi colsi a ridire versi Danteschi dell'Inferno, C. 33.° –
Ore 22; prima di coricarmi. – Rastatt, Friedrichsfestung; 25-12-17.

## 27 DICEMBRE 1917

Rastatt; Friedrichsfestung; Kaponiere N.° 17; ala destra; carcere.
27 dicembre 1917. Ore 9-10 Antim.^ne
La giornata di jeri passò in uno stato d'animo abbastanza calmo, nella prima sua parte. Verso sera abbattimento terribile, oltre la solita fame. Il mattino non seppi resistere alla tentazione dei piccoli biscotti, cretini ed insipidi quant'altri mai. Eppure uno dopo l'altro mi sparivan di mano, trangugiati con accanimento. Spesi così 4 marchi, 16 bocconi. Perché acquistino un po' di sapore, bisogna farli abbrustolire alla stufa: ma l'avidità di mangiarli è tale che raramente arrivo ad arrostirli bene e quasi sempre mi scotto le mani. – La scottatura di alcuni giorni fa, con l'acqua, non è stata grave per la mano destra, da cui ogni segno è quasi scomparso: la sinistra invece è tutta piagata e mi duole.
Nel pomeriggio di jeri ci offersero, al prezzo di 40 pfennig, il cinematografo: lo offersi anche a Cola il quale è sprovvisto ora di soldi, e vorrebbe che glie ne imprestassi. Egli ne aveva però più di me: io sono ora ridotto a 38 marchi. Il cinematografo si tenne in una baracca di prigionieri francesi, distante dalla fortezza dieci minuti di strada. Vi andammo per due, costeggiando il fiume, nella neve: la giornata era bigia, con qualche sprazzo di sereno in lontananza: i bambini giocavano nella neve: quasi tutti avevano slitte, alcuni tamburelli o fucili, doni del Natale. – Al nostro passaggio gridarono qualche piccola insolenza: nei bambini l'odio di razza è più fresco, credo perché la scuola tedesca lo imprime loro. – I passanti, radi, erano rispettosissimi. Questa vista, che in altri tempi non m'avrebbe offerto nulla di notevole, servì a distrarmi un po'. – Il cinematografo durò due orette circa e un nostro collega suonò durante la proiezione al pianoforte: a qualche nota di canzonetta, alcuni spensierati accompagnarono in coro, subito zittiti. In fine, poche battute della marcia reale. – In complesso, tetraggine. – Al ritorno la vista degli uomini e della vita, per quanto fioca nella cittadina deserta, mi riconfortò nuovamente: così la vista d'un albero, nudo nell'inverno, contro alcune luci del tramonto. Sempre gli alberi mi commuovono, risvegliando le immagini del passato con grande potenza: hanno forza di suscitare idee e ricordi e stati d'animo

per me quasi vicina a quella della musica. Da bambino li veneravo, li guardavo con amore; sempre fui loro amico. –
A sera le «sbobbe» furono discrete, sempre per me insufficienti, per me affamato fino a percepire la natura bruta con violenza non mai pensata né conosciuta. Più tardi chiesi a un soldato del pane; mi mostrò una bella razione di pagnotta K; non seppi farmi forte: la comperai e la divorai, di nascosto, senza neppure gustarla appieno. – La pagai i soliti 5 marchi, prezzo canonico d'un quinto di pagnotta-kappa. – Così la giornata di jeri mi costò dieci marchi, dei 48 che avevo: si veda la sproporzione e si calcoli quanto durerà la mia sostanza, finora mantenuta con sforzi di volontà. Non avrò più da comperarmi uno spillo.
Dio sa, se e quando potranno arrivare i soccorsi dalla patria. Dalla patria che versa in condizioni tanto difficili e che, a dir vero, non fu mai troppo sollecita dei suoi figli lontani. Non leggo più i giornali, perché non voglio soffrire con ansie e speranze, perché sono accasciato moralmente. Penso però sempre, se la fame si stacca da me un solo istante, alla mia Italia, alla mia terra divina, alla sua gente, alle sue memorie, alle sue radiose bellezze. – Ai miei penso sempre, angosciato di non aver loro notizie: stanotte sognai di aver avuto due giorni di permesso per andarli a salutare. Mi dissero che nel sonno piansi: l'accoramento ancora mi rimane: rividi nel sonno mia madre e mi parve di abbracciarla piangendo e la gioia era amareggiata dal pensiero della partenza immediata. – Rastatt; 27 dicembre 1917; ore 9-10.


Rastatt, 28 dicembre 1917. – Friedrichs Festung. – Jeri ci annunciarono la partenza per oggi: io fui alla disinfezione, che mi fece passare parte del pomeriggio. Ero con altri tre ufficiali: ci fecero uscire dalla fortezza, accompagnati da una sentinella e ci condussero in un locale della caserma che attraversammo nell'arrivare. Lì ci fecero spogliare: ecc., solita storia. Presi parecchio freddo. Ero nervoso, e verso sera il mio stato d'irritazione crebbe quando seppi che Cola rimane, con sette fortunati, fra cui il generale Farisoglio: e io parto con la plebaglia. –
Oggi seppi che non sono stato neppure incluso in una lista di

partenti per Augusta: sono i più affamati, i più deperiti: io pure m'ero fatto visitare e credo di essere uno dei più malconci. Stamane una nevicata e vento: sotto la neve andammo giù a versare le coperte, le lenzuola. Ora pare che sia venuto un contrordine: non si sa nulla di certo. – Jeri sera pure mi divorai una razione di pane, costata i soliti 5 Marchi. –
Ore 11$\frac{1}{2}$. – CEG. Rastatt, 28-12-17.


Rastatt; Friedrichsfestung; domenica, 30 dicembre 1917. Ore 20. –
La partenza fu realmente rimandata ad epoca che ancora ignoro: e i giorni continuano, in questa orrenda fortezza di Rastatt. Nulla di notevole in questi giorni, all'infuori della solita fame, che io mitigai comperando delle razioni di pane, a cinque marchi l'una e i soliti biscotti in cantina. (Una fetta di pane a 5 marchi!) Jeri m'erano rimasti 15 marchi di tutta la mia sostanza, ma la fame perdurava. Colto da una vera frenesia, decisi di dar fondo al poco denaro, pur di saziarmi almeno una volta. Comperai una razione di pane k, da un soldato, che divorai nel tragitto dallo spiazzo alla Kaponiera nel vento gelato, senza neppur gustarlo. Con gli altri 10 marchi passai un'oretta in cantina, presso la stufa, saziandomi di biscotti all'ammoniaca. Raggiunsi così verso sera un certo gonfiore di stomaco, che completai con la razione di pane, e con la sbobba, un'orribile polta dolciastra di fave macinate con un po' di zucchero. Aveva poi un sapore di benzina o petrolio o olio minerale che ci stomacò tutti e ci disturbò durante la notte; io soffersi un continuo bruciore di stomaco, cessato solo in un breve sonno verso l'alba. –
La temperatura fu ieri freddissima: all'alba era a diciotto centigradi sotto zero, durante il mattino a –15. Oggi la temp. fu più mite. –
Così non ho più un soldo in tasca, nemmeno un pfennig per scrivere a casa o per acquistare un pezzo di sapone. Feci una sciocchezza, ma per ora non me ne pento gran che: almeno non soffro più tentazioni, non lotto più tra la prudenza e la fame; sono affamato, e terribilmente lo sarò in seguito, ma tranquillo e rassegnato. – A questo proposito ricordo un «fioretto di San

Francesco» ultimamente scoperto, e pubblicato da L. Luzzatto nel «Corriere», secondo il quale il Santo insegna a non essere prudenti e avari per il domani, ma ad affidarsi invece alla Provvidenza. -
Oggi a mezzogiorno ci furono 2 cetrioli, 1 meluzza tisica, una tazza di brodo, e un mestolo di carote lesse. Stasera un mestolo di acqua e patate disciolte e mezzo mestolo di insalata amara, vera erba. -
Domani scriveremo a casa, non so se una lettera o una cartolina. - Arrivano cartoline e qualche lettera dalla Svizzera, dove alcuni scrissero. Dall'Italia non abbiamo ancor nulla, nulla. Quali ansie, e quanta sofferenza morale e materiale. - Stasera fame. -
Rastatt, 30 dicembre '17, penultimo giorno dell'anno 1917.


Rastatt, nel Granducato di Baden. Friedrichsfestung. Bastioni. - Kaponiere N.° 17. Ala destra: carcere nel fondo. -
31 dicembre 1917. Ore 21,30. - Tra l'orribile fame e la disperazione, nella miseria morale e fisica, finisce atrocemente questo 1917 che cominciò per me sulle rive dell'Astico, a Lugo Vicentino, nell'ospedale 045 della Croce Rossa Italiana. Ero convalescente da forti febbri reumatiche: avevo a compagni d'ospedale Ardy, spezino, Di Matteo, napolitano, Jatta, pugliese, e un altro. Ricordo il sole ancor tepido e il letto dell'Astico e l'acqua marezzata al sole e alla luna. - Ricordo la dolcezza lieta del Veneto. Ricordo poi Iseo, Brescia, Verona, Lonigo, Torino; e prima Roma, (con Enrico), Napoli (Museo Nazionale, estasi) e Lagonegro, con la mamma. -
Dopo Torino il Carso, quota 319, quota 366 sul Faiti Hrb, e Rubbia, e Sagrado, e Sdraussina e Romans e S. Vito al Torre (Enrico) e Udine, e Cividale, (Chirò), e Clodig, e Drezenca e il Krasji. E, poi, è meglio non ricordare, come sarebbe stato meglio non vivere. -
Finisco l'anno nel carcere, coi miei 19 compagni di prigione, che stanno già spogliandosi. Ho fame, perché ho mangiato un quinto di pane, un pezzetto di gelatina di pesce puzzolente e un mestolo di acqua e sedano. Ho fame e ruberei per sfamarmi. Ho le calze in brandelli, e una berretta sulla testa, tagliata

## 31 DICEMBRE 1917

da una coperta. – Ho scritto oggi ai miei, alla mamma e a Emilio Gadda. – Penso tristemente ai miei anni migliori, che la prigionia annienta e distrugge: almeno Poncelet, prigioniero dei russi, mangiava: e inventò l'analisi coi metodi proiettivi. Io non posso nemmeno studiare il tedesco, tanto son denutrito. Voglia il cielo che presto mi sia dato di ritornare al lavoro e al pensiero. Essi saranno dedicati alla famiglia e alla patria, a tutta l'umanità. E cercherò anche per me la gioia, e meriterei di trovarla, dopo le sofferenze dell'infanzia e dell'adolescenza, dopo questa giovinezza dedicata con trasporto e costanza alla patria, e ripagata con tanto dolore! Dove sarò tra un mese? Dove a Pasqua? Dove tra un anno? Il timore d'essere ancora prigioniero mi spaventa: non voglio pensarci. Venga allora la morte, quella morte che non m'ha colto onoratamente sotto il fuoco nemico, sul Carso o sul Krasji. Nel carcere, morso dalla fame, umiliato dalla miseria, finisco il 1917. – Fuori c'è neve e silenzio nella campagna morta. Qui siamo in una tomba. – Sono certo che la mamma, che i miei fratelli mi seguono con l'anima: così come io li cerco con il pensiero, avidamente: e non so nulla di loro! Nessun altro penserà a me in questo momento: non amici, non una donna; nessuno pregherà per me. Il pensiero di questa solitudine mi pesa oggi più che mai: mi vedo solo e perduto nel mondo, con le più pure speranze infrante: e sogno i miei alpini, il mio quinto reggimento, i miei monti, e vorrei essere là con loro, e sentirli cantare: «ce lo dico, signor capitano, che in licenza mi deve mandar», o la canzone di Celestina, o quella dei sei pezzi. Questi canti sono spenti per me: intorno a me c'è il bastione, le grate di ferro, la sentinella tedesca, e dentro me la fame e con me la miseria. Così finisce il 1917, l'anno 1917. –
CarloEmilioGadda, Duca di Sant'Aquila: (Gaddus). –
31 dicembre 1917. Ore 22. Rastatt.

1917 Capùt.

⟨LA BATTAGLIA DELL'ISONZO⟩
⟨MEMORIALE⟩

I particolari della battaglia dell'Isonzo e della mia cattura, raccolti pro-memoria, in caso di accuse. (Narrazione per uso personale, scrupolosamente veridica). – Non ho inchiostro.

1. Dalle note contenute in questo diario, del 17 e del 18 ottobre, risulta che l'offensiva tedesca era attesa, e che i comandi l'aspettavano specialmente nel settore di Tolmino; (testa di ponte austriaca). – Ricordo che il tenente Cola, comandante la 470.ª Comp.ia, mi disse più volte oralmente che si sapeva esservi pronte all'attacco delle divisioni tedesche. –

2. A Clodig, nelle piccole marce di esercitazioni, ebbi occasione di riscontrare che si stava preparando una terza linea di batterie: (batteria automobile da 102 che doveva piazzarsi a Trusnje.) Il monte Cucco era pieno di batterie. Così sulla destra dell'Isonzo, nel settore fronteggiante la Bainsizza, ne riscontrai durante la ricognizione del⟨l'⟩ 8 e 9 ottobre. –

3. Tuttavia, nel dislocare le truppe, si sentiva un po' di nervosismo dei Comandi: come risulta dalle note del 17, il 5.° Gruppo Alpino, che con le 3 comp. mitragliatrici costituiva il 5.° Raggruppamento, aveva mandato 2 battaglioni (Belluno, Val Chisone, credo) al Krad-Vhr in 2.ª o 3.ª linea. Quando noi ci trasferimmo a Drezenca (17-18 ottobre 1917), il batt. «Albergian» ci raggiunse e sorpassò, a Raune, sotto il M.te Cucco. I soldati non portavano lo zaino, e mi fecero rabbia per l'aspetto di stanchezza che dimostrarono. –

4. Le Compagnie Mitragliatrici del 5.° Raggruppamento, a cui alludo quando dico, «noi», sono elencate nelle note di

questo diario del 17 ottobre: esse erano riunite a Sverinaz, sopra Clodig, furono riunite nella marcia a Drezenca, e poi nella sventura. – Esse sono: 790.ª Comp.ia, comandata dal cap.no di complemento Boggia, di Torino; le armi erano Fiat. – 470.ª compagnia, la mia, comandata da Cola, sebbene proprio alla vigilia della partenza mi fosse giunta notizia della mia promozione a tenente, con anzianità superiore a Cola. Però, sia io, sia Cola, sia il Comando di Raggruppamento fummo d'avviso che Cola continuasse a comandare la 470.ª; io vi sarei rimasto «provvisoriamente», in attesa di altra destinazione. – All'uopo, io e Cola scrivemmo al colonnello Chiodo, a Torino. – Cola comanda quindi la compagnia, io la prima sezione. La 469.ª Comp.ia era comandata interinalmente dal tenente Mazzolo, essendo il tenente Costa in licenza. –

5. Il giorno 17 e 18 le compagnie si trasferiscono a Drezenca, e di lì poco più su, fino ai piedi del Monte Nero, nel villaggio di Košec: la marcia sotto la pioggia fu difficilissima, specie nel tratto da Trusnje e da Kras a Raune. Arrivati a Košec la truppa della 469.ª e della 470.ª (mitraglieri) si accantona in una baracca, con le armi e le mitragliatrici. In un'altra baracca vicinissima si accantonano i mitraglieri della 790.ª e gli ufficiali delle 3 compagnie 470, 469, 790: si fa mensa insieme.
I conducenti coi muli e il carreggio prendon posto nei baraccamenti-scuderie a Drezenca. I nostri in particolare, dopo numerosi cambiamenti che stancano loro e me, prendono posto in una baracca di un reggimento di fanteria di cui non rammento il numero, nel quartiere di Drezenca detto dei Forni, dall'esservi colà la sussistenza. – Tutto ciò per ordine del Comandante i servizî della 43.ª Divisione, maggiore Slaviero.

6. Le nostre carrette arrivarono a Drezenca-Košec il 18 a notte: dopo il 18 ricostruisco a memoria: qualche errore sarà possibile. – Il 19; 3 carrette ripartirono per Clodig, per riprendere la roba rimasta. Ritornarono la mattina del 21: con il mio bagaglio, fra l'altro, e con l'attendente Sassella, il mio bravo e caro amico, il quale era malato piuttosto gravemente il giorno della partenza. – Se fosse andato alla visita medica, l'avreb-

bero certo mandato all'ospedale: ma per le mie preghiere, per la sua bontà e devozione, egli cercò di resistere e resisté; e mi raggiunse a Košec la mattina del 21.
Il 21 lascio la baracca della 790.ª e mi riduco a dormire nel solaio di una casetta di Košec (tutti siti vicinissimi) dove abbiamo posto l'ufficio della 470.ª; casa senza vetri ma col tetto. Mi son fatto fare una branda dal soldato Urbani, e il soldato Giudici, tornato dalla licenza, mi ha portato il sacco a pelo. - Il giorno 21 ottobre torna dalla licenza anche il s.tenente Cerrato e prende il mio posto nella baracca della 790, piano terreno, degli ufficiali.

7. La notte tra il 21 e il 22 è l'ultima mia notte felice. - La sera è venuto l'ordine che il mattino seguente, cioè il 22, dobbiamo portarci sul Krasji-Vhr, per fare dei lavori stradali: (testuale). - L'ordine, trasmesso dal comando del Raggruppamento Alpino, è della 43.ª Divisione. -
I conducenti vengono avvisati e tutto viene disposto per partire l'indomani. Siccome sul Krasji non vi sono ricoveri né baraccamenti, il giorno 21 stesso il sottotenente Cerrato con l'attendente e 8 zappatori, 3 tende alpine per la nostra compagnia, parte per il Krasji-Vhr, a fine di preparare gli alloggiamenti. S'intende che le tende alpine e qualche altro materiale sono recate a soma da alcuni muli. Con il tenente Cerrato v'è il tenente Sorlisi e i muli della 79.ª compagnia. Essi incontrano maltempo e tormenta e a prezzo di gravi fatiche e di vero sacrificio si fermano sulla vetta del Krasji, la notte tra il 21 e il 22, presso l'osservatorio d'artiglieria dell'Armata. (2.ª Armata) I muli ritornano la notte stessa a Drezenca. -

8. Sul Krasji Vhr, in 3.ª linea, a fare lavori stradali, dovevano andare la 469 e la 790.ª compagnia; noi dovevamo proseguire un traino di cannoni sul M.te Nero, traino di cui parlerò ora. Ma il tenente Mazzolo, avendo ricevuto dei complementi il 21 stesso, chiese di rimanere per riordinare la compagnia. Allora furono comandate sul Krasji la 790.ª (Fiat) e la nostra 470.ª (S. Etienne). La 469.ª (S. Etienne) rimase per fare il traino di cannoni sul Monte Nero. -

9. Il traino a cui alludo era stato ordinato il giorno 19 e finì, per la 470 e 790, il giorno 21. - Dopo la faticosa marcia da Clodig a Drezenca, la nostra truppa, che era bagnata fradicia, ebbe per riposare soltanto il pomeriggio del 18 ottobre; il mattino del 19. - Nel pomeriggio del 19, circa 40 dei nostri mitraglieri, della 470.ª con altri della 469 e della 790.ª al comando di due sottotenenti, della 469.ª uno, della 790.ª l'altro, partirono per le pendici di M.te Nero, per fare il traino. Fecero vita durissima, il 20 e 21; mangiarono male; tormenta; neve; bagnati sempre: qualche colpo d'artiglieria. I due sottotenenti che li guidavano, vennero comandati dalle superiori autorità; Cola, io, Favia, rimanemmo a Koseč, in attesa di dar loro il cambio. Io provvidi sempre alacremente al loro vettovagliamento, e il mio animo era con loro. Attendevo di raggiungerli. - Ma il 21 ottobre in seguito all'ordine di trasferimento sul Krasji, essi ridiscesero a Koseč. Erano stanchi, bagnati: si lamentarono dei trattamenti poco buoni. Le scarpe loro erano fradice, per la neve. - Per salire al luogo donde cominciarono il traino del pezzo da 149 occorsero tre ore di dura marcia. -

Intanto i *Conducenti,* nei giorni 19, 20, 21, avevano fatto, oltre i servizî di vettovagliamento per la compagnia, i seguenti: 3 carrette, come dissi erano tornate a Clodig, per prendere la roba rimasta. A turno, 18 o 20 muli per volta; delle corvées per portare filo spinato oltre il Veliki-Vhr, e per portare munizioni a Planina e dintorni. Essi pure fecero vita dura: molti muli erano esausti, malati. -

10. Il giorno 21 pagammo i conti della mensa comune fino a tutto il 21 ottobre. Le mense precedenti erano liquidate. Nessun debito ho perciò a questo riguardo. Riscossi anche lo stipendio di *sottotenente* e la indennità di guerra, fino a tutto il 15 ottobre 1917. - Invece non riscossi mai la differenza tra lo stipendio di sottotenente e quello di tenente che mi compete dal 17 agosto u.s. - Il giorno 21 dunque, Cerrato salì al Krasji; Favia del Core (quale fortuna!) ottenne la licenza ordinaria, che ancora forse non ha ultimata, e partì l'indomani, giorno 22. - Alla 470.ª da me e da Cola tutte le disposizioni furono prese per la partenza dell'indomani. -

11. La notte tra il 21 e il 22 dormii nel mio sacco a pelo, recatomi dal soldato Giudici, nel solaio della casetta-fureria, in Košec, e sopra una branda. A terra, presso di me, dormì il soldato Sassella Stefano, ancora non guarito. – La sera del 21, mi tagliai barba e capelli (barbiere Bricalli Gelindo, della Val Malenco), mi lavai i piedi con acqua calda preparatami da Sassella, mi cambiai di biancheria. Inoltre suddivisi il mio bagaglio; la cassetta d'ordinanza riempii di biancheria, lana, ecc., per portarla con me. Nella cassa grande lasciai, oltre a qualche indumento, i miei cari libri, le carte topografiche, ecc. Lasciai la cassa grande nel solaio della casetta-fureria di Košec; dopo però seppi che Donadoni l'aveva messa al pianterreno-cantina della stessa. (Cassa grande con carte topografiche in Košec; più non ritornerò sull'argomento.) Il mio prezioso diario, contenente le mie speranze e la mia passione a Torino e sul Carso (libretto in pelle nera, con scritto *Notes*, in oro) e il libretto ferroviario, con le ultime lettere, portai meco in una cassetta di legno. –
Tutte le lettere ricevute sul Carso rimasero nella cassa grande a Košec. Dormii dunque felice la notte tra il 21 e il 22 ottobre 1917, dopo aver mangiato bene per l'ultima volta, dopo aver disposto tutto, dopo aver pagato tutto. – A fianco a me il mio bravo soldato Sassella, in me la contentezza di andare finalmente in linea, e piena fiducia.

12. Il 22 ottobre 1917 era una giornata nuvolosa, che poi si rasserenò. Ci congedammo dai colleghi della 469.ª e da Favia del Core, che partì per la licenza. – I muli caricarono le mitragliatrici, alcuni cofani di munizioni, zaini di soldati (erano stanchissimi per il traino e non si poteva fare altrimenti) bagagli ufficiali, e cofani di fureria. Si incolonnò prima la 790.ª (cap.no Boggia), poi la 470.ª – Partimmo, se ben ricordo, verso le nove del mattino. La 470.ª compagnia lasciò a Košec, nella casetta-fureria, parte delle munizioni, del bagaglio ufficiali, del bagaglio di fureria, in consegna al cap. Donadoni. Gli zaini che non si poterono caricare sui muli vennero lasciati nella baracca truppa, in consegna al cap. Coderoni per mandarli a prendere l'indomani. Installazione delle salmerie a Drezenca, nel luogo detto.

Partimmo dunque alle nove del mattino, per il Krasji Vhr: la 470.ª con io e Cola (Cerrato Aldo c'era già); e la 790.ª - L'ordine di movimento diceva che noi andavamo a fare dei lavori, e tale era la nostra persuasione.

(fine del capo 12)

Scritto con memoria fresca, nel campo di concentramento, tra le 13 e le 16 del giorno 7 novembre 1917. Rastatt. 7 novembre 1917. Dò assicurazione delle date e dei fatti. -

13. Da Košec alla vetta del Krasji Vhr (q. 1772), prima per strada rotabile, poi per buona mulattiera, poi per sentiero difficile, con una colonna di circa 30 muli, la 470.ª Comp., impiegò oltre sei ore, compresa un'ora circa di sosta, in cui la truppa ebbe il caffè, e noi ufficiali mangiammo un po' di pane e di carne in scatola. Il rancio alla truppa era stato distribuito prima della partenza da Košec. - Durante tale ascensione il tempo si rasserenò; le artiglierie avversarie non ci tirarono, essendo la strada defilata dal coccuzzolo del Vrsic su cui si trovavano aggrappati gli austriaci. Però la strada è vista dalla cima del Mrzli, il quale può telefonare e far sparare. - Durante la marcia sentimmo parecchi colpi di grosso calibro, che giudicai 210, e altri di piccolo arrivare nella zona, credo a Za-Krajn (Planina Za-Krajn) e dintorni. Nessuna impressione nei nostri soldati anche del 98, nuovi del fronte, che si mantennero sempre serenissimi. -
Arrivammo sulla vetta del Krasji-Vhr (q. 1772) che già il sole declinava. Trovammo Cerrato e gli zappatori, e Sorlisi (che conobbi a Edolo) per la 790.ª Comp.ia. Essendo il terreno roccioso e solo coperto da piccolo strato di terriccio ed erba di montagna, avevamo potuto solo iniziare 1 piazzola per tenda alpina, invece di sei. La tenda alpina ha dimensioni di circa m. 4,9 di base. - Le piazzole dovevano essere quasi tutte in scavo. - Allora la truppa si attendò nelle tende comuni; anche per preparare le piazzole di queste occorsero due ore di piccone e badile, e intanto divenne buio. - La truppa era stanca: così pure i conducenti, che ritornarono tosto a Drezenca. Alla truppa venne dato il pane e il formaggio dell'indomani (23 ott.) non potendosi fare il rancio, per mancanza d'acqua e

perché il vento soffiava troppo forte. – Tutto ciò accadde il 22 ottobre.

14. La vetta del Krasji-Vhr era nuda affatto, senza alcun lavoro guerresco: non strada, non trincee, non ricoveri, non gallerie. Solo due baracche dell'Osservatorio d'Artiglieria d'Armata (2.ª Armata). – Poco sotto la linea di cresta, il Krasji verso la conca di Drezenca strapiomba a picco. Dall'altra parte, verso lo Slatenik, scende ripido e poi a strapiombo: verso Za-Krajn però non vi sono strapiombi.

*Sezione approssimativa del Krasji*

Intanto che la truppa mangiò il suo pane e formaggio dopo aver preparato le tende, noi ufficiali mangiammo un po' di pane e carne cotta nell'ospitale baracca dell'Osservatorio d'Artiglieria. Bevemmo anche qualche buon bicchiere di vino. – Dopo gli altri ufficiali si misero a dormire in baracca, io invece sotto la tenda, insieme alle tende della mia sezione, nel mio sacco a pelo. Un altro sacco a pelo ci era stato distribuito dal governo, e quello lo tenni sotto, per separarmi dall'umidità del terreno. Nella tenda dormiva pure il mio attendente. Ero stanchissimo ma mi addormentai tardi. La notte era serena, con luna, e gelò. Il vento del Nord-Est valicava la cresta e soffiava giù, contro le tende. –
Addormentandomi pensavo con tristezza a ciò: (ricordo con precisione): che da che ero venuto alla mia cara 470.ª Comp. dal Carso, non eravamo ancora stati in linea: che questa era la prima volta, e non eravamo neppure in primissima linea, ma a far lavori sulle seconde linee: e mi rammaricavo, piacendomi sopratutto la vita di trincea per quel senso di difficoltà e durezza speciale che essa offre. Pensavo che avremmo cominciato a far lavori, e anche mi doleva che non vi fossero barac-

che, sapendo per esperienza che cosa era la vita nella stagione entrante, con la tormenta. – Dell'imprevidenza di ciò, e dello sbaraglio a cui eravamo posti mi lamentai anche con i soldati, e fu forse la prima volta che alla presenza dei soldati mi permisi un appunto all'indirizzo di superiori. – Così finì il 22 ottobre. –

Cap. 15. Dormivo d'un sonno pesante verso le due del mattino quando un trepestio di passi e voci mi destò. Erano i nostri conducenti, coi muli; mi meravigliai: come mai a quest'ora? Mentre io e Cola avevamo ordinato che ci portassero con comodo le munizioni e gli zaini residui? Sporsi il capo dalla tenda, e chiamai che fosse accaduto. –
Mi dissero che avevano ricevuto l'ordine dal comando 43.ª Div. di portare immediatamente in linea le munizioni residue e gli zaini, perché doveva cominciare l'azione attesa da parte dell'avversario. Mi vestii tosto e salii in baracca per conferire con Cola. – Egli mi confermò la cosa e mi mostrò un ordine dattilografato della 43.ª D., trasmesso dal comando 5.° Regg. Alpini, formato solito. –
L'ordine diceva che alle 2 di notte del 23 doveva iniziarsi il fuoco delle artiglierie nemiche, prima a gas asfissianti: dava disposizioni per un contrattacco al batt. Val Chisone, e assegnava una nuova dislocazione alle nostre comp. Mitragliatrici. La 790.ª Comp. veniva dislocata in cresta, presso il Veliki-Vhr (che continua verso la conca di Plezzo la catena del Krasji): sulla vetta del Veliki credo vi fosse una comp. mitragliatrici di bersaglieri. – La 790.ª doveva trasferirsi verso il Veliki sul sentiero di cresta. La nostra Comp.ia (470.ª) dall'ordine d'operazione su citato veniva così dislocata: 1 Sezione in cresta, nella selletta tra Krasji e Veliki: venne destinato Cerrato, parendo quello il luogo più sicuro, essendo protetto a sinistra dalla guarnigione del Veliki e 769.ª, frontalmente dallo strapiombo verso il fondo valle Slatenik, strapiombo intaccato solo centralmente da un cono di deiezione: credo che le armi di Cerrato dovessero appunto battere questo accesso.
Cola, come comandante di Comp., aveva visto un po' la cresta, il giorno precedente, mentre io mi preoccupai dello scaricamento e dell'adunata dei materiali, messi all'aperto,

sotto il ciglio della cresta. – Adesso io non avevo tempo di veder la posizione di Cerrato 2.ª Sezione, dovendosi partir subito. D'altra parte tale obbligo non m'incombeva affatto. La 1.ª e la 3.ª Sezione, con Cola comandante di Compagnia e io com.ᵗᵉ di 1.ª Sezione (Favia era in licenza) dovevano disporsi a destra dell'8.ª batteria (credo fosse del 4.° Regg. da Campagna) verso il fondo valle di Planina Za Krajn, e mettersi in collegamento con una sezione da 65 montagna, credo fosse della 83.ª batteria (se ben ricordo). Si noti che, guardando il nemico lo schieramento delle batterie a destra del Krasji e fino al Planina Za-Krajn era il seguente: sotto il Krasii 6.ª batt. da 75 Campagna (Deport); 2 cannoni da 105; 4 da 87 di bronzo (totale 10 pezzi) non so bene dove fossero i 105 e 87: a destra 8.ª batteria da Camp., credo del 4.°, da 75 Deport, con un pezzo da 75 rigido (4 pezzi). – Poi, parecchio più giù, la sezione da 65 mont. dell'83.ª batt., non ancora postata. Noi dovevamo porci tra l'8.ª e la 83.ª batteria, stabilendo i collegamenti. –

Le batterie erano tra loro collegate telefonicamente e con l'Osservatorio del Krasji e con il Comando di Gruppo, posto sulla cresta Krasji Veliki, presso Cerrato. – La 83.ª batt., appena giunta doveva stabilire allora il collegamento telefonico e postare i pezzi.

Cap. 16. Eravamo stanchi della marcia del 22 e poco riposati, essendoci levati alle 2½, circa. – L'annunciato bombardamento nemico non cominciò la notte sul 23: le due erano passate e tutto era silenzio. – I muli, scaricato il materiale, se ne tornarono a Drezenca; conducenti e quadrupedi erano esausti. Il cap.^le conducente Ghelfi, mi disse che, dopo fatta questa corvée, dovevano sgomberare da Drezenca e portarsi a Magozo, villaggio sotto la catena del Krasji-Veliki, più protetto di Drezenca dal tiro nemico. Fu questa l'ultima volta che vidi i miei conducenti e i miei muli. Gli ordini venivano loro dati in basso, dal caposervizî della 43.ª Div. Maggiore Slaviero. – Cerrato se ne andò con la sua sezione; fu questa l'ultima volta che vidi Cerrato e i Soldati della 2.ª sezione. Io e Cola ce ne andammo con la 1.ª e la 3.ª; erano ormai le 4, ma ancora era scuro. Le sezioni portavano tutti i fucili, i tascapani, le gavette, 1 coperta, il telo da tenda; le mitragliatrici a spalla. Chi non portava le armi portava 4 nastri (circa 7 kili ogni nastro). Gli zaini, le tende piantate, le munizioni residue, vennero forzatamente lasciate sul terreno così com'erano, essendo l'ordine di trasferimento urgente. Lasciammo il cap.^le Coderoni Lorenzo e il soldato Monticelli Orazic di guardia a questo materiale, con l'incarico di riordinarlo. – Io feci prendere all'attendente il sacco a pelo e qualche coperta, e lasciai nella mia tenda la cassetta d'ordinanza, piena di molta roba di lana, biancheria, ecc.; e una cassetta di legno contenente il mio prezioso diario di Torino-Carso-Clodig (libretto in pelle nera), il libretto ferroviario, il cappello alpino; con i fregi di tenente appena messi. Avevo l'elmetto. –
Nell'oscurità diradantesi, stanchi, io stizzito di queste continue dislocazioni che non ci lasciavano il tempo di far bene i trasferimenti, prendemmo a scendere per un costone, e poi per un canalone verso la 6.ª–8.ª batteria. Cola in testa, io in coda. Le sezioni 1 per 1 in fila indiana: massimo ordine e silenzio. Noi, poveri e oscuri subalterni, curammo ciò che raramente e male i grandi comandi curano: i collegamenti. Stabilimmo sulla vetta Krasji presso l'Oss., il deposito materiale e le cucine (a ciò eravamo forzati dalle circostanze di tempo e dalla dislocazione delle sezioni: la vetta Krasji era in luogo relativamente centrale tra la sezione di sinistra (2.ª) e quelle di destra (1.ª e

3.ª) - al deposito materiale il cap. Coderoni e Monticelli). Alla 2.ª sezione demmo, oltre i soldati, 2 uomini di collegamento per portar notizie alla cucina, che noi avremmo mandato a prendere. - Gli altri uomini della squadra comando, fra cui il Serg. magg.re Leoni, vennero con me e Cola (1.ª e 3.ª Sez.) appunto per tenere i collegamenti. Dei due porta-ordini comportati dall'organico, Mazzoleni Salvatore, bravissimo ragazzo, coraggioso, classe 97, bergamasco, era rimasto per ritirare la posta a Drezenca (si credeva di far dei lavori) e ci raggiunse solo il 24. Rimaneva Guignet Pietro, cl. 98, piemontese, pure bravissimo, infaticabile, coraggiosissimo sebbene venisse al fronte per la prima volta. -

Cap. 17. - All'alba del 23 ottobre per salti, sassoni, schegge, qua e là con neve, arrivammo all'8.ª batt.; ciascun pezzo in caverna, depositi munizioni in caverna; 1 pezzo però su una piazzola di calcestruzzo, coperta. Meno questo, che sparava a tiro indiretto, gli altri facevano tiro diretto, quelli di destra piuttosto verso il Vrsic e rovescio, quelli di sinistra sulla sella tra Vrsic e Javorcek e sul Javorcek. - V'era poi una gran caverna che passava da parte a parte una cortina, e l'osservatorio sulla trincea di cresta: in questo osservatorio trovammo il cap. Croci comandante la batteria. -

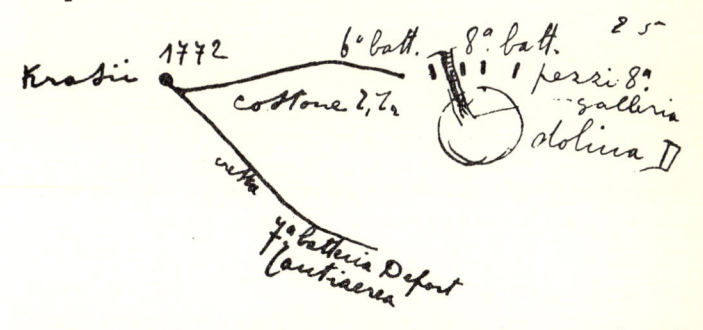

Arrivati alla dolina D, lasciammo la squadra comando nella galleria grande caverna C, stabilendo 1 punto di riferimento; io e Cola proseguimmo con le sezioni verso la destra della batteria, curandosi Cola di postare la 3.ª sezione, e io la prima. -
Il nemico non sparava; già s'era fatto giorno. Non aveva

sparato nemmeno quando dalla vetta Krasji scendemmo pel costone $r_1$, $r_2$ allo scoperto: era però ancor buio. –
Giunti un centinaio di metri più in là del 4.° pezzo (destra) e precisamente presso il posto dell'apparato fotoelettrico di collegamento, ci dividemmo momentaneamente. Cola salì sulla imminente cresta-ciglio con la 3.ª sezione. – Io lasciai lì ferma la mia prima sezione, defilata, per non stancare i soldati; mi presi l'attendente Sassella e il cap. Raineri Andrea (bravissimo) e mi posi alla ricerca delle postazioni del⟨la⟩ 1.ª Sezione. Scesi prima per prato con macchie di pini nani, allo scoperto, poi per boscaglia di faggi giovani, girando qua e là non ostante la stanchezza. Trovammo un posto di collegamento della brigata Genova, il cui comando era a Planina-Za Krajn sul fondo valle, e chiesi quanto distasse: mi risposero mezz'ora di strada, ciò che concordava con ciò che già sapevo. Raggiunsi il trincerone di sbarramento fondo valle, sul limite della boscaglia, e lo trovai ben fatto. Abbastanza profondo, stretto, e ben scavato; frequenti e buoni ricoveri blindati; non scorsi però reticolato davanti. Detto trincerone era assolutamente vuoto. – Guardai se fosse il caso di porvi la mia sezione, e per la sicurezza materiale nostra ero tentato a farlc. Ma 1.° esso distava troppo dalla 8.ª batt.ria; 2.° non potevo battere verso sinistra, le pendici del Veliki, il valloncello dei caprioli, ecc., ciò che era il mio assunto in caso d'attacco, perché in quel punto la trincea era troppo indietro nella valle, e tra essa e la vista del Veliki v'era un costone. Scesi ancora, ma mi accorsi che mi allontanavo sempre più dai miei obbiettivi e decisi di tornare; trovai la sezione della 83.ª batt., che stava postandosi; e per un sentiero da questa salii alla 8.ª, dove avevo lasciato la mia sezione. – Nel salire incontrai il sottoten., com. la sez. 83.ª, che aveva dormito alla 8.ª e che mi parve un tipo freddo e svogliato. – Dalla 83.ª alla 8.ª, 10 minuti di strada in salita, prima per boscaglia. Ero sfinito, e anche Raineri e Sassella salivano adagio: a tratti mangiavo un po' di galletta, che ingozzavo con l'aiuto di sorsi d'acqua. –

Alla 1.ª Sezione, trovai Cola che aveva postato la 3.ª, nella trincea di 2.ª linea, in cresta, in luogo scopertissimo, e disastroso in caso di intenso bombardamento, ma proficuo pel tiro. Gli riferii sulla mia ricognizione, e anch'egli fu soddisfatto, ed egli pure ritenne che la postazione che avrei scelto era troppo discosta. -

Cap. 18. Salii con Cola sul ciglio, a vedere la 3.ª Sezione, poi ridiscesi i pochi metri, fino alla mia: l'adunai un po' al riparo dietro qualche roccia e, poiché il tempo non urgeva, io e Cola aderimmo all'invito degli ufficiali della 4.ª batt. di prendere il caffè nella loro baracca, che era lì sotto. - Prendemmo il caffè, mentre ordinammo alla 1.ª e 3.ª Sez. di mandare gli uomini di corvée con le gavette, fino sulla vetta Krasji donde eravamo appena scesi, a prendere il rancio. (pane e formaggio era stato distribuito la sera 1.ª) Non paia strano ciò: la cucina era forzatamente dislocata lassù per il tempo che non ci fu lasciato di trasportarla, perché lì dov'eravamo non poteva stare (fumo in vista) e per essere vicini alla 3.ª Sezione.
Gli ufficiali della 8.ª batt. gentilmente ci indicarono una vicina postazione per mitragliatrici, a sinistra però della 8.ª batt., costruita dal batt. Valtellina del 5.° Alpini. Essi ricordarono entusiasticamente gli ufficiali del batt. Valtellina, Tirano, Stelvio, di cui erano amici, deprecandone la sanguinosa prova sull'Ortigara. Preso il caffè, io e Cola, per non stancare la truppa andammo a riconoscere la posizione e la trovammo ottima: batteva bene Veliki, Caprioli, Javorcek, Jelenik, fondo valle; era sicura; proposi a Cola di metterci la 3.ª Sez.ne, comandata dal Serg.te Gandola Giuseppe e di metter me al posto della 3.ª più esposto. Ma Cola disse che era gravoso fare un nuovo movimento, che d'altra parte, in caso di bombardamento di distruzione, intollerabile, avrebbe ritirato la 3.ª nella galleria C (vedi p. ‹275›), dove aveva stabilito il punto di riferimento del Comando di Compagnia. - Riconosciuta la posizione, io e Cola ritornammo alla 1.ª sezione, non senza aver prima visitato i pezzi della 8.ª batteria. -
Il tempo era sereno. Il mezzogiorno si avvicinava; il nemico non sparava affatto; solo qualche raro colpo di piccolo calibro, più verso il fondo valle. -

Mentre la truppa attendeva il rancio, (la 3.ª sezione nella trincea, la 1.ª qualche decina di metri più sotto, sul rovescio), io e Cola facemmo un'ottima colazione presso gli ufficiali della 8.ª batt., gentilissimi e ospitalissimi (1.° Regg.to Campagna, cap. Croci). La colazione fu interrotta da fonogrammi, fra cui uno il quale doveva esser reso noto alla truppa, che dettagliava le modalità dei gas asfissianti nemici. Prima emissione di gas irritante per far togliere la maschera, poi di gas tossici. Ne parlammo poi alla truppa, io e Cola. Le batterie, nei fonogrammi erano chiamate coi nomi convenzionali: Firenze, Napoli, America, ecc. Il Maggiore Modotti, comandante di gruppo, che stava sulla sella Krasji si firmava *Gino*; ciò contro l'intercettazione nemica. Quattro cifre (non ricordo quali) come p.e. 1248 significavano la parola *Comando*. In fine di colazione ero così stanco che m'addormentai seduto per circa mezz'ora, mentre gli altri chiacchieravano. Poi io e Cola ci congedammo e uscimmo, dov'era la 1.ª Sezione. – La truppa aveva mangiato il rancio. Erano le 14 del giorno 23 ottobre 1917: il tempo era ancora sereno, ma con fredde nuvole di vento, che cominciavano.

19. Chiamai la mia sezione, e uno per uno, armi a spalla, ci avviammo lungo la mulattiera-strada di collegamento dei pezzi. Giunti all'estrema sinistra della batt. (pezzo da 75 rigido), scendemmo per sentiero nel luogo scelto per le postazioni. Lo descrivo ora minutamente, nella speranza di renderne l'immagine esatta. –
Distanza delle postazioni dalla caverna-galleria C di Cola, neppur cinque minuti di strada. – Il Krasji scende ripido con un costone (cost. r₁, r₂ di p. ‹275›) poi il pendio si fa lentissimo e quasi terrazza: foresta fitta di pini nani: 6.ª batteria: poi scende ripido per una quarantina di metri e lievemente risale una ventina: allora 8.ª batt. – In questa depressione, che chiamerò K erano le postazioni scelte, costruite dal batt. Valtellina. La depressione aveva forma di dolina-catinella, profondità 20 m, larghezza-diametro medio 50-60. Verso la valle l'orlo del catino era

rotto e depresso: il monte strapiombava, ma una deiezione permetteva l'accesso al catino: anche per ciò era ben scelta la postazione. – Il catino era ghiaioso e roccioso, frantumato, con pini nani. A sinistra, guardando il nemico, sulla costa della 6.ª batt. era scavata una galleria che passava da parte a parte la cresta: entrata dal catino: larghezza 2 x 2; lunghezza 20-22 metri circa. Al fondo la galleria aveva due feritoie in roccia: una batteva il fondo valle, ampiamente e il sottostante bosco, e la sella tra Javorcek e Vrsik, frontalmente. L'altra batteva il trucchetto, e dal vallone dei Caprioli a valle, battendo di fianco eventuali assalitori della catena del Krasji Veliki: si scorgeva nel fondo, allo sbocco della valle Slatenik, la conca e il paese di Plezzo. Questa feritoia aveva il difetto di non battere ancor più a sinistra, e cioè proprio le pendici del Veliki; difetto del quale tosto m'accorsi. Entrambe poi erano strette, e non permettevano una gran falciata. Trovai che, dato il lavoro della galleria, erano poco. – Non potei migliorarle lì per lì occorrendo lavori a mina, ma feci elevare il livello della caverna, in modo da potervi adattare le mitragliatrici. Questo lavoro fu fatto la sera del 23; e fu postata la mitragliatrice di sinistra (cap. Raineri).

Per la mitragliatrice di destra scelsi una postazione capponiera in calcestruzzo, ma non blindata, con tre feritoie strette, coperta di qualche ramo d'abete, posta allo scolo del catino. Essa batteva frontalmente gli assalitori, anche immediati, anche a pochi metri sotto, e muniva l'accesso offerto dalla deiezione.

Le feritoie erano strette e non permettevano gran falciata. La trincea correva dalla estrema sinistra del catino (vi sboccava il camminamento proveniente dalla caverna) fino a questa postazione. Lì s'interrompeva. Una terza postazione era posta sulla costa destra, (8.ª batt.), in trincea blindata e scavata in roccia. Essa con feritoia batteva bene le pendici del Veliki, il vallone dei Caprioli, il trucchetto, infilando gli assalitori della catena Krasji-Veliki. – La prima postazione, in galleria, era a prova di qualunque calibro: le altre due erano solo riparate contro il tiro a tempo e le schegge. –

Una trentina di metri dietro l'imbocco della terza postazione, a ridosso della costa dell'8.ª batt. nascosta dal Vrsic, ma non dall'Javorcek, in vista del Rombon e del Krucla, v'era una capannetta in calcestruzzo, con una porta e due finestre senza battenti, e un tetto in lamiera. Aveva questa forma: per quanto non offrisse alcuna garanzia di sicurezza mi vi posi: 1.° perché io credo che l'ufficiale non debba stare in caverna che in caso di estremo-insopportabile fuoco di grossi calibri, negli altri deve tentar la sorte. 2.° Perché, a parte la sicurezza, io odio la caverna e la troppa vicinanza che essa offre del carname umano. – (Disgusto delle caverne sul Carso). In questa deposi il sacco a pelo e il sacco e ordinai all'attendente di preparare un giaciglio per la notte. – Faccio un piccolo schizzo di questa posizione, non forse topograficamente esatto, ma tale da dare un'idea certa del luogo e da permetterne il riconoscimento:

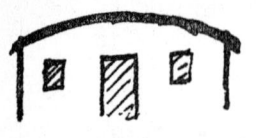

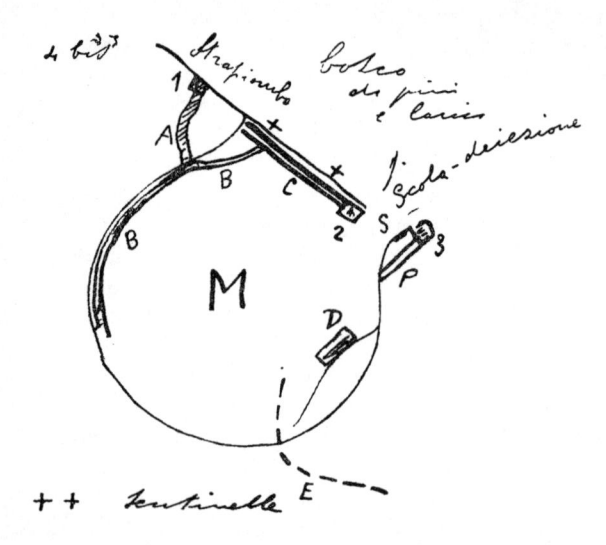

+ + sentinelle  1: prima postazione (sinistra)  2: 2ª postaz. in calcestruzzo  3: 3ª postaz. in trincea blindata  A caverna della 1.ª postaz. sboccante sul BB camminamento  C trincea sull'orlo-ciglio del catino. – (Scoperta)  D = mia casetta  E = sentiero che sale all'8.ª batt.  S = scolo, sbocco del catino  M = catino  F = trincea (pochi metri) blindata, che conduceva alla post. N.° 3

20. Nel pomeriggio del 23, dopo aver fissato le 2 postazioni, lasciando per altro l'arma di destra in caverna, e dopo aver ordinato il lavoro di elevazione del livello della galleria, tornai a vedere la 3.ª Sezione. (*Ricordo esatto*).

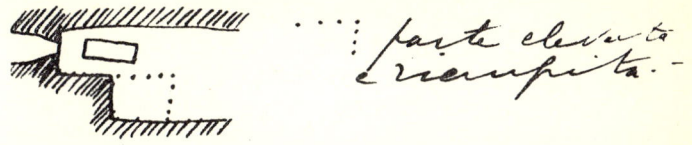

*[disegno: parte elevata e riempita]*

Nel pomeriggio tardo sia la 3.ª sia la 1.ª Sezione mandarono la corvée per il 2.º rancio. Nella galleria del Comando, dove era Cola, fecero un po' di fuoco: così nella galleria della 1.ª Sezione. – A sera io e Cola tornammo a mangiare alla baracca ufficiali della 4.ª batteria, dove avevamo anche fissato di dormire. – Gli ufficiali furono oltremodo gentili: un tenente e un sottotenente cremonesi di cui non ricordo il nome, e il cap. Croci. Invece mi parve scialbo e svogliato il comandante la sezione della 83.ª da mont., che pure pranzò con noi. – Ghezzi e Sassella vennero coi sacchi pelo ed ebbero offerto un bicchier di vino. –
Arrivò un altro fonogramma, in cui ‹si› diceva che il bombardamento sarebbe cominciato alle due della notte stessa (notte sul 24); di star pronti. Allora io tornai in sezione; 1 arma era postata in feritoia in galleria, l'altra pronta per esser postata: dovendovi essere prima il bombardamento, che io immaginavo come quelli del Carso terribile e di grossi calibri, non stimai opportuno postare nell'esile 2.ª postazione, non blindata, l'arma di destra, riserbandomi di farlo alla fine del bomb. – Davanti a noi c'era la 1.ª linea, coi piccoli posti e sotto nel bosco, a mezza costa, la 2.ª linea. Noi non dovevamo sparare che in caso di sfondamento di esse. –
Mi levai solo le scarpe e mi misi a riposare nel sacco a pelo. Le fatiche del giorno preced. e di questo e il mancato sonno nella notte preced. rendevano necessario e doveroso un po' di riposo, per esser in grado di affrontare le future situazioni. Accanto a me, nella casetta D (p. ‹280›) dormì Sassella.

Cap. 21. Fummo svegliati da un sordo e intenso bombardamento nella conca di Plezzo e verso il fondo valle Planina-Za

Krain. Il ritmo era quello d'un tiro violentissimo, tambureggiante. Pregai Sassella di guardare le ore: erano le due (notte sul 24). Il bombardamento non mi stupì affatto: un senso misto di impazienza per l'esito dell'operazioni che stavano per cominciare, e di quasi rincrescimento che noi non fossimo in grado di far qualcosa o di sopportar qualcosa, mi prese. Da noi non arrivava per allora nessun colpo. – Ripresi un po' di sonno fino alla luce. Il soldato Cattaneo e un altro andarono fino sulla vetta Krasji a prendere il caffè e me ne portarono un po', che Sassella fece scaldare. Il bombardamento sul fondo valle a mattino venne dissimulato da quello operato sulle nostre posizioni. –
Intanto il cielo s'era rannuvolato e la montagna era occupata da una fredda nebbia.
*Mattino del 24 ottobre*, fredda nebbia e nevischio. – Il bombardamento veniva operato contro le batterie 6.ª e 8.ª e verso la vetta del Krasji, non capivo lo scopo di battere quest'ultima posizione, dove non c'era nessuno (l'osservatorio d'armata ecc. erano sul rovescio) ma credo fosse per rompere le comunicazioni telefoniche, ciò che infatti accadde. –

I colpi erano da 75, da 65, e da 105; il fuoco era intensissimo. Esso però non fu letale, perché i pezzi e le nostre mitragliatrici erano in caverna. – Io mi rallegravo dello scarso effetto di questo fuoco e pensavo che a questo sarebbe forse seguito uno più intenso. –
Intenso si fece, ma non terribile, verso il fondo valle Planina Za Krajn. – Io stetti pacifico nella mia casetta, poi andai a trovare i miei serventi in galleria; poi andai da Cola in galleria, sempre sotto il fuoco. Poi andai a veder sparare i pezzi della batteria, che fecero un fuoco intensissimo contro il coccuzzolo del Vrsic: sapemmo poi che un attacco nemico era stato tentato alle nostre posizioni del Vhrsic, ma tosto respinto. –
Poi salii a vedere la 3.ª sezione, sotto fuoco intenso, sempre secondo il concetto che l'ufficiale deve esporsi per animare e tranquillare i soldati. La 3.ª sezione, comandata dal bravo sergente Gandola Giuseppe, cl. 93, proveniente dal batt. Mor-

begno, nativo di Bellagio, muratore, funzionava benissimo. I soldati erano infreddoliti e mostravano un po' d'impressione, ma non erano affatto scossi. Le armi erano postate, la sezione totalmente scoperta. -
Io visitai l'arma di destra (presso l'oss. della batteria) in trincea, e non esitai a recarmi saltando a quella di sinistra, che era in una postazione fuori della trincea, isolata, a cui bisognava andare totalmente scoperto. -

*[schizzo manoscritto: arma sinistra — arma di destra — osserv. 8 9 batt — 8ª sezione]*

Vi erano i due serventi: il cap. Cotterchio e lo zappatore Piovano, piemontesi, giovanissimi (98) che erano allegri, calmi. Io mi rallegrai internamente del loro bel contegno, e chiacchierai un po' con loro come se niente fosse. - Continuava il nevischio cominciato la sera prima, freddo, cacciato dal vento di Nord Est: essi avevano teso un telo tenda per ripararvisi sotto, e stavano imbacuccati. - Ritornai all'arma di destra, e indicai a Gandola un baracchino, presso la baracca dei capipezzo della batt. dove potesse ricoverare i serventi che non erano di guardia dal freddo. -
Invece di mettersi lì, si misero addirittura nel baracchino dei capi pezzo, meglio costruito e più caldo. I capi pezzi erano naturalmente ai pezzi. -
Questi luoghi tutti, cioè il rovescio dello spartiacque su cui c'era l'8.ª batteria, erano fortemente battuti e apparivano costellati di buche ⟨di⟩ granate. -
Gli austriaci tiravano grosse granate a tempo, da 105, con scoppio nero e cariche di polvere gialla (inglesi la chiam. perthite) che usano contro aerei. Il tiro era aggiustatissimo contro i pezzi da 75 e le loro feritoie, contro il mio catino e la mia casetta. Lo scoppio variava da 5 - a 10 metri dal suolo. La neve che già copriva il terreno era tutta ingiallita dagli spruzzi color ambra della pertite, specie davanti alla mia casetta. -

Cap. 22. Intanto seppimo che il tenente Cerrato, con la sua 2.ª sezione, era stato trasferito nei pressi di quota 1270 presso il trincerone di resistenza; l'ordine, proveniente da non so quale comando, gli era stato trasmesso per iscritto (e Cerrato lo conserva) dal cap. Boggia, comandante la 790.ª, dislocata sulla sella Veliki. So ora che esso diceva a Cerrato di trovarsi in posizione alle ore 8: egli ricevette l'ordine 6 ore dopo. Esso era opportuno in quanto riuniva la sezione alla comp.$^{ia}$, ma veniva tardi, sotto il bombardamento, quando i collegamenti erano più che mai difficili. Mandammo il mio ottimo cap. Raineri Andrea di Menaggio (cl. 95) e il bravissimo porta ordini Guignet, del 98, piemontese, ottimo, a cercare il collegamento con la 2.ª Sezione e a sentir notizie e ordini alla brigata Genova (97 e 98) (certo). I due andarono sotto il bombardamento che verso il fondo valle Za Krajn s'era ora intensificato, con granate da 210, (demmo loro qualche mela e scatola da mangiare) e in tempo relativamente breve, presumo verso le 14 tornarono riferendo che non avevano trovato la 2.ª, ma il soldato Di Giulio che ferito a un braccio si allontanava dalle linee e che disse la 2.ª esser vicina al luogo d'incontro. Al Comando di Brigata ottennero udienza dal colonnello che diede un biglietto scritto, dicendo sic che «sul fondo valle l'azione non volge bene per noi». Se il fondo valle fosse Za Krajn o quello dell'Isonzo non so precisamente: ma propendo a credere Za Krajn: la brigata Genova fu provata dal bombardamento, ma si comportò anche debolmente, malissimo. Al ricevere questo biglietto io e Cola rimanemmo addolorati e stupiti. Noi nessun attacco avevamo neppur avuto, e non sentimmo fuoco di fucileria. Anche il bombardamento non era poi così grave. – La scelta di Raineri fu fatta per il suo coraggio e perché il giorno prima era venuto in ricognizione con me. – In previsione d'un attacco io piazzai anche la mitragliatrice di Remondino (destra) nella piazzola in calcestruzzo. La nebbia ci dissimulava ora le posizioni nemiche e il fondo valle e il bosco sottostante; il nevischio era cacciato da un forte vento. –
Alla feritoia della galleria (mitragliatrice di sinistra) la tormenta era tale che non si poteva rimanere affacciati. Le tempie gelavano. – Tuttavia le armi erano pronte a sparare. –

Avrei desiderato sapere come si svolgeva l'attacco, a che punto i nemici eran giunti. Ma nulla si vedeva, notizie non arrivavano, e colpi di fucile non ne sentii, e nemmeno ne sentirono i miei soldati. Ciò soprattutto è testimonio certo del cattivo contegno della prima linea della brigata Genova. –

Cap. 23.
Intanto un episodio doloroso aveva colpito anche la nostra comp. – Prima che partisse Raineri, verso le 11, De Candido, l'armaiolo cadorino della 3.ª, cl. 95, un biondo farabuttoide ma buono e coraggioso, e il soldato Archetti Francesco di Siliano (isola del lago d'Iseo) vennero correndo in galleria, dopo poco che io avevo lasciato la 3.ª Sezione e mentre conferivo con Cola sul collegamento da stabilire con la 2.ª Sez. Io che ero fuori della caverna esclamai: «che c'è da correre, stupidi!» indignato credendo che così corressero per ripararsi dal bombardamento. Invece i poveretti erano scossi dalla morte del loro compagno Zuppini Fedele (3.ª Sezione). – Li interrogammo; entrambi recavano sulla giubba, specie in basso e dietro larghe chiazze di sangue e una spruzzata di materia bianca, che tosto riconoscemmo per cervello. –
Riferirono che mentre erano nel baracchino dei capi pezzo, e mentre il sergente Gandola distribuiva il tabacco (arrivato col caffè) una granata era esplosa in pieno all'altezza del loro viso fulminando il soldato Zuppini Fedele e ferendo Gandola. La notizia e l'aspetto dei due scosse anche gli altri soldati e addolorò noi due ufficiali. Io non ero gran che commosso: Magnaboschi e Carso erano i miei precedenti. – Sopraggiunse Gandola, col viso in più parti ferito da piccole schegge e alquanto sanguinante ma nulla di grave; il bravo sergente, dopo il sinistro, aveva contato i presenti ed era balzato in trincea per vedere se nessun altro mancasse. – Riferì che solo quello era morto. Io avevo già detto andiamo a vedere se vi son feriti. Saputo che non ve n'erano, attesi che la violenza del fuoco scemasse un momento, poi con De Candido Cesare, Baccoli (muratore bresciano), Bertoldi (armaiolo veneto) e un altro con una barella andammo sotto il fuoco, a ricuperare il cadavere. Credo che nessun soldato italiano sia stato così sollecitamente e premurosamente raccolto dal suo ufficiale e dai suoi compagni.

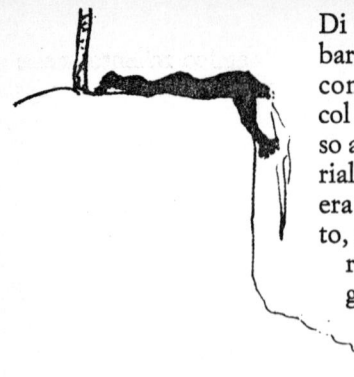

Di sasso in sasso raggiungemmo il baracchino: il cadavere era bocconi, decollato completamente col collo fuori della terrazza, disteso attraverso il terrazzino di materiale di riporto. Il baracchino non era che lievemente bucato nel tetto, e qua e là la ruberoide era lacerata. Giudicai trattarsi di una granata di piccolo calibro, da 47 o da 65 mont.; il fatto che i presenti avevano visto il lampo dell'esplosione e la scomparsa della testa del morto escludeva trattarsi di una semplice spoletta. – La granata era esplosa in pieno nella testa del povero soldato. Sollevammo il cadavere: sangue e cervello colavano lungo il muro. Per un filatello della mucosa labiale, il palato e la corona dei denti rimasero attaccati con un po' di barba e mandibola inferiore al collo tagliato. – Trasportammo il cadavere alla caverna di Cola. – Io gli tolsi, alla presenza del furiere e del Comandante di Comp., oggetti e denaro. Gli oggetti, futili cose (pipa, cartoline ricevute, specchietto e pettinino) vennero consegnati al furiere Dell'Orto Luigi che li elencò. – I denari erano £. 10,30 e li ricuperò Cola per farli avere alla famiglia. – Il cadavere fu lasciato sulla barella, poco fuori la caverna, coperto con una coperta, per seppellirlo appena cessasse il fuoco, la notte. Le circostanze non dovevano concederci di assolvere a questo ufficio pietoso. –
Giacché narro episodî, ricordo che la sera del 22, mentre eravamo sulla vetta Krasji, due palloncini a riscaldamento (col fuoco sotto) trasvolarono dalle linee nemiche nella valle dell'Isonzo. Noi tirammo qualche colpo di fucile, per veder di atterrarli, (passarono a 100-150 m. sulla vetta Krasji) volendo prendere i manifesti che recavano. – Seppimo poi, ma non so se la cosa sia vera che i manifesti dicevano: «Italiani, attenti alle retrovie!».

Capitolo 24 (Fuoco pomerid.)
Durante il pomeriggio del 24 il fuoco nemico rallentò, nelle prime ore, e poi riprese, violento. Anche il fuoco delle nostre batterie, continuò, come dirò appresso. Io avevo le armi postate, nella 1.ª e 2.ª feritoia (galleria e piazzola) e stavo un po' presso l'una e un po' presso l'altra. Dopo il ritorno di Raineri e Guignet e la loro ambasciata, continuai a osservare la valle; ero addolorato e inquieto; la nebbia impediva la vista dello Slatenik, non che delle antiche posizioni avversarie. Cercavamo con inquietudine il sottostante bosco con lo sguardo, ma la nebbia ci permetteva di scorgere i primi alberi soltanto. –
Due specialmente erano le mie afflizioni: quella di vedermi capitar sotto improvvisamente gli austriaci, e quella di non avere le bombe a mano che erano state promesse al comandante della 8.ª; con delle buone bombe a mano mi sarei sentito sicuro di difendere la nostra posizione. Temevo anche, e ciò aumentava la mia responsabilità e difficoltà, di *sparare sui nostri* perché non si dimentichi che sotto di noi correvano la prima e 2.ª linea, e che nessun colpo di fucile avevo sentito. Avrei avuto ragione di credere che le linee fossero ancora occupate dai nostri: ma il nessun rumore, e l'ambasciata di Raineri mi fecero quasi certo di essere alla prima linea. – In tal caso il mio animo era pieno d'amarezza, perché con una sola sezione e con la fitta nebbia non potevo certo presumere di mantenere il Krasji. A destra c'era la 3.ª, ma a sinistra, verso la 6.ª batt. l'unico riparo era lo strapiombo. Tuttavia la coscienza del mio dovere, lontanamente e sempre compiuto in 2 anni di guerra, mi dette la pace (per i riguardi personali) in questo triste e difficile momento. –
Finalmente, parendoci di aver scorto qualcuno muoversi nella valle, eseguimmo alcune scariche con entrambe le armi, puntando a distanze minori di 300-400 metri.
Si noti ancora che in direzione della sella tra Krasji e Veliki, alla altezza di essa, al di qui del vallone dei caprioli, c'è una propaggine, un promontorio montuoso, conosciuto col nome di Trucchetto. Il cap. Croci e gli uff.li della 3.ª batteria mi avevano assicurato che esso era munito di 2 pezzi da 70 montagna in caverna, che, in caso di sfondamento delle prime linee

avrebbero fatto un fuoco terribile sugli assalitori del Krasji - Veliki. Io non sentii (noi non sentimmo), nemmeno un colpo, e questo era un nuovo motivo per non sparare. – Inoltre è compito di un provetto mitragliere lo sparare poco, l'evitare inutili fuochi di paura, il tenere le munizioni solo al momento opportuno. Noi avevamo poche munizioni, (causa il trasferimento improvviso), nastri recati a spalla dai pochi rifornitori e zappatori: la maggior parte erano sulla vetta Krasji. Io avevo circa (?) trentadue nastri per la sezione, cioè 32 × 150 colpi. Ciò non ostante, ripeto, sparai nella valle. –

Cap. 25. Notizie non arrivarono, sebbene ansiosamente attese, perché i fili erano stati rotti dal bombardam. e i comandi curarono poco i collegamenti. Noi non potevamo distrarre uomini (si tenga conto dell'organico delle nostre comp., che scriverò in seguito), avevamo circa 20-25 uomini in licenza, (non tutti serventi). I comandi nostri curarono sempre pochissimo i collegamenti: difetto nostro capitale. –
Nel pomeriggio arrivò la corvée, mandata sulla vetta Krasji a prendere il rancio, rancio unico, ultimo fatto dalla compagnia, di brodo e carne. Sassella salì per prendermi questo diario: se avessi lontanamente previsto ciò che stava per succedere gli avrei fatto recare della roba dalla mia cassetta e soprattutto il mio diario di Torino-Carso-Clodig il più prezioso oltre che per notizie per apprezzamenti ecc. – Arrivarono anche 2 casse di munizioni mandate per ordine di Cola, dato il giorno prima ad Ansaldi, il serg. furiere, che era risalito in vetta Krasji. – La sera del 24, verso le 18, una granata incendiaria distrusse la baracca ufficiali dell'Osservatorio di vetta Krasji, dove eravamo stati ospiti la sera prima, degli uff.[li] osservatori:
    Tenente Tosi Quintilio di Agostino da Lorenzano (Pisa)
    e S.T. Crotti Francesco. (Osservatorio della 2.ª arm.[ta]). –
La tormenta continuava, implacabile, rendendo oltremodo penosa la nostra già difficile situazione. Era una cosa ardua il solo affacciarsi alla feritoia della mia galleria. I soldati della 3.ª Sezione erano ridotti in uno stato pietoso, ma sempre fermi.

Cap. 26. Intanto giunse dal magg.[re] Modotti la notizia che gli Austriaci stavano per occupare il Veliki. Gli ufficiali della

8.ª batt. fecero estrarre i pezzi dalle caverne e aprirono un fuoco violento coi pezzi all'aperto, nella tormenta, sulla strada di arroccamento, contro il vallone dei Caprioli e le pendici del Veliki. Io oltre al regolare il fuoco della mia sezione, osservavo questo tiro, e dissi al ten.te Gallotti che a mio parere alcuni shrapnels erano troppo alti. La batteria si comportò magnificamente: ebbe parecchî serventi morti e altri feriti per il fuoco di contro-batteria e un pezzo inutilizzato dall'uso.
Il fuoco era graduato contro il Veliki a 1400 m..: dalla carta risulta il Veliki distante circa 2000 (???) - Anche il fuoco avversario contro la batteria e il catino si fece intenso; granate a tempo e granate a percussione da 105, shrapnels ecc., e qualche granata da 152. Non ostante la distanza, aprii anch'io il fuoco contro il vallone dei Caprioli, e il trucchetto, ormai occupato, con alzo da 400 metri in su. Io non scorsi nulla, Remondino e Cattaneo scorsero uomini in salita. - Postai la arma di destra (Remondino) nella post. N.º 3 (tre) sia per poter battere il Veliki, ciò che dalla 1 e 2 non potevo fare, sia per essere più pronto a ritirarne almeno 1. - Si noti che il mio compito non era affatto la difesa del Veliki, ma come già a Magnaboschi, eseguii egualmente questo doveroso fuoco di solidarietà. Sparammo diversi nastri.
La 3.ª Sezione non sparò. -
Curai che i nastri sparati, fossero ricaricati nella caverna di Cola, con le casse giunte. - Verso l'imbrunire, non ostante avessi pochi uomini e la tormenta fosse sempre forte, posi due sentinelle che cambiai di ora in ora; io stavo un po' presso un'arma e un po' presso un'altra, e presenziavo al cambio, e uscivo di quando in quando a confortare con la presenza le mie sentinelle. Stetti anche nel baracchino, perché comodo per qualunque evenienza, centrale, e per ripararmi dall'incessante tormenta. Il baracchino sovrastava il catino e affacciandomi, da 30 m. di distanza davo la voce alle sentinelle. Esse erano nei punti che alla figura di p. ‹280› sono segnati con + + crocette, nella trincea. - Alle sentinelle diedi ordine di sparare un colpo tratto tratto: s'intende che avevano la baionetta innastata. - Tutti i miei soldati si comportarono benissimo: non ostante il bombardamento e la tormenta le sentinelle furono sempre al loro posto e io chiacchierai con loro, mo-

strandomi sempre tranquillissimo, talora celiando; facendo veder loro il salto sotto per rassicurarle che gli austriaci non potevano sorprenderle. - Ricordo il buon contegno del piacentino Guarnieri e il coraggio del piacentino Gobbi, giovanissimo (cl. 98) che ilare, sereno, calmissimo fece il suo servizio, chiacchierò, ecc. Così gli altri. Facendosi buio, diedi ordine alle mitragliatrici di sparar meno: anziché una raffica, solo qualche colpo, ratto; per rivelare la loro presenza e mostrare al nemico che la linea era guarnita, illudendolo sull'entità della nostra forza, e assicurandolo della nostra vigilanza. - Questo scopo avevano anche i colpi di fucile. - Sono troppo provetto soldato e mitragliere per credere all'efficacia di simili colpi. Ma nelle speciali circostanze essi avevano grande importanza morale (la guerra è cozzo di energie spirituali) e credo doversi ad essi se nella notte il nemico non ci molestò. - A sera sentimmo sparare anche le mitragliatrici della 790 sulla sella. - Seppi poi che durante la notte la 417.ª comp. era stata mandata sulla vetta Krasji dove arrivò all'1 di notte.

Capitolo 26. Scritto con memoria fresca fino al 18 ott. 1917. -
Devo dire del perché pur sapendo occupato il Veliki ci ritenev. sicuri (batt. del 4.° ecc.) - Modotti, Ansaldi. -

Cap. 26. (Notte tra il 24 e il 25 ott.)
La notte le batterie nostre non spararono: i cannoni della 8.ª, allo scoperto, erano soprariscaldati: tutti sulla strada. Uno non funzionava più (il 2.° pezzo) perché i molloni erano privi di glicerina o guasti. - Io feci continuare alla mia sezione il «fuoco di presenza»; raffiche di mitragliatrici contro le pendici del Veliki e lo Slatenik, e nella sottostante valle. Sparavo a caso: però contro il Veliki ⟨e⟩ Caprioli il fuoco era stato mirato alla luce. In giù nessun rumore significativo, né di fucile né di bomba a mano, nessun grido. Notizie non arrivavano. - Credevo perciò che ancora gli austriaci non avessero avanzato molto: il mio animo alternava il dubbio con la speranza. Ero seccato dell'isolamento della mia sezione e del non aver bombe a mano, ma mi facevo animo, proponendomi di far pagar caro agli assalitori la loro avanzata: pensavo e computavo i nastri di

munizioni che ancor mi rimanevano per l'attacco a fondo, che presumevo si facesse forse l'indomani. Verso sinistra ci sentivamo non sicuri, ma abbastanza protetti dalla 790.ª (Krasji), dagli osservatorî, ecc.: questa nostra sicurezza, derivante dalla nostra serenità e calma speranza, era per altro poco fondata. Infatti il magg.<sup>re</sup> Modotti se l'era svignata nel pomeriggio, e credo con lui o poco dopo anche il furiere della nostra compagnia Ansaldi Vittorio, da Rovato (Brescia). I cucinieri rimasero invece con gli ultimi. Sulla vetta Krasji furono lasciate le munizioni della comp., le cassette del furiere, ecc.; altra roba era a Kosec. Sia quella della vetta Krasji sia quella di Kosec presumo sia stata in gran parte distrutta dai grossi calibri e granate incendiarie. La baracca uff. della 2.ª Arm. di vetta Krasji seppimo poi essere stata distrutta da granata incend. – Verso destra ci sentivamo meno sicuri: se il nemico avesse sfondato il fondo valle Planina-Za Krajn, eravamo isolati. In tal caso ci proponevamo di ritirarci sul Krasji e far ivi resistenza disperata. Io stetti, come dissi, con le sentinelle; feci rica‹rica›re dei nastri; andai a conferire con Cola; superato dalla stanchezza sonnecchiai qua e là, ora presso un'arma, ora presso l'altra. Stetti anche nel mio baracchino, sempre vestito, sempre sveglio. La tormenta continuò implacabile fin oltre la mezzanotte, ora in cui cominciò a decrescere e poi a cessare. Cola mi mandò 2 volte Guignet; fra l'altro seppi (voce falsa) che un batt. alpino era stato mandato sul Krasji e stava stendendosi anche lungo la cresta Vetta – 6.ª batt. Ciò mi rassicurò: una tal voce era falsa. Invece il batt. Val Chisone aveva realmente rincalzato il 97 e 98.° fant. Durante il pomeriggio del giorno 24, seppi poi verso le $16\frac{1}{2}$, sentii una grande esplosione; la attribuii allo scoppio di qualche deposito di munizioni, come m'accadde sul Carso a dolina Como, mentre di ben altro si trattava. – Con me stette sempre il mio attendente Sassella, il quale era triste, inquieto, nervoso. Si direbbe presagisse. Io non potevo presagire e il motivo (si tenga ben presente) era questo‹:› avendo sottostato ai terribili concentramenti d'artiglieria del Carso e di Magnaboschi, che duravano intere giornate; e ricordando la nostra fucileria di Magnaboschi che faceva per ore intere un unico suono fuso (non scoppiettio, ma boato unico) mi attendevo a qualcosa di simile

qui, mentre non sentii nessuna fucileria e il bombardamento fu violento ma non demolitore. Ero dubbioso e speranzoso: tirando le somme passai però una notte terribilmente vigile e inquieta. – (Ragione psicologica esatta che ricordo con lucidezza perfetta.)
Durante tutto il giorno 24 non facemmo nessuna mensa, mentre i soldati mangiarono il rancio di carne ed ebbero la pagnotta. Io mi cibai solo di poche fette di pane spalmate di marmellata verso le 14. Perciò a notte ero stanco, affamato.[1]

Cap. 27. Mandai Sassella a prendere il 2.° sacco a pelo, che m'aveva portato giù la sera con la corvée del rancio e che aveva lasciato in caverna di Cola. – Poco dopo egli tornò con un altro, recandomi l'ordine di ritirarmi dalla posizione, il più presto possibile. – Quest'ordine mi fulminò, mi stordì: ricordo che la mia mente fu come percossa da un'idea come una scena e riempita da un lampo: «Lasciare il Monte Nero!»; questa mitica rupe, costata tanto, e presso lei il Wrata, il Vrsic‹;› lasciare, ritirarsi; dopo due anni di sangue. Attraversai un momento di stupore demenziale, di accoramento che m'annientò. Ma Sassella incalzava: «Signor tenente bisogna far presto, ha detto il tenente Cola di far presto», e incitò poi per conto suo gli altri soldati. Mi riscossi: credo non esser stato dissimile dai cadaveri che la notte sola copriva. Diedi l'ordine a Remondino, il vecchio alpino piemontese (cl. 90 o 91) che rimase pure percosso, addolorato «Ma qui c'è qualche tradimento» esclamò, «ma non è possibile.» Poi andai nell'altra caverna e pur là diedi l'ordine. –
Meticoloso come sono, volli curare che tutto fosse raccolto e portato via: e in ciò persi del tempo: la caverna era stretta e buia, il materiale (fucili, invogli, cassette coi pezzi di ricambio) la ingombrava: i fucili, i cappotti, le maschere, gli elmetti, tascapane, giberne, borraccia ingombrano estremamente il nostro soldato (Dipingere)‹;› i fucili col mirino s'attaccano alle sporgenze rocciose: nella fretta poi nasce sempre un po' di confusione. Ero attonito: i soldati erano pure costernati. Co-

[1] Non ci si meravigli di questo frammischiamento di fatterelli e tragedie: la realtà fu tale e io la ricordo fotografando.

me potei raccolsi tutta la sezione, e a uno a uno li feci partire: Sassella chiamava. – Io mi misi in coda, col cuore spezzato, con la mente fulminata dall'orribile pensiero della ritirata, e andammo. Cola m'attendeva impaziente: la 3.ª Sezione era già radunata: essa era però all'aperto e il ritirar le armi le costò meno lavoro che noi al buio, nella stretta e dolorosa caverna. Cola m'accolse irritato: «fai schifo» mi disse «scusa se te lo dico, ma fai veramente schifo... Gandola è già pronto da un pezzo.» Gli risposi a mia volta e lo feci tacere «Ma fammi il favore», come un ebete può rispondere a un pazzo: tacque. Io non potei percepire che per un solo istante l'ira di queste parole: più tardi me ne risentii: più tardi ancora le ho perdonate, attribuendole alla crisi del temperamento nervoso, subita in quei tragici momenti. – Egli poi si raddolcì. Gli artiglieri dell'8.ª batteria s'eran già ritirati, dopo aver guastato alla peggio i loro pezzi, credo togliendo gli otturatori. Due ultimi rimasti scesero con noi. Cola in testa, io in coda, tutti a uno a uno, prendemmo la strada d'arroccamento, con l'intenzione di raggiungere Jezerca-Magozo e poi Ternova. L'ordine di ritirata fu trasmesso alla 8.ª batt. dal Comando della Brigata Genova (F.to Francesco) oltre la mezzanotte, perché lo comunicasse anche alle comp. mitragliatrici. Noi lo ricevemmo verso le tre ?? e solo verso le quattro del mattino del 25 potemmo partire. – Nella notte silenzio: bagliori sul fondo valle, e talora grandi esplosioni: i nostri incendiavano ritirandosi tutto ciò che potevano. Esplosioni formidabili dei nostri ricchi depositi. Poco sotto trovammo il batt. Val Chisone, che si ritirava ordinato; invece il 97 fant. si ritirava a gruppi, ufficiali separati da soldati. Noi eravamo ordinatissimi e non ostante i nostri soldati recassero a spalle le pesanti mitragliatrici, sorpassammo gli altri. Cola e 3.ª sezione in testa, poi 1.ª sezione, per esser sottomano a me, io ultimo in coda, feroce sorvegliante che nessuno rimanesse. – Il cuore mio era spezzato. L'orrore e l'angoscia di quei terribili momenti dovevano esser superati. Verso l'alba il tempo si rasserenò. – (Scritto fino al 21 nov. e il 21 novembre, con memoria freschissima dei partic.) CEG.

Cap. 28. – Mattino del 25.
Ci staccammo dal batt. Val Chisone, il quale ci sembrò tenere troppo a sinistra, troppo verso il fondo valle Za-Krajn. Con noi scese anche un plotone di non so che compagnia, con un tenente che conosceva Cola: incontrammo poi il cap. Boggio Maset, della 790 e alcuni de' suoi: erano disordinati, non avevano mitragliatrici. Qua e là bagliori d'incendî, in qualche casolare o capanna. Lumi nelle baracche del Monte Nero, del Vrata, del Vrsic; guardando M. Nero pensavo al trájno dei cannoni sul Monte Nero, a piazzare i quali occorrevano 10-15 giorni ancora (Due però erano già su, in caverna) e mi rammaricavo della loro perdita. Pensavo anche alla roba forzatamente lasciata dalla comp., ai viveri di riserva ecc. e ai nostri conducenti. – Il tempo andava rasserenandosi e la prima alba era vicina. Penammo non poco, nel buio e nella confusione, a raggiungere per saltus lo stradone con le pesanti armi a spalla. Si incoraggiavano in ogni modo i nostri soldati, io e Cola bestemmiavamo perché stessero in ordine. Ma erano stanchissimi, e l'esempio degli altri li scoraggiava. Poiché assistevamo alla ritirata disordinata di truppa senza ufficiali, e di ufficiali senza truppa, della brigata Genova, d'artiglieria, di compagnie mitragliatrici. Tratto tratto gruppi di muli stavano caricandosi affrettatamente; qualche mulo isolato vagolava. Ovunque gruppi di soldati, ecc. – Incontrammo e ciò finì di spezzarmi il cuore, una batteria di obici da 210 che evidentemente era in via di traino, i pezzi erano abbandonati sulla strada, ricca preda al nemico: non ricordo se avessero gli otturatori o no. – Una quantità di granate da 210 erano state appena scaricate sui bordi della strada. Via via incontrammo altro materiale: roba delle ricche cucine e mense ufficiali, ceste di viveri, ecc. –
Ci fermammo, poco sopra Rauna, a bere a una fontana e a permettere ai soldati sfiniti di riprender fiato: bevvi anch'io avidamente e feci cavar del pane a Sassella. Rimettendoci in cammino sbocconcellai un po' di pane e mi scolai in bocca il residuo di marmellata della scatoletta aperta il giorno innanzi: divisi il poco rimasto con Sassella. Egli aveva il mio sacco da montagna contenente sapone, spugna, un po' di pane, macchinetta fotografica, ecc. – e portava credo delle coperte. Era

pure stanco, addoloratissimo, senza parole e aveva quell'automatismo di movimenti proprio delle persone fulminate: aveva la voce bassa, roca, stanca. -
Ripresa la via passammo per le case di Rauna, che trovammo guaste e incendiate; i soldati scorsero in cantine quantità di viveri, centinaia di fiaschi e scatole di marmellata e di carne, ecc. di qualche cantiniere il cui commercio riceveva un colpo da Hindenburg. Sullo spiazzo d'un gruppo di case, credo Rauna, delle casse di sigarette Macedonia, a cui anche Cola e i soldati attinsero largamente: erano preda futura degli austriaci. E giù ora per prati, verso il torrente che raccoglie le acque del bacino di Drezenca e che scorre fra due rive incassate tra il Volnik e il Krasji: la ragione della discesa, voluta da Cola, era che dal Monte Nero Vrata, Krasii ecc. ci potevano vedere e battere. Anche altri reparti percorsero lo stesso cammino. Dal Mrzli o vicinanze, da vette vicine tiravano a granate e shrapnels contro i fuggiaschi, qua e là presso Jezerca, ecc., e sulla strada piovevano ma senza grande effetto. Incontrammo muli morti dai bombardamenti del giorno precedente, muli vagolanti, e mucche libere in un prato. Fui tentato di ucciderle con un colpo di moschetto, perché i tedeschi non le prendessero vive, ma il nervosismo di Cola e il pensiero della inutilità della cosa me ne distolse: le pattuglie austriache dovevano esser vicine e le avrebbero mangiate egualmente. Su e giù lungo i costoni del torrente, a bosco d'arbusti che intricava la marcia e stancava terribilmente io sacramentavo contro i fuggiaschi che si frammischiavano ai miei soldati: volevo, e così fu, che la nostra fosse una ritirata e non una fuga. Vedendo che i soldati non potevano più reggere, ci fermammo in un praticello, defilati alla vista delle cime circostanti. Adunammo insieme la compagnia, tenendo separata la 1.ª dalla 3.ª Sezione, e dalla squadra comando. Le quattro mitragliatrici e i nastri erano presenti. Ancora speravamo di salvarci. Leoni aveva paura, come sempre: non era certo un brillante alpino, se non per la bravura nel tiro a segno e per la sua serietà. Il cap. porta feriti, dell'Italia centrale, ottimo; mi offerse del vino, di cui aveva raccolto due fiaschi. Ne bevvi avidamente parecchî sorsi. Ci riposammo. Ormai era giorno chiaro, credo le otto o le nove. -         23 ott. 1917.

Cap. 29. - Poco dopo, momentaneamente ristorati, riprendemmo il cammino, tenendoci prima per prati e boschetti d'arbusti lungo il ciglio del torrente proveniente da Drezenca; valicammo bagnandoci il torrentello che scende dal Krasji tra Magozo e Jezerka; con disagio potemmo mantenere le mitragliatrici. Shrapnels e qualche granata scoppiavano sempre tra Jezerka e Drezenca: salutai col pianto nel cuore la rupe del M.^te Nero, che un mese prima avevo visto dal M.^te Kuk sopra Clodig (V. Coderiana), ammirandolo: (fotografia che ho, coi miei alpini nel portafoglio). - Il giorno era sereno, chiaro, un bel giorno d'ottobre, ma tutto mi pareva velato di dolore. Raggiungemmo la mulattiera che costeggia, a destra, la valle dei 2 torrenti confluiti. E per quella scendemmo verso l'Isonzo. Gruppi di soldati scendevano, a passo lento, senza premura. Noi cercammo di affrettare il più possibile, forzando la marcia, ma tenendo sempre radunata la compagnia: di Cerrato nulla sapevamo. - Lungo la magnifica rotabile, di costruzione militare, che congiunge Drezenka al ponte in ferro di Caporetto una colonna ininterrotta di muli fermi e abbandonati testimoniava che il ponte era saltato, ciò che già sapevamo: sapevamo pure che a Caporetto c'erano i tedeschi e perciò avevamo tenuto a destra, con l'intenzione di passare l'Isonzo a Ternova. La colonna dei muli, preziosi e insostituibili strumenti nella nostra guerra da montagna, quasi cari compagni di pericoli e disagi per l'artigl. da montagna e le compagnie mitragliatrici alpine, fu un nuovo e doloroso colpo per me. Pensavo che nella notte fossero in gran parte salvi, invece no: valutando a più di cinque km. la strada fittamente occupata dalla loro colonna, e m. 2,5 il posto d'ogni quadrupede, calcolai che duemila animali e più fossero gli abbandonati: la nera fila spiccava lungo il parapetto della strada. Ricorderò sempre anche questo particolare che si aggiunse al mio dolore. E avanti, avanti, già stanchi, sperando ancora, ma fra la crescente preoccupazione. Così venimmo nei prati che, a destra del detto torrente, dove esso sbocca stanno tra l'Isonzo e le colline antistanti al Krasji. - Qui soldati a frotte, che andavano e venivano: chi si dirigeva a Ternova, chi ne tornava o pareva tornarne. Muli liberi e accompagnati che girovagavano; qualche fucile, delle selle. -
(La ricerca affannosa e la realtà senza scampo).

Cap. 30. – Giunti sul ciglio dell'Isonzo attraverso i prati soleggiati dal sole delle 11, e sparsi di muli randagi, seppimo che anche il ponte di Ternova era stato fatto saltare.[1] In ogni modo ripiegammo lievemente a sinistra per poter scendere alla riva del fiume e risalirlo fino a Ternova o passarlo se in qualche punto fosse possibile a guado. – Piegammo dunque un po' a sinistra, verso Caporetto, costeggiando il ciglio d'erosione, per alcune centinaia di metri; ricordo che Mazzoleni Salvatore, il ciclista bergamasco della Val Seriana, bravissimo ragazzo, trascinava un mulo trovato randagio per ordine di Cola. Io ne feci prendere un altro a Tognela Aristide (Valtellinese di Tirano, credo) classe 97; (da borghese aveva la sua mula Perla, che mi raccontò conduceva in montagna a prender legna); ma poi entrambi dovettero lasciarli, scendendo all'Isonzo, per la difficoltà del cammino. –

I soldati d'altri reparti, profughi e randagi, si frammischiavano alla nostra colonna, l'accompagnavano, la sorpassavano, facendomi inviperire per il disordine che ingeneravano. Il marciare uno per uno, in fila indiana e bene ordinata, divenne difficile. Nel scendere il breve tratto di china ripida e boscosa di arbusti, un 100 metri di pendio circa, con un dislivello di 50, infatti dovevamo perdere il collegamento. Cola aveva visto che in un certo punto alcuni ufficiali e soldati tentavano di costruire una passerella, in un punto in cui un masso emergente restringeva la larghezza del fiume.

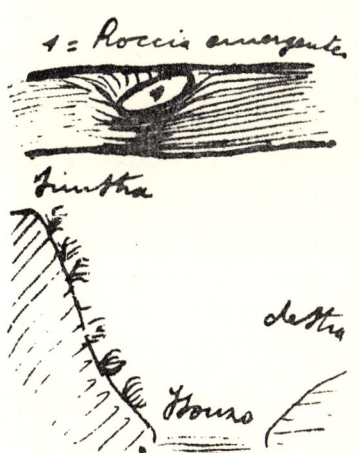

Era sceso lì: sopraggiunto anch'io, in coda alla colonna, vidi e approvai. Ma appena arrivato in fondo, Cola s'avvide che prima che l'incerta passerella fosse costruita occorreva tempo; e piegò subito verso

---

1 Da ciò che so il ponte di Caporetto saltò alle 16 (4 pom.) del 24 e il ponte di Ternova alle 22 (10 pom.) del 24.

Ternova, seguito dai primi soldati della 3.ª Sez. che gli stavano appresso, e risalendo il corso dell'Isonzo (sempre s'intende sulla sinistra orografica). Ma i soldati in coda della 3.ª sezione, stanchissimi, con le mitragliatrici a spalla, non poterono seguitare il passo troppo rapido e nervoso di Cola (Cola aveva un passo troppo nervoso, saltellante, irrequieto come il suo carattere, già altre volte riscontratogli), e s'accasciarono lì, pochi metri sopra l'acqua, nel gran disordine. Quando io sopraggiunsi poco dopo trovai i soldati lì, mezzo istupiditi dalla stanchezza, con le armi allato. Qualcuno già aveva smarrito un nastro o due; naturalmente li rimproverai, li copersi di rimproveri, ecc. e mi diedi a cercar Cola e gli altri, nella folla dei soldati e degli ufficiali di tutte le armi che s'affollavano presso la passerella. Cercai, chiamai, mi stancai andando su e giù: e potei radunare i soldati e le mitragliatrici che ancor rimanevano, e cioè la mia sezione e 1 arma della 3.ª col Serg. Gandola. L'inquietudine e la responsabilità essendo rimasto solo, la situazione difficilissima, cominciarono a mettermi in gravi angustie. Ero inoltre arrabbiato con Cola e coi soldati per il distacco. Tuttavia mi raccolsi, nell'amarezza, e misurai la situazione: un migliaio circa di fuggiaschi disordinati e privi d'armi, cioè totalmente liberi da ogni peso, si pigiavano, a rischio di precipitare nel fiume verso la passerella; il fiume non poteva guadarsi in alcun modo; l'Isonzo, sopra Tolmino, e anche ad Auzza, Canale, ecc. ha un letto stretto (20 m. circa) a rive precipiti, e profondo (5-6 e più metri). Il fondo non è visibile, ma l'azzurro cupo testimonia della profondità: la corrente è velocissima, torrentizia. Insomma esso ha un carattere affatto diverso dagli altri fiumi della pianura veneta, larghi, ghiaiosi, lenti, e dal corso suo stesso ai piedi del S. Michele. Un tal fiume, in tal punto, non è guadabile in nessun modo, neppure a un nuotatore; tanto meno poi vestito o con armi. – D'altra parte il tempo stringeva e l'affanno cresceva; sentivo ormai a poco a poco delinearsi il pericolo. Non in linea, non in posizione, dove avremmo potuto batterci con onore e infliggere anche ad un nemico preponderante terribili perdite; ma dispersi in ritirata fra una folla di soldati sbandati! Come la sorte s'era atrocemente giocata di me! Non l'onore del combattimento e della lotta, ma l'umiliazione della ritirata, l'abbandono di tanta roba, e ora questo maledetto Isonzo! questi ponti saltati. La passerella era ormai fatta: tre assi legate successivamente con filo telefonico e fatte passare gettando una corda; curvate in modo pericoloso dal lor proprio peso sui flutti del fiume! A sinistra, per chi passava, un cavo metallico a guisa di ringhiera:

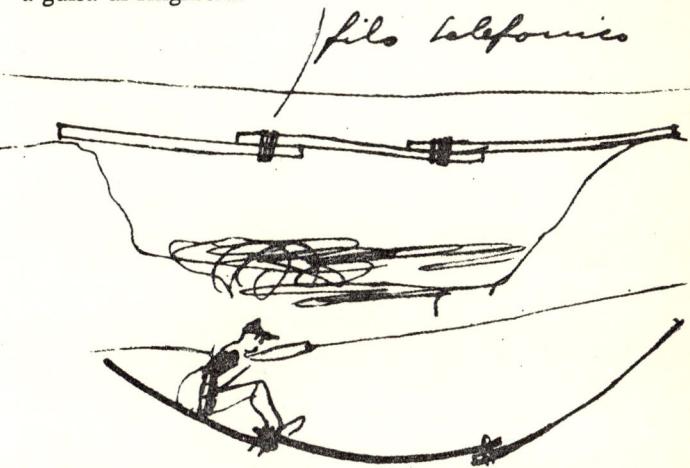

*filo telefonico*

I soldati, i primi, passavano uno a uno, e uno per volta, poiché il peso di 2 avrebbe fatto crollare il lieve impianto. Con la sinistra si tenevano al cavo, teso a forza, da due, uno di qui, uno di là. Strisciavano col culo, seduti scendendo: poi risalivano; ne passavano circa 1 al minuto, calcolai; e mille e più s'adunavano lì, già pronti, prima di noi, così pigiati. Calcolai che il passaggio sarebbe durato fino a notte, e più (salvo rottura dell'esile ponte) e sapendo che a Caporetto già c'erano i tedeschi mi risolsi a lasciare il luogo e a proseguir per Ternova.

Cap. 31. La mia responsabilità, considerando ora i fatti, cessava ormai; io dovevo considerarmi isolato nella solitudine: il ponte di Ternova era pure saltato, così dicevano tutti. Meglio avrei fatto anche per il mio paese, a svignarmela per conto mio e forse non sarei riuscito egualmente. Invece, sempre animato dallo scrupoloso sentimento della responsabilità del dovere, radunai un'ultima volta gli stanchi soldati. Essendomi

stato detto da De Candido Cesare, l'armaiolo della 3.ª Sezione, che Cola aveva proseguito per Ternova, volli ad ogni costo seguirlo. Ci volle del bello e del buono a muovere i soldati esausti e a farli proseguire un dietro l'altro, in riva al fiume per la boscaglia d'arbusti. Eppure gridando e imponendomi energicamente ci riuscii. Misi in testa il Serg. Gandola Giuseppe, e io mi misi in coda perché i soldati stanchi non gettassero i nastri. Ricordo che cammin facendo trovai un nastro, senza involgio, lasciato da un soldato di Cola, e che me lo presi, sebbene fossi stanchissimo. Incontrai un ufficiale d'artiglieria che recava un altro nastro di S. Etienne, evidentemente raccolto dal terreno e lasciato da qualche nostro soldato, e me lo feci consegnare; (ricordi precisi, esattissimi) e lo feci portare a un soldato.- Soldati e ufficiali si movevano da ogni parte; chi scendeva e chi saliva; quelli che scendevano dicevano che anche il ponte di Ternova era saltato: però non lo dicevano di certa scienza, ma per sentito dire. [Era vero] Litigai con un sottotenente perché m'assicurava che il ponte era saltato, senza averlo visto. Dopo tutto il poveraccio aveva ragione. Io speravo ancora, pensavo ancora alla salvezza. –
La stanchezza istupidiva i soldati; bestemmiavano, si gettavano a terra; giungemmo a un punto in cui le colline strapiombano nell'Isonzo con un salto di roccia. Lì bisognò risalire l'erosione fluviale, fino sul ciglio: i soldati e io stesso, che ero il meno carico, salivano lentissimi, vinti dalla fatica e già presi dall'accasciamento. Qualcuno tentava rimaner dietro (ricordo quel grasso e tondo⟨:⟩ Fiocchini). Ciò nonostante riuscii a portarli fin sul ciglio e a farli poi proseguire, dopo una breve pausa. Il sentiero poco dopo passava lo strapiombo mentovato; sopra di esso altre rocce, così: (sezione). –

Lì trovai i miei due cucinieri, discesi dal Krasji dove gli avevamo lasciati, Visinoni Giuseppe e Brevi G.B. (credo Giov. Batt.); quest'ultimo stanco, col batticuore. I due poveracci, di classi anziane, erano addolorati e mortificati. Li interrogai sulla 2.ª Sezione e non seppero dirmene nulla; su Ansaldi, e mi dissero che s'era salvato la sera prima;

sulla roba e le munizioni e gli zaini lasciati sul Krasji, e mi dissero che eran rimasti là, preda certa: il Krasji era stato bombardato in vetta anche con granate incendiarie; seppi poi che una aveva distrutto la baracca uff.[li] dell'osservatorio artiglieria dell'armata. Tutti i fuggiaschi dicevano che il ponte di Ternova era saltato: di lì non potevo scorgerlo, perché il fiume fa più su una svolta. Ero perplesso, l'angustia, l'ansia, il dubbio mi tormentavano. Chiedevo di Cola. Mi dissero che l'avevano visto tornare. – Ciò non ostante, nel dubbio, tentai proseguire ancora: ora occorreva discendere verso il fiume di nuovo, perché a quell'altezza il terreno non consentiva il passaggio (salto di roccia più in alto del precedente). Cominciammo a scendere, quando non so chi mi assicurò che Cola era ritornato, e nuovamente che il ponte di Ternova era distrutto[1]. – Allora decisi di tornare alla passerella, unica speranza che ancor rimanesse. I soldati mi seguirono istupiditi, con le mitragliatrici, stanchi, forse ormai certi della nostra sorte. Io volevo sperare ancora, non dico speravo. La necessità delle decisioni, la responsabilità di condotta, mi tolse in quei momenti di soffrire troppo del vicino pericolo. Riprendemmo ancora una volta il ciglio del fiume, nel bel sole meridiano che la stanchezza e il dolore ci impedivano di benedire, se bene ci riscaldasse dopo le lunghe piogge e la tormenta della notte. – Così marciando avvistammo sul bellissimo stradale della sponda opposta una fila di soldati neri, che provenivano da Caporetto, preceduti da alcuni a cavallo; il cuore mi s'allargò pensando che fossero nostri rincalzi, e al momento quell'uniforme nera mi fece pensare (che stupido) ai bersaglieri; non pensavo che questi, in combatt., hanno l'uniforme grigio verde. Al dubbio espresso da alcuni gridai: «Ma sono nostri rincalzi, che prendono posizione sull'altra riva del fiume!» e la cosa era logica, poiché, essendo saltato il ponte di Caporetto, io immaginavo che i tedeschi fossero innanzi a Caporetto, ma sempre sulla sinistra idrografica dell'Isonzo! Mai più immaginavo la strada che fecero. Poco dopo il crepitio d'una mitragliatrice e qualche colpo di fucile: cominciai allora a temere e intravedere

---

1 Ripeto che il ponte di Ternova fu realmente distrutto alle 22 del giorno preced., 24 ottobre.

la verità: «i Tedeschi saliti da Tolmino! Stanno per circondarci» e pensavo che i colpi di mitragliatrice segnassero una fazione, un combattimento tra avanguardie salenti da Tolmino e nostre retroguardie dirette verso lo Stohl. Invece la mitragliatrice come m'accorsi poi, crepitava né più né meno contro i fuggiaschi della passerella. Intravidi ormai il pericolo della prigionia, e affrettai il passo, per raggiungere Cola, la passerella, non so che. L'ansia diveniva spasmodica. Disperavo di trovar Cola, quando ci sentimmo chiamare, da poco sotto il ciglione! Oh; finalmente si trovavano i compagni. Scendemmo qualche decina di metri e difatti trovammo Cola, con gli altri, seduti lì sull'erba: «Gadda!» «Cola» «eh?» «Siamo qui.» Mi ricordo esattamente che appena lo vidi gli chiesi: «che è?» «*Sono loro, siamo perduti*» mi rispose. «Sono loro?» chiesi, e gli occhi mi luccicarono di pianto: «Sono loro? Ma è possibile?» e non seppi dir altro, né far altro che piangere. «Ah! è orribile, è orribile» esclamò Cola [parole precise] «Più che se fosse morto mio padre. Siamo finiti.» I soldati s'erano raccolti intorno a noi, con le tre mitragliatrici, due della mia sezione e una della 3.ª; quella di Cola era stata lasciata. Il luogo dove eravamo era fittamente coperto d'arbusti e un rialzo ci nascondeva.

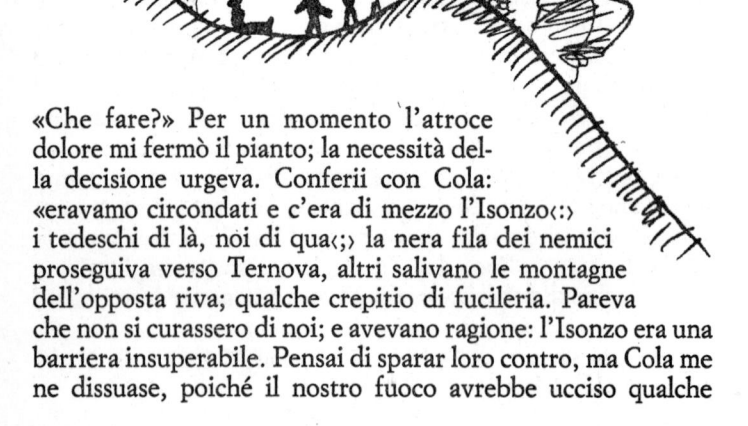

«Che fare?» Per un momento l'atroce dolore mi fermò il pianto; la necessità della decisione urgeva. Conferii con Cola: «eravamo circondati e c'era di mezzo l'Isonzo⟨:⟩ i tedeschi di là, noi di qua⟨;⟩ la nera fila dei nemici proseguiva verso Ternova, altri salivano le montagne dell'opposta riva; qualche crepitio di fucileria. Pareva che non si curassero di noi; e avevano ragione: l'Isonzo era una barriera insuperabile. Pensai di sparar loro contro, ma Cola me ne dissuase, poiché il nostro fuoco avrebbe ucciso qualche tedesco, ma avrebbe fatto sterminare i nostri soldati adunati alla passerella, su cui erano puntate le loro mitragliatrici. I nostri passavano il fiume, arrendendosi: non c'era altro da fare. Allora decidemmo: di star lì fino a notte, di guastare le armi, e di veder di salvarci nell'oscurità. Ma l'ostacolo del terribile, insuperabile Isonzo ci sorgeva nella mente come uno spettro. Dove, come passarlo? Intanto ci radunammo e ci riposammo. I 2 cucinieri che mi avevano seguito, divisero l'ultima volta il formaggio fra i presenti. Consigliammo ai soldati di consumare i viveri, poiché, nella probabilità, ormai grande, di cader prigionieri, non li dovessero dare ai tedeschi. Io mangiai un po' di marmellata, offertami da Cola. Ero sfinito, ma senza fame. – Guardai ancora l'orribile fila dei tedeschi. La strada non ne era più occupata, era ormai sgombra⟨;⟩ solo qualche gruppo qua e là. Cola strillò perché temeva mi mostrassi e ci sparassero: ma purtroppo non spararono, si curavano poco di noi. Se avessero voluto avrebbero potuto aprire il fuoco quando marciavamo in fila indiana sul ciglio nudo e prativo, parallelamente e contrariamente a loro. Poi mi sdraiai «come giumento che più non vuol trarre le some» sull'erba, accasciato; le lagrime s'erano inaridite e un istupidimento brutale mi teneva. Nel fondo dell'anima l'angoscia della prigionia e una speranza ultima di salvarci la notte; ancora non guastavamo le armi. La cosa ci pesava; non so in che speravamo. – Vicino a me i miei migliori soldati: Raineri Andrea, del 95, (venuto dall'America, di Menaggio) e Sassella Stefano, di Grosio, il mio attendente, del 97. – Erano essi pure costernati: già uomini, sebbene giovanissimi; e intelligentissimi entrambi; sebbene Sassella fosse un contadino, avevano la netta visione della sciagura nazionale e personale. Non imprecavano a nulla, a nessuno, oppressi dalla realtà presente. Sassella, con la sua inquietudine della notte, e con la sua tristezza, era stato presago: egli sarebbe stato all'Ospedale se (per devozione a me non lo fece) avesse marcato visita a Clodig. Invece mi seguì, sebbene malato di febbre reumatica e brutto di ciera, e fu preso! – Poveretto. Gli altri soldati tutti erano angosciati; tutti rispettosi ancora, nessuno disapprovò l'invito nostro di attender la notte. Solo alcuni, più paurosi, temevano per la vita e avrebbero voluto darsi prigionieri subi-

to. Ricordo fra gli altri paurosi il mio armaiolo, Marchion⟨n⟩i Giovanni, cl. 97, di Gardone Val Trompia, già armaiolo in una succursale della fabbrica dei fucili 91 a Gardone. –
Scritto il 29 nov. 1917 a Rastatt.

Cap. 32. – Il nostro animo era in uno stato di dubbio angoscioso; il quale andava a mano a mano tramutandosi nella certezza orribile della prigionia. Il fischietto degli ufficiali tedeschi che ordinavano l'avanzata ai loro, verso i monti di là dal fiume ci giungeva distinto. Ancora si fece sentire qualche colpo di fucile, qualche breve scarica di mitragliatrice, credo contro qualche tentativo di fuga. Noi eravamo di qui d'un fiume invalicabile, senza ponti: i tedeschi, avendo sfondato a Plezzo e a Tolmino, s'erano già tra loro allacciati di là dal fiume: a Caporetto c'erano; a Drezenca c'erano già, scesi dal Mrzli. Noi eravamo esausti di forze e d'animo, accasciati, quasi digiuni. Ma sopra tutto l'impossibilità di passare l'Isonzo. Io e Cola pensammo quindi ormai inutile il prolungare le nostre speranze; sarebbe stato puerile. De Candido uscì con un fazzoletto bianco, mentre io e Raineri guastavamo le armi della mia sezione, asportandone e disperdendone la culatta mobile, il percussore e altri pezzi. Che dolore, che umiliazione, che pianto nell'anima anche in quest'atto ormai inevitabile. L'ufficiale che a Torino aveva fatto il possibile per assicurare all'esercito il funzionamento d'un ottimo reparto, che aveva la consolazione d'esserci riuscito, dover gettare così le sue armi, lasciarle lì, negli arbusti! Parimenti guastata fu l'arma della 3.ª Sezione che ancor rimaneva. Guastando le armi, compivamo un estremo dovere: sebbene il numero dei cannoni, del materiale, delle mitragliatrici, viveri, munizioni ecc. lasciati anche intatti fosse tale che il nostro atto non aveva nessun valore. Io gettai anche la mia rivoltella e tutti lasciarono i fucili, lì dov'erano; poi in fila indiana, in ordine, dopo De Candido Cola, poi tutti i soldati, io ultimo, in coda, scendemmo per la boscaglia alla passerella: nessuno più vi si trovava: tutto era deserto, lì, tutti ormai avevano già fatto l'inevitabile passo. Ai piedi della passerella il flutto travolgente, brutale dell'Isonzo lambiva un mucchio di fucili, mitragliatrici Fiat, nastri, roba, ecc. lasciata nella resa. Di là la sentinella tedesca ci guardava passare, osservando che non avessimo armi. Altre sentinelle armate custodivano dei prigionieri, raccolti nel prato soprastante, il prato dell'adunata delle 13,20 del 25 ottobre. La passerella fu passata a uno a uno; reggendo i primi il cavo metallico che a sinistra serviva di ringhiera.

Tutti passavano lentamente, con grande precauzione per non scivolar nel fiume: il ponticello arcuato mi costrinse a sedermi, poiché gli scarponi ferrati scivolavano sull'asse. Giunto a metà mi levai e proseguii ritto. Passai di là col viso accigliato; assorto e istupidito più che altro. Tra il branco adunato avanti le sentinelle tedesche qualcuno non dissimulava la tranquillità per lo scampato pericolo. – Io guardai la 1.ª sentinella, che non offerse nulla di notevole alla curiosità: ritta, seria, quasi accigliata. Nel prato, sopra un sasso, una scatoletta di carne che qualche prigioniero aveva offerto a un tedesco per propiziarselo: appena questo tedesco si voltò io gli feci sparire la scatoletta, e me la mangiai con molta fame e con una gioia satanica. Erano le 13,20 del 25 ottobre 1917; le sentinelle tedesche tutte armate; con baionetta; facemmo nel prato l'ultima adunata, l'ultima chiamata. (Vedi p. ‹310› in fondo, scritta appunto là, nel prato). – Poi ci venne ordinato a me e Cola, di incamminarci con gli attendenti, verso Caporetto, lasciando i soldati. Col pianto negli occhi e nel cuore mi congedai da ciascuno, stringendo a tutti la mano. E lentamente m'incamminai con Cola; dietro noi Sassella, il mio caro e fedele attendente, e De Candido, che Cola aveva scelto per attendente lì per lì, poiché egli conosceva bene il tedesco; lasciando Ghezzi. Sassella portava il mio sacco, De Candido quello di Cola. Io guardavo qua e là tentato ancora di prendere la via dei monti: ma altra truppa tedesca sopraggiunse proprio allora dalla strada di Caporetto: prima un orribile sottufficiale, tipo di sgherro e di assassino insieme, stese la sua pattuglia al margine del prato ove stavamo: fece ispezion'arm ai suoi 8 o 10 soldati, carichi di un pesante sacco, stanchi. Uno appariva sfinito e implorava un po' di riposo: era rosso, col collo gonfio e accaldato e si rivolgeva al sergente come Cristo ai carnefici. Questi, urlando, gli impose l'obbedienza: agitava un bastone, ed era armato di rivoltella. La pattuglia poi salì per dove già era salita tutta l'altra truppa: la montagna doveva esserne piena. Dopo la pattuglia salivano altri soldati, coi loro ufficiali. Ci guardavano curiosamente ma nessuno ci usò, lì, atti o parole cattive. Avevano tutti l'elmetto da combattimento, largo come un cappello di paglia, senza chiodo, a forma speciale:

Un sottotenente, curvo, magro, occhialuto come un mercante ebreo, chiese a Cola in tedesco se vi fosse molta truppa avanti. Avutone risposta (tradotta da De Candido) che Cola non sapeva, salutò e se ne andò, fischiando ai suoi. -

Cap. 33. - Proseguimmo per Caporetto, incontrando qua e là qualche avanzo di gente. Giunti al ponte, lo vedemmo sprofondato nel burrone del fiume, insieme a due autocarri, con i quali era crollato. Il ponte crollato interrompeva una fila di autocarri fermi, diretti verso Drezenca (!!!!!). La strada stretta non consentì loro di voltarsi. Gli autocarri erano seviziati dalla violenza dell'esplosione: v'erano anche trattrici cariche di casse varie. Presso il ponte due cadaveri di chauffeurs, bocconi, con le vesti e le carni lacerate, enfiate, chiazzate dalla putrefazione incipiente. E lì assi, cassette, rottami. Così mi apparve la 2.ª volta il bellissimo ponte che, ammirando, valicai pochi giorni prima con un soddisfacimento estetico e sentimentale intensissimo. L'Isonzo mugghiava sotto, nel letto profondo. - Poco avanti v'erano sparse sulla strada delle cassette di ufficiali, dei viveri, delle botti, preda ormai dei tedeschi. - Al bivio, dove un ramo va a Caporetto, un altro prosegue a sinistra, costeggiando il fiume, ci fermammo un momento. Un soldato nostro ubriaco spillava vino da una botte aperta e il cui contenuto era in parte uscito ad arrossare il polverone della strada. Soldati nostri si chiamavano al festino; non ostante gli urli e le minacce delle sentinelle tedesche; dei tedeschi era

ormai tutta quella roba. Perciò pregai Sassella di riempirmi di vino la borraccia e ne bevvi avidamente alcuni sorsi. Da cassette aperte io e Cola privi di tutto, prendemmo alcune maglie, una divisa, delle fasce: lì vicino v'era un carro carico di oggetti di vestiario per truppa, e un altro di viveri di riserva. – Sebbene prevedessi la fame che avremmo patita, preferii le vesti ai viveri. Feci male, ché quelle poi rimasero a Sassella mentre i viveri li avremmo mangiati strada facendo. Ma ero istupidito. – Disgraziatamente non pensai a riempirmi di galletta e di viveri. Quanta atroce fame ora soffro. – Il soldato mio Gobbi, bravissimo, e che s'era comportato benone, mi diede una giubba, trovata lì nella strada. La presi, perché ormai tutto ciò non era che preda tedesca, ma non me ne servii mai, poiché rimase col mio sacco a Sassella. –
Proseguimmo e attraversammo la parte sinistra di Caporetto, nel dolce tepore autunnale. Le case qua e là erano già occupate da tedeschi che v'installavano uffici, ecc. Giravano ancora dei borghesi, a far preda. Soldati tedeschi e nostri, parecchi ubriachi sia degli uni sia degli altri, i primi armati, gli altri no, giravano nelle vie. Incontrammo anche numerose automobili; alcune di Comandi nostri già prese e messe in servizio dai tedeschi; e automobili di fabbrica tedesche, porta ordini, motociclisti ecc. La truppa, come seppimo, era già in piena avanzata verso Cividale, e questa fu per me una nuova pugnalata nel cuore, sebbene sperassi che Cadorna riuscisse a colmare la breccia e a respingerli all'Isonzo. –
All'entrata del paese, e anche nelle case, muli morti e cadaveri (uno d'un ufficiale in una casa) asfissiati gli uni e gli altri: qualcuno in atto di estrarre la maschera. Nei prati pozze di granate, (ricordo una da 305) ma in complesso non come a Magnaboschi, e tanto meno sul Faiti. Gli è che quelle granate arrivarono addosso a gente non avvezza (chauffeurs, borghesi, comandi) e cariche di gas asfissianti, producendo più panico che danno. Due cocottes piene di sifilide e di sguaiato servilismo pregarono De Candido di raccomandarle a ufficiali tedeschi. Cola e lui chiesero quale fosse la loro sorte e si fermarono a chiacchierare: io impaziente feci loro premura e proseguimmo. Ricordo le sfacciate parole della più piccola delle due svergognate «Per noi italiani o tedeschi fanno lo stesso!»,

dette con allegria. A un nuovo bivio, dove un ramo di strada prosegue per Tolmino, l'altro per Cividale, ebbimo l'ultimo desiderio e tentativo di fuga. Ci fermammo un momento e io feci la proposta: dobbiamo prendere per Cividale? I compagni non la trovarono attuabile: la tema delle sevizie tedesche contro noi quattro inermi valse pure a farci desistere. E poi la sentinella sopraggiungeva. Avanti, allora, verso Tolmino. Io, Cola, Sassella, De Candido. –
Finiva così la nostra vita di soldati e di bravi soldati, finivano i sogni più belli, le speranze più generose dell'adolescenza: con la visione della patria straziata, con la nostra vergogna di vinti iniziammo il calvario della dura prigionia, della fame, dei maltrattamenti, della miseria, del sudiciume. Ma ciò fa parte di un altro capitolo della mia povera vita, e questo martirio non ha alcun interesse per gli altri.
Finito di scrivere il 10 dicembre 1917 in Rastatt.

Note: La 417.ª Comp. arrivò sulla vetta Krasji la sera del 24 alle ore 1 di notte. – (Ten. Lapi, a cui firmai il verbale, ecc.) –
Le case presso cui passammo nella ritirata, e dove trovammo tabacco ecc. erano Rauna. – Gli ufficiali della 470.ª C. M. furono pagati fino a tutto il 15 ottobre 1917: rilasciammo ricevuta nel Rendiconto fino a tutto il settembre 1917 (30 sett. 1917). A me deve essere corrisposto lo stipendio di ten.te dal 17 agosto in avanti (data della nomina) o dal 1.º giugno 1917. (Circolare G.M. Disp. 40.ª Pag. 969 Art. 13 Circolare 397, del 5-12-16).
L'Ordine di ritirata per noi fu trasmesso al Comando 8.ª Batteria del 4.º da Campagna (Dep.to Cremona) dal Maggiore Modotti (pseudonimo telefonico: Gino); e proveniva dal Comando della Brigata Genova. Giunse a Cola alle 3 antimeridiane del 25 ott. 1917.

Nomi e indirizzi di ufficiali incontrati nelle ultime vicende militari e testimoni degli ultimi fatti:
Cerrato Aldo, Torino, Via Digione 3. – Cap.no Boggio Maset Albino, Com.te 790.a CM., Via 4 Marzo N.° 14, Torino. – La baracca osservatorio vetta Krasji, saltò incendiata il 24 sera. –
Ufficiali della 8.a batteria del 4.° Campagna: deposito in Cremona. –
ten.te Gallotti. S.T. Garofalo. Aspirante Sìdoli, direttore di mensa. Gallotti e Sìdoli cremonesi. Comand.te Cap.no Croci. – Maggiore Modotti Enrico, Comandante Sottosettore d'Artiglieria Nord della 43.a Divisione (4.° Art. Camp.) Deposito Cremona. –
Osservatorio della 2.a Armata sulla vetta Krasji:
Ten.te Tosi Quintilio di Agostino, di Lorenzano (Pisa).
S.T. Crotti Francesco. –

Hanno qui fine le note sulla mia cattura. Esse comprendono:

|  | Pag. |
|---|---|
| pag. 1 - 45 in fine quaderno | 45 |
| pag. 1 - 52 bis | 52 |
| pag. 1 - 16 ter capovolte | 16 |

Comprendono altre varie note e spazî vuoti. – Rastatt.
      CEGadda. 15 dicembre 1917.

## NOTA

[A p. 26 dell'originale figura questa annotazione:]

Adunata sulla destra dell'Isonzo, dopo averlo attraversato arrendendoci mentre eravamo in ritirata in seguito ad ordine del Comando 43.ª Divisione. –
470.ª Comp. Mitr.
Tragica adunata del 25 ottobre 1917. Ore 13,20
Presenti:
Ten. Cola
Ten. Gadda
Leoni, Gandola, Di Nardo, Remondino, Dell'Orto Oscar, Dell'Orto Luigi.
                      scritta il 25 ottobre 1917.

ANNUS DOMINI MCMXVIII.
1918.

Rastatt, – Friedrichsfestung. – Ore 14. 1 Gennaio 1918. –
Oggi è giornata fredda e serena, ventosa. Spirito abbastanza
calmo e lieto. La mattina solito caffè; a mezzodì orzo e poi
rape gialle e patate; un po' di pesce all'ammoniaca, immangiabile. Nel pomeriggio, nervosismo; ancora non si parte. Fame
continua. Pare che la guerra si prolunghi: abbattimento. –

Rastatt; Friedrichsfestung. 2 Gennaio 1918. Ore 19. – Giornata tetra e fredda. A sera qualche indizio di neve nell'aria.
Debolezza e fame, orribile fame. Jeri sera acqua sedani e
patate; poi barbabietole in insalata. Menu di oggi: a mezzogiorno 1 sbobba di farina di fagioli con puzza di benzina o
petrolio; 1 sbobba di rape acide con qualche pezzo di patata.
Stasera: meno di 1 cucchiaio di cetrioli e pezzetti di pesce in
aceto. (Dico meno di un cucchiaio). 1 sbobba di rape gialle con
qualche patata. – Fame orribile. – È ritornato il tenente Villart, comandante dei prigionieri della fortezza. – Sono arrivate
jeri e pare anche oggi numerose cartoline e qualche lettera
dall'Italia; curiosità e gioia generale; affollamento di tutti intorno ai pochi fortunati. Per me nulla. – Oggi sono annunciati
dei pacchi. Chissà? – Voglia Dio che questa tortura non duri
ancor molto, che il soccorso delle nostre famiglie ci sia porto
in tempo! – 2-1-1918.


Rastatt. Friedrichsfestung. Kap. 17. – 4 gennaio 1918. Ore
20. – Jeri ebbi la gioia di ricevere la prima cartolina da casa,
dalla Clara! Dal 18 ottobre non avevo notizie. Sessantasei
giorni! È il più lungo periodo della mia vita, passato senza
comunicare con i miei cari. Enrico sta bene: grande sollievo
per ciò. Lo invidio nella sua qualità di libero, di aviatore: ora

fa istruzione sugli apparecchi da caccia, alla Malpensa. E io sono qui, inutile e immobile. Sono qui, chissà per quanto tempo ancora, in questo lurido luogo, a 15 gradi sotto zero, lacero e sudicio! – Cominciano ad arrivare lettere e pacchi. Oggi Cola ricevette un pacco di indumenti di lana, che fu spedito da Calolzio il 21 dicembre. – Stamane, dopo l'appello, si distribuì la posta. Cola chiamava i nomi, io gli porgevo le cartoline: tutte stampate a cura della Croce Rossa, provenienti da diverse parti d'Italia, in varî tipi e colori. Quale ansia in tutti! Oggi si mangiò a mezzogiorno pesce (due cucchiai); 1 mestolo d'acqua e 1 di rape. Stasera 1 cucchiaio di cetriolini tritati e 1 mestolo scarso di barbabietole. – L'orribile fame mi conduce alla disperazione, all'avvilimento: il non veder fine prossima alla prigionia mi tormenta in modo non esprimibile. Ancora la Compagnia «malvagia e scempia» mi grava le spalle; che viltà in molti di questi ufficiali! Parlano di guerra come una bambina delle streghe, con goffa viltà, con bestiali esagerazioni, con una impressione di morbosa paura. Ed erano ufficiali italiani! Sentendoli parlare mi macero di rabbia e di vergogna, e talora non posso frenarmi, e pur sapendo di aver a che fare con esseri con cui è dignità non aver rapporti, protesto e litigo. – Disperazione, fame, viscere torturate dalla fame: deperimento continuo. – CarloEGadda. Rastatt. 4 gennaio 1918.

Rastatt, 5 gennaio 1918. – Jeri sera Cola mi portò una seconda cartolina di Clara, del 16 dicembre u.s., e una lettera da Lione, di G. Sigaux, che io non conosco ma che credo sia stato interessato dai Semenza. Costui mi dice d'avermi spedito un pacco di viveri: speriamo di riceverlo! Oggi fu una giornata rigida: hanno diminuito il carbone, sicché patii del gran freddo. Mi misi a lavorare per la compilazione di elenchi degli ufficiali, da servire per il recapito della posta: lavoro grave, utile ai miei colleghi. A colazione patate (1 mestolo) e 1 cetriolo; a cena 1 mestolo d'orzo e di marmellata. Non ho calze, ho un freddo addosso che nulla mi toglie. Ho una fame, una debolezza che mi riduce alla disperazione. E paziento! – Rastatt, 5-1-18. CarloEGadda.

Rastatt; Friedrichsfestung; 8 gennaio 1918. – Il giorno sei, Epifania, mi feci prestare dal ten.te Lazzari 5 marchi che spesi in frutta secca, affamato. Così passai l'Epifania un po' meno affamato. Lavorai alla compilazione di elenchi alfabetici, per la distribuzione della posta; era una giornata di sole. Perdurò in questi giorni un abbattimento terribile; le speranze di pace sembrano svanite; non si parte, non si sa nulla. Sono giorni terribili. – Jeri lavorai ancora alla compilazione degli elenchi, e ottenni, per l'intercessione di Bruno, un po' di sbobba in più, che dovetti mangiare di nascosto, nell'ufficio. Vendetti per 5 marchi la razione di pane, e comperai dei biscotti.
8 gennaio; ore 10 antimeridiane. –


Lunedì, 14 gennaio 1918. – Ore 9.
Questi giorni, nella monotonia dolorosa della nostra vita, furono per me ricchi di novità: mi arrivò un pacco da Lione; spedito da certo signor Sigaux, amico dei Semenza: v'erano tre scatole e un salsicciotto e due tavolette di cioccolatta. La cioccolatta divisi con Bruno, Cola, Garbellotto, gli altri viveri sono ancora intatti. – A Cola arrivò una cartolina. –
L'altra novità è la mia destinazione alla cucina, quale ufficiale di cucina, in unione con Garbellotto: ecco perché i viveri arrivatimi sono ancora intatti! – Il malcontento per la cucina, causato dalla fame e dalla suggestione collettiva che in cucina si commettessero irregolarità, diede luogo a manifestazioni più o meno violente contro Garbellotto, ufficiale di cucina (veneto) e gli ufficiali dell'ufficio. Sul conto di questi, che hanno il solo torto di essere in un posto meno doloroso e disastroso degli altri, se ne dicevano di cotte e di crude: si parlava di rapporti a cui si darebbe seguito in Italia, di bastonate, ecc.; la folla affamata era in uno stato di esasperazione. – Decisero di eleggere uno in sostituzione di Garbellotto: e questo fu Piazza, il nostro capo camerata, (lo scultore che sembra Giacomo Leopardi). – Intanto il generale Fochetti, uno dei due prigionieri, e Farisoglio, per l'interessamento di Bruno, e per esser io abbastanza amico di Tecchi (ufficiale d'ordinanza di Fochetti) avevano scelto me. –

Quando io seppi dell'elezione, lasciai il posto, a cui ancora non avevo acceduto, a Piazza. Questi però, è giustamente, voleva rimaner solo ufficiale in cucina, per aver *solo* la responsabilità. Ma Garbellotto, con poca delicatezza forse, appoggiato da raccomandazioni presso i tedeschi, non volle smuoversi. Allora Piazza diede le dimissioni, e per l'interessamento di Bruno, l'amico di Cola che è all'ufficio, io ebbi l'incarico in unione a Garbellotto. Confesso che il posto era da me grandemente desiderato, come lo sarebbe da quasi tutti perché è logico che l'ufficiale di cucina non soffre la fame: in me essa era terribile, simile alla morte, peggiore della morte. L'idea di doverla patire ancora a lungo, le sofferenze passate e future, la mia vita che fu sempre così ricca di dolori, e di disinganni, così povera di fortuna, mi persuasero che il non accettare, almeno provvisoriamente, questa buona sorte era una follia. Certo i colleghi non videro di buon occhio il fatto che io tollerassi Garbellotto; l'avranno giudicato una debolezza e peggio. Eppure ho potuto riscontrare che irregolarità non vengono commesse: la mia coscienza è tranquilla. – Certo ai due generali e agli ufficiali che scrivono, si manda una razione migliore (dico migliore per dire più grossa, più abbondante): e ciò per ordine dei tedeschi. Ma chi lavora non potrebbe sostenersi con la sola nostra razione. – In cucina c'è molto da fare: c'è sacrificio di riposo, di sonno. Seccature continue per dare ascolto a 750 affamati, per far le parti, ecc.; c'è veramente da stancarsi. L'unico compenso: non si soffre la fame. E per chi ha la fame d'una belva è naturale non rifiutare un posto simile, quando la coscienza è tranquilla, quando si ha la sicurezza di fare tutto il proprio dovere. Io lavoro, sgobbo tutto il giorno, sorveglio continuamente: certo non posso accrescere l'insufficiente razione che i nostri carcerieri ci passano! (Ore 9)


Rastatt; Friedrichsfeste; 16 gennaio 1918. Ore 11. – Sono dunque ufficiale di cucina. Lavoro enorme; sonno insufficiente (da mezzanotte alle cinque oggi) ma la fame è saziata. A ogni distribuzione di sbobba è una battaglia che bisogna impegnare coi rappresentanti delle varie camerate. – Disturbi intestinali, provocati dal freddo, dalla mancanza di calze, dall'aver sem-

## 22 GENNAIO 1918

pre le scarpe rotte e i piedi bagnati. – Cola ha sostituito il cap. De Candia all'ufficio; all'altro ufficio, al posto di Simo, pare si metta Cattaneo, l'alpino amico di Cola, nativo di Seregno. – Non ho ricevuto più alcuna notizia da casa e ciò mi addolora, mi preoccupa. Dio volesse che io abbia presto notizie e qualche pacco! La fame saziata ha permesso alla sensibilità dello spirito di riavere il sopravvento e i motivi di dolore, che hanno tessuto la dolorosissima mia vita, risorgono nei momenti in cui il pensiero è libero. La patria, mia madre, i miei fratelli. – Per fortuna il lavoro mi assorbe. –
Rastatt: 16 gennaio 1918.

Rastatt; Fortezza di Federico; Kap. 15 (Cucina). – Giorno 22 gennaio 1918. –

Nulla di nuovo nella nostra vita di questi giorni. Io sono ancora ufficiale di cucina, con Garbellotto. Lavoro da mattina a sera, per la sorveglianza dei pela-patate, per la confezione delle sbobbe, per la distribuzione; quest'ultimo è un lavoro pesante, che richiede attenzione e pratica. Si allineano i recipienti sul pavimento e si mesce: oggi la forza è così suddivisa nelle camerate:

| | | | |
|---|---|---|---|
| Camera | 17 | | 30 |
| Caponiera | 17 | Destra | 121 |
| | | Sinistra | 103 |
| Ridotto | 15 | | 84 |
| Camera | 11 | | 24 |
| | 12 | | 32 |
| | 13 | | 32 |
| | 14 | | 32 |
| | 15 | | 16 |
| | 16 | | 14 |
| | 18 | | 18 |
| | | | 42 |
| Prigione | | | 1 |
| Generali, ufficio, cucina | | | 11 |
| | | | 560 |

Si vede quindi quale briga sia il distribuire a un tal numero di affamati la sbobba, senza peccare di parzialità.
Cola e Bruno sono sempre all'ufficio matricola: il comandante italiano del campo è il colonnello Salvioni, del 10.° Gruppo Alpino. Cattaneo (di Seregno, avvocato, intrigante) e Raspaldo sono i suoi aiutanti. - Il colonnello, Raspaldo, Cattaneo, e noi due di cucina, dormiamo in una sola camera, nel caseggiato a sinistra dell'entrata. -
Il giorno 18 ricevetti da casa parecchia posta: mamma, Clara, Enrico, mi scrivono! Fu per me una vera gioia! - Pacchi finora non ne arrivano: si attendono però di giorno in giorno, e i poveri miei compagni certo più di me. Per ora io non soffro la fame. Del mio animo non parlo: costretto a difendermi dall'orrore della fame, occupato tutto il giorno in cucina, passo brutalmente (rispetto alla vita del mio spirito) questi giorni. Ringrazio Iddio dell'avermi concesso questo posto privilegiato, e in cuor mio mi auguro di non perderlo. - La famiglia, i miei cari, e la mia patria mi sono sempre vive nel cuore. Per la patria, la mia sofferenza è continua, implacabile. Si direbbe che sto scontando il delitto dei cittadini che la tradirono con la loro debolezza. I giorni della sconfitta mi ritornano continuamente nell'anima con tutti gli orrori patiti, con la visione di tante cose perdute. È meglio non continuare. -
Ora sono un povero schiavo, non posso più nulla. -


Rastatt; Friedrichsfeste; locale dietro la cucina; (Ridotto 15). - 22 gennaio 1918. Scrivo seduto sulla panca, al rozzo tavolo da cucina. - In questa settimana, poco o nulla di nuovo. Solito tran tran in cucina. Lamentele dei colleghi contro di noi, per lo più ingiustificate: la fame li rende ciechi. Se la prendono con noi perché i tedeschi non ci danno da mangiare. La fame sedata ha permesso alle sofferenze morali di crescere. Il pensiero della patria, il dolore della sconfitta sono cresciuti in questi giorni a dismisura. - Mi sono giunti dei pacchi: tre di indumenti e uno di pane e uno di viveri. Grande gioia nel riceverli. -

31 gennaio 1918. Rastatt. Friedrichsfeste – Cucina.
Continua per me la solita vita di ufficiale di cucina. Gran lavoro dalla mattina alla sera, arte e pazienza per mantenere la mia posizione. Gli ufficiali tedeschi sono contenti di me e di Garbellotto, almeno per ciò che manifestano. La fame è sopita, le sofferenze morali e la speranza di una fuga no. La vergogna della sconfitta si fa di giorno in giorno più forte. Penso al futuro, penso alla storia: io sarò tra gli infamati. Ho ricevuto il settimo pacco della Croce Rossa di Milano: pane. Era manomesso: dei 7 pani ne mancavano 2. Le notizie dello sciopero in Germania mi danno qualche speranza, molto debole per altro. –
Le nostre azioni sulla montagna vicentina mi fecero lieto per i successi ottenuti. – Pensai molto e sognai dei miei cari. CEG. – Fine gennaio 1918. Rastatt.


Friedrichsfestung. Rastatt. 15 febbraio 1918. – Ore 9 antim. Scrivo seduto presso la pentola grande, nella cucina. Ho potuto fin qui mantenere con Garbellotto il mio ufficio di ufficiale di cucina, non ostante qualche tempesta che la fame di quando in quando suscita nella moltitudine. Cola e Bruno sono sempre all'ufficio matricola e Bruno mantiene sempre la sua preponderante influenza sui tedeschi. – Perciò questa quindicina prima di febbraio è caratterizzata per me da alcuni fatti materiali e spirituali, che riassumerò brevemente; passerò poi alla descrizione di alcuni particolari. – Naturalmente tutto ciò che qui si scrive riguarda il chiuso mondo di noi sciagurati, chiusi qui mentre all'esterno si compiono formidabili azioni; delle quali a noi giunge l'eco lontana, fatta scialba a traverso la nostra amarezza e la nostra sofferenza continua. È una storia di miserie grige e di orrori. Eccola.


Fatti materiali. –
1.°) Mia permanenza alla cucina con Garbellotto. Lavoro abbastanza intenso sempre; oggi 742 conviventi. Disciplina dei soldati discreta. Due nuovi cuochi, venuti dal blocco 7 del

Russenlager, fra cui il soldato Pastori Alfonso, che era il mensiere al Comando dell'8.° Fanteria, all'albergo di Ponte di Legno, nel 1915. Le quattro caldaie della cucina lavorano alacremente; le rape, le rues tabacà, ecc., (carote da foraggio) son dure da cuocere. – Vantaggi inerenti alla mia posizione: non soffro la fame: mangio patate, carne, in quantità maggiore dei poveri compagni. È naturale. – Inoltre mi distraggo col lavoro, ecc. Ho il mezzo di mangiar cibi caldi; di far cuocere riso o pasta che mi arrivassero da casa, mentre alla folla degli altri ciò è difficile per mancanza di combustibile, di stufe, di recipienti. – Ho il mezzo di far lavare la mia biancheria con acqua calda, dal cuoco: il soldato Marchion‹n›i Giovanni, di Brescia. – Poi, e questo è anche molto, sono isolato dalla folla, dormo in una camera separata, con Raspaldo, Cattaneo, il Colonnello Salvioni e Garbellotto. – Là (ho acquistato una cassetta alla cantina, per 35 marchi) ho la mia roba in ordine, e più raccolta. – Gli altri ufficiali sono sempre ammucchiati nelle caponiere, nelle ridotte, ecc. Fanno una vita di sudiciume e di orrore. –

2.°) Arrivo dei pacchi; nei primi tre o quattro giorni di ogni settimana arriva per solito, alle due del pomeriggio, un carro di pacchi. Esso è trascinato da sette od otto soldati francesi e proviene dal Zivilgefangenenlager, dove si fa il lavoro di smistamento dei pacchi dei prigionieri italiani, per le varie destinazioni. – Il carro entra nel cortile della fortezza dal portone, e tosto un codazzo di ufficiali gli si stringe d'appresso, come le anime del purgatorio dantesco. Raspaldo si incarica poi della distribuzione; già molti di noi hanno avuto la gioia di ricevere qualche pacco. Io posso considerarmi anche in ciò assai fortunato: finora ho ricevuto i seguenti pacchi:

1 da Lagonegro (pane)
1 da Lagonegro (pane e sapone)
1 da Milano Croce Rossa (pane)
1 da Milano (viveri)
3 da Milano (divisa e biancheria)
1 dalla Francia (viveri)
3 dalla Svizzera (viveri)

Totale al 15 febbraio: 11 pacchi ricevuti. – Due pacchi di pane, fra cui quello della Croce Rossa, erano manomessi e

## 15 FEBBRAIO 1918

depredati: gli altri no. Adesso è un bel po' che dall'Italia non ricevo più nulla. – Non so che pensare. – Serbo ancora i viveri speditimi da Milano e dalla Svizzera, in previsione di un mio allontanamento dalla cucina che mi ripiombi nella mia primitiva miseria. –

3.°) Svantaggi della mia posizione di ufficiale di cucina. Sono esposto alle maldicenze dei colleghi aguzzati dalla fame e dalla loro proterva ignoranza; i più sono una vile plebe, indegna del grado che riveste; sono coloro che hanno consegnato la pianura veneta alle divisioni tedesche. – È naturale che io e Garbellotto mangiamo: e ciò ci è anche riconosciuto per il nostro lavoro: la razione mandata ai Generali (4) e ai bŭrò (5) è più abbondante. Ma ciò avviene per ordine dei tedeschi: ed è pure giusto, perché al bŭrò si lavora. Questo non può influire sul vitto di 700 persone. – Ci accusano di sottrarre le patate, ecc., ma in realtà noi sottraiamo quella quantità minima che mangiamo noi. – Certo questo lato non è simpatico: la mia coscienza è tranquilla, ma la mia dignità ne soffre. Già pensai più volte di dare le dimissioni, a ogni scenata che ci fecero, sulla porta della cucina, gridando: «Camorra! Camorra!» Ma poi la coscienza pura, gli incoraggiamenti di Bruno, di Cola, del Colonnello; il pensiero che nella vita, per avere, bisogna combattere; che io sono sempre stato anche troppo remissivo fin qui; il pensiero dei grandi vantaggi che si contrappongono alli svantaggi nella posizione di ufficiale di cucina, mi hanno indotto a tener duro. Mi valse più l'energia del Colonnello che la mia: più l'incoraggiamento altrui che il mio egoismo. – Altri svantaggi della mia posizione sono il sonno scarso, il lavoro; e l'esser sempre in mezzo alle pentole che per un poeta-filosofo-soldato-matematico è una orribile cosa. Ma pazienza! Meglio questo, che l'orrore della Thurm Kaponiere 17. – Tuttavia io considero la mia posizione come precaria e non mi meraviglierei di esserne sballato da un momento all'altro, per una ragione qualunque.

4.°) Arrivo di corrispondenza. Esso è molto irregolare: ho ricevuto ieri una cartolina della mamma del 4 gennaio, nella quale è detto che non hanno più ricevuto mie notizie dopo quelle del 18 novembre; e una cartolina di Clara del 29 dicembre. –

5.°) Temperatura. Essa è stata piuttosto mite, quasi primaverile, conferendo un po' al nostro benessere, in questa quindicina di febbraio. Oggi però è gelato di nuovo. -
6.°) Le partenze degli ufficiali per la nuova destinazione non sono ancora avvenute. Solo alcuni arrivi da Karlsruhe. - Del resto non si sa quando avverranno queste partenze, che permetteranno uno sfollamento di questa orribile fortezza. Cola e Bruno sono sempre all'ufficio matricola, e sono abbastanza occupati durante il giorno. Essi vivono, si può dire sempre, nel loro piccolo sgabuzzino, con la loro stufa e i loro letti uno sopra l'altro. Edo, l'attendente toscano, li serve e fa da messaggero tra noi e loro. Bruno conserva sempre la sua preponderante influenza sui tedeschi. Così ce la siamo passata discretamente, dal lato della fame; sempre però soffrendo con l'anima.

Fatti spirituali e connessi:
Le notizie politiche sono ben tristi; io, che la primavera scorsa, mi tormentavo a Torino per le cose di Russia che dovrei fare ora? Si annuncia, oltre la pace firmata con l'Ucraina, e la pace virtualmente conchiusa con la Russia (ciò che ha permesso ai tedeschi di sgomberare il fronte orientale e che probabilmente permetterà loro di rifornirsi di grano) si annuncia l'imminente offensiva contro la Francia. Sarebbe il colpo supremo, il tentativo ultimo della Germania di imporre la pace al nemico e di sopraffarlo con le armi. Qui parlano di un concentramento di otto milioni di uomini sul fronte francese; di attacchi con gas asfissianti, ecc. - Intanto l'Austria riprenderebbe l'offensiva contro l'Italia. Queste notizie, in parte esagerate, mi rendono inquieto. D'altra parte ci giunse l'eco di un risveglio patriottico in Italia. Ma le condizioni della nostra patria dopo la sconfitta di Caporetto sono sempre molto gravi, almeno immagino. Immagino tutto e il troppo pensare, e il tutto vedere, aumenta il mio dolor disperato. Il rimpianto di non esser più là, a combattere, e a gioire della superba vita del soldato, mi tortura, mi finisce a oncia a oncia. Il pensiero della mia bella compagnia, di tutte le fatiche fatte per istruirla e prepararla al combattimento, che tornarono vane per la viltà e per l'indifferenza comune, mi fa un uomo finito. Troppo

soffersi in questi mesi, troppo soffro. La vita stessa, tutta la vita futura mi appare scialba, disutile, senza scopo, senza valore. Mi è indifferente il pensiero di una schioppettata nella testa e quello del ritorno in patria. Solo il ricordo religioso della famiglia mi toglie di preferire la morte: il pensiero della mia mamma che m'attende, che chissà quando potrò rivedere: il pensiero di Clara ed Enrico. Se non fosse per loro, mi sarei già cacciato contro un fucile. –
Adesso sono stanco; continuerò domani. –


19 febbraio 1918. Rastatt. –
Un altro fatto notevole, e naturale in questa epoca di doloroso raccoglimento a cui è recato il mio spirito, è il rimpianto del tempo sciupato negli anni tormentosi della mia adolescenza. La contemplazione e la riconnessione dei fatti che ingombrano di dolore e di rimorso il ricordo di quegli anni mi induce a vedere le cause della mia sciagura in parte nelle condizioni esterne della mia vita (povertà, dispiaceri di famiglia, preoccupazioni, ecc.) e in parte, in gran parte anche nei miei sostanziali difetti. Fra questi è l'eccessiva sensibilità e umanità, difetto grave nella dura vita presente, piaga aperta alla violenza del vento. Ma io considero questa come un dono prezioso, che mi permette di maggiormente percepire, quindi di maggiormente vivere, se pure soffrendo. Altro difetto la mia timidezza, invincibile, inguaribile: timidezza che giunge al punto da impedirmi di risolvere un problema se un altro sta guardandomi; da impedirmi di esprimere un concetto in me chiaro e determinato, se un altro mi contraddice verbosamente. Ma la più grave causa della mia tortura fu la scarsa forza di volontà, sempre in tutto. Solo nello studio ho volontà forte, credo di poter dire formidabile. (Feci il politecnico e studiai l'Analisi e il Calcolo integrale in condizioni fisiche che avrebbero costretto qualunque altro a ritirarsi dall'impresa). (Esse non saranno mai note a nessuno; quanto soffersi, che atroci giorni! Amare lo studio e non poter studiare). – Perciò in questi giorni, in questi mesi, il riconoscimento delle cause della mia sofferenza, l'esperienza terribile della prigionia, l'esperienza del mondo e degli uomini

che un po' meglio ho imparato a conoscere, va determinando in me la deliberazione di aumentare la mia volontà, e perciò la mia potenza. Ma come e dove e per quali fonti aumentarla? Come tramutarmi in uomo? Io non vorrei chiamar volontà le tonitruanti affermazioni Alfierane, di lui che per istudiare si faceva legare alla seggiola. Vorrei volere, ma ancora non posso dir di volere. – Altro fenomeno, naturale, il pensiero accorato, terribile in certi momenti, della famiglia e della patria: e timori per mio fratello, il pensiero di Clara sola. La mia cara e dolce sorella, a cui pure io amareggiai la vita col contegno talora egoistico e scontroso nella fanciullezza (bicicletta, ecc.) è là sola, senza il sostegno de' suoi cari, si può dire senza famiglia. Povera Clara! Mio fratello, il mio caro Enricotto, nella sua vita di aviatore, e di bravo e coraggioso soldato, è esposto a continuo pericolo. E la mamma è sola, con il suo continuo affanno: dopo tanto lavoro, dopo tanti sacrificî, ch'ella sostenne per me, io sono qui. –

Quanto poi al rimpianto di non poter combattere ancora la mia splendida vita di soldato, fra i miei splendidi alpini, «ciò mi tormenta più che questo letto»; è questo l'assillo, è questo il cancro marcio che più mi logora. –

Cattaneo si è di nuovo urtato con Cola e soprattutto con Bruno; grandi pasticci e beghe di Cattaneo, che sa tutti «li accorgimenti e le coperte vie»; egli cercò di farmi mediatore, avvalorando la causa con il vantare bontà e umanità, con il dirsi amico di personalità cospicue, che al ritorno in patria potrebbe giovarmi, ecc. – Le sue parole sono un poema di finezza, di sapiente manovra. Dice che la partenza non gli importa nulla, ma in realtà fa di tutto per rimanere: dice che non vuol pregare nessuno, ma cerca di far di me uno spontaneo intercessore.

Insomma la mia vita continua ad essere dolorosa e difficile, ad esercitare in me una virtù poco splendida «la pazienza», e sintetizzarsi in un motto poco geniale: «soffrire e aspettare». Rastatt, 19 febbraio 1918. CEG.


Rastatt. 21 febbraio 1918. – Nichts neues. Wir bleiben immer in der Küche wie Küchenoffiziere, ich und Garbellotto und wir haben täglich viele Mühe weil der Hunger stosst die Offiziere an die Wut und an die Ungerechtigkeit über unsere Thätigkeit. Gestern Morgen ich habe mit einem offizier zu thun gehabt, weil er sagte dass die suppe war nicht genug. Ich habe vor ihm die Suppe, die ihm ich gegeben hatte, mit Löffel gemessen: und ich habe ihm die zunehmende abgenommen. Er wurde damit zornig und wollte zu den hände kommen. Die sache ist, als immer, andata a finire in niente. – Notizie da casa: nichts. – CEG. 21 febbraio 1918. –

Rastatt, 24 febbraio 1918. –
Nessuna lettera, nessun pacco in questi giorni. Giorni di tetraggine e talora di disperazione. La fame è sempre saziata, ma a qual prezzo! A prezzo di noie continue, di lavoro, di rabbia: tra un dolore e l'altro. Si può dire che mangio patate e fiele. Mi sento orribilmente solo nella orribile folla dei compagni: non compagni, ma quasi nemici. E la visione della miseria futura mi spaventa. – Anche fisicamente non sto molto bene: un po' di debolezza cardiaca, provocata dalla vita continuamente umida, tra il vapore e il caldo delle marmitte. –

Rastatt, Friedrichsfeste. Cucina. 27 febbraio 1918. – Nulla di nuovo nei giorni trascorsi: l'altro jeri e jeri pianto nell'anima, Herzeleid, mal di cuore. Jeri partì Cattaneo, indispettito con Cola e Bruno, non con me. Anzi ci baciammo nel separarci; io gli avevo regalato un bel pezzo del mio pane. Partirono 200, fra cui il colonnello Salvioni e il Gen. Farisoglio: pare siano andati a Ellwangen, tra Nürnberg e Stuttgart. – Speriamo che altri partano. – Oggi feci il bagno nell'infermeria, di soppiatto dal tedesco, in un mastello della cucina. Con Cola e Bruno sempre buoni rapporti. Penso alla famiglia, ai miei vecchî e cari soldati. Rastatt. 27 febbraio '18.

Marzo 1918. –
12 marzo 1918. – Altri 6 pacchi dopo gli ultimi notati, totale a tutt'oggi, 17. – Lettere e cartoline nulla. Sono senza

notizie della famiglia e di Enrico. – Altre due partenze dopo quella di Cattaneo, di cui una oggi. Rimaniamo in 224. – Io, Cola, Bruno, Raspaldo, Garbellotto siamo in una camera sola. – Stiamo in 5, stiamo bene. – Sempre reclusi; moralmente condizioni orribili: la primavera esplode nel sangue, la patria chiama, il passato chiama. Orrore dell'anima, mancanza di vita, disperazione. –
12 marzo 1918. – CEG.


Rastatt, 16 marzo 1918.
Nihil novi, se non l'arrivo dei pacchi in maggior numero, a sollevarci dalla nostra gravissima condizione. – Io ho ricevuto un diciottesimo pacco; di pane questa volta. Benedico la provvidenza e la mia famiglia dell'indispensabile soccorso. Sono sempre alla cucina, con Garbellotto, e il tempo mi passa abbastanza bene. Ripensando agli orrori dello scorso dicembre mi prende pietà di me stesso. Notizie da casa scarse, e del gennaio al massimo: una seconda cartolina di Lulù, nulla da mio fratello e dagli amici, che pare mi abbiano completamente dimenticato. – Stanno riordinando i locali della ridotta 16, 15 e della Friedenscaserne, dove i 225 ufficiali rimasti saranno alloggiati un po' meno miseramente. – Il vitto è sempre eguale, la clausura sempre più insopportabile; il tempo abbastanza sereno sempre. – Le notizie di Russia finiscono di amareggiarmi. Alla famiglia lontana penso sempre con crescente amarezza.
16 marzo 1918. –


Rastatt, 17 marzo 1918. –
Notte sul 17 nella Friedenscaserne. Notte degli spiriti e della civetta. (Battimenti, rumori, ecc.) –


Rastatt, 24 marzo 1918. –
La battaglia si è scatenata sul fronte francese, lasciandomi in uno stato di tensione nervosa non comune. Passo le ore

## 28 MARZO 1918

tormentandomi: a quando a quando un respiro più calmo, più sereno; un po' di speranza. Purtroppo le prime notizie non sono buone. La battaglia si iniziò il 21 mattina, dopo violentissime azioni di fuoco e di gas asfissianti; i tedeschi hanno già ottenuto notevoli successi. Speriamo che possano essere trattenuti dal valore degli Inglesi! Il tempo sereno favorisce gli assalitori, i «boches», che hanno sempre la fortuna con loro. Il giorno 19 o 20 saltò in aria una grande polveriera presso Parigi; così a Udine scoppiò un deposito di munizioni prima della battaglia della Bainsizza. Non so se è il caso o il tradimento; certo questi cani assassini hanno con loro il demonio. Mi sono arrivate da casa notizie del 16 e del 19 febbraio; stavano tutti bene, a casa e questo mi è di grande conforto. Enrico era allora a Padova «sempre entusiasta»; è sangue del mio! Io odierò il nemico prepotente, che vuole in mano sua il mondo, e lo combatterò fin che potrò; sempre. - CEG. Rastatt. 24 marzo 1918.


Francoforte sul Meno, 28 marzo 1918. Stazione Sud. - Nei passati giorni le cattive notizie dal fronte inglese (i tedeschi avanzano) mi hanno grandemente contristato. È inutile che dettagli le ore di ansia, di malessere, di aspettazione impaziente dei bollettini ufficiali, di speranza nel leggerli vuoti di contenuto. È inutile che dettagli di aver chiara coscienza di che cosa significano le diverse probabilità di vittoria. Se i tedeschi sfondano il fronte e vincono, il mondo è per loro. La guerra durerà ancora a lungo, se gli Inglesi resistono, come spero. Intanto la nostra vicenda di schiavi senza conforto ha avuto un nuovo brusco mutamento. Il giorno 26, improvvisamente, si sparse la voce che noi avremmo dovuto lasciare Rastatt, per far posto ai prigionieri Inglesi. Io lo seppi da Streib, il Sergente maggiore (feldwebel) del Comando della Fortezza, il quale annunciò a Bruno, in mia presenza, che saremmo partiti, vantandosi di essere stato buon profeta. La notizia, sparsa pel campo da Tecchi (l'aiutante del gen. Fochetti) e da altri, lasciò dapprima gli ufficiali affatto scettici. La cosa era così enorme, che molti pensavano a un tranello per farci una perquisizione con la sicurezza di toglierci carte, bussole, ecc. (Poiché noi, sapendo di restare, avremmo nascosto la roba nella fortezza stessa, mentre sapendo di partire, ce la saremmo presa con noi). Altri pensavano a un bluff o a uno scherzo. - La speranza di rimanere e il desiderio spingevano tutti a trovar falsa la diceria e a nutrire fiducia di restare a Rastatt. Così tutto il giorno le diverse opinioni mantennero il campo in uno stato di esaltazione e di nervosismo. - Comunque la probabilità della partenza era considerata da tutti, e da me pure, come una grande villania, un vero affronto agli ufficiali italiani, i quali erano fatti sgomberare per far posto agli Inglesi. Si diceva che come noi eravamo stati 5 mesi al Russenlager e alla Caponiera 17, nell'orrore del sudiciume, dei pidocchî, dell'umidità, del freddo, così anche gli Inglesi avrebbero potuto aspettare 15 giorni. E poi il campo era ora quasi sistemato; le camere del Ridotto 16, del Rid. 15, della Friedenscaserne imbiancate: i letti venivano portati, i pagliericci e gli armadi preparati. Ancora erano stati acquistati dei giochi (crocquet, tamburelli, bocce) e doveva esser messo un bigliardo, un pianoforte, altri strumenti musicali, e si doveva aprire tra di noi una biblioteca. A dirigere questi servizî s'erano eletti tra noi dei commissarî. Insomma ci avvicinavamo a una sistemazione discreta e definitiva del campo Friedrichsfestung, e i martirî della Caponiera stavano per ascendere ad abitudini di vita meno atroci. La partenza improvvisa ci priva di queste speranze. -

Ora io penso che i tedeschi, maestri di falsità e di gesuitismo, ipocriti fino alle midolla, sapessero già di sistemare il campo per i probabili prigionieri Inglesi, e, per illuderci, dicessero che quei preparativi erano per noi. - Comunque sia, per noi italiani è una bella umiliazione: vediamo i tedeschi farsi in quattro per ospitare gli Inglesi, che temono e rispettano, mentre durante cinque mesi infernali trattarono noi come dei porci. -

Il giorno 27 mattina, cioè jeri, non si sapeva nulla ancora. Ma, verso le nove, venne l'ordine dell'improvvisa partenza: noi ufficiali di cucina preparammo l'ultima «sbobba»; io feci il mio bagaglio, piuttosto voluminoso anche per i viveri ricevuti, e che mi dà parecchio a pensare nei trasbordi. -

Venimmo, verso le due, licenziati dalla cucina, io e Garbel-

## 28 MARZO 1918

lotto, con un scialbo e falso saluto di Jais, il Verpflegung‹s›offizier (architetto, graf, di Karlsruhe: ghiottone e bevitore, figura antipatica di egoista e di gesuita); poi Brokowski rimase al posto nostro il re delle sbobbe. – Più affettuoso fu il saluto e il congedo dai nostri bravi cucinieri; fra cui Marchionni Giov. di Brescia, abitante a Desenzano; e Pastori Alfonso (cuoco dei conti Caccia Domignoni. – Piazza S. Ambrogio, Milano), che era cuoco alla mensa del Comando 8.° Fanteria, dove io fui nel 1916, al Tonale. – Poi andammo a subire la perquisizione, che per molti fu minuziosa; vennero spogliati nudi e tutte le loro cose furono rovistate; la roba scritta fu sequestrata. – Ciò sarebbe stato un gran dolore per me: ho perso sul Krasji il mio prezioso diario del 1917; perdere anche questo mi sarebbe un grave dolore. –
Io rimasi, ad arte, l'ultimo dei perquisendi: e mentre un orrendo ufficiale tedesco si divertiva villanamente a schernire e ad irritare Raspaldo, io preparai la faccia più stupida di questo mondo. Alla domanda: «Schon fertig?» rivoltami da un inquisitore, risposi francamente: «ja wohl, schon fertig»: così, senza premura. E le mie casse, com'erano entrate, così uscirono dalla baracca della perquisizione, intatte. Furono caricate sul carro, tirato dagli attendenti, che le portò alla stazione. Il mio bagaglio constava: 1 cassetta bella, d'ordinanza, con abito, biancheria, berretto, ecc. - 1 cassa aggiustata alla meglio, con viveri e libri, pesantissima. 1 sacchetto con un po' di pane e viveri per il viaggio, 1 sacchetto d'orzo, regalatomi dal magazziniere, Kraut, un buon diavolo, di tendenze umanitarie, pur essendo sempre tedesco. – Dopo la perquisizione mangiai poche cucchiaiate di sbobba che a pena mi erano state avanzate dalla furia famelica dei colleghi, e, come gli altri, m'ebbi la razione di pane e 200 grammi di salamino. La mezza scatola di sardine che mi competeva lasciai a Garbellotto: egli poi la regalò a certi suoi amici, sicché sono rimasto senza: ma non importa. Ci avviamo alla stazione, scortati dalle solite sentinelle con la baionetta in canna, lasciando forse per sempre la fortezza di Federico, verso le ore 16,30 del giorno 27 marzo 1918. (Un anno fa giungevo lieto a Torino, a iniziare un nuovo e nobilissimo periodo della mia vita militare.) –
Francoforte sul Meno, 28-3-1918.

Celle-Lager (presso Celle); 29 marzo 1918. Ore 16,30. –
Si diceva, il giorno della partenza, ancora nella fortezza di Federico che saremmo andati a Celle o a Scheuen Celle, nell'Hannover. Tuttavia un'assicurazione formale al riguardo non ci era stata data. Uscimmo, dunque, alle 16 e ¼ o 16 e 30 del giorno 27 marzo 1918 (mercoledì), dal portone della Fortezza di Federico, avanzando sul ponte di accesso, che valica il fiume Murg. Il tempo era sereno, e la passione dell'avventura e della novità mi stuzzicava e mi rendeva meno penosa la partenza e l'inizio della triste carovana. – Le mie due cassette di bagaglio erano sul carro; ma avevo con me un sacchetto con un po' di viveri pel viaggio e il sacchetto d'orzo, piuttosto pesante. Inoltre Raspaldo mi chiese aiuto per portargli un pacco. Così ero carico e impicciato. –
Attraversammo Rastatt, passando pel centro e attraversando anche un gran palazzo di stile classicheggiante, forse palazzo reale, ora adibito ad ospedale, di color rosso. Poi via, via, verso la stazione. La città era priva di vita, come sono ora tutte le città della Germania; tuttavia il veder delle vie e della gente mi parve gran cosa. – Alla stazione il nostro bagaglio accumulato in disordine, ci attendeva. La folla scendente e salente dai treni, quasi tutte donne e vecchi, si accalcava dinanzi a noi. Un maggiore, una vera belva, urlava in tedesco che ciascun ufficiale, qualunque fosse, doveva prendere una cassetta e portarla sul treno. Io ero tra i primi e quando questa belva di maggiore chiese un interprete, Jais additò me: Jais gridava: l'altro, come se volesse accopparmi all'istante, con veri ruggiti, come raramente sentii anche in risse, in scioperi, ecc., mi ordinò di tradurre agli ufficiali il suo ordine. Io lo tradussi, pacificamente: la mia calma e il fatto che diversi ufficiali si rifiutarono di portare i bagagli, fece esplodere completamente quella belva: tutta la stazione stava a sentire, il capo-treno pressava. Finalmente, con molti stenti e col soccorso di un compagno, riuscii a portare sul treno il mio bagaglio, anche la cassetta pesante. Nello scompartimento con me erano il Milanese Noseda; Bertolotti di Arona; Marchisio di Torino; Russo di Alba, ecc. Nello scompartimento accanto c'era il generale Fochetti con altri; Cola, Raspaldo, Bruno, i 4 capitani erano pure in altro scompartimento. Il treno era di viaggiatori, om-

## 29 MARZO 1918

nibus; per noi erano riserbate delle vetture di terza classe, quante bastavano a contener pigiati i 226 ufficiali. – Anche il povero Giambertone, rimessosi appena da una polmonite quasi mortale; pallido, disfatto, senza forze, venne imbarcato con noi, senza pietà. Il treno lasciò Rastatt poco dopo le 5 pomeridiane del 27 marzo 1918, con tempo sereno. –
Alla stazione, nel parapiglia, chi avesse voluto avrebbe potuto fuggire, anche in treno, sapendo il tedesco o avendo marchi imperiali. Ma la partenza era avvenuta improvvisa, e nessuno era preparato, poiché tutti pensavano di iniziare i loro tentativi con la fine di aprile. – Io mi rammaricai grandemente, quando vidi che prendevamo la via del Nord; poiché così diminuivano o svanivano le speranze di fuga. – Nei villaggi, a ogni fermata di treno, gente che saliva o scendeva, specie donne o ragazzi, tornanti dal lavoro o dalla scuola, molte in lutto. Pochissimi uomini, salvo dei soldati in licenza o feriti con bastoni, stampelle, ecc. Non rare le persone portanti in spalla il sacco alpino o sacco da viaggio, molto più usato che da noi. – Giungemmo a Karlsruhe, e di lì ripartimmo per Heidelberg, Darmstadt, Francoforte. – Noto qui una volta per sempre che durante tutto il viaggio, che cessò stamane, (giorno 29) rimanemmo chiusi nello scompartimento, col divieto assoluto e senza la possibilità di scendere. Le sentinelle furono meno tedesche del solito e alle stazioni non si rifiutarono di darci acqua da bere. – Durante la notte si dormì seduti, a stento; e si mangiò il salamino (200 gr.) e i viveri dei pacchi. Io consumai due «filoni» (biscotto a forma di pane) della Croce Rossa di Milano, oltre il salamino e il pane tedesco. – Heidelberg e Darmstadt passammo di notte, aggregati a un treno merci; nonostante il disagio estremo del viaggio, e sebbene fossimo pigiati, anche perché nel nostro compartimento salì un «feldwebel» della scorta, armato e infagottato, io dormicchiai abbastanza bene e a intervalli abbastanza lunghi. A mattina giungemmo a Francoforte sul Meno, (Stazione Sud o stazione secondaria); mi svegliai poco prima di entrarvi. Ammirai la grande città, che vidi solo in parte, e male, dal treno. Anche quivi però deserto, morte e non vita. Da Francoforte partimmo, aggregati a un treno merci, eterno, che ad ogni

stazione si fermava a manovrare o a smistare carri. Gaddus lascia Francoforte il 28 marzo 1918, mattina. Nel seguito del viaggio, nulla di notevole: passammo per Offenbach, Hanau (Ost), Fulda, Hünfeld, Hersfe(l)d, Bebra. Giungemmo a Bebra la sera, tardi. Si pensava che il viaggio dovesse continuare chissà quanto tempo ancora, se fosse proseguito con quella lentezza. – Il percorso da Francoforte a Bebra fu attraverso una pianura deserta: a quando a quando piccoli villaggi: colline monotone, con campi e foreste. Notai la mancanza di viabilità stradale; invece la ferrovia è grandiosa: stazioni grandi, con sottopassaggi, anche in paesi. Di quando in quando dei treni diretti ci contropassavano o ci sorpassavano, con poca gente, e parecchi soldati. – Materiale ferroviario poco pulito, rugginoso, d'aspetto vecchio; *non* paragonabile col nostro italiano (certo in conseguenza della guerra.) La monotonia del paesaggio collinoso, la mancanza d'ogni vita nei campi popolati solo di donne e di qualche prigioniero francese, opprimeva il nostro animo, non ostante che il tempo fosse sereno. –
Nella scorsa notte (notte sul 29) da Bebra per Elze, Wülfel, raggiungemmo Göttingen. Stamane il treno viaggiatori, a cui le nostre carrozze erano attaccate, filava nel paesaggio Hannoverese, di foreste e campi con qualche catena di collinette. Raggiungemmo Hannover verso le otto di mattina circa; ammirai la bella città e la bella stazione, dove stemmo fermi fino alle nove e mezza circa di stamane. Officine ferme, città e vie deserte; scarsa animazione in stazione. Nei treni e nei tram molto personale femminile; le donne della stazione, assai brutte a dir vero, ci guardavano curiosamente. Anche per noi il veder femmine costituiva una certa novità. –
Lasciammo i tetti acuti di Hannover verso le nove e mezza, con una macchina speciale. Il treno filò abbastanza rapido verso Celle, nella pianura di campi, poi d'acquitrini, poi di foreste e di brughiere. Pianura desolata, spettacolo opprimente: ma ormai i miei nervi sono abbastanza resistenti all'orrore e alla novità dolorosa, forse anche in conseguenza del mio buono stato fisico. – Il treno si fermò a Celle pochi minuti, poi proseguì per una stazione o meglio per una fermata successiva, di cui mi sfugge il nome. – A questa fermata, a Nord di Celle, e distante da Celle pochi kilometri, sperduta nella solitudine

della brughiera-foresta, discendemmo poco dopo le 11 e scalammo pure il nostro bagaglio; il quale in parte è già stato portato, e in parte verrà domattina, su un carro campestre, all'accampamento. L'accampamento dista dalla fermata una buona ora di strada. È di baracche, lo descriverò poi. – Percorremmo la pessima strada, fangosa e polverosa, attraversante la pineta e la brughiera e giungemmo al Lager oltre mezzodì. Eravamo per quattro, carichi di sacchi e sacchetti, tra le sentinelle con la baionetta innestata. Cielo bigio, monotono, orribile, desolata solitudine di foresta e di brughiera. All'infuori delle baracche del Gefangenenlager, non una casa non un vivo. Si diceva scherzando d'essere dei deportati in Siberia, ma lo siamo davvero. – Proseguirò poi. – Celle-Lager; in baracca; 29 marzo 1918. – CEG. Ore 17,30.

Celle-Lager; Offiziergefangenenlager. (Hannover). Block C. Baracca 15 B. – La giornata del 29 passò maluccio, con un'acquata che inumidì l'atmosfera. Ci fecero alloggiare in baracche orride e sporche, piene di pulci, coi soliti cavalletti di giacigli a due piani. Ero con Cola, Bruno, Raspaldo, e i due bergamaschi Pianetto e Taschini. A mezzodì e a sera la solita sbobba, liquidissima; di pane, che ci competeva per la giornata del 29, nessun sentore. Decidemmo allora di reclamarlo, e dopo averlo chiesto e richiesto invano, si decise di manifestare il nostro malcontento. Per meglio dire furono gli altri a decidere, ché io in treno avevo mangiato del pane della Croce Rossa e a sera una scatoletta di carne. Tuttavia per solidarietà coi compagni affamati escii anch'io, sebbene fossi scettico sull'esito dell'agitazione, per vecchia esperienza. Mi feci anzi interprete, conoscendo un po' di tedesco, presso un graduato, il quale ci promise, non senza una certa paura di trovarsi in mezzo a noi, che sarebbe andato a prendere il pane. Tutti, vedendolo escire, perdemmo quasi ogni speranza, ben sapendo che i tedeschi sono di professione bugiardi e vani promettitori. – Come tuttavia si continuava a rumoreggiare contro il reticolato, fin verso le nove di sera, che già era buio da parecchio; vedemmo arrivare un gruppo di uomini. L'intimazione di disperderci. – La minaccia di far fuoco su di noi. – La carica con le baionette.

Le percosse e le violenze. A Bianchi la rivoltella alla gola; a Taddei i pugni con l'elsa della sciabola; a letto. –


Celle-Lager: 8 aprile 1918.
Il 30 perquisizione, sequestro dei libri e delle scatolette; sbobba. Al blocco C, (altri all'A, al B, al D) del Lager. Disinfezione, alloggiati in 26 nuovi arrivati nella baracca 15 b. Il Lager è di baracche, allineate, e divise in 4 blocchi; circa 200 ufficiali. – Baracche di mensa; di riunione. Letti separati (brandine); per me sempre troppo corto. Pagliericcio di sterpi di pino. Io, Cola, Bruno, Raspaldo, Pianetto, Taschini; siamo insieme. – Alla mensa io sono distributore della sbobba per la mia tavolata. – Ho ricevuto già tre pacchi. Pianetto è il cuoco, per ciò che arriva da casa, della compagnia dei 5. – Ancora non ho ricevuto posta. CEG. 8 aprile 1918.


Celle-Lager, 15 aprile 1918. Sera.
Nessuna novità importante. Oggi ci giunse la notizia della caduta del conte Czernin, in seguito alla faccenda della lettera a Clemenceau. Solita vita, solito peso nell'anima; interrotto da un po' di studio di matematica e delle lingue, specie della tedesca. Nella baracca del convegno di ciascuno dei 4 blocchi si fa un po' di musica e ciò serve di distrazione. Ieri, domenica, nel pomeriggio, andai a un concerto vocale e orchestrale al blocco B. Vi assistevano anche due ufficiali tedeschi. Il concerto vocale non valeva nulla. L'orchestra eseguì tra l'altro la sinfonia del Guglielmo Tell. Passai un'ora buona immerso nella musica della patria. A sera altro concerto. Non arrivano pacchi, ma la fame finora non c'è, grazie alle mie piccole riserve con cui sfamo me e i compagni. 15-4-18.
Noc ⟨?⟩ Sur le 15 ■ Dernier cri.
Non si riceve posta né pacchi. 15-4-18 Sera.

## 21 APRILE 1918

Celle-Lager. Offiziergefangenlager, Blocco C; Baracca 15 B. – Note del 21 aprile 1918 (Natale di Roma). –
Le baracche ufficiali sono divise in due compartimenti grandi, due piccoli, e due ingressi, press'a poco così.

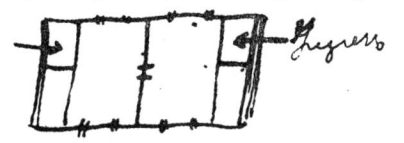

Nei compartimenti piccoli ci si sta in 4 (per solito capitani o ufficiali superiori), nei grandi in 26; perciò 60 per baracca. Blocchi divisi tra loro da pali con filo spinato: sono quattro rettangoli, (giù per su), con annesse aree, dove sono baracche assai migliori per il comando, gli ufficiali tedeschi, la guarnigione. – Appello alle 7 della mattina e alle 4½; bisogna alzarsi presto. Ci si lava all'aperto. Clima umidissimo e insalubre (febbri malariche e reumatiche) di palude-steppa marina. Tempo freddissimo; oggi sembra la fine gennaio di Milano e siamo in aprile. Umidità e freddo nelle ossa. – Alla biblioteca si trova qualcosetta di interessante; è una biblioteca per modo di dire: quattro libri accozzati come si poteva. Ma è già un bello sforzo, se si pensa che i tedeschi impiegano dai tre ai cinque mesi per farci avere i libri che ordiniamo. L'organizzazione e la direzione della biblioteca sono dovute a benemeriti ufficiali italiani.
La sala di musica e di convegno è pure opera di alacri ufficiali italiani: ci sono violini e flauti, violinisti e flautisti; 1 pianoforte. Per solito il giovedì e la domenica ci danno trattenimenti, organizzati benino in riguardo alla mancanza assoluta di mezzi scenici. Bisogna far a gara per prender posto e ancora si hanno incidenti e battibecchi. –
Le condizioni igieniche, per pulizia ecc., sono migliori che a Rastatt: ma le condizioni del clima e la deliberata rappresaglia tedesca sono gravissime. Spesso si va all'appello con le coperte, perché possano esser contate, con le tazze, o le catinelle: si gela al vento umido mentre i tedeschi si perdono in chiacchiere e in moine. – L'obbligo del saluto a ufficiali tedeschi è assoluto e di rigore; il trascurarlo costringerebbe alla prigione i trasgressori. Però i tedeschi rispondono infallibilmente al saluto. –

Il campo è cinto di doppio reticolato spinato, guardato da lampade elettriche e da sentinelle frequenti: tra i due reticolati e nell'interno del campo girano pattuglie con cani al guinzaglio, durante la notte.
Ogni blocco ha la sua biblioteca e la sua baracca di musica. – In questi giorni l'interprete ci avvertì all'appello che di 5 ufficiali che hanno tentato fuggire da un altro campo, 3 furono uccisi e 2 feriti. –


Celle-Lager, 22 aprile 1918. –
Ieri Natale di Roma, ricordato con una adunanza tra i prigionieri romani e laziali al Blocco A nel pomeriggio; discorso (criticato da Tecchi) e bicchierata. Io non ero presente, perché non romano, ma vi partecipai col cuore, mandando il saluto del figlio senza scarpe alla Madre lontana ed augusta ed eterna. – La sera, anche al nostro blocco, un commosso discorso del capitano Casella. – Poi suono di inni patriottici, fra gli ufficiali plaudenti all'impiedi, a capo scoperto. Si gridò «viva l'Italia» e io gridai commosso. – Poi piccolo trattenimento musicale, con qualche macchietta; si distingue come discreto macchiettista, il tenente Lorigiola. Jeri ricevetti la notizia di due pacchi, di cui uno solo mi venne finora consegnato, e oggi la notizia di un altro. Con quanto fervore ringrazio i miei cari, e la patria lontana di questo generoso soccorso! Grazie grazie di questo pane della salute, o miei cari lontani.
I tedeschi inseviscono sempre più, aumentando in noi l'odio, che è già grande. Oltre a ritirarci tutti gli involucri dei pacchi e delle scatolette (tele, carta, spago, scatole), oltre all'aprirci tutte le scatolette, ora hanno deliberato che venga anche frantumato il pane, per tema che vi si nasconda qualche cosa. – Oggi ho visto girare per il campo un capitano svizzero. –


*Orrore.* –

Numerosi i morti di tubercolosi all'ospedale del Campo. Sono queste le vittime più sciagurate della ferocia tedesca; giovani specialmente tra i 19 e i 21 anni. Numerosi, sia tra i soldati sia tra gli ufficiali, i malati di tisi, di cui a quando a

quando alcuno muore nell'orrore della desolata solitudine, senza che alcuno di noi possa assisterlo e raccoglierne le ultime volontà. – Registro i nomi degli ufficiali morti da che sono qui: dei soldati, che sono pure parecchi non ho potuto aver il nome: Maggiore cav. Ferruccio Soliman, comandante il batt. Albergian.
Aspirante Fossati Emilio
" " Cannata Virginio
" " Scarola Michele.
In 21 giorni ne sono morti 4; altri malati vi sono. Ci è stata passata una visita medica per i polmoni; numerosi i malati sospetti. A questi, altra visita medica verrà fatta. –
Ho ricevuto in questi giorni parecchi pacchi, e anche i miei amici ne hanno avuto: siamo in società, nella quale per altro io ci perdo. Il tempo è orribile. –


Celle-Lager. Block C; Baracca 15 b. 25 aprile 1918. Ore 20. –
Sono rimasto solo nella camerata deserta, all'ora del tramonto, seduto sul mio lettino di sterpi. Gli altri ufficiali camminano nei viali di sabbia, o ascoltano la musichetta dell'orchestra nella baracca di convegno. Oggi è un triste giorno per me: ma l'animo è abbastanza forte e preparato a tutto. All'appello mattutino fecero il mio nome tra coloro che dovevano essere sottoposti a una seconda visita polmonare. Mi recai verso le 11, e il medico, che m'osservò diligentemente, mediante auscultazione semplice e stetoscopica, fece una smorfia conclusiva poco incoraggiante. Tuttavia non è questo un verdetto: si tratta più che altro di dubbi. – Io, in ogni modo, cercherò di ricordarmi di essere un ufficiale italiano e accetterò da soldato la mia sentenza. Conosco quanto mi ami la sorte, e non mi meraviglierei che m'avesse strappato alla morte con onore, alla «mort en beauté», per riservarmi alla tubercolosi e alla sepoltura di Celle o al ritorno straziante dell'uomo perduto. – Sentirò che cosa dirà un'altra visita. –

Celle-Lager, 26 aprile 1918. –
Jeri passai dunque una strana giornata, tra un'allegria fittizia con cui cercavo di farmi forza, e una rodente preoccupazione. Una malattia quale la tubercolosi, togliendo all'uomo ogni speranza, gli annienta la vita. – Io ho troppo sofferto per poter avere riserve d'energia che mi bastino a vivere senza una idea centrale sostenitrice. In guerra quest'idea era la patria, e il mio onore di soldato, e il culto della forza morale di colui che supera continuamente sé stesso. Fuori della guerra era l'ideale della mia opera, concepita per me come un dovere nazionale ed umano. Ma questa fede era già scossa da mille circostanze terribili, interiori ed esterne; se ora sapessi d'essere ammalato, l'animo strangolato dalle giornate di Caporetto mi verrebbe totalmente meno. – Ore 10 antim. – Quindi anche oggi sono inquieto, nervoso, alterato nell'animo: pensieri di morte e di desolato decadere si alternano con lampi di ricordi radiosi: rimorsi della mia condotta passata verso mia madre, verso la mia famiglia, con orrende bestemmie che mi lasciano poi istupidito e vuoto. Sono giunto a un altro punto critico della mia vita di prigioniero, a un'altra tappa della follia umana e idealistica. Il macerante pensiero mi perverte e talora lo sostituisco alla realtà. – Troppo, troppo ho dovuto portare, e l'ingiusto peso mi vince: sento le forze soccombere, sento che la vita rifugge dall'anima: la morte non mi fa più paura di un altro accidente qualsiasi. – CEGadda.
Celle-Lager, 26 aprile 1918. –


Celle-Lager, 30 aprile 1918. – Ore 20-21.
Si chiude anche questo mese, tra desolazione e sgomento. Interpellai nuovamente il medico il quale escluse per me una malattia polmonare. Ciò mi rinfrancò alquanto e mi diede la pace, la fede in un possibile avvenire. – Tuttavia non mi sento bene. Dolori diffusi per le reni, per il petto; stanchezza, debolezza generale. Ho anche la tosse. Il clima è orribile; pioggia e freddo; vento gelido come in febbraio. Non si può neppur passeggiare. Il disagio della vita è estremo; il saccone di sterpi di brughiera e di rami di pino non consente alcun riposo alla

## 30 APRILE 1918

persona. Cattivo cibo, freddo; ma tutto ciò senza utile della patria, senza il pensiero che allevia ogni disagio «Soffro ma faccio.»
Il pensiero della fuga si fece ancora pressante in questi giorni; parlo, sento, ascolto, mi preparo. – 10 ufficiali fuggirono: quattro vennero ripresi. Il generale Fochetti inneggiò a coloro che tentarono. I tedeschi fecero conte e riconte, ma non riuscirono ad accorgersi che molto tardi del numero esatto dei partenti. – Morte di un altro ufficiale, sepolto jeri: il sottotenente De Filippi. – Studio un po' di tedesco: finis.

*Fine di aprile.*

**DIARIO DI PRIGIONIA**

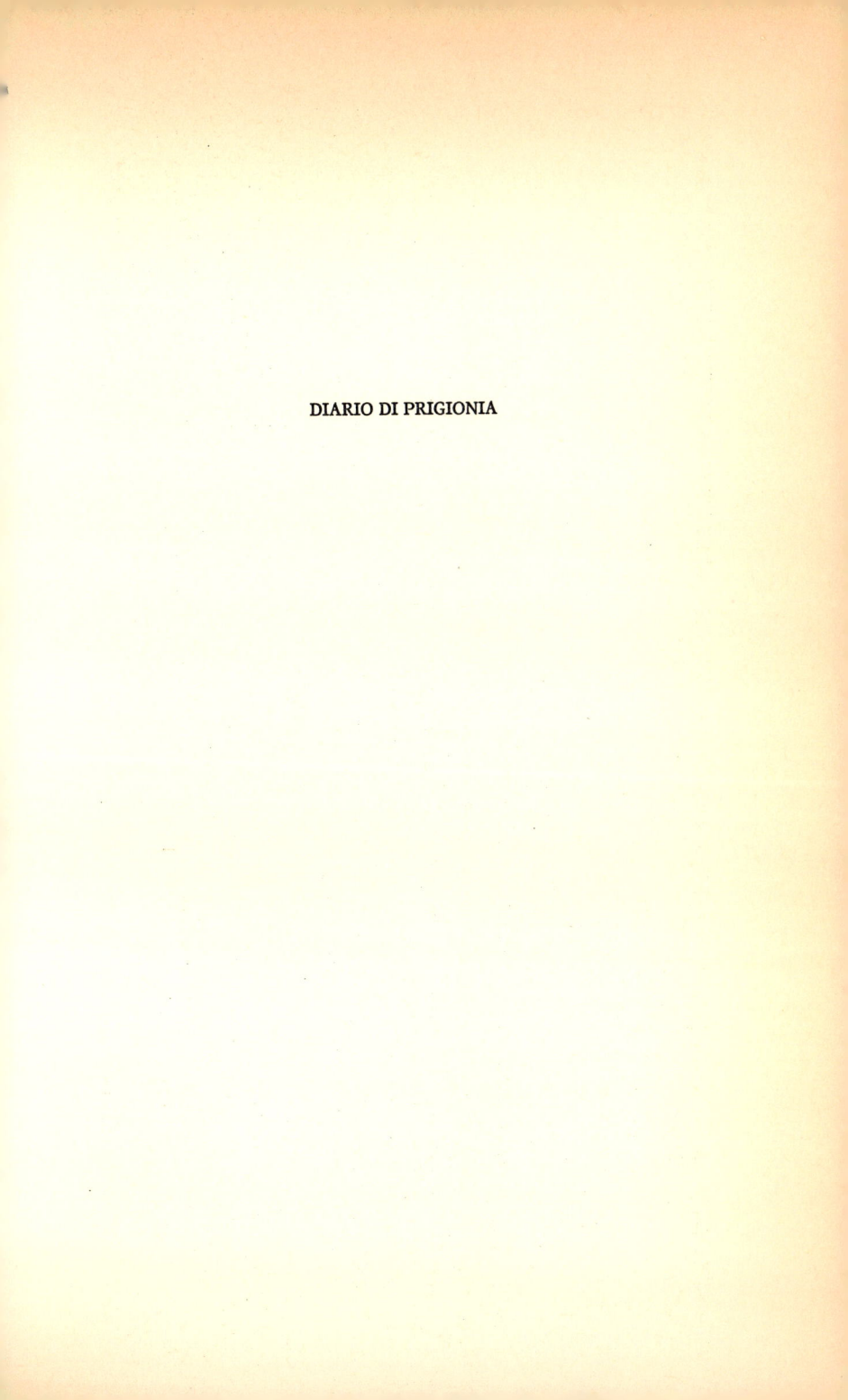

Anno 1918.

Carlo Emilio Gadda

# Note autobiografiche redatte in Cellelager

«Prospexi Italiam summa sublimis ab unda.»
(Verg. *Aen.* VI).

Tenente Carlo Emilio Gadda, del 5.° Reggimento Alpini.

Anno 1918.                                              Cellelager.

## Annotazioni.

Questo libro fu acquistato nel Gefangenenlager presso Celle, (provincia di Hannover), alla Kantine del Block C, per il prezzo di cinque marchi.

La numerazione preventiva delle pagine di questo libro si inizia con la pagina seguente.

Questo libro costituisce il secondo volume delle mie note personali per l'anno 1918.

Cellelager, 28 aprile 1918.

      Tenente Carlo Emilio Gadda
        Anno 1918.

Gaddus scribit. – Cellelager, 2 maggio 1918, ore 20. Baracca 15, camera B.
Siedo sul lettino, il libro è aperto sopra una tavoletta appoggiata alle ginocchia. L'orario ufficiale, a cui si riferiscono i dati di queste note, è anticipato di sessanta minuti rispetto all'orario geografico.– Nella stanza, la maggior parte dei ventisei ufficiali che vi dormono è occupata a leggere, a mangiare, a cucinare, a chiacchierare. Fumo della stufa, chiara luce dalla finestretta. Fine d'un altro giorno della nostra monotona e tragica vita. Stamane, al risveglio, malessere di natura gastrica e reumatica. Dopo l'appello andai al bagno, che mi ristorò alquanto. Nel pomeriggio dormicchiai e pensai poco: atonia spirituale ottenuta con artificiosa attenzione alle cose esterne.
Oltre il cosidetto caffè mattutino, e le due sbobbe meridiana e serale, io mi nutro con del pane mandatomi dall'Italia e con un piatto di riso, di pasta, o di polenta, che si cucina per le ore quattordici. L'invio del pane è fatto dalla Croce Rossa milanese con notevole regolarità: la razione settimanale di due kilogrammi di biscotto arriva divisa in sette pani che, dalla forma, noi chiamiamo filoni. Esiste il filone. Secondo la luna, e il vento, e le nubi, ed altre più complesse influenze, io mi mangio da mezzo a un filone per giorno. Quanto al resto, ho fatto società con Cola, Pianetti, Taschini. Tale società contempla la divisione in quattro parti eguali di tutti i viveri che giungono ai soci, esclusi il pane, il latte, il cioccolato, che rimangono di proprietà personale. Fino ad ora io ho perso nell'alleanza, avendo ricevuto più dei compagni. Ma Pianetti e Taschini rappresentano per me un prezioso soccorso: perché si incaricano interamente della manipolazione e della cottura dei piatti;

c'è da spaccar legna, da accender la stufa, da cuocere, da rimestare: tutte cose da cui la mia pigrizia aborre. Il lavoro manuale mi è tanto difficile ed ingrato quanto m'è grata e cara la fatica della mente, la marcia, il nuoto, la guerra.- Si mangia dunque verso le due o le tre pomeridiane il nostro piatto rincalzo: una fetta di polenta, o un mestolo di riso o di pasta. Ciò è quanto di meglio ci vien fatto di trangugiare.-
Oggi il caffè era acqua tinta di fieno bollito, detto dai tedeschi surrogato di tè (The Ersatz); la sbobba meridiana era l'ottima, la supersbobba: orzo e patate; la sbobba serale era di farinella e patate.-
La lezione di tedesco, che io e Tecchi abbiamo dal sottotenente Flamini, fu oggi saltata, essendo questi diversamente occupato. La giornata è notevole per la storia dell'hier. Al primo appello, l'interprete ci tradusse il comando di rispondere alla chiamata con «hier», anzi che con «presente.» Nostro rifiuto; chi diceva presente, chi io, chi jeri, chi tier, chi non diceva nulla. Rabbia tedesca e minaccia di punizioni. Chiacchiere e discussioni e imposizioni del vecchio capitano capo blocco, uno spettro alto due metri. Noi duri, al primo e al secondo appello. Io risposi presente, al primo, e non dissi parola, al secondo. Vedremo come finirà la storia.
La maggior parte degli ufficiali italiani evasi dal campo, (credo dodici, certo dieci sono gli evasi), vennero ripresi e scontano in carcere la multa a loro inflitta.
Giornata quieta e piatta; poco pensai, poco soffrii; poco noto.
   Tenente Carlo Emilio Gadda. Cellelager, 2-5-1918.


Cellelager, Block C, Baracca 15, camera B.- 5 maggio 1918. Ore 11.-
Seguirono, al due, giorni gravi e tristi, in cui la mia volontà lottò vanamente contro turbamenti insostenibili. Cause lievi ed esterne, come ad esempio una mancata distribuzione di scatolette, una penosa attesa all'appello, una disputa con qualche compagno, aprono con il loro piccolo tumulto una serie di tumulti crescenti, in cui le cause gravi e remote di sconforto e di dolore si fanno dominatrici. Tale congiungimento di fatti esteriori ed interni, tale fusione di futilità e di atrocità, nel

## 5 MAGGIO 1918

quadro della mia tormentata vicenda, son resi possibili dalla cattiva condizione de' miei nervi, in altre parole dalla salute non buona. Ho risentito molto del tempo cattivo, dell'umidità persistente, del sonno disagiato sopra un sacco di sterpi compressi, del cattivo andazzo che le carotacce e rapacce impongono alle cose della digestione e della nutrizione. E poi ci sono le mie vecchie manie, per cui un libro toccato da altri non è più un libro, un cibo diviso con altri, senza esser stato preventivato nel bilancio, mi pare un cataclisma cosmico; per cui una parola tedesca che non ubbidisce al richiamo della mente mi lascia nella certezza d'essere un perfetto imbecille.
Così avvenne che passai i due ultimi giorni tra periodi di spasimante dolore per la mia patria e per la mia azione mancante, durante i quali con implacabile acutezza la fantasia permea i dettagli del sogno e ne fa paragone lucidissimo con i dettagli della realtà; tra momenti di sfrenato fantasticare, alternati da scoppî di irascibilità puerile, da lunghe ore di stupidità e di automatismo, non pur dello spirito, ma del corpo e dei sensi. In tali ore di non vita, la macchina prosegue di spinta: come un arco di ponte che si getta dall'uno all'altro pilone. Trovato un nuovo momentaneo appoggio e ricevuta una nuova spinta, prosegue per ricadere, und so weiter. In tali terribili pause, gli stessi motivi intellettuali e sentimentali che costituiscono il governo oligarchico del mio animo, non hanno potere veruno; anche l'amore dei miei cari è scialbo e lontano, come una cosa non possibile, ma solo desiderata e pensata: in altre parole sogno e realtà si confondono in un solo, indistinto grigiore.- Mi accade di chiamare la morte, ma non avrei la forza di procurarmela. La volontà e lo spirito d'azione sono esulati in Siberia.-
Ore 16.- Vita materiale: il solito sonno disagiato e duro, l'abluzione all'aperto, mentre sottili dolori mi guastano le giunture e le reni; le scarpe rotte, l'appello interminabile, dove la squallida testardaggine tedesca si sbizzarrisce in bizze e ripicchi; la camminata da belva in gabbia; la lettura, o il tedesco studiato con varia intensità di desiderio e varia efficacia di risultati; la sbobba, nella baracca 53, che è una delle tre sale da mensa del nostro blocco. Panche e rozze tavole d'assi. Lettura dei pacchi in arrivo, e della posta, se c'è.- Poi sonnellino po-

meridiano, nella camerata rumorosa; piatto rincalzo. Lettura, lezione di tedesco. Appello pomeridiano, sbobba serale. Dopo di che, si passeggia, nell'ora delle tristezze accumulate, della luce morente senza fasto, né selvaggia, né dolce. Si mormora e si chiacchiera, ventilando tentativi di fuga, parlando di carte topografiche, di bussole, di abiti borghesi, di distanze, di paludi; soppesando le probabilità di riuscita, scarse così da disanimare i migliori. Ci si corica come compagni vecchî, come buoni fratelli, e lentamente i discorsi e le discussioni vanno morendo nel sonno, che è cessazione di dolore.-
Da parecchî giorni non ricevo posta. Da parecchio vo mulinando anch'io il mio sogno di fuga: dico sogno, perché ancora non posso chiamarlo preparativo. Col rimorso di non avervi pensato con sufficiente alacrità a Rastatt (chi pensava a una così brusca partenza?), dove le probabilità erano molto maggiori; tormentato dal dubbio della riuscita; privo di fede e di volontà dominatrice e coordinatrice; passo, anche per questo riguardo, di sogno in angoscia e d'angoscia in sogno.- Riparlerò della cosa.-
Ore 20: Pare che sulla fronte Italiana, am Sud-West Front, come dicono gli Austriaci, si sia scatenata la nostra offensiva. Dai bollettini nemici nulla ancora si sa; oggi il bollettino austriaco diceva: «Wien, 4 Mai.- Im Südwesten anhaltende rege Gefechtstätigkeit.» Evidentemente si combatte: e i nostri cuori fervono, e le nostre anime pregano; e la mia mente straziata sente che, mancando alla battaglia, la mia vita è conchiusa: das Leben fertig! Ma non pensiamo a noi, alla nostra sorte irredimibile, alla nostra vergogna, al nostro dolore. Che importa, anche per noi singoli, se un'ombra tragica è proiettata su la nostra vita per sempre, come l'ombra del monte invade precoce la valle che il sole è ancor alto nel giorno? Noi siamo colpevoli o vittime che non meritano d'essere considerati; martiti inutili; lasciamoli al loro martirio. I fratelli più degni o più fortunati perseguono l'opera in minor numero, in maggior gloria. Preghiamo per la loro gloria, per la salute della patria, preghiamo nell'ombra. Possa esser data alla patria la sua giusta grandezza, la sua forma pura ed immune; possa esser largita ai suoi figli fedeli la corona della vittoria.-
Il colonnello Cassito, capo blocco, ci radunò dopo l'appello

nella baracca 55, senza testimonî tedeschi: e ci parlò della battaglia iniziata nel Veneto. Da allora vivo nell'ansia e nella muta preghiera. Da allora il mio tormentoso immaginare è in sommo all'anima, il mio dolore ingigantito la percuote per l'ultima rovina. Ma le mie macerie non contano niente.-
Carlo E. Gadda, 5 maggio 1918.

Cellelager, 11 maggio 1918. Ore 9 antim.<sup>ne</sup> –
Questi sei giorni scorsero e scorrono senza colore particolare, rispetto ai precedenti. Le solite tempeste, i ricordi insostenibili, gli affetti lontani, la patria. Tuttavia un po' più di calma e di misura, nel tragico esasperarsi della passione. Ieri sera, al finire d'un violento acquazzone, mi assalì a tradimento, mentre stavo inebetito sulla soglia della baracca, uno dei più dolorosi pensieri. Esso va e ritorna a quando a quando, dopo assenze di giorni e di settimane, come un pirata contro una spiaggia. È difficile esprimerlo, in quanto pertiene alle facoltà subcoscienti dell'anima, e costituisce una immedesimazione. Mi par d'essere a Milano, mi par d'essere tra i miei cari, o nello stesso loro animo, nell'intimo del loro sentire; mi pare di esser loro, in altre parole. E di leggere la prima notizia della disfatta di Tolmino: e di leggere le seconde notizie, non più temperate da speranza. «Avanzano, li hanno lasciati passare. I nostri figli, i nostri fratelli li hanno lasciati passare. Ed erano pur jeri pieni di fede e di vita. Ma, dunque, anche il loro vantato coraggio non è nulla, di fronte ai tedeschi; si piegano come bambini, si terrorizzano al solo apparire dell'elmetto nemico. Che sarà di noi, delle nostre case, delle nostre persone, della nostra vita?»
Mi pare che il disprezzo vinca la pietà, che lo sdegno superi l'amore; che nel profondo del loro pensiero i nostri cari stessi ci maledicano, nella città ardente e resistente. Questo pensiero, di cui ho segnato una traccia, ma di cui non m'è riuscito di riprodurre l'orrore e l'intensità, è esso pure una rievocazione, in quanto riguarda un'immagine dello scorso ottobre. Eppure è così vivo e feroce, che nel turbamento al quale mi porta sono i caratteri d'una prostrazione mortale. Allora muoio con lo spirito.

Oh! Con quali parole, con quali affermazioni potrò smentire la taccia di vile che mi sarà fatta in eterno? Qual forza di chiacchiere o di sdegnoso silenzio potrà conferire altrui la certezza ch'io fossi un bravo soldato? Nessun documento mi rimane, nessun vivo ricordo della mia vita nelle battaglie. Non fotografie, non lettere di superiori, non premî di sorta. Avendo girato qua e là, in diversi reparti, come potrò rintracciare i capi che mi hanno visto al mio posto? Come, d'altronde, potrei pregarli d'una testimonianza efficace? Il mio diario del Carso, le carte topografiche, gli schizzi, sono andati preda ai tedeschi. I miei soldati andranno dispersi nel mondo. Mi amarono; mi dimenticheranno. Oh, miei vecchî soldati, miei giovanissimi compagni, quali divini momenti abbiamo vissuto insieme! Il resto della lurida vita non significa nulla. Noi chiacchieravamo e ridevamo presso la nostra mitragliatrice, presso i compagni morti, quando per ore e ore, per giorni e giorni, il nemico rovesciò su quota 366, allo sbocco del camminamento Massa e Carrara, e sul Faiti e sul Cavallo Morto, migliaia di grossi proietti. Ricordo il Caporal Maggiore Sferlazzo, siciliano, e il soldato Giordano, giovane piemontese, sembrami d'Asti. Ricordo altri ed altri, della 445.ª Compagnia, dell'89.ª, della 470.ª, a Magnaboschi e sul Carso e sul Krasji. Voi mi avete visto, o soldati, in voi ho lasciato un puro ricordo; ero il solo con voi sul Carso, perché gli altri tre ufficiali erano in licenza o al carreggio, il 18, il 19, il 20, il 21, il 22, il 23 agosto 1917.

E voi, soldati della 470.ª, m'avete pur visto: voi ricorderete che il solo incoraggiamento ch'io credessi di darvi all'annunzio dell'offensiva tedesca fu il seguente: «Le pallottole della mitraglia bucano i tedeschi come gli austriaci.» Voi m'avete visto sul Krasji e in ogni momento della tragica ritirata, voi potrete dire come e quanto io abbia avuto paura.

Nessuno degli infiniti proietti d'ogni ora di battaglia, e quanti m'hanno infarinato di terra e di polvere della pietra in frantumi, e quanti m'hanno attossicato i polmoni e fatto velo alla vista, nessuno è stato così generoso da lasciarmi un documento della vita di soldato. Si direbbe che, in guerra, chi cerca non trova. Così tornerò, se tornerò, a capo chino, tra migliaia di traditori e di cani, di puttanieri da café-chantant, di istruttori

di reclute a base di bordello e di fiaschi in batteria, di eroi dei comandi di divisione, di araldi della vita comoda e quieta; fra le congratulazioni per lo scampato pericolo e le esortazioni a ben continuare nella vita. E l'usbergo del sentirmi puro, del mio vecchio maestro di fede, potrebbe esser pieno di letame, che sarebbe egualmente lucido ed ammirato. Se pure è lucido il mio, che lo vedo già intaccato dal morso della delusione, consigliatrice a mal fare.
La parentesi è finalmente chiusa: e pure a fatica: un anello trae l'altro. Nella vita del campo, poche novità: non posta dall'Italia, nessuna notizia importante. Tuttavia l'annunziata offensiva italiana, le speranze, le voci corse di nostri grandi successi, poi il silenzio, quasi lo scherno, mi procurarono una serie di emozioni brusche e continue, poco atte a ricostituire le mie condizioni d'animo.
Coi compagni, soliti scherzi in camerata, solito chiasso la sera, che talora si fa alquanto noioso. Una conferenza del prof. Pellegrini di argomento igienico, nella quale era prospettato il pericolo di un'epidemia nel campo e chiaramente detto che nessun soccorso, di nessuna specie, (né medicinali, né disinfettanti, né medici, né isolamento,) potremmo sperare o pretendere dal paese che ci ospita.
Fine delle riserve di pasta, di riso, di farina; tramonto del piatto pomeridiano di minestra e di polenta. Mi rimangono i miei filoni, una quindicina circa, e le scatolette depositate. Speriamo di aver presto qualche pacco, se no ci sarà di nuovo la fame.

                                                            11-5-1918.


Cellelager. Block C. Baracca 15. Camera B.– 15 maggio 1918. Ore 20.–
Le stazioni del Calvario continuano con molte cadute, pochi risollevamenti e parecchî strascinamenti. Mi risollevo nel ricevere i pacchi, oltre che per il grande conforto materiale che mi recano, perché soccorrono al mio stato di inquietudine nei riguardi della fame e perché mi dicono ch'io sono amato e ricordato, troppo amato e troppo ricordato. A questo proposito, penso a mia madre sola e lontana, a mia sorella sola e povera e

lottante contro una vita durissima senza conforti, alla mia patria lacerata. E le une mi mandano e l'altra mi lascia mandare di che vivere, di che nutrirmi con lor sacrificio, io, che sono inutile come un cadavere. Povera e cara sorella, povera mamma! Quale peso fui nella famiglia, quale tristo germoglio della buona piantata! E ancora devo gravare su voi; e prigioniero ed inutile, devo gravare sul mio paese così duramente provato.
Altre volte mi risollevo, per improvvisi, rapidissimi bagliori di forza: sono le luci fittizie d'un lume tra nebbie recate dal vento. Qualche sogno di migliore, di più alta vita personale e comune; qualche improvvisazione fantastica sul solito tema: io comandante d'un reparto di bravi alpini, circondato di bravi ufficiali: ci prepariamo con amore, con diligenza, con intelligenza, come tedeschi e meglio: e poi partiamo per il fronte. Il battaglione sognato si chiama Battaglione Retico. Allora percorro a gran passi i viali sabbiosi, consumando malamente le mie rotte scarpe o le mie deboli pantofole. La violenza frenetica dell'immaginare mi porta all'eccitazione fisica della marcia forzata. I compagni mi fermano, mi annoiano: «dove vai?», «a che pensi?», o mi dileggiano: «uno, due; uno, due». «Penso al Sacramento», è la risposta.
Questo tema mi fa passare dei momenti tra i migliori della mia orribile vita, condannata ad essere una vita irreale: ed è una fonte inesauribile di godimento fantastico. Qualche altro barlume di coraggio, e questo nel mondo dell'attività reale, mi proviene dallo studio del tedesco. I progressi sono lenti, perché la mente è malata: malata della malattia del prigioniero, fino ai più dolorosi estremi della capacità di soffrire. Sebbene possa concentrarmi e continuare con diligenza, il cervello è sordamente preoccupato: non percepisco la cura, ma ne sento l'affannosa presenza dalla conseguente debolezza. Come camminando per certe strade, che coprono a volta un canale sotterraneo: si sente, andando, il vuoto di sotto. Il vuoto del cervello, se studio, è in ciò, che la migliore sua parte è tenuta, tenuta implacabilmente dalla nostalgia dell'azione. Questo è il morso logorante e terribile, questo è il dolore dei dolori. La guerra finirà, speriamo che finisca, e io non ci sarò più stato: non fatiche amorosamente portate, non sacrificî di stomaco e di cervello e di gambe con gioia compiuti, non solitudine

## 15 MAGGIO 1918

gioiosa sotto la tenda mentre croscia la pioggia autunnale, non i divini momenti del pericolo, i sublimi atti della battaglia, (dico sublimi nel senso di molto belli, molto interessanti, divertenti); i comandi dati con calma, la «maffia»[1] sotto la violenza spasmodica dell'artiglieria nemica, quando si ride e scherza sopra ogni possibilità; non le marce, le corvées, i trasferimenti, i cambî di notte; non c'è più questo, non ci sarà più: das Lied ist aus: la canzone si è dispersa nel passato. Questa è la mia rabbia, questo è l'ossessionante dolore, che mi porta alla demenza. Forse in queste note non ho manifestato e rilevato sufficientemente tale pensiero, che è il pensiero dominante, il pensiero, il dolore principe, il motivo primo ed intero della mia vita presente. «Manco all'azione: non la vivrò più; andrò a prendere il gelato domenicale all'Eden[2]; ma per trincea e fango di camminamenti con puzzo di morti non sarò più.» A questo proposito, sentii l'altra sera odor di roba che marcisce: credo vesti e residui di viveri in un immondezzaio: rivissi, respirai l'odore della morte di Magnaboschi. E per quella potenza di rievocazione immediata che gli odori hanno su me, rividi il fantasma di Magnaboschi, e quei deliziosi giorni, tra le spine del reticolato che cinge il Lager. Il sogno imprigionato dall'orrenda realtà: conseguente abbattimento e demenza.
Io mi sento finito: sento di non aver fatto a bastanza per la Patria e per il mio superamento morale, e di non esser più in grado di fare. Potrei fare l'ultima buona azione della mia vita: farmi bersaglio d'una fucilata tedesca. Ma, anche qui, già dissi: non ne ho più la forza: e poi crederei di commettere, per altri rispetti, un inutile delitto. La fuga e il suo desiderio sono meno vicini di quanto lo fossero poco tempo fa: bisogna notare che dall'imbrunire a giorno non si può più uscire dalle baracche: la latrina, per la notte, è interna alle baracche stesse: non si possono neppure aprir le finestre. Delle pattuglie e dei cani girano continuamente: come è possibile attraversare il campo e avvicinarsi al reticolato? Non ho carta, sebbene la

---

[1] Nel gergo militare «maffia» significa esagerazione, esibizione artificiosa del coraggio, dell'eleganza nel vestire, ecc.
[2] Intendo di ricordare il caffè milanese di Largo Cairoli.

cerchi affannosamente; non ho bussola; per tentare di farmele arrivar dall'Italia, ho scritto una cartolina al Semenza, pregandolo di mandarmi «una copia stileriana, o d'altro autore, della Madonna dello Scarlìga»[1].

(Seguito;- Cellelager: mattino del 16 maggio 1918. Giornata di sole). Per la bussola dicevo che «aspetto il ninnolo di Flavio.» Tutta la cartolina era improntata d'unzione religiosa. Ma spero poco anche di qui.- Nei passati giorni, inoltre, le mie condizioni fisiche erano molto cattive. Malessere generale, dolori reumatici; tosse; batticuore.-
Questa del batticuore è pure una noiosa preoccupazione; non perché io ami la vita, di cui dieci anni più o meno m'importano poco, ma perché io amo la salute, che permette di essere, anche moralmente, forti e degni; che permette di studiare e di salire le montagne.- Ora basta un piccolo dolore, una piccola disputa, per procurarmi, oltre all'accoramento morale, delle fitte, dei dolori fisici al cuore. La nevrosi cardiaca è una cosa non nuova in me e proviene dall'aver troppo, troppo patito di male d'ogni qualità, anche nell'infanzia; i miei dolori, i miei terrori infantili sono stati troppo forti, tanto più per il mio temperamento ipersensibile, e hanno devastato il mio organismo morale e minato il mio organismo fisico. Nell'adolescenza e negli ultimi tempi le cause di dolore, di schianto tragico, hanno raggiunto la violenza tambureggiante di un fuoco di annientamento.
Altre novità nel campo; malati di tubercolosi: fino ad ora più di 50; morti 17; (di sola tubercolosi). Continua la devastazione delle opere di legno, (pali, panche, latrine, ecc.), da parte di ufficiali poco educati e purtroppo molto affamati, per ricavarne materiale combustibile. I tedeschi hanno già minacciato rappresaglie, come la sospensione dei pacchi, e se ne rivalgono addebitandoci la roba distrutta, per valori doppî e tripli al suo prezzo.- Il vitto tedesco è sempre il solito e sempre orribile; nel pane, l'ingrediente principale è la farina di castagne d'India: (ippocastano). Per fortuna le nostre famiglie e la patria ci soccorrono.-

[1] Stiler = celebre Atlante; Scarligare = fuggire.

## 17 MAGGIO 1918

Jeri sera, (sera del 15 maggio), il doloroso incidente con Taschini e Pianetti, da cui io e Cola ci siamo separati; essi però ricevono pacchi e non mancano di viveri, ora. Le parole da loro proferite al mio indirizzo mi addolorarono e mi sdegnarono grandemente: sono costretto a non rivolger più loro la parola.
Tra i pacchi ch'io ho ricevuto, mi sono stati recapitati due di pane, della Croce Rossa di Milano, indirizzati a un soldato Gadda Carlo del 155.° Fanteria, per evidente errore dell'Ufficio di Smistamento, che credo sia a Francoforte sul Meno. Io, che avevo respinto a Rastatt il primo di questi pacchi, me lo vidi arrivar qui, come un inseguitore; allora lo ritirai, pensando che non sarebbe più giunto al destinatario. Così feci per il secondo. Di ciò porto rimorso; sebbene certo i due pacchi non sarebbero mai giunti al povero soldato, che non si trova nel Campo. L'integrità assoluta esigeva ch'io li respingessi, anche se fossi certo che se li sarebbero mangiati i tedeschi. Ciò farò senza dubbio, se la cosa dovesse ripetersi. Ricordo ancora che il soldato *non* è del Campo; chissà dove sarà mai.
In questi giorni ho ricevuto dieci pacchi; da Milano, da Lagonegro; uno dai signori Castelli. Ringrazio col cuore i miei cari, la mia povera patria; chiedendo a Dio questo solo, che nella orrenda sofferenza a cui m'ha destinato, nell'umiliazione insostenibile della prigionia, (la prigionia distrugge in me ogni fonte di alterezza d'uomo e di soldato), voglia concedermi l'affinamento e l'elevazione delle facoltà dello spirito, la disciplina della volontà coordinatrice. Questi giorni sono stati tragici nei riguardi del motivo dominante, (mancanza all'azione; desiderio dei miei soldati; sogno della trincea), ma consolato un po' dallo studio del tedesco, per quanto la scarsa salute me lo consentì.-

Carlo E. Gadda; Cellelager; Mattino del 16 maggio 1918.


Cellelager; Block C; baracca 15; C.ra B.- 17 maggio 1918. Ore 21. La luce del giorno si dilegua nella pianura come le speranze fuggenti della mia gioventù e della mia milizia, come le ragioni della vita. Ho afferrato questo dilaniato intesto di clamorosi piagnistei, perché nel tramonto di tutte le luci il pensiero della mamma mi tirava a dire una preghiera per lei e

a venerarla nell'animo. Ma Raspaldo è sopraggiunto, poi ha frugato nella cassa, poi è venuto Nani e m'ha consigliato di passeggiare, poi Raspaldo mastica galletta come un cavallo carrube, Bruno fa il caffè, e l'incanto è sparito, e la mamma è più lontana che mai; e io più solo, più povero, più arrabbiato. Vedo il martirio prolungarsi e smarrisco la percezione di un futuro che non sia carcere.-
    Celle Lager, 17 maggio 1918. Ore 21. CEG.


Cellelager, 21 maggio 1918. Il giorno 18 fu gramo; l'animo preda della disperazione, il corpo accasciato sul lettino. A sera l'affetto di mio fratello assunse violenza nostalgica, tenerezza accorata, che mi costrinse al pianto. I due scorsi giorni 19 e 20 passarono, la mattina, nel calmo studio del tedesco; nel pomeriggio, parte tra il sonno, durante le ore più calde, e parte nella lettura. Ho per le mani un libro filosofico di Troilo: *Il positivismo e i diritti dello spirito*, opera di cui non posso ancor dare un giudizio.- Oggi cominciò l'epopea delle scatolette: occorre, dopo l'appello delle 9 antimeridiane, far coda alla baracca 97, dov'è il deposito delle scatolette, con barattoli e piatti. Dopo una buona e corroborante attesa, si entra, 5 per ogni baracca; stamane fra i 5 c'ero io; si chiedono le scatolette che si desiderano, allo sportello: (carne, marmellata, sardine, burro, latte ecc.). Paolucci, il bravo tenente dei granatieri, amico di Dosi, porta le scatolette chieste e le diffalca dal registro; i soldati tedeschi, per solito tre, incaricati della censura, le aprono a una a una, le vuotano nei recipienti recati, e trattengono le «büchsen.» Se sono di luna buona, le cose van liscie: ma c'è sempre la noia d'esser costretti a ritirare parecchia roba, che potrà guastarsi, consentendo il turno di andare a ritirarla ogni 12 giorni circa.- Finii la penosa corvée alle 10 passate; ritirai tre scatolette di burro, ricevute da Milano, tre di latte condensato svizzero, una di marmellata. Mi rimangono 41 scatolette.- Poi cominciò l'epopea della minestra e del mangiare: Cola fu cuoco, ma anche per me ce ne fu quasi fino a mezzodì. Cola si procurò delle patate di contrabbando; di contrabbando sempre abbiamo legna da ardere, per mezzo dei

## 21 MAGGIO 1918

nostri soldati. Oggi si mangiò riso e patate, marmellata, una fetta di salame. A mezzogiorno regalai al soldato l'orribile sbobba, di rape acide e pesce puzzolente; a sera mangiai la liquidissima sbobba di fave. Né la mattina, né il pomeriggio, non potei studiare; dormii, sudai pel caldo, lessi un po' di filosofia, scrissi a casa. Giornata di afa, di stanchezza, di nevrastenia: (piccole risse con Cola, lingua lunga e brutta, quando s'invelenisce.) I nervi irritatissimi si scaricano talora in iscatti contro persone ed oggetti, talora in deplorevoli bestemmie.-
Il caldo si fa grave sul sabbione dei viali senz'alberi e sul tetto catramato delle baracche; le ore pomeridiane cominciano ad essere opprimenti.
La salute fisica è scarsa; irritazione nervosa, crepacuore, debolezza visiva.
Tecchi mi è buon compagno delle ore di studio; ha un po' compreso il mio stato, ha penetrato il complicatissimo sistema morale che risponde all'etichetta del mio nome. Non è cosa nuova per me essere mal giudicato nella vita; riconosco in me difetti gravissimi, qualità negative: (ipersensibilità, timidezza, pigrizia, nevrastenia, distrazione fino al ridicolo). Ma troppo severi e troppo superficiali sono i giudizî che fanno di me anche molti che credono di conoscermi a fondo. La mia adorata mamma essa stessa non mi ha sempre compreso; ciò anche perché io sono essenzialmente infelice nel contegno e nell'espressione; l'unica espressione vivida e corretta, di cui posso rispondere, è l'espressione mediante il pensiero scritto. Ricordo che, inginocchiato al letto di mio padre morto, esclamai nel pianto: «Ho appena quindici anni!», intendendo di dire: «Solo per questo breve periodo ti sono stato vicino, o babbo.» Questa frase fu invece interpretata, e forse ragiovolmente, nel senso egoistico: «O babbo, mi lasci in età nella quale il tuo aiuto m'era necessario.» Bisogna riconoscere che questo era il pensiero rispondente all'espressione, e che l'espressione non rispondeva invece al mio pensiero. È questo un esempio tra mille. Così nella vita mi occorse sovente, lo confesso a me medesimo, di passare per imbecille, o per orgoglioso, o per egoista, o per pazzo: mentre ero distratto, timido, riservato, stanco. Un altro difetto grave, da cui devo correggermi, è la calda simpatia per ogni mio simile, tanto più se

sofferente o valoroso; questa tendenza[1] a una forma superiore di cordialità e di umanità evangelica deve esser repressa; occorre guardare i così detti nostri simili con freddezza di calcolatore, soffocare in noi la ripercussione simpatica della loro sofferenza; anche nel far loro del bene occorre esser freddi e dissimulatori, a fine di non passare per imbecilli.

Celle-Lager; 21 maggio 1918.- Gaddus.

Cellelager; 26 maggio 1918. Domenica.- Baracca 15, B. Ore 20. Dopo la conferenza del prof.[r] Pellegrini di cui è cenno in queste note, altri tre aspiranti sono morti di tubercolosi nell'ospedale del Campo. Gli ufficiali morti sono perciò 20. Tecchi mi riferì che, durante una visita fatta ai malati, il generale Fochetti avvicinò alcuni tra coloro che di giorno in giorno «aspettano la visitatrice.» Essi piansero dicendogli che non rivedranno più la loro patria né la loro madre. È stato conchiuso tra il governo Italiano e il tedesco un trattato riguardante i prigionieri, alcune clàusole del quale contemplano lo scambio dei feriti e malati gravi, dei medici, ecc. Da cosa nasce cosa: ma la nostra inferiorità, riguardo al numero dei prigionieri, ci impedirà probabilmente di trattare da pari a pari.-
Ciò che quasi certamente deve escludersi è la possibilità d'un accordo entro quest'anno. Discorso di Wilson sulla coscrizione di 5 Milioni d'Americani; deliberazione dell'Inghilterra di sfruttare il futuro vantaggio.- Ho letto un «Corriere della Sera» del 26 aprile, non completo; oltre alle notizie militari, recava un dibattito parlamentare sullo scandalo al Ministero delle Munizioni, già pervenuto al nostro orecchio per mezzo della stampa tedesca. Pare che Bignami abbia fatto qualcosa, dopo Caporetto, a detta degli stessi socialisti. Sarebbe uno dei pochi che valgono, che lavorano, che coordinano. Pare che l'Esercito sia stato rifornito di materiale, dopo la terribile sconfitta.- I giornali tedeschi parlano di 250.000 italiani in Francia.-
In questi giorni vi sono stati da parte nostra attacchi sul fron-

---

[1] Dico soltanto «tendenza», che non è virtù raggiunta; «evangelica», esprime la qualità, non la gradazione.

## 26 MAGGIO 1918

te Trentino, specie sul fondo Val d'Adige; questi attacchi, dicono gli Austriaci, sono stati respinti.-
Con ciò è comprensibile che le mie condizioni d'animo non migliorino; vedo prolungarsi il martirio, l'orribile costrizione, vedo la vita inutilizzata, e non vedo la vittoria. Troppo manca e mancò d'ingegno e di fede ai nostri capi e troppo di costanza mancò al nostro popolo, in paragone di quanto era necessario.-
La giornata d'oggi e due precedenti passarono senza la tranquilla medicina dello studio. Tuttavia i consueti pensieri e gli orrori della disperazione mi trovarono più facile all'abbattimento, alla desolazione, e alla stupidità minerale, che all'eccitamento e alla sofferenza straziante.-
Ho ricevuto una lettera della mamma, datata in Febbraio e scritta su cartolina: brevi notizie, purtroppo, nelle quali parlava di un suo viaggio a Roma dove si trovò con Enrico e coi Truffi. Essi furono molto gentili con lei; ma certo non potettero esimersi dal fare mentalmente un confronto fra la mia sorte e quella di Mimmo. Il mio povero amico morì, non ricordo ben dove, ma certo non molto lontano dalla regione in cui io mi trovai ultimamente; morì accerchiato da nemici sopraffacenti di numero. Il suo religioso ricordo, tanto vivo in me, si fa ora scialbo come tante intense impressioni della mia vita, in questa costrizione, alla morte quasi vicina.
Le mie condizioni fisiche non sono soddisfacenti: il cuore e i nervi sono mezzo andati.-

Celle Lager. 26 maggio 1918.

Ho dimenticato un particolare notevole. Offrimmo dei viveri ai colleghi inglesi e francesi che si trovano feriti all'Ospedale del Campo. Ciò per dovere di colleganza, e per debito di gratitudine, avendo altri ufficiali inglesi e francesi soccorso i nostri, nei campi misti. Io diedi un filone e una scatoletta di carne.-
Dò spesso del pane e della sbobba a un soldato della 469.[a] Comp. Mitragliatrici 907 F, un piemontese, qui prigioniero. Diedi del pane all'aviatore Della Cella, a cui non erano arrivati i pacchi.

CEG. 26-5-1918.

Cellelager; Blocco C. Venerdì 31 maggio 1918. Ore 11.-
Questi giorni furono contrassegnati da diversi piccoli fatti, e dal nuovo dolore per l'avanzata tedesca nella regione di Soisson e di Reims. È bene procedere ordinatamente.
*Salute e condizioni fisiche*. Grave malessere; nevrastenia generale e nevrosi del cuore. I dolori si accavallano, mordono come serpenti, mi demoliscono. I nervi già scossi si scaricano nei soliti scatti di bile per futili cause, poi si rilasciano nelle solite pause di abbattimento, vuoto d'ogni volontà e d'ogni lavoro.-
Il sonno è disagiato, duro, non mi ristora che parzialmente. Il cibo è preso senza voglia e la digestione è laboriosa e velenosa.-
Tuttavia, tra così gravi rovine vige ancora la piccola fiamma dello spirito cavalleresco e mistico della vita; e ho ancora tanta forza da occuparmi un po' del tedesco, pur nel grave malessere che costringerebbe chiunque alla disperazione.
*Condizioni meteorologiche*. Le più adatte per finir di rovinarmi. Dal caldo eccessivo di alcuni pomeriggi, caldo veramente estivo che accende il sabbione e fa un forno della baracca, si passa all'umidità della notte, alla nebbia della mattina, dove il fiato ancora si vede.- Il sistema nervoso risente in modo eccezionale di questi bruschi trapassi.
*Attività generale*.- Molta parte del giorno è presa dalle futilità: 2 appelli, uno alle nove e uno alle 17 e mezza, che durano più di mezz'ora l'uno. Chiamata nominale, conta, comunicazioni, raccomandazioni. Poi c'è da lavarsi la mattina, da riordinare il letto, da sistemare mille bazzécole. Sbobba e sue derivazioni cinematiche: andarla a prendere, mangiarla, ripulire la scodella, ecc. Divisione del pane, sorteggio col tratto delle dita. La vita esteriore è infernale. Ieri ci fu la danza delle scatolette, la mattina; già descrissi l'amena corvée: quando sono nervoso e ho bestemmiato, poi, me ne capita una al minuto: dopo aver ritirato 6 scatolette (latte, burro, carne), uscii rabbioso dalla baracca e rovesciai senza volerlo il burro nella sabbia. Conseguente perdita di tempo per ripulirlo.- Nel pomeriggio ritirai dei pacchi in arrivo.- La sera, talora, passeggio un po', chiacchierando magari col capitano Gerbella, altre volte me la rimugino da solo, come un cane ringhioso. Nei passati giorni fu viva la fantasticheria bellica del batt. Retico: (accessi del so-

gno). Lessi anche un po' (*Correnti di filosofia contemporanea*; pubblicazione di conferenze di filosofia teoretica, morale, ecc. e di vario argomento, a cura di un circolo d'alta cultura genovese.) Trascuro invece il libro del Troilo. Lessi anche novelle e sciocchezze, per distrarmi. Giocai poco o nulla agli scacchi.
*Studio del tedesco e attività intellettuale specifica.* Lo studio è saltuario e irrazionale: leggo traducendo il giornale e un romanzetto, noto i vocaboli ignoti per studiarmeli, ma poi non li studio: quei che rimangono, rimangono. Causa: il mal dei nervi. Leggo e rileggo qualche poesia, il che mi riesce un buon sussidio per imparare e ritenere vocaboli. Non studio più matematica, ma forse riprenderò, in un tempo non lontano. Mi sono annunziati dei libri da Milano. Parlando col cap. Gerbella, ingegnere elettrotecnico, subii qualche polarizzazione verso l'attività scientifica: pencolo tra la matematica e il lavoro morale e letterario. Quale sarà il futuro della mia intelligenza e del mio lavoro? Forse nullo. Se avessi una decisa avversione per la matematica, sarei un uomo felice: mi getterei freneticamente sul lavoro filosofico e letterario: ma tanto mi piace la matematica, e la meccanica razionale, e la fisica, e tanto più là dove più si elabora e si raffina l'analisi. Così l'un lavoro mi distrarrà dall'altro e non concluderò mai nulla.
*Musica.-* Potrei assistere a qualche esercizio di violinisti e pianisti, che non mancano: ma realmente mi mancano il tempo e l'opportunità. L'altro giorno, passando davanti la 55.ª Baracca, diretto alla latrina, sentii qualche nota che mi parve conoscere: ravvisai infatti il 1.° Tempo della 6.ª Sinfonia di Beethoven, ed entrai ad inebriarmi. Se non che la percezione fu netta, la comprensione lucida: ma il sentimento era strozzato dal fiume sotterraneo del dolore. E non godetti molto.
*Latrine.* Sono un capolavoro futurista: una lunga pozza rettangolare, occupa metà tettoia; traversata un tempo da tanti diaframmi di legno che separavano l'uno dall'altro merdatore. Ora questi diaframmi furono adoperati per legna da ardere sulle stufe, e i culi cacano coram omnibus. Risparmio i dettagli della scena irritante. Ci sono quattro latrine ogni blocco, e ognuna è capace di venti ospiti contemporanei.
*Pacchi e posta.* Fui abbastanza fortunato in questi giorni. I

pacchi ricevuti in Maggio sono saliti a 17, di cui uno con due libri, di amena lettura, che sono ora nelle mani censorie. Un pacco da Lagonegro, della mamma, conteneva fichi e ulive: ottimo, grosso, rallegratore. Da Lione ricevetti scatolette, cioccolatto, ecc.- Inoltre ho avuto, e ciò è importantissimo, un paio di scarpe con suola di legno, che mi fanno un po' male; e un paio di scarpe usate da «troupier»; tutto da Lione. Al veder queste scarpe di soldato francese mi prese una commozione indicibile, quasi fino alle lagrime, e il sogno imperversò. Vidi nelle nebbie e nel sole i piani, le colline, le foreste, le strade di Francia la dolce, della eroica Francia. Rividi le deliziose marce di avvicinamento delle fanterie, le marce in cui si vive in modo sovrumano. Basta, basta. Scarpe di soldato, devo svestire; scarpe di prigioniero devo calzare. Pare impossibile che siano le stesse. Comunque, sono state per me una redenzione.

Questo arrivo di pacchi mi consola grandemente, mi conforta fisicamente: mi dice l'amore dei miei cari, la bontà della patria, e mi porge di che non deperire. È una vera consolazione il sapersi così ricordati dalla mamma, dai fratelli, dai parenti: verso tutti non posso che avere della gratitudine. Tanto più che immagino il costo presente della roba, il sacrificio fatto per mandarmela.

Anche la posta fu buona. Cartoline in discreto numero, nei giorni passati. Una dei Semenza (Lulù ha sempre il braccio rotto), una della zia Cleofe; Clara, mamma, Emilia, e una signora svizzera per incarico di mio cugino, l'ing. Giuseppe Gadda. Questa signora mi annuncia l'invio di 500 marchi, che mi meravigliò e mi dispiacque.-

3 giugno 1918.- Seguito.

(Ciò che segue viene scritto oggi, 3 giugno 1918, alla baracca 15, in camerata.)
*Morti di tubercolosi.* Un altro è da segnare nel doloroso elenco, l'aspirante Bianchetta Felice, di artiglieria. Ai funerali vennero mandate diverse corone.- È da notare che questo e altri simili dolorosi avvenimenti non hanno più ormai potere a com-

muovere la maggior parte di noi. Anch'io devo confessare che, al punto di sofferenza a cui son giunto, non posso che per breve tempo riflettere alle sventure altrui.
*Passeggiate*: quasi tutti i giorni se ne fanno: i prigionieri escono accompagnati dall'ufficiale tedesco, in trenta o quaranta, dopo aver dato la loro parola d'onore di non prendere la fuga e di non prepararla, durante la passeggiata. La parola d'onore vien data consegnando all'ufficiale tedesco una cartolina stampata, contenente la clausola, sottoscritta da noi; l'ufficiale la detiene durante tutta la passeggiata.


*Il diario è stato interrotto al 3 giugno; e fino ad oggi giorno 18 giugno 1918, non l'ho ripreso. Causa una più grave atonia, e la febbre d'influenza che mi colpì. Cellelager, 18 giugno 1918. Ore 20.*


Cellelager, 18 giugno 1918. Ore 20.
Come riassumere la storia del mondo e dell'animo, a traverso questi giorni? Per accenni. Dopo Bianchetta, altri morti di tubercolosi. L'aspirante Aicardi, del 26.° Fanteria, trucidato il 4 giugno, mentre gridava «Vive la France», davanti ai franco-inglesi arrivati. Il colonnello tedesco premiò il soldato assassino, che sparò sul poveretto rifugiatosi in una latrina del Blocco A. La vittima era un ragazzo alto, genovese, figlio unico. Lutto, impressione, minacce tedesche, ecc.–
Poi, costellazione dell'iniezione antitifica e dell'anticolerica: forte febbre, durata parecchi giorni: inappetenza, debolezza, disgusto, ecc.– Solito arrivo dei pacchi; in questo mese ne ebbi già tredici.
Anche la posta mi ha favorito notevolmente, recandomi il conforto di buone recenti notizie. Coi compagni soliti rapporti: nel complesso la nostra è una buona camerata. Cola sta male, deperisce di giorno in giorno, non mangia. Io jeri feci un'altra passeggiata. Si andò verso Celle: sono due belle ore di cammino.– Ricevetti anche dei libri di matematica. Ma nei passati giorni stetti male, di corpo assai male, d'animo malissi-

mo. La nevrastenia e la febbre mi resero scontroso, rabbioso, cattivo, bestemmiatore: i nervi irritatissimi.- Tristi, dolorose notizie dalla Francia e gravi anche dall'Italia. Stasera non so più scrivere. All'annunzio dell'offensiva austriaca passai delle ore terribili e tristi che ancora non sono superate. Al dolore, alla preoccupazione per le mie genti, per le nostre terre si aggiunge la rabbia di non esser là, il dolore di esser qui legato. Il motivo solito di dolore ritorna.-
Cellelager, 18 giugno 1918.

Celle-Lager, Baracca 15 B; giorno 21 luglio 1918. Domenica.-
Da quando ho interrotto queste mie note, importanti avvenimenti militari e politici si sono verificati nell'Europa, le cui conseguenze, nei riguardi del mio stato d'animo, sono ovvie. Attraversai tuttavia nuovi e terribili periodi di scoramento, determinato soltanto dall'implacabile reclusione, da questo martirio che non ha scampo, né speranza di scampo. Devo ripetere, e con l'animo oramai chiuso ad ogni sogno, il mio lamento di Torino: (maggio 1917): «Nel mondo, sui campi di battaglia, si compie la grande storia presente e io non avrò partecipato ad essa né con il pensiero, né con l'azione.» Ma allora c'era la certezza di andar presto, e comunque, alla fronte: mancai all'offensiva di maggio; ma poi, vedendo prolungarsi il periodo della mia sosta a Torino, mi strappai violentemente dalle grinfie merdose del mio porco destino, e andai sul Carso in fanteria, scegliendo la 445.ª Comp.[ia] Mitragl.[ci], contro la 8.ª propostami dal capitano Ducci. Ora non ho più speranza di combattere: dicendo che la battaglia della mia giovinezza è perduta, non dico una frase melodrammatica. Dico che dico il vero. Tutto questo diario potrà parermi o parere ad altri melodrammatico ed è, purtroppo, soltanto vero. Nelle pagine precedenti è detto, è scritto l'orrore della cosa che mi tormenta sopra tutti i tormenti. Soffro sì per la famiglia, per la patria, specie nei gravi momenti: allora anzi l'angoscia mi prende alla strozza. Ma il dolor bestiale, il macigno che devo reggere più grave, la rabbia porca, è quella, che già dissi: è il mancare all'azione, è l'essere immobile mentre gli altri combattono, è il

non più potermi gettare nel pericolo, ch'ero venuto ad amare sopra ogni cosa, come l'alcoolizzato ama sopra ogni cosa il veleno da che avrà la morte. Io soffro, credo, come un alcoolizzato che delle anime pietose hanno chiuso in una casa di salute. Val più un grappino per lui, che tutta la filantropia della terra. Il demonio e la pietà sono andati d'accordo per torturarmi nella mia breve vita una volta di più, e meglio che tutte le altre volte: mi rubano il mio liquore. Oh! Se ci fosse l'uso di uccidere i prigionieri! Caporetto non sarebbe successo, o, se fosse successo, io non sarei qui.-
Dall'Italia e da casa buone notizie, fino al 25 giugno. C'è mio fratello, che mi tiene in ansia. Riceviamo ora parecchia posta; quasi quotidianamente ognuno ha qualche cosa: le cartoline più recenti sono sempre d'una ventina di giorni addietro, talora di quindici.
In questo mese sono morti ancora tre ufficiali: è la tubercolosi che lavora. I pacchi arrivano con discreta frequenza, sì che alla maggior parte di noi non manca ormai di che vivere. Io non mangio più la «sbobba» per lo più insoffribile, immangiabile: la regalo quasi sempre ad un attendente che ci lava i piatti. Cola, il mio compagno d'armi e il mio anticompagno d'animo, si è ristabilito della lunga malattia intestinale che lo prostrò per tanto tempo. Riceve sempre pochissimi pacchi: io divido spesso con lui, oltre il riso e la pasta, altre provviste più preziose.
Anche la mia salute fisica è buona in questo periodo. La tosse è scomparsa e il cuore va bene. Mi rimane soltanto la nevrastenia mentale, nella forma sua più tenue per altro, che è rabbia, eccitabilità, ipersensibilità d'animo. Leggo e studio volentieri, quando leggo e quando studio.

21-7-1918.

Celle Lager, 22 luglio 1918. Mattina.
Nella nostra Baracca, la 15, il singolare e simpatico affiatamento dei componenti ha portato a qualche manifestazione non priva di originalità: già dissi che la baracca consta di due camerate, di due camerette e di una latrina, press'a poco di-

sposte come nella figura; così tutte le baracche del Campo destinate ad alloggio. In ciascuna cameretta sono quattro capita-

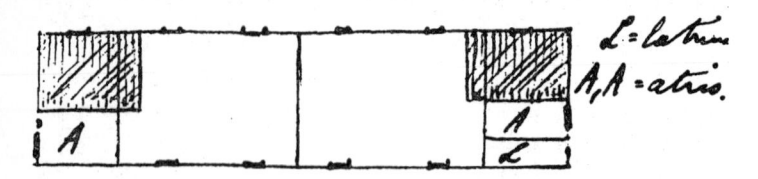

*L = latrina*
*A, A = atrio.*

ni o ufficiali superiori; talora anche dei tenenti. In ciascuna camerata 26 ufficiali. Siamo perciò in 60, nella baracca. Siamo molto stretti e molto a disagio e, per la pochezza dello spazio e la molteplicità delle operazioni compiute dai coabitatori (cibi, cotture, toilette, sonno; svestirsi e vestirsi), il disordine è inevitabile e gli urti d'interessi più frequenti, come fra le molecole d'un gas compresso. Tuttavia si fila a bastanza diritto, si va d'accordo. C'è, dunque, chi ha tappezzato pareti e mensole di carta colorata, chi ha affisso belle tricromie, (tutti nudi di donna), chi ha messo disegni, fotografie, ecc. Passando una rivista alla baracca si ha occasione di vedere appese a capo dei letti donne d'ogni risma, in tutte le pose e per lo più poco o nulla vestite; veneri, ninfe, divinità boscherecce, ragazze che si svestono, donne che fanno il bagno, spose pentite, meretrici in attesa del pane quotidiano, cantanti, ballerine, ecc. ecc. ecc. Il solo che non ha appeso nulla alla parete son io: il mio posto è d'uno squallore inesorabile.– Poi abbiamo piantato una «buvette», nell'atrio della camerata A, con tanto di banco, bottiglie, sigarette, ecc. Bottiglie, s'intende, delle porcherie che vendono alla cantina. (Vermouth e acqua dolce, per modo di dire). I più belli sono incaricati di fare, a turno, da kellerina. Con trenta «pfennig» si ha mezzo bicchiere d'acqua dolce-acidula, tinta nel più bel rubino della terra. Abbiamo composto una società dei «baraccani»

*(riprendo a scrivere la mattina del 31 luglio 1918.)*

la quale si propone lo scopo di promuovere le manifestazioni sportive e intellettuali degli abitatori della baracca. Si sono perciò avute gare numerose di salto, di corsa; staffette olimpioniche; tornei di vario genere. Ciascuna finisce con la premiazione (sigarette, ecc.) dei vincitori, con un brindisi, con parole d'occasione. Il colonnello Cassito, (capo blocco), e il generale Fochetti, di cui Tecchi è l'ufficiale d'ordinanza, ci hanno spesso onorato della loro presenza. In quei momenti un'allegria fittizia, ma sincera e cordiale, s'impadronisce dei più: è impossibile costringere la vita di tutti in un cerchio di dolore, tanto più che il dolore ha cause, manifestazioni e gradazioni diversissime nei varî individui; chi soffre per la moglie e i figli, chi per gli interessi rotolati a catafascio, chi perché non ha viveri, ecc. ecc.- Invece la serenità famigliare è un fattore comune dello spirito, in certi momenti avidamente cercato. Mentre nel dolore non ci comprendiamo, (io sento di odiare chi soffre per la mancanza della vita comoda e quièta; e questi, se sapessero ch'io soffro di manìa guerriera, mi odierebbero), la gioia moderata d'un'ora tranquilla ci avvicina e ci accomuna. S'intende che la nostra allegria non è quella matta e spensierata che esplode tra giovani radunati, in occasioni comuni; è un'allegria moderatissima, pacata, velata, né sempre spontanea: spesso come dissi è fittizia, è cercata come anestetico. Devo confessare con vergogna che queste belle iniziative, che approvo e lodo moltissimo, specie per il valore igienico e morale che importano, non hanno trovato in me un seguace attivo. Mentre sono pronto ad ogni manifestazione della vita civile, appassionato normalmente del lavoro collettivo, qui in prigionia mi sento solo, perduto, rincagnato, abulico, coperto d'un'orrenda tetraggine. Il mio corpo è pure arruginito, i muscoli inerti e senza voglia di muoversi. Così, con un vero sforzo di buona voglia, ho partecipato a una gara di corsa, con scarso successo.- Faccio poca ginnastica, mentre negli spiazzi del campo vi sono sbarre, parallele, salti, ecc., dove molti bravi si esercitano. Nella nostra camerata sono da segnalare, tra i ginnasti, Pianetti e Ugo Betti, parmigiano, studente di legge.-

Così pure non so neppur commuovermi nei brindisi o nelle piccole radunate: sono lì muto e svogliato, penso ad altro, ci sto per forza. Ho le mie ore di alcoolismo voluto, diciamo così per intenderci, in cui dico sciocchezze, urlo, faccio del chias-

so. In Germania non c'è una goccia di alcool: nel cosidetto vermouth della cantina, che è la sostanza più alcoolica che ci vien fatto di trangollare, il buon veleno sarà sì e no al 3, o 4, per 100: il mio alcoolismo perciò è una derivazione solo cerebrale, che non può offendere alcun igienista.-
Partecipo ora, con discreti risultati, al torneo scacchistico. Gli scacchi, nel gioco de' quali non sono certo valente, mi consentono tuttavia ore meno dolorose, assorbendo bene la mia attenzione.- Un'altra manifestazione dell'attività dei baraccani è la pubblicazione settimanale d'un giornale manoscritto. Esso viene redatto in due copie e s'intitola «L'Organo», nome a doppio senso proposto da Betti e tosto accettato. Esce la domenica; il direttore ne è Giuseppe Sciajno, sottotenente del Batt.$^{ne}$ Morbegno, parmigiano, studente di legge, poeta, ecc.-
Il pupazzettista e fregiatore, è Cermignani, pittore. Io vi collaborai con un articolo noiosissimo, un vero pezzo duro, che fu pubblicato a due riprese: «Dal memoriale di un volontario di guerra.» È una celia, in cui un falso volontario, in realtà imboscato, racconta alcuni casi intervenutigli. Il mio modo di scrivere, legnoso come la mia persona, è anche poco digeribile.- Ultima e ignobile attività dei baraccani, dico ignobile nel senso bonario, è la manìa poetica che ha tutti colpiti coloro che si trovano nella immediata possibilità di far versi. Da questa possibilità io sono escluso, perché la mia paralisi spirituale me lo vieta in modo assoluto: già tanta difficoltà trovai nei momenti più felici e più intensi di vita; ora ogni attitudine è scomparsa, come è scomparsa la fierezza interiore, ecc.-
Si leggono così sonetti, motivi vecchî e nuovi, futurismo, roba carducciana, satire sulle poesie altrui, satire sulle satire, poesie dei satirici, traduzioni dal francese, ecc. ecc. ecc. Uno dei più grossi di questi poeti, che certo pubblicherà qualcosa, e che molte volte sa il fatto suo, è il capitano Casella, aiutante maggiore, chiamiamolo così, del Comando italiano di blocco, e «factotum» di Cassito; autore drammatico e organizzatore di spettacoli. È un tipo interessante che vale la pena di spendergli intorno quattro righe, perché resti nella memoria. Toscano, capitano dei mitraglieri Saint Etienne, decorato al valore: Betti, che militava nel suo settore, lo trovò in una caverna al momento dell'azione, ma dice che le sue armi spararono

bene. Qui fa il superuomo. Si dà l'aria d'essere affaccendato, di non aver mai un momento libero; ma mi dicono che si concede anche lui i suoi pisolini.- A lui si deve la produzione drammatica: l'*Antipasto*, data al teatrino del blocco: dicono che è una cosa carina. È certo un individuo permaloso fino alla ridicolaggine, nei riguardi del suo genio letterario e della sua persona in genere. Sciajno, primo attore, per avergli detto che un passo dell'*Antipasto* non gli piaceva, rimase in rotta con lui per più giorni, dopo un periodo di simpatia intensissima, nel quale il capitano gli dedicò perfino dei versi (e belli).- Ama lo sbafo: con un'impudenza villana era alla mensa di Gallone, il plutocrate della camerata e del blocco, trattato a tè coi pasticcini e a bottiglie di vino spumante di frutta: (Una porcheria certo, ma che costa 10 marchi la bottiglia). Ce ne vollero, di dimostrazioni di tutti i colori, per fargli finalmente comprendere la sua sconvenienza.- Quanto ai suoi versi, sebbene ne abbia letti di gaglioffi, specie dove dà nel futurismo di maniera, devo riconoscere che ne ha pure di belli e di vigorosi. Si può, dopo tutto, essere un cortigiano dei ricchi e un arrivista dei peggiori, e concludere qualche cosa di buono. In Italia c'era per lui, mi dicono, il Cova[1], e i salotti della ricca borghesia; qui ci sono i re dei pacchi, ecc.- Alcuni versi, come ripeto, danno a divedere un notevole ingegno poetico e prometterebbero bene, se il suo tronfio orgoglio e tutta la sua struttura esteriore non promettessero male.

Argomento che va toccato è quello degli spettacoli teatrali, in cui ciascuno dei quattro blocchi si sforza di superare gli altri. Io vivo lontano dall'«élite», chiuso in una peregrinazione interiore che mi vieta di percepire come vorrei l'ambiente e il mondo esterno; la mia paralisi morale mi impedisce di prender passione ad alcuna cosa; a teatro non vado mai, perché fa troppo caldo e perché, per entrare, bisogna combattere una troppo dura battaglia di colpi di gomito e di spinte all'italiana. Tuttavia qualche voce mi giunge e posso notar qualche cosa. C'è un campanilismo e un egoismo di blocco. I maggiorenti di ciascun blocco, colonnelli, maggiori, pezzi grossi, fanno di picca per accalappiar gli ufficiali che possono servire di lustro

---

1 Illustre caffè milanese.

al proprio blocco: i musicisti, gli attori sono ricercati avidamente, ottengono facilitazioni nei piccoli desiderî, e hanno la stima e la riconoscenza di tutti. Nel blocco A danno una rivista umoristica in cui entrano in scena sessanta personaggi: deve essere una cosa bella, piena di allusioni, di sarcasmi di tutti i generi sulla nostra vita. Al blocco B c'è una buona orchestra; al D hanno dato delle produzioni di bozzetti ferravilliani. Io non ci sono andato, per mancanza di posto. Il nostro blocco, il più attivo forse, ha una buona orchestrina, (buona per modo di dire), e l'attività drammatica vi è notevole. Oltre l'*Antipasto*, si sono dati in queste sere i *Tristi amori*, del Giacosa, e pare siano andati bene. Altri lavori sono annunciati nei cartelloni, manifesti multicolori appesi alla porta delle baracche dove si tiene il teatro.
Tra gli attori di qualche valore, bisogna assolutamente ricordare Sciajno, il quale ancora però non ci ha regalato alcun biglietto di favore; sicché io non ho ancor avuto l'onore di poterlo applaudire. Dacché intorno ai biglietti, e ai primi posti, c'è tutta una pressione di postulanti e io, tra le molte virtù, non ho quella di saper chiedere con arte ed ottener con fortuna. D'altra parte, poco mi son dato d'attorno.-
Altre attività generiche del campo, che forse non ho sufficientemente rilevato: lettura collettiva, e commento, dei bollettini che alcuni volenterosi affiggono tradotti. È questa proprio una bella e buona fatica, senza premio esteriore; e a coloro che compiono il lungo lavoro di traduzione e di trascrizione degli articoli di giornale, va data lode e serbata riconoscenza. Io non sono, né potrei esserlo con soddisfazione d'alcuno per la mia scarsissima conoscenza del tedesco, traduttore né trascrittore; non sono commentatore né concionatore per pigrizia e per noia delle chiacchiere; e non sono neppure, del che reco vergogna, un lettore assiduo. Troppo ho sofferto, troppo soffro per acuire il mio spasimo con titillamenti quotidiani, con cattive, velenose, tendenziose notizie tedesche, alternate a speranze e gonfiezze nostrane. Devo pur guarire, devo pur redimermi: e, posto che una cattiva notiziola, una parola velenosetta, un litigio d'argomento politico mi fa star male mezza giornata, mi mette i nervi in malora, cerco di evitare i dettagli, seguendo solo le notizie ge-

## 31 LUGLIO 1918

nerali. Leggo i bollettini e alcuni articoli principali: oppure Tecchi, o Raspaldo, riferiscono dettagliatamente al riguardo. Del resto prego sempre, prego con l'anima, sto col fiato corto, vivo per la nostra causa, per quella a cui già diedi tutta la mia vitalità, come un cieco, senza riguardi per mia madre, per i fratelli, per il mio stesso futuro. Il mio pensiero è immutato: se anche, per colpa nostra, dovessimo perder la guerra, rimane intatta la purezza e la logica e la necessità delle nostre, delle mie conclusioni antigermaniche del 1914 e 1915, del '16, del '17, del '18, dell'eternità. Chi vuol sopraffarci deve essere combattuto.-
I pacchi arrivano in minor numero; qualcuno ha esaurito le sue riserve; qualche altro vede con crescente preoccupazione l'avanzarsi della pena fisica. Il nutrimento passatoci dai tedeschi è sempre peggiore. Guai, se fossimo costretti a ricorrere a questo soltanto.-
Noto, in particolare, qualche fatto che riguarda la mia camerata, la 15-B, i cui abitatori sono i miei compagni, e coi quali le relazioni forzate sono necessariamente più strette e più cordiali. Sono capitato benino; tanta cattiva gente, tanti lazzaroni, tanti perdigiorno, tanti vili, tanti ladri ho avuto per disgrazia vicini da combattente, così che i galantuomini da me conosciuti tra gli ufficiali (parlo solo degli ufficiali, ché di soldati ho quasi sempre avuto tra gli ottimi) costituivano una parte soltanto; quanti bravi ragazzi ho avvicinato qui in prigionia. Nella mia camerata siamo in 26; oltre io e Cola, c'è Bruno, di cui già più volte ebbi occasione di parlare, e un suo amico e concittadino, Maurizio Scoccimarro, persona compitissima. La sua famiglia è profuga da Udine in Toscana; erano fornitori di farine alla 2.ª e 3.ª Armata ed egli era esonerato dal servizio; ma per una quistione di puntiglio si arruolò negli alpini e combatté sul Carso.- C'è l'alpino sottoten.te Giuseppe Mercandalli, (cl. '95), del battaglione «Morbegno», milanese: un ragazzo d'oro, a cui voglio bene. Del Morbegno sono pure Sciajno, Giuseppe Sciajno, ed Attilio Nani. Il primo, parmigiano di nascita, siciliano d'origine, del '97: studente di legge, poeta, attore, amatore della vita, spontaneo, facile, sereno. Ha un bell'ingegno, scriverà molto e pubblicherà certo qualcosa. Nani è un buon valtellinese di Sondrio. Dopo Sciajno

viene Tecchi, (faccio il giro dei posti); Bonaventura Tecchi, magro, nervoso, dagli occhiali, ora un po' malato; è un signore del Lazio, al confine umbro: Bonaventura da Bagnorea. Come il suo grande omonimo e concittadino, ch'io venero nel 12.° del Paradiso con fervore immenso, è una volontà e un ingegno di prim'ordine, splendido esemplare della nostra stirpe dov'essa è migliore; e un animo oltremodo puro ed onesto. Volontario di guerra, volontario in fanteria e sul Carso, volontario sul Col di Lana, volontario dopo esser stato esentato, ha due medaglie e tre ferite e mi eguaglia nell'ardore per la guerra; mi supera certo per merito e per quello che si chiama lo «stato di servizio.» Giudizio maturo, fermo, sicurissimo, in una età in cui sono rare queste qualità così nobili; è del '96.
Dopo Tecchi vien Savini, un signore del Lazio, dicono milionario: anima piatta, borghese, timida, quieto vivere, avarizia, abbasso la Guerra, quanti mali ha provocato, ecc. ecc.- C'è poi Sciaccaluga, il maligno, ligure, studioso, poeta di scuola, professore di lettere e studente di legge. Rossetti è un tipo chiuso: lo vedo leggere per ore ed ore in piedi e mi par di scorgergli addosso una uniforme di generale austriaco o di vecchio governatore spagnolo.- Camillo Corsànego, di Genova, ha ventotto anni o ventinove: magro, curvo, con occhiali. Lo ammiro molto: religioso, calmo, sereno, dignitosissimo e molto educato: franco di modi, nulla dell'untume gesuitico; è laureato in legge e in scienze economiche, è uno studioso, è serio, aspira al professorato nella Università di Genova, e sarà certo un perito di cose economiche e di giurisprudenza commerciale tra i migliori. È uno di quelli che lavorano, che fanno, che concludono, e che onorano il paese a cui appartengono. Tiene delle lezioni di ragioneria e un corso di brevi conferenze sul funzionamento delle Borse. Quando lo vidi pregare nella Chiesetta, inginocchiato sulla panca, fui ammirato e invidioso della sua serenità e dignità nel dolore. Io ho verso di lui, come verso tutti i miei compagni credenti, il grosso e nero rimorso delle mie orrende bestemmie, che nei momenti di nevrastenia e di demenza mi sfuggono orribili, atroci, infami.
Vicino a Corsanego è Nobili, bresciano, del '96, dal viso ancora infantile, piccolotto e crapotti, con dei capelli già bianchi. Mangia il suo salamino con calma in un angolo, e pare un an-

giolotto che mangi. Ogni qual volta vedo un viso di prigioniero curvarsi nell'ombra e nella solitudine, nella rassegnazione contro l'inesorabile, e accudire chissà tra quali pensieri alle più umili cose, non so padroneggiare un sentimento di commozione profonda; la sventura altrui mi colpisce allora più della mia, vedo negli altri più dignità, in confronto della mia faccia cagnazza, dei miei gesti e dei miei passi da disperato, delle mie folli immaginazioni, del mio insostenibile dolore.-
L'altro, presso la porta d'uscita, è il tenente Ottorino Tagliabue, lodigiano: vive quasi sempre fuori della famiglia, in altra camerata, col suo inseparabile amico Spernazzati. A Tagliabue segue Silva Angelo, un negoziante di carbone genovese, nativo però di Seregno, gran bravo ragazzo, dal fondo onesto pur nell'avvedutezza. Poi ci sono il romano Meucci, persona corretta e calma, muta e triste, artigliere, e il pittore Armando Cermignani, tenente di fanteria, credo abruzzese o marchigiano; animo onesto, corretto; lindo, non genio, ma discreto disegnatore e buon colorista.- Si arriva così a Betti Ugo, tenente di artiglieria da campagna, al fronte da molti mesi; era nella zona dove avvenne lo sfondamento, comandante allora d'una sezione da montagna, a sua detta antistante alle linee della fanteria: e si trovava precisamente nella Valle Isonzo, sulla destra del fiume, dove il fronte di battaglia lo traversava. Classe '92; studente in legge; ha grandi conoscenze di letteratura e Tecchi lo stima il più intelligente di noi. È pure un buon ginnasta, ottimo corridore e saltatore, ottimo alla sbarra e alle parallele. Ciò lo cresce molto nella mia stima: i giovani forti, amanti della ginnastica e dello sport, sono, a parità di rettitudine, infinitamente superiori agli altri come valori umani: a parità di rettitudine. Deve essere anche un buon puttaniere, e certo ha viaggiato un po' e vissuto. Segue il gruppo Gallone, composto di Paolo Turino, di Umbero Nugari, di Ernesto Gallone; i primi due tenenti, il terzo sottotenente di Artiglieria. Turino è siciliano, ma ha vissuto molto nel nord: calvo, mattacchione, cuoco della sua triade. Nugàri è romano, calvo, gran fumatore di sigarette. Gallone Ernesto, anzi Ernesto Gallone Arnaboldi, è milanese ed è un mio lontanissimo congiunto: certo avrò a frequentarlo nella vita, almeno spero; è inutile perciò ricordarne la genealogia. Qui si mostra ottimo

ragazzo, buon compagno, e deve avere intelligenza letteraria e filosofica notevole, molto buon senso, molta solidità mentale. È «medium.» Mangia come Lucullo, dato che siamo a Celle-Lager, e ha largito 50 Marchi alla società dei «baraccani». Alla sua tavola sono spesso convitati gli artisti, i poeti, gli amici, le personalità del blocco; quanto Casella fosse assiduo, ho già detto. Anzi il ricever l'invito a pranzo di Gallone è considerato come un riconoscimento ufficiale per l'entrata nell'Olimpo, è un vero Gradus in Parnassum. Sotto questo rispetto io non sono e non sarò mai un poëta laureatus: del resto, mi scampi Dio da tutte le lauree, salvo che dal mio brevetto d'ingegnere, se pur la fortuna con me così taccagna mi permetterà di conseguirlo. Gallone fa anche dei versi, e gli ho veduto occupati di strofe parecchi libretti e quaderni.- Dopo di che, mi rimangono a ricordare i fratelli Anguissola, nobili di Parma; il minore è del '96, un bel ragazzo alto e magro, un po' burbero di modi. Il maggiore è tarchiato, rosso, più basso, formidabile ciarlatore, odiatore accanito dell'Inghilterra. Certe volte attacca, a voce di polemica, discorsi che durano per ore e ore. Io dico che comincia il trommelfeuer, oppure urlo «si salvi chi può»; Sciajno, nell'«Organo», lo ha chiamato Serpe Verbosa, (Anguis sola major), accusandolo di uccidere le vittime, (auditores innocentes), con la secrezione bavosa della sua verbosità. C'è poi il romano Ederli Giulio Cesare, re delle «fregnacce», bello e buon ragazzo, che dice sempre «infine» ed «embè» e ha fatto l'istituto tecnico; sotto quest'accusa lo facciamo uscir dai gàngheri. Come militare puzza di imboscatiello, ma ammodo. Ci sono poi Taschini e Pianetti, bergamaschi.-
Gettando un'occhiata a questa gente, si vede una combriccola meno losca del solito, dove abbondano i bravi ragazzi, gli studiosi, i settentrionali: (non vuol essere questo un peccato di campanilismo). Quale differenza dall'atroce gentaglia con cui divisi altre stanze di prigionia, specie il carcere nel fondo della Kaponiere 17, alla Friedrichsfestung. Raggruppati per luogo di nascita, questi 26 individui sono: tre milanesi: (io, Gallone, Mercandalli); tre bergamaschi: (Cola, Pianetti, Taschini); un bresciano: (Nobili); due udinesi: (Bruno, Scoccimarro); quattro parmigiani: (Sciajno, Betti, i due Anguissola); tre genovesi: (Sciaccaluga, Corsànego, Silva); sei romani o latini: (Tec-

chi, Savini, Rossetti, Meucci, Ederli, Nugari); un marchigiano: (Cermignani); un siciliano: (Turino); un valtellinese: (Nani); un lodigiano: (Tagliabue).- Gli studenti o laureati in legge sono nove, in lettere uno, in farmacia uno, in ingegneria uno. E tutti, o quasi, sono di buona famiglia ed agiata; io ed Ederli, credo, siamo i più poveri. Io sono povero davvero.-
I poeti e facitori di versi, me escluso, che ne feci ma non ne faccio, sono sette od otto.-
Ringrazio Dio con l'anima, d'avermi dato questo soccorso nell'orrore; di non aver voluto aggiungere alla sventura il martirio della «compagnia malvagia e scempia», che tanto mi gravò le spalle nella mia vita militare; d'avermi dato il conforto di compagni buoni, onesti, intelligenti, sani, il cui ricordo non mi sarà doloroso ed amaro; le loro varie buone qualità, che in alcuni sono ferme virtù, mi conducono anche ad umiliarmi della mia ignavia, della mia debolezza contro il dolore, della mia meschinità fisica, della mia ipersensibilità, del mio chiuso orgoglio. D'altra parte mi cresce l'odio livido, immoderato, senza fine in eterno, contro i cani assassini che hanno consegnato al nemico tanta parte della patria, tanti dei loro, tanti anni della nostra vita: contro quei cani porci con cui mi fu d'uopo litigare in treno, negli orrendi giorni del primo novembre, affinché non cantassero, mentre i tedeschi invadevano il Veneto, che essi avevan loro messo nelle mani. Cani, vili, che mi hanno lacerato e insultato, possano morir tisici, di fame: sarebbe poco. Ne conosco alcuni: se li vedessi morire riderei di gioia. Li odio ben più dei tedeschi; vorrei essere un dittatore per mandarli al patibolo.-
(Finito di scrivere, a tambur battente, in prima copia, la sera del 31 luglio 1918.- Anguissola major dice che la penna arriva a stento a seguire il mio pensiero. È un pensiero facile, certamente: si tratta di fotografare cose ed immagini: ma ho scritto un'oretta, vertiginosamente.)
       31 luglio 1918. Baracca 15; Celle-Lager.

Celle Lager. Baracca 15. Camerata B. Giorno 21 agosto 1918. Pomeriggio.

Non è mutata la nostra vita né, credo, muterà per molto tempo: solo la vicenda del tempo e delle stagioni può mitigare o inasprire il nostro soggiorno d'oltre la vita. Non è escluso per altro che il futuro possa riserbarci cose non attese: siamo sul fondo d'una stiva, nella nave corsara a cui tutti i vivi danno la caccia. Il contegno dei padroni non è fatto a mitigare in alcun modo la nostra sorte; salvo alcune eccezioni, la maggior parte di questi cani sono più ringhiosi che mai. Nella distribuzione dei pacchi arrivano al parossismo della mascalzonaggine spezzettando il pane, tagliando salame e formaggi, rompendo le sigarette: ritirano tutta la tela, tutta la carta, tutte le scatole, gli involgi, i sacchetti, così che un povero cristo si vede mescolati fagioli e riso e pasta; o è costretto a fatiche di smistamento, o a lavoro preventivo di preparazione d'involti con giornali ecc.; deve comunque subire gli atti di impazienza e i capricci villani di questi soldatacci, dove il tedesco fa scomparire l'uomo e lascia la belva, avida, dissimulatrice, avara e vile. Cola venne a lite con un distributore che lo minacciò col coltello e non trascese sol perché conscio della sua debolezza fisica davanti al prigioniero; se fosse stato un omaccio, avrei visto Cola battuto e malmenato senza potere di reazione. Un altro ufficiale, che si trovava vicino a un carro di pacchi, fu sorgozzonato da un tedesco contro il tavolato d'una baracca. Non si può reagire perché al minimo gesto il tedesco è in facoltà di usare le armi. Bisogna subire passivamente i maltrattamenti, come sacchi di cenci. I pacchi arrivano per lo più svaligiati, manomessi, specie nei generi più cari e costosi e più nutrienti; quando c'è il salame o il cioccolatto bisogna ringraziar la Madonna. Questo saccheggio sistematico non è compiuto sulle ferrovie, dove i pacchi sono convogliati in vagoni chiusi, ma qui nel campo, durante gli smistamenti e il soggiorno nelle baracche di distribuzione. Il colonnello comandante del campo è un tedesco nel senso migliore della parola: il prussiano oppressore e mascalzone della leggenda. Fra l'altro ha recentemente ordinato, (e ce ne venne fatta comunicazione ufficiale all'appello), che qualunque ufficiale si avvicinasse a meno di tre metri al filo di ferro che fa una specie di parapetto dopo la zona

## 21 AGOSTO 1918

neutra chiusa dal reticolato, verrebbe preso di mira dalle sentinelle, senza preavviso. Ciò mi colpisce nelle mie passeggiate serali: dovrò star bene attento per non incorrere nella zona proibita in un momento di distrazione.-
Continuano a morire gli ufficiali che, nel periodo della fame, vennero raggiunti dalla tubercolosi. Giorni fa andai al funerale di due, l'altro jeri ne morì un altro. Invece non ho più potuto far passeggiate, sia perché ce ne sono rarissimamente, sia perché il concorso ai 40 posti è troppo forte. Quando la passeggiata c'è, ogni blocco à diritto a 40 posti, e ogni blocco ha la sua passeggiata.- Sono stato ancora due volte a teatro, una volta alla rivista del blocco A di cui è cenno a pag. ‹802›, e una volta a una produzione milanese, in cui il ten. Nidi, credo della compagnia drammatica del Ferravilla, rappresentò con successo *El milanés in mar* e *La luna de mel del sur Pancrazi*. Gli scenari sia al blocco A, sia al blocco C e D sono belli e dicono veramente che gli organizzatori hanno fatto miracoli, con carta e cartone per lo più, poi che di stoffa non se ne trova un millimetro in Germania. A questo proposito ricordo che a Rastatt, e credo anche qui, vendono bretelle di carta intrecciata e filata; che danno ai cucinieri degli abiti della stessa, i quali figurano una specie di fustagno, ma senza la resistenza di questo. Ai soldati hanno fatto una perquisizione, sequestrando, da veri pirati, la loro biancheria ricevuta dall'Italia, la lana, ecc., e lasciando solo una muta di biancheria. I tedeschi mostrano di esser provetti nell'esercizio del brigantaggio e che tra loro e i pirati di Algeri non v'è se non una differenza numerica e di organizzazione.-
Fui, come dissi, al funerale di due ufficiali morti al vicino lazzaretto; era un giorno caldo e afoso, e avevo la testa vuota. La masnada degli ufficiali italiani, per quattro, ma come un branco di vitelli, al solito, con un imbecilloide di colonnello in testa che aveva appena smesso di fumare la pipa sotto il sole, raggiunse tosto il breve spiazzo erboso e a gramigne a lato della baracca ospedale, fuori del nostro recinto. Lo spiazzo è un vano di prato tra una parete della baracca, una parete della lavanderia, e un gran mucchio di carbone. C'era un gran caldo, molte mosche e la puzza delle salme, emanando fuor dalle due bare, pervadeva il luogo: due bare nere, su cui un tedesco

scrisse in gesso 1 e 2, per distinguerle; due bare posate su due
barelle, a terra, nell'erba spelacchiata. Arrivarono i preti, in
panni d'ufficiali italiani, con la solita croce rossa sul petto; solo il prete officiante era in camice e stola[1]; cantarono, benedirono, ecc. Avevo la testa vuota, ma, a pensarci, il morir qui è
una cosa orribile.-
S'intende che noi eravamo guardati da soldati tedeschi. Arrivarono anche i soldati che fanno da scorta d'onore, e due ufficiali: un sottotenente e un capitano, in alta tenuta, col chiodo.
Il loro contegno, stilisticamente e militarmente perfetto, fece
uno strano contrasto con il nostro goffo brancolare. Il sottotenente prese il comando del drappello; ordini brevi, secchi; alto; figura impassibile; gatto di marmo; è il mio ideale, quello
che cercavo di raggiungere nel mio stile di parata: ma adesso
sono qui. Dopo il drappello e dopo i preti procedette una bara, poi il capitano tedesco; quello scemo, (poveraccio! non è
colpa sua), di nostro colonnello intontito si mosse subito, tirandosi dietro il nostro branco. Neppure la menoma idea di
organizzazione né la più debole capacità di calcolo: e poi dicono che i vecchi hanno l'esperienza. Il branco si precipitò, come dissi, dietro il patatone, mentre i preti salmodiavano d'avanti la prima bara. La seconda bara fu guardata dai portatori,
i quali, senz'ordini avuti, si decisero a prenderla e stavan lì,
frammischiati al codazzo: «avanti, avanti» e la seconda bara
si fece largo, ondeggiando, col suo sciame di mosche sopra.-
Io seguii, con altri. Poi vennero i soldati nostri. Il corteo sfilò
intorno intorno all'ospedale, donde alcuni prigionieri italiani
e d'altre nazioni salutarono militarmente. I preti cantavano
abbastanza benino.-
Il sole s'era oscurato; prati, campi di avena, un vagone ferroviario sopra un tronco morto, un trenino décauville, e lontane foreste, e una spaventosa solitudine. I preti cantavano e
tacevano, mentre la campagna si colorava nel sole o si metteva in ombra, secondo il trapassar delle nubi. Arrivammo al
cimitero, nel mezzo di una piccola selva di conifere che sta a
Nord del campo e che noi chiamiamo il «boschetto.» «Anda-

---

[1] Non so se dico giusto; camiciotto bianco e banda ricamata intorno
al collo.

re al boschetto», nel linguaggio di noi prigionieri significa andare all'altro mondo. Il cimitero è piccolo, tutto ombreggiato dagli abeti circostanti, pieno zeppo di fosse allineate e di croci eguali; le file diritte delle croci di legno mi ricordano i cimiteri del Lémerle e della foresta di Boscon. I preti benedirono le salme nuovamente, che vennero tosto calate nella fossa. Dopo di che il sottotenente fece eseguire al suo drappello le tre salve d'uso: comandi brevi, secchi, nitidissimi; mi richiamarono una folla di angosciosi pensieri, più che la morte vicina; ricordai quando comandavo io, quando facevo io, quando ero un soldato: e non lo sono e non lo sarò più: la mia più bella vita è finita in questa rabbia senza fine. Il capitano tedesco, dopo il nostro colonnello, gettò nella fossa tre manate di terra. Due nostri aspiranti, di cui uno nero come un arabo, appartenenti al reggimento di uno dei defunti, recarono sulla fossa una corona; il nastro tricolore fu levato, per serbarlo ad altra eventuale analoga cerimonia: c'è penuria di stoffa in Germania. Gli aspiranti piccoli, goffi, indecisi, sotto il peso della corona, uno col cappello e uno senza, poi il primo se lo mésse e l'altro se lo levò, contrastarono con il contegno deciso e corretto dei tedeschi. Presenziava anche il capitano tedesco del nostro blocco, che noi chiamiamo «capitano Agonìa», dalla sua figura lunga e malata, che per miopia e debolezza si regge a stento all'impiedi. Anche lui s'avvicinò alla fossa, tentennando tra il mucchio di terra e le assi; s'aggrappò franco a un abete e gettò le tre manate sulle bare. Poi, con sforzi da equilibrista e con le mosse d'un cieco (lo è infatti), se ne tornò a posto. I tedeschi e noi tirammo un respiro. Dopo di che tutti salutammo, alcuni gettarono la terra e la cerimonia ebbe termine. Noi, con le nostre sentinelle rientrammo nel recinto del campo.- La descrizione fatta è esattissima, anche nei particolari: le cose andarono così. Quanto al sentimento con cui io presenziai alla cerimonia, debbo confessare che la mia commozione, sebbene sincera e tenera, non raggiunse alto grado; la mia propria sventura, orribile, orribile, la fine di tutto il mio orgoglio, la mancanza d'ogni motivo ideale di vita, e quanto soffro nel torturante ricordo e nell'inazione, mi rende poco suscettibile alle sciagure altrui.-

20 settembre 1918. Poiché questo diario non è ormai che un seguito di frammenti, (e quante cose importantissime ancora non vi ho notato), dirò brevemente della giornata d'oggi.

Celle-Lager, 20 settembre 1918. Ore 18 e $\frac{3}{4}$ dell'orario regolare, ristabilito a partire dal 15 u.s. – Scrivo nella baracca 35, della mensa.–
La giornata, che segna per noi italiani una data, era attesa con programmi varî di cerimonie, di cui principali dovevano essere le seguenti: conferenze tenute da 1 ufficiale per ciascun blocco ai soldati del campo; conferenze d'occasione al blocco D e a un altro; gare ginnastiche ai blocchi C e D; due «premières» ai teatri: a quello del Blocco C, lo *Scampolo* di Dario Niccodemi, a quello del blocco D, il *Romanticismo* di Gerolamo Rovetta. Il nostro blocco, nella baracca del teatro, organizzò anche una piccola mostra di quadri e caricature, oggetto delle quali ultime erano numerose «personalità» italiane ed estere del campo. Tutte queste manifestazioni ebbero ed avranno luogo, all'infuori delle gare sportive, (salti; esercizî alla sbarra, alle parallele, ecc., corse), che il cattivo tempo fece rimandare a dopodomani, domenica. L'insieme delle cerimonie fu complicato dall'atteso arrivo al campo di Monsignor Pacelli, Nunzio Apostolico presso la corte di Monaco, il primo italiano non prigioniero che mette piede in Cellelager. Credo che il metodo migliore per notar queste cose, sia il rappresentarle cronologicamente e dal mio punto di vista, da spettatore insomma. Devo prima ricordare che da lungo tempo la nostra baracca (15) aveva pensato d'organizzare un banchetto e d'invitarvi il generale Fochetti. Così fu fatto.


Lunedì, 23 settembre 1918.–
Mi richiamo alla giornata del 20 settembre che intendevo descrivere.– Mi levai come al solito, voglio dire odiando come tutti i giorni la mia vita; appello, dopo il quale passeggiai in attesa del giornale, che arriva verso le 10 al cancello principale (cancello Nord); i compratori si affollano intorno al venditore, un soldato tedesco, oberandolo per un buon quarto d'ora di pressanti richieste. Negli scorsi giorni di azioni intense e vit-

toriose per gli alleati la folla era grande, contro il povero diavolo; dopo di che esso gira per le baracche, con quanto gli rimane. Io compero quasi sempre l'«Hannoversches Tageblatt».– Qualche compagno mi fa premura perché traduca i comunicati. A furia di leggere e rileggere gli stessi termini, le stesse parole, so far ciò senza troppa fatica, non che intenda il tedesco tutto con eguale facilità. In camerata si stava facendo il trasporto dei letti dalla camerata A, per sgomberarla affinché vi si potesse alloggiare la mensa. Il direttore della festa e del banchetto nella nostra baracca, al quale era stato invitato il generale Fochetti, era il ten.te Farina Raffaele; aiutanti Turino e il dottor Falcone, quest'ultimo della camerata A come Farina. Gli ufficiali della A lavorarono tutta mattina e a colazione la mensa era pronta come dirò. Io bighellonai per il campo, mentre il tempo prendeva ad oscurarsi, curiosando qua e là, con un accenno, un velo soltanto, di quel sentimento che ci conduce lieti e spensierati nel mezzo una festa. Il torrente profondo continuava a scorrere, ogni visione è accompagnata dal reticolato, dai cancelli, dalle lugubri foreste e da tutto il rimanente armamentario percettivo del nostro orrendo vivere. Bevvi un vermouth alla cantina del Blocco C; la solita porcheria, il solito marco e mezzo. Entrai a vedere la mostra, nella baracca del teatro; dove, insieme con molte puerilità e goffaggini di raffaelli allievi stuccatori, c'era qualche idea originale e qualche ritratto ben fatto. Una serie di caricature, all'acquerello, comprendeva tutte le caricature esposte settimanalmente alla finestra, contro il vetro, del suo stanzino, dal capitano Incerti, che vedendo intabarrato e pieno di scialli e occhialuto e goffo noi quest'inverno all'appello chiamavamo «U' mandriere»; (personalità del processo Cuòcolo). Sono caricature gustose di persone italiane e tedesche del campo, di avvenimenti, di fatti ridicoli. Il maggiore Tassinari, ipnotizzatore, che tentò con insuccesso la fuga, è rappresentato con armi e bagagli (bastone, bussola, carta, sacco pieno di filoni di pane, ecc.) in atto di partire. Il capitano Agonìa, (capo blocco tedesco), è rappresentato dalla sua testa sotto cui sventola un mantello retto da un palo, il tutto investito dalla bufèra; mentre intorno a lui gli ufficiali italiani scappano: allude a un temporale che ci colse durante l'appello, nel quale il vecchio si bagnò

solennemente e noi dissimo che il vento se lo sarebbe portato via. Altre caricature colpiscono il teatro, gli attori, la sbobba, ecc. V'erano ritratti a olio di Cassito, del gen. Pisani, ecc. assai ben fatti, cioè almeno somiglianti. Qualche altra cosetta buona mi piacque. Dopo aver visitato la mostra, girai e girai, nel bigio dell'orrenda giornata. I tedeschi, in attesa del Nunzio Apostolico, avevano piantato lungo il viale di mezzo e presso l'entrata e la chiesetta, dei pini nani, e dei piccoli abeti: tagliatili dalle loro foreste li avevano fitti per terra, così senza radici, per far bella figura un giorno, per far credere al Nunzio che quel verde fosse permanente. Sgranocchiai nella mattina qualche galletta di Lione, i soliti quadratini che arrivano nei pacchi di Francia. A mezzogiorno preciso il generale Fochetti, il colonnello Cassito, capo del nostro blocco, e un tenente colonnello comandante di reggimento della Brigata Alpi, invitati, entrarono nella «sala». Essa, cioè la camerata A della baracca, era stata precedentemente tappezzata di carta, come una stanza comune; qualche quadretto, cromolitografie, tricromie, ecc. Tre specchi, recati dallo sgabuzzino del barbiere per l'occasione. La mensa a u, attendeva i convitati, in numero di 54. Dietro il centro della tavola una effigie di Vittorio Emanuele III, con un baldacchino a drappo, di carta velina, bianco, rosso, verde, sormontato da una corona reale di carta gialla. La tavola coperta di grossa carta, tenuta con puntine da disegnatore, a modo di tovaglia, piatti di vera maiolica, un rimasuglio della dotazione della cucina tedesca, e poi le posate e i bicchieri di ciascuno. Bottiglie del vino (diciamo così) offerto dalla cantina; piatti d'antipasto.–
Insomma, per Cellelager un vero miracolo. Gli organizzatori vennero, durante il pasto, ripetutamente applauditi. Ciascuno dei convitati aveva versato già da giorni riso, pasta; e chi cioccolatta, e chi marmellata, chi caffè chi zucchero, compensando le mancanze o insufficienze col dar di più d'altra roba. Io non avevo né caffè, né zucchero, né sardine; diedi altro in cambio. Siccome il dottor Falcone è l'ufficiale italiano addetto alla cucina del Blocco, così trovò modo di far cuocere la roba in cucina, comperando il permesso col regalare ai tedeschi del sapone. Altrimenti non sarebbe stato possibile cucinare per 54 convitati.

## 23 SETTEMBRE 1918

A ciascun posto un elegante, (per Cellelager) cartoncino, dipinto a mano, col menu. Di vino una bottiglia di secco e una di spumante (Fruchtschaumwein) per ogni gruppo di quattro. Si cominciò l'antipasto; salame, sardine, ecc. Si attese un po' per il risotto, che finalmente arrivò; risotto bianco, condito con burro e lardo, più lardo che burro. Formaggio per chi lo voleva. Poi carne cotta, manzo con purée di patate: tutta carne di scatolette, venute dall'Italia; carne eterogenea. Seguì una torta, di farina di castagne, pane grattuggiato e sapore di cioccolatto; e poi caffè e zucchero. Al brindisi Sciajno disse alcune cosette spiritose come brindatore ufficiale della baracca; si lesse il numero straordinario dell'«Organo». Il generale rispose con brevi parole d'occasione, augurandosi di fare il 20 settembre prossimo nel castello di Trento, o almeno augurandolo ai nostri compagni più fortunati. La qual cosa è il desiderio dell'impotente in una bocca d'occasione. Ah! Generali, generali, e ufficiali, e stabsoffiziere, e soldati, e organizzatori e taliana tutti, è inutile inneggiare ad eventi che non abbiamo la volontà di condurre a buon termine. Il generale Fochetti è un brav'uomo; ma altro ci voleva per vincere; altri; altri animi, altro pensiero.

Come all'entrare del generale nella mensa si erano sonate al pianoforte le prime note della Marcia Reale, così poi, finito il pranzo, si suonò la sinfonia della *Gazza ladra* e poi delle arie di walzer. Uscii che pioveva, dopo che per tutto il pasto avevo avuto il cuore immerso nella noia. L'unica cosa che mi piacque fu il mangiare; il cibo ben fatto era una piacevole novità, e qualche goccia d'alcool un piccolo serpentello nelle vene dell'annoiato.

Avevo senza volerlo il pensiero ad altre feste, più serene e più feste; a quelle povere della famiglia, ma tanto ricche, tanto dolci, nella mente del fanciullo che crea il non esistente e ingrandisce l'esistente fino ai termini del desiderio; ad altre feste tra amici, tra gente libera, tra uomini, tra vivi; questo era un rito di morti; il sorriso era fatto d'uno sforzo di immaginazione. Dopo aver girato nella pioggia, cacciato a camminare da quel po' di vino che avevo bevuto, ritornai al Cancello dove già molti si accalcavano in attesa di S. E. monsignor Pacelli, Nunzio Apostolico. Veniva un'acqua rada e fredda tra il vento. Si attese un po'. Finalmente il cancello si apre e fra due ale di calca, accompagnato dal colonnello tedesco comandante del campo, seguito da altri tedeschi, e con a lato il generale Fochetti entra il Nunzio; è alto, lungo, con occhiali, ha un cappello da prete di feltro liscio, ma più piccolo e tondo dei soliti, ornato d'un cordone verde e oro; occhiali; naso affilato e adunco; tunica nera. Apre un ombrello color castano scuro, da prete di campagna; non ha seguito ecclesiastico. Camminano a tutt'andare verso la chiesa; gli ufficiali italiani, la solita folla, intorno e dietro come un branco di popolo. Io seguii, dall'altro lato del viale; svoltarono verso la chiesetta, quando c'entravano la campana suonava. Dopo i tedeschi s'ingolfò la folla di noi, premendosi all'entrata: invase la chiesa, salì sulle panche, ansiosa e curiosa di vedere, di sentire, di percepire qualcosa da quel nato in terra italiana.

Cellelager, 23 settembre 1918.

Séguito: 23 settembre.– Nella Chiesetta affollata io ero ritto sopra una panca, come già da ragazzo in San Simpliciano. Celebrarono il «tantum ergo Sacramentum», cantandolo alla meglio; seguì un inno di carattere religioso patriottico, cantato dai nostri cappellani, in cui Dio era pregato di darci la vittoria e di restituirci la patria. In questo il Nunzio fu solo ascoltatore, naturalmente. Dopo di che egli dall'altare ci rivolse una breve allocuzione. Nel silenzio assoluto degli ascoltatori avidi ed intenti, interrotto solo dall'uscita del Colonnello tedesco e di un altro ufficiale, erano suonate le preghiere e gli inni. Adesso le parole del Vescovo riempirono il piccolo sito. Disse d'esser lieto di venire a noi come italiano, figlio della nostra stessa terra, ma più come rappresentante del Sommo Pontefice «padre comune dei popoli», a portarci una parola di conforto. Disse dell'interessamento del papa per i prigionieri, da lui personalmente constatato. Annunziò l'arrivo di un pacco di viveri per ciascuno di noi «senza differenza di religione o di partito politico», inviato da Benedetto XV con l'apostolica benedizione; e disse di una distribuzione di indumenti di lana ai più poveri ch'egli stesso aveva recato. Da diplomatico fece precedere l'annunzio di tutto ciò alla benedizione aposto-

lica; verso la fine accennò alle nostre sofferenze, invitandoci ad offrirle al Signore, e pregando Dio che questo periodo terribile della nostra vita non fosse per essere un indebolimento ma un rafforzamento delle nostre anime. La sua voce era fredda, acuta, il tono untuoso e calcolato; il discorso appariva preparato. Tuttavia suonò in esso, o mi parve, la voce della pietà e della religione e il mio spirito facile alla visione entusiastica delle cose ne rimase commosso. Gli occhi mi si riempirono di lagrime e il cuore di lacerante tristezza quando disse dell'amore di patria e dell'amore di Dio che s'accordano nei cuori ben nati, quando parlò della nostra terra radiosa «che la natura e l'arte e il genio fanno superba» [riferisco compendiando]; quando pregò il Signore che nella terribile prova i nostri animi si rafforzassero e il nostro pensiero considerasse che questa vita è solo un passaggio. Sentii con quella forza subcosciente che è tanto forte in me nei momenti patologici che realmente la mia, la nostra vita è un brevissimo tempo; che già mezza è trascorsa senza frutto d'onore, senza una gioia; sentii con intensità spasmodica che non un sorriso di giocondità ha rallegrato i miei giorni distrutti; ho patito tutto, la povertà, la morte del padre, l'umiliazione, la malattia, la debolezza, l'impotenza del corpo e dell'anima, la paura, lo scherno, per finire a Caporetto, nella fine delle fini. Non ho avuto amore, né niente. L'intelligenza mi vale soltanto per considerare e soffrire; gli slanci del sogno, l'amore della patria e del rischio, la passione della guerra mi hanno condotto a una sofferenza mostruosa, a una difformità spirituale che non ha, non può avere riscontri. Sentii in quel momento, con l'intensità d'un asceta, il vuoto, l'orribile vuoto della mia vita, la sua brevità, la sua fine. Che cosa avrò fatto per gli uomini, che cosa per il mio paese? Niente, niente. Morirò come un cane, fra dieci, fra trent'anni; senza famiglia, senza neppur aver goduto nel doloroso cammino di aver a lato mia madre, i miei cari fratelli. E nessun al di là mi aspetta poiché l'intima religiosità de' miei sentimenti non ha riscontro nel pensiero e nella ragione.
Il Nunzio uscì dalla Chiesa e io saltai da una finestra, per raggiungerlo; si fermò sotto il capannone centrale del campo e ripeté su per giù il suo discorso; il colonnello tedesco ringhiava per l'affollamento, da quel cane che è. Quando il Nunzio levò

i duemila marchi che lasciò per i più poveri di noi, un tedesco si precipitò tra lui e il generale Fochetti a significargli che il regolamento del campo vieta ai prigionieri di tenere danaro corrente; che la somma doveva esser cambiata con buoni del campo. Il Nunzio ci benedisse, con parole rapide, povere, secche, cento volte ripetute: mi pareva commosso del nostro soffrire che si palesava nell'intensità dell'ascoltazione e nel nostro stesso morboso affollarci. «Vi benedico, miei poveri figlioli, vi benedico; siate forti, siate calmi, vi benedico, vi benedico.» Il colonnello tedesco, con villania di mascalzone travestito, s'era già avviato che ancora quello stava parlando; gli faceva fretta, aveva la cerimonia come il fumo negli occhi. Andarono nella baracca 2 del blocco B, una camera da studio, dove il Nunzio ricevette degli ufficiali in particolare, persone raccomandategli dalle famiglie. I tedeschi gli stettero sempre intorno come poliziotti, il colonnello gli mise alle costole quattro interpreti che non lo lasciarono un secondo, notando col lapis quanto gli ufficiali dicevano. Vidi io stesso, sulla soglia della baracca il cane ringhioso chiamare: «Dolmetscher, Dolmetscher», ammiccando con l'occhio. Dopo due ore il Nunzio uscì salutando, di tra la calca.-
Nella giornata fu fatta al blocco C l'estrazione di una tombola di 200 marchi; andai a vedere i numeri estratti.
Ritornato per il Nunzio, egli, dietro l'insistenza di alcuni ufficiali, era entrato in alcune baracche del blocco A; gli fecero ben vedere letti, pagliericci, sterpi, affollamento, sporcizia e tutto, gli dissero tutto quel che poterono; i tedeschi erano gialli. Mi riferirono poi quanto noterò in seguito.-
Il Nunzio lasciò poi il campo e nella giornata non si ebbero altri incidenti. Qualche ufficiale più svelto fece saltare nelle baracche alcuno dei pini piantati, per servire da combustibile prima che i tedeschi li asportassero.
La sera si dette al blocco D il *Romanticismo*, senza incidenti; al nostro blocco si rappresentò *Scàmpolo*, di Dario Niccodemi e io pure vi assistei da uno degli ultimi posti, annegando nella stanchezza l'ultima capacità di soffrire. La commedia venne data con successo, anche nelle parti femminili, tutt'altro che facili.- Da relazioni di diversi ufficiali e dello stesso Tecchi, ufficiale d'ordinanza del Generale Fochetti, seppi che al Nun-

zio era stato detto il possibile, sul trattamento fattoci, dal Generale stesso, dal cappellano Di Léo, e dagli ufficiali della baracca visitata. Invece gli ufficiali chiamati singolarmente parlarono di loro interessi personali. Di Leo accennò alle angherie di carattere religioso-rituale (sospensioni dalle funzioni religiose, proibizione di dir Messa, ecc.) che quel porco di cappellano tedesco fa ai preti italiani. Il Vescovo rimproverò il tedesco, dicendo che in materia religiosa non c'entrano, neppure per le punizioni, l'autorità politica e la militare. I Tedeschi s'inviperirono del nostro contegno. Il Colonnello tedesco chiamò poi ad «audiendum verbum», il generale Fochetti, dandoci dei maleducati, dicendo che l'affollamento nostro non era dignitoso, non era compatibile col grado di ufficiali. Il generale rispose per le rime, dicendo che possiamo insegnar l'educazione anche a loro. Il colonnello affermò ancora che, entrando nel campo, era parso al Nunzio di entrare in un manicomio. «In un penitenziario, deve dire», ribatté il generale. All'affermazione che il Nunzio s'era lagnato del nostro contegno il Generale rispose che non ci credeva. Gli fu fatta ripetere la frase; la ripeté. Essendosi poi vantato il Colonnello tedesco di aver sempre amato la giustizia e la generosità, il generale disse «a modo suo.» Fu insomma un seguito di battibecchi stizzosi, da nemico a nemico. Stamane all'appello venne letto un rimprovero del colonnello stesso per il nostro contegno, minacce, ecc. ecc.-
Credo che tra il nostro affollamento di poveri diavoli intorno a un cristiano e la villana premura dei tedeschi di coprire le loro magagne e di sorvegliare le mosse del Nunzio e nostre come altrettanti poliziotti, il peggio sia la villania tedesca, il loro orrendo materialismo; la loro indifferenza per tutto ciò che non è cosa tedesca.- Nel mio racconto non ho rappresentato le cose in modo tendenzioso; sono poco tenero per gli Italiani e in altri accenni l'ho dimostrato. Ho saputo riconoscere nei tedeschi la correttezza là dove essa c'è. Questo darà fede alle mie parole.-
Che cosa farà il Nunzio per noi? La sua visita è stata una formalità diplomatica del Vaticano e nulla più, oppure, oltre a questo, è stata la visita di un uomo di cuore, capace di rappresentarsi la sofferenza dei suoi simili? Le sue parole erano det-

tate dalla convenienza o sgorgavano dal sentimento? Confesso di non arrivare a rispondere; vorrei interpretare le cose nel modo migliore, tale è il mio desiderio. Speriamo che il Rappresentante della Chiesa non faccia come il Maggiore Medico Svizzero, certo Noseda, che disse di noi e della Germania rose e fiori, che mentì sapendo di mentire e ingannando sul conto nostro il nostro paese e le nostre famiglie.
È finito, dovrebbe esser finito il tempo delle vane formalità, delle chiacchiere sciocche fatte a proposito di chi soffre dai potenti e dai grandi. Essi dovrebbero penetrare le oscurità del nostro dolore e vedere di che cosa è materiato; allora il mentire a nostro riguardo apparirebbe una cosa mostruosa ed infame. Spero che il rappresentante della Chiesa non avrà tema di dire il vero, com'ebbe il rappresentante della Svizzera. E forse anche in ciò m'inganno.-
Celle-Lager, 23 settembre 1918. Sera.


4 novembre 1918. San Carlo. Celle-Lager; Blocco C; baracca 15; Camerata B. Ore 20.-
La nebbia coprì a ora a ora la pianura e le foreste germaniche, ma se anche la limpidità primaverile le avesse pervase il nostro occhio non sarebbe stato loro rivolto. Lo svolgimento rapidissimo degli avvenimenti ci ha avvezzi da un mese e mezzo a una serie di gioie improvvise, l'una più forte e più compiuta della precedente, il ricordo delle quali è indissolubilmente legato alla mia memoria. L'annunzio dell'offensiva italiana portò i miei nervi all'esasperazione, con l'urto delle speranze, dei timori, delle incertezze, di tutto il tumulto di sentimenti che si scatenano in me nei momenti in cui è quistione della mia patria. Attendevo e desideravo l'offensiva, la cui importanza enorme nei riguardi politici, militari, storici è ovvia, anche nel caso che essa avesse ottenuto minore fortuna; ma anche dicevo a me stesso che a un'offensiva sterile o mal riuscita era preferibile il silenzio. Come i miei timori e le affannose speranze e la muta, intensa, continua preghiera siano terminate, è inutile dire. L'annunzio delle vittorie militari, della richiesta d'armistizio, dell'inizio della catastrofe austriaca si seguirono di giorno in giorno. Stamane, come ogni mattina, si attendeva

## 4 NOVEMBRE 1918

qualcosa; e il qualcosa ci fu e fu più di quanto potevamo desiderare. Un numero dell'«Hannoversches Courier», introdotto clandestinamente nel campo, portò le prime notizie; dopo l'appello, l'annunzio della sottoscrizione dell'armistizio tra Italia e Austria, e della immediata restituzione dei prigionieri Italiani in Austria, venne affisso tra le altre «Notizie d'Italia», nella parete della baracca 53, che serve da Albo. Una folla di ufficiali si radunò tosto, mentre le condizioni di armistizio venivano a mano a mano tradotte. Io, dopo l'appello, ero ritornato in baracca per lavarmi; (come il solito mi son levato dieci minuti prima delle nove); mi lavai, rifeci il letto, e stavo pensando che, come tutti i lunedì, si avrebbe avuto il giornale solo nel pomeriggio. Tutt'a un tratto, sentiamo del baccano nella camerata A, quel solito baccano con cui si accolgono notizie in questi giorni. Accorriamo e sentiamo le prime notizie dell'armistizio. Rimasi così, così; essendo lieto della nostra avanzata e del numero rilevante di cannoni, di materiale, di prigionieri che si andavano prendendo, temetti che cessazione di ostilità volesse dire lasciar l'avversario sfuggire troppo comodamente. Ma poi altri sopraggiunsero via, via, recando gli articoli delle condizioni d'armistizio, a mano a mano tradotti. Tirai un respiro, ringraziai Dio, ebbi un pensiero di gratitudine per San Carlo che m'ha recato stavolta fortuna; la gioia fu intensa, fervida, ma le facoltà dell'animo così lungamente e duramente provate non poterono comprenderla tutta. Ringraziai Dio, entrando anche nella Chiesetta del Campo. Quanto ottenemmo secondo l'armistizio (e speriamo di ottenerlo nella realtà) è quanto potevamo desiderare, più di quanto potevamo credere. Diaz ha funzionato, coloro che hanno imposto le condizioni d'armistizio hanno capito e veduto bene le necessità immediate; l'Austria ha ceduto all'Italia. Tralascio per mancanza di tempo, di voglia, di spazio, mille altre considerazioni critiche. Ho festeggiato le liete notizie, la gioia delle gioie, la felicità di veder impegnate per la patria la fortuna e le probabilità del futuro, con una bottiglia, divisa con Cola a colazione; ho festeggiato anche il mio onomastico augurando a me stesso che apra un periodo di maggiore sicurezza nelle vicende del mio animo.-
Sono stanco, molto stanco; la tensione nervosa degli ultimi

tempi è stata terribile; voglia la Provvidenza concedermi il ristoro d'un po' di raccoglimento e di tranquillità interiore, la quale può essermi conceduta anche nella febbrile continuità del lavoro, purché la mia gente sia degna di me e io di lei.–
Molte cose importanti sono tralasciate in queste note; prima fra l'altre la storia dei tentativi di fuga degli altri e dei preparativi miei. Resti essa legata alla sola memoria.

Carlo Emilio Gadda, tenente nel 5.° Alpini. Celle-Lager; 4 novembre 1918. Ore 20-21.

«Prospexi Italiam summa sublimis ab unda».

**VITA NOTATA. STORIA**

Carlo Emilio Gadda,
tenente nel 5.° reggimento Alpini-
Cellelager, 18 dicembre 1918.


## Vita notata. Storia

Nota.- La numerazione progressiva delle pagine di questo libro si inizia con la pagina precedente.-

Carlo Emilio Gadda
Cellelager, 18 dicembre 1918. -

## Carlo Emilio Gadda
VITA NOTATA. STORIA

Serie: dal 14 novembre 1918 in poi.

Cellelager, 18 dicembre 1918.- Ore 22.- Baracca 15.-
Scrivo alla tavola comune, una pancaccia, con la luce accesa di frode, a dispetto dei tedeschi. Tecchi, che è ufficiale di ordinanza del generale Fochetti, comandante il campo, mi aveva promesso di condurmi oggi a Celle. Riuscì infatti ad ottenere il permesso per me, per Bruno, per Betti, e per sé.
M'ero levato tardi; mi vestii bene, e a stento fui pronto per le 12, ora di partenza.-
Ci guidava l'interprete del blocco C. Alla stazione di Scheuen. Il treno tarda. La bizza del colonnello Cassito, che non voleva lasciarci andare, per dispetto con il generale. Il treno tarda troppo. Andiamo a piedi. Mentre credevamo d'essere soli, altre frotte di ufficiali italiani sulla strada. Camminiamo forte per dinanzarli.-
La marcia forzata, col magro e svelto interprete che galoppa ticchettando alla testa, con Tecchi a cui duole la gamba per la ferita. Il solito paese: cielo bigio, fango per terra, vento freddo, che mi gonfia e mi arrossa la faccia.-
Arrivo a Celle verso le 15; vedo le uniformi grigioverdi di qualche ufficiale italiano: senso di malessere, alla vista.- Andiamo a mangiare all'Aller Club, una bella casa e ben messa, sulle rive dell'Aller. Il freddo fiume si versa nella ripida, tra ponte e ponte. Alti alberi spogli, solitudine. Nel ristorante cena senza tovaglia; molta semplicità: una «soupe», patate e polpettone, frutta cotta, birra di Monaco, per modo di dire. Spesa, in 5, marchi 35. Poi giriamo per la città a far delle spese: in una profumeria compero del dentrificio, ecc.; prezzi piuttosto cari. I miei compagni comperano sigari e sigarette da un sigaraio. Andiamo a comperare dei libri: io acquistai un

dramma dell'Hauptmann, *Die versunkene Glocke*, e i *Gespräche mit Goethe* dell'Eckermann, per regalarli alla Clara. Questi tre libri mi costarono 26 Marchi. Più tardi, dopo che al Caffè, entrammo anche in una cartoleria; io presi questo libro, per marchi 2,50. Libro acquistato in Celle il 18 dicembre 1918.-
Andammo in due caffè, uno dei quali il «Celler Hof». Nel primo, ingombrato d'ufficiali italiani, si bevve una bottiglia di vino della Mosella; marchi 15. Nel secondo si prese del caffè, lungo lungo; marchi 2,50 la tazza.-
Tempo freddo, con pioggia a quando a quando; a camminare ci si annoia, c'è fango, e il vento taglia la faccia.-
Belle vetrine, bei negozî in Celle, più che in una città italiana di eguale popolazione; i caffè nulla di speciale. Gli esercenti abbastanza gentili, o per lo meno corretti. La popolazione corretta. La bella cartolaia. Gli alberi di Natale, pini, venduti in piazza, sotto la pioggia, alla vedova con la ragazza.-
Qualche forosetta.- Qualche prigioniero russo, o francese.-
L'architettura notevole, per un italiano, perché nordica; càse di legno, tetti acuti, secondi piani sporgenti sui primi e terzi sui secondi. Case vecchie e villini nuovi; begli uffici pubblici, Cassa di Risparmio, Scuole, Posta. La Cattedrale nell'ombra, con la torre bislacca e brutta. Grande pulizia e ordine.-
Potemmo poco vedere; qualche casa adorna di corone di pino sotto ogni finestra, per ritorno di soldati del 77.° Infanterie. Gran soldati tedeschi in giro, senz'armi.- Torme di prigionieri italiani del nostro campo, che, dopo partiti noi, fuoriuscirono in massa. Così, mentre ci credevamo di essere soli, capitammo nella folla. Purtroppo del contegno, dell'andatura, delle vesti di molti compagni c'era da arrossire. Sguaiataggine nel contegno, italiana e napoletana; stavo male, nella mia rigidezza di palo. Sorrisi ironici colti qua e là, all'indirizzo dei più scalcinati.-
Nei caffè freddezza e soggezione reciproca tra noi e i tedeschi. La camminata mi fece bene: appetito formidabile e i miei cari amici.-
Pare che realmente il blocco A parta dopo domani, giorno 20 dicembre. Le operazioni di contabilità sono già state esaurite.- Il generale Fochetti e Tecchi se ne vanno col blocco A, cioè dopodomani.-

## 20 DICEMBRE 1918

Stasera parlai con Tecchi; mi promise aiuto, se mi faranno la proposta di avanzamento al grado di capitano, per mezzo di suo zio generale al Ministero della guerra. Mi parlò della sua intenzione, eguale alla mia, di far domanda per la Libia. Ci promettemmo, se tale intenzione sarà mantenuta, di fare il possibile per trovarci insieme.- È la nostra vecchia idea, ma il caso la disperderà, come tante altre.-
Ancora, da Berlino, dal generale Bassi, capo della missione italiana per il trasporto dei prigionieri di guerra, non è giunta alcuna disposizione per quelli di noi che devono andare nei campi di soldati. Io feci domanda di andare volontariamente e il mio nome è tuttora nella nota. Ma ora, visto che nessun ordine arriva, ho pregato Tecchi di cancellarmi per togliermi da questa insopportabile incertezza, castigo eterno della mia vita.- Non so se ci riescirà.-
A Celle, stasera, fanali nell'umidore, ebbi lo «spleen urbano»; pensai a Clara, alla mamma.

Cellelager, 18 dicembre 1918.


Cellelager, 20 dicembre 1918.- Baracca 35. Ore 12.-
Si dorme male, in questi giorni, nei letti pieni di pulci e duri più che legno. Si mangia male; galletta e riso; a mezzodì io e Cola prendiamo l'orzo dei tedeschi, perché ormai la necessità dell'economia si impone. Ancora non si sa della partenza nostra.-
Non essendo, a tutt'jeri, giunto alcun ordine per la destinazione degli ufficiali che devono recarsi nei campi di soldati prigionieri, io pregai Tecchi di togliermi dalla nota. Se si fosse dovuto partir subito, anche a costo di ritornare in patria più tardi, la cosa appariva diversa; ma star qui chiusi a languire, nell'orrore di questo campo, nell'incertezza d'ogni cosa, è troppo. E poi mi preme di non tardar troppo a rientrare in Italia per la storia della Libia o di altro e per tenermi in comunicazione con Tecchi, che parte oggi.-
Certo non ci feci una bella figura, davanti a me stesso; e ne prova quell'oscuro rimorso che può provare uno, che di primo slancio ha promesso più di quel che poteva e poi la realtà lo co-

stringe a mancar di coerenza. Il coraggio bisogna averlo fino alla fine, oppure non bisogna neppur osare gli inizii. Questo lo so, e altre volte, e per altre cause, credo di non essermene dimenticato.-
Tecchi mi fece togliere dalla nota; a mia scusa devo dire che egli stesso e Betti mi vi consigliarono. Betti mi disse: «Ora che il numero dei volontarî dei blocchi B e D supera il numero richiesto, sei sicuro che il servizio verrà fatto bene, per quanto è possibile.» La ragione matematica è giusta, ma la coscienza più profonda non è affatto contenta. Ancora a mia scusa, devo notare che il Generale Fochetti ha fatto assolutamente escludere tutti i volontarî del Blocco C, che ora sarà il primo a partire. Quindi anche se non mi fossi rivolto a Tecchi, sarei stato escluso; un abile gesuita ne approfitterebbe per dissimilare a sé stesso lo schifo che si fa, e più per dissimulare agli altri la sua debolezza.-
Comunque, a titolo di giusta umiliazione, devo riconoscere che Betti, Terzi e Tecchi sono più serî di me.-
Resta però sempre il mio giudizio severo sui terrorizzati della sera famosa.-
Si credeva che oggi partisse tutto il blocco A, ma quasi metà ne resta perché gli ufficiali di Augusta-Bad hanno, di loro arbitrio, deciso di partir tutti. Le frasi più roventi corrono fra noi all'indirizzo di questi, quasi tutti ufficiali superiori e «figli di papà», raccomandati. Io credo però che si debba esser più miti per questo fatto, ferma restando la constatazione dell'abuso perpetrato.-
Così la volta prossima non tutto il blocco C partirà, ma solo un parte. Jeri si discusse a lungo sul modo di stabilire l'ordine di precedenza. Alcuni camorristi sostenevano ad ogni costo di prender per base la data di cattura. Io, pur avendo un vantaggio da tale criterio, perché fui preso il 25 ottobre, trovo che la cosa è ingiusta. Così votai per il sorteggio delle baracche.-
Chiacchiere e accuse interminabili.-
Ufficiali che scappano a Celle, a centinaia, attraverso dei valichi aperti nei reticolati: le sentinelle si corrompono per sapone, pane, sigarette o denaro. A Celle mangiano, vanno al Cinematografo, se c'è, al casino, a prender libri e sigarette, a curiosare; riempiono ogni strada, ogni caffè. Il Generale Fochet-

ti ordinò che chi non aveva il permesso fosse ricondotto. Ronde di soldati tedeschi e scenette tragicomiche.- Un gruppo di ufficiali che ritornava a piedi, a notte fatta, fu aggredito da numerosi soldati tedeschi armati di bastone. Questi erano guidati da un marinaio: legnarono di santa ragione i nostri e li derubarono di denaro, orologi, anelli. Il fatto è verissimo e già ne è stato fatto rapporto al generale.-
Il colonnello Cassito è partito per Berlino per mettere del pepe nel culo ai tedeschi e alla Commissione italiana, per farci mandar via più presto. Chissà se potrà fare qualcosa. È interessante la psicologia di quest'uomo che ha litigato col Generale per la superiorità morale nell'animo di noi tutti, e che ha la passione, passione sincera, di fare il nostro protettore e benefattore. Nel campo è molto benvoluto; vuole arrivare per primo nel fare il bene. Un giorno proibì alla baracca 77 di esporre il suo comunicato politico-militare, perché arrivava prima di quello fatto tradurre da lui Cassito.-
Del resto nulla di nuovo; salute discreta, sebbene mangi di magro, animo né tristo né lieto. Pensai poco alla mia Italia e ai miei cari, in questi giorni. Grigiore nel cielo e vento gelato. Ieri sera, passeggiata a passo di granatiere con Terzi. Oggi mi congedai da alcuni ufficiali conoscenti, che partono.-
Ore 15. Mi sono congedato da Tecchi; ci baciammo. Il mio caro compagno se ne va: speriamo di rivederci. Salutò e baciò tutti della camerata.

Cellelager, 20 dicembre 1918.

Cellelager, 22 dicembre 1918.- Ore 11.- Baracca 35.-
Il treno che conduceva i partenti lasciò la piccola stazione di Scheuen jer l'altro, a sera fatta.-
Mentre leggevo, alla tavolaccia, le prime pagine d'un libro lasciatomi in ricordo da Tecchi: *Le disciple*, di Paul Bourget, (io gli regalai i *Viaggi* del conte De Maistre, mandatimi da Anita Gandolfi nella traduzione italiana della collezione Formìggini), ebbi un incidente con Nugari.
Nugari Umberto, romano, quasi trentenne, calvo, con prosopopea da grand seigneur; viaggiatore di commercio. Io lo chiamo «Don Pedro» e mi sta nel cervello come un «quid me-

dium» tra il guardiaportone di parata e il don Giovanni mancato. Nugari vendette un berretto a Pianetti; poi che Pianetti lo ebbe portato e decorato col fregio dei bersaglieri gli chiese: «Quanto ti debbo?» «Quindici marchi», rispose Nugari.
Il berretto è di panno grigioverde ordinario, senza fregi, né nulla. Mi volsi a Bruno, che stava seduto presso di me e gli chiesi: «Quanto credi che possa valere?»; glie lo chiesi sotto voce. Sottovoce Bruno mi rispose: «Sette od otto lire.» Sottovoce gli dissi: «Glie lo ha ceduto per quindici marchi.» Nugari sentì o indovinò; e poiché il mio pensiero, non posso dire le mie parole, che erano una domanda e una constatazione storica, lo punse nel vivo della sua prosopopea di mercante signore, si risentì e mi insultò, col pallore della rabbia nel viso. «Pretaccio», (sic), «gesuita», (sic), «villanaccio; impara a vivere». Risposi ribattendo le insolenze a una a una; mi diede del maleducato fin che ne volli sentire; alla profferta d'uno schiaffo risposi che glie lo avrei reso subito. Durante tutto il diverbio ebbi la peggio, poiché avevo apparentemente torto. Però io avevo parlato al compagno Bruno in un orecchio e, salvo questa scorrettezza, nessuno poteva proibirmi di credere che il prezzo fosse eccessivo; nessuno poteva accusarmi di aver messo il naso negli affari altrui.-
Lasciai cadere la cosa, che non usciva dai termini dei comuni scambî di vedute tra gatti rinchiusi, (in camerata si ebbero infiniti diverbî più aspri e senza seguito; è l'uso che fa la regola), lasciai cadere la cosa, sebbene avessi notato in Nugari il deliberato proposito di offendermi; mi pareva enorme una vertenza per il berretto di Pianetti.-
A sera, coricandomi, me la ridevo con Cola, beffandomi del «negoziante di eleganza all'ingrosso e al minuto; lire cinque al kilo». Nugari non udì ciò, ma udì che si parlava di lui: a una raccomandazione di Cola di parlar piano, io avevo detto: «lasciami sfogare; se sente, meglio». Mi investì nuovamente dicendomi che non era sordo, come ero io. Gli risposi aspramente. Ci minacciammo a distanza; (Nugari era già a letto); io gli diedi del mercante. Lui mi disse che: «non ero un ufficiale», perché non avevo raccolto le sue offese: (oh! Magnaboschi Adamello Carso!). Alluse al mio soggiorno a Rastatt come ufficiale di cucina, fu ancora tracotante, mi disse che

ritenessi di aver avuto uno schiaffo. Sapevo quello che dovevo fare.-

Jeri mattina mi levai e pregai Betti e Gerundo di rappresentarmi nella vertenza; mandai un regolare cartello al signor Nugari, sottosegnandolo. Durante tutto il giorno neve fresca per terra; passeggiai e passeggiai; la mattina solo; il pomeriggio e la sera con Terzi.

Ai miei rappresentanti dissi solo che io voglio dal bellimbusto una riparazione assoluta e completa per iscritto, mentre io non sono disposto a fare nessuna scusa, se non per il fatto di aver parlato sottovoce. In caso diverso ci batteremo; siccome non conosco la scherma, ricorreremo alla pistola.-

Nugari è uno che diventa pallido e sta a letto tre giorni per un bitórzolo; al suo letto di illustre malato e di grand seigneur amici e conoscenti sono in processione di premurosa sollecitudine. Malade imaginaire, paure folli che lo fanno deridere non da me, ma da tutti. Sciajno dice che, già prigionieri, trattandosi di passare per dove arrivava qualche raro shrapnel italiano, (dove ne arrivarono anche a noi, tra Caporetto e Tolmino), era fuor di sé dalla paura.

In compenso grandi arie, alterigia di seconda e terza mano; e siccome io scherzo, e rido di me e degli altri, e non mi dò delle arie, questo vecchio guardiaportone ha detto che io «non sono un ufficiale», e mi ha scelto per vittima di un bel gesto che riteneva facile. Ha scelto me, che mi sono logorato sul Fargorìda e sul Mandrone e in Val d'Assa e alla Caldiera e sulla melma del Carso. Me, che al Carso ci sono andato spontaneamente, strappandomi l'animo al lasciare i miei alpini.

Ho scelto per rappresentanti due che hanno una gran serietà e un grande buon senso, che capiscono il mio stato d'animo e non sono buffoni. Betti mi conosce ed è serio; mi condurrà ad avere o una intera riparazione o una giusta vendetta.

Il duello mi piace come mezzo santo di soddisfazione e riparazione; io sono, quando l'argomento lo meriti, un duellista convinto. Ma sono anche un povero diavolo e le preoccupazioni finanziarie mi angustiano. Perciò e solo perciò ho lasciata aperta la via a un accomodamento, con ogni soddisfazione per altro. Se fossi non dico ricco, ma non così povero

da dovermi preoccupare delle cento lire, avrei voluto solo ed assolutamente che la vertenza fosse risolta con uno scontro.
Sono amareggiato dal fatto che io sono quello, de' miei compagni di camerata, che ha litigato col maggior numero di persone; e ciò senza aver l'animo cattivo, né la taccagneria, né l'avidità altrui. Perché questo? Perché, e qui ha ragione Nugari, non so vivere. Le mie buone qualità si celano nella riservatezza; le mie bizze, il mio chiassoso e doloroso frastuono, per stordirmi contro il dolore profondo, la mia facilità al riso e allo scherzo fanno sì che la maggior parte delle persone mi credano un ragazzo e un trivialone. Io scherzo di me, di paure che mi attribuisco per gioco, e che la vanità altrui fa prender sul serio agli altri; (non gli par vero di sentire che io mi metto fuori combattimento da me stesso); non ho reticenze nel parlare della mia condizione economica, di una avventura buffa che m'è capitata, eccetera, eccetera. La vanità dei guardiaportoni e dei mercanti indomenicati fatta di sicumera e di saccenteria afferra di tutto ciò la comoda superficie; la mia trasandatura permette loro di credersi persone che valgono qualcosa.
È vero; non so vivere. Mio padre mi diceva: «Tu non farai niente di buono nella vita». Ho paura che sia proprio così. Finora il grazioso vaticinio si è avverato.
Giornate squallide, se non fosse ciò che ho notato. Si aspetta il colonnello Cassito, ma si teme che la sua andata a Berlino non abbia servito a nulla.-
Cellelager, 22 dicembre 1918.

Cellelager, 23 dicembre 1918. Ore 20.
Jeri nel pomeriggio, passeggiata con Terzi fino a Hustedt, gruppo di case a cinque kilometri di qui, e ritorno con un lungo giro. Lo squallore del paesaggio. Non esprime nulla; neppure la foresta d'abete. Strade fangose. Deserto. Clima umido, ma non freddo. Il congedato di Hustedt e la sua bambina, sulla porta della povera casa. Il paese deserto. La Wirtshaus e il latte. La mamma coi quattro figli e l'oste, svizzero. «Weinacht ohne Kuche», quest'anno. Lamentavano di non aver da mangiare.
Il mio contegno è modesto; non voglio ferire la suscettibilità

## 23 DICEMBRE 1918

dei tedeschi. Potrei essere un po' insolente; ma come uomo e come prigioniero è forse meglio così. Nel ritorno, sempre a passo di carica, il viandante col cane bianco, ringhioso, cattivo. La mia paura e la mia sorpresa al furioso abbaiare. Ritorno nel buio, a sera fatta.-
Stanchezza e sonno disagiato.
Il colonnello Cassito è tornato da Berlino, avendo poco ottenuto. Ottenne la vaga promessa, che non verrà mai mantenuta, di un altro treno prima del giorno 5 gennaio, in cui dovrebbe partire il terzo. Ottenne anche che col 2.° treno, del 28 dicembre, partano 500 ufficiali del blocco C, a danno di quelli di Schwarmstedt. Siccome il blocco C ha 13 baracche di oltre 60 ufficiali l'una, stamane si provenne a un'estrazione a sorte, per istabilire l'ordine di precedenza. La nostra baracca (15) risultò la nona, vale a dire quella di cui potrà partire solo una parte. Quanti partenti vi saranno, poi, non si può ancora precisare. Nervosismo e rabbia; maledetta incertezza e mie bestemmie. Si fece una estrazione per stabilire l'ordine di precedenza di noi della baracca; risultai il 37.°. Altre bestemmie e malumore durato tutto il giorno.-
La vertenza con Nugari fece un passo avanti. Egli nominò i suoi padrini che sono Pianetti e un altro del blocco B, di cui non so ancora il nome. Abboccamento con i miei rappresentanti. Conciliatività dei rappresentanti di Nugari. Concretarono due formule di ritrattazione, una che dovrei sottoscrivere io e una che dovrebbe sottoscrivere lui. Le noterò, se mai, nel diario. Essendomi data soddisfazione, le accettai; non so però se Nugari accetterà, poiché, mentre la mia è tenuissima, la sua ritrattazione è grave, assoluta e completa.- A Betti, che me le sottopose, dissi che io le accettavo, ma che ritenevo quella da sottoscriversi da Nugari come l'estremo minimo, oltre il quale non mi sento di cedere.- Vedremo domani il seguito.-
Superiorità intellettuale e letteraria e di finezza dei miei padrini su quelli di Nugari; sono gentiluomini, ma troppo inferiori dialetticamente a Betti e a Gerundo.-
Sottoposi a Terzi, l'altra sera, e oggi a Betti, la questione psicologica del come e del perché io, che non mi credo cattivo, son destinato ad attaccar briga con tanti e per tanto diversi

motivi. Terzi fu più lusingatore nella risposta: (mie buone qualità che non appaiono ad osservatori superficiali); Betti fu più spietato e più coraggioso: io non sono buono; reagisco male e fuor di proposito; bontà e cattiveria, secondo Betti sempre, non esistono, ma sono in realtà furberia e mancanza di furberia. In conclusione non ho tatto, non so vivere. (Vero; nel mio diario di quest'estate notavo io stesso, per la millesima volta, la mia incapacità d'espressione, almeno oralmente, che è quel che più importa.) Betti disse anche che io sono stimato dagli altri più di quel che valgo e lo disse con assoluta serietà.-
Il risultato della mancata partenza per il 28 e di queste amare considerazioni fu che passeggiai col solito passo di marcia forzata sotto la pioggia, al blocco D, nello spiazzo, per circa mezz'ora; le ossa mi dolgono. La mente era piena di tutte le cose più cattive che possono accompagnarla; bestemmie espresse od inespresse; freddezza verso i miei cari; conclusione che io sono un pazzo e che non esiste alcun vero amore tra compagni e tra fratelli; io vedo le cose in un delirio epilettico; e poi la tema che le cose della mia patria vadano male, per malavoglia e malafede di tutti; e una bestemmia anche contro di lei. Senso di solitudine orrenda; malessere nervoso. Idea del suicidio. Desolazione al veder perduta la più importante battaglia della mia vita, quella che avrebbe dovuto portarmi alla conclusione deliberativa: «Farò questo.»
La sera studio con Terzi un po' di matematica; quattro bestialità a testa stanca.-
Oggi rividi in camerata il ten.te Canali, di Lecco, amico di Cola, alpinista, blagueur; lo avevo conosciuto a Vezza d'Oglio e sull'Adamello.-
Scarsezza del nutrimento; galletta, riso; stasera dei fagioli bolliti. Meglio così che la fame.

Cellelager, 23 dicembre 1918.

Cellelager, 25 dicembre 1918. Baracca 15.- Ore 18.-
Notte di sonno pesante e cattivo, quella sul 24; la sera si era deciso di fare per l'indomani una passeggiata nelle campagne. La mattina di jeri mi svegliai alla solita ora; mi levai alle nove.

## 25 DICEMBRE 1918

Decidemmo la passeggiata. Giornata di freddo vento. Uscimmo dal cancello Sud del campo, ottenendo ciò dalla sentinella per un pezzo di sapone e due marchi. Eravamo io, Cola, Bruno, che sa benino il tedesco, e Scoccimarro.- Vento secco, gelato, tagliente; cielo freddo con nubi in corsa e sprazzi di sereno a quando a quando; sole sulla landa e sulle foreste, allora. Malessere nervoso. Marcia a rapido passo fino alla Gastwirtshaus di Altensalzkoth, dove eravamo stati l'altra volta. Sacchetto di riso e sapone e un po' di galletta. «Taliana» in vista. Arriviamo dopo mezzodì alla trattoria; Bruno parla con la padrona e la figlia, Ella. Ci appartiamo nel salotto privato della famiglia, perché la Gaststube è occupata già da altri ufficiali. Il salottino borghese: i ritratti e le cornici. Grande pulizia; l'albero di Natale pronto. Freddo. Testa ingombra. Bruno e Scoccimarro cucinano; risotto; patate; una bottiglia di vino vinello: (10 Marchi); thè. Con noi mangia la padroncina, Ella; una tedeschina bruttina ma linda; gentile, educata; non riesce a mangiare tutto il risotto che le abbiam messo innanzi e, garbatamente, ci offre il resto che noi, garbatamente, rifiutiamo.- Nessuna idea sensuale in me, non so come, ma noia e grigiore e mal di nervi.- Dopo mangiato andiamo a piedi fino ad Eversen, con l'intenzione di fare qualche acquisto per il Natale. Nella Wirtshaus tristezza cupa; il pasto della famiglia nella cucina, latte, pane e burro; il prigioniero russo. Invece a Elfersen più luce e minor disagio. Entriamo in una casa, a caso. Chiediamo un pollo, «gegen Seife.» I padroni riluttanti; poi cedono. La piazza è già rovinata dai molti ufficiali italiani che ci han preceduto. In cucina, enorme cappa, cuociono mele, e un pentolone di rape, per i porci, mi dice la vecchia. A traverso porte semiaperte scorgiamo un bel salotto, e la stanza da pranzo; pane e marmellata sul tavolo. Entriamo nella stalla; la vecchia chiama i polli che starnazzano; le vacche, il vitello. La gallina strangolata dal figlio.-
Chiediamo ancora delle mele, delle uova. La vecchia, la madre, è avida, tremenda, pur sorridendo. Il figlio è più indulgente. La gallina ci costa 15 Marchi e il sapone; le mele quattro marchi.-
Il figlio si proferisce per accompagnarci alla stazione e va di là a cambiarsi. Torna vestito da capostazione. Sulla strada tra

Altensalzkoth ed Eversen le due bambine che sgambettano sole, nella via deserta, per andare in Chiesa. Sole sole; appena ci vedono, ci si attaccano: vogliono esser accompagnate; col nasino immerso nel «boa», sotto il gelido vento.-
Ora, andando alla stazione, vediamo convergervi frotte di ufficiali italiani. Mal vestiti, poco composti nel camminare, hanno fagotti e fardelli, come noi.- Il capostazione è altresì bigliettario, telegrafista, ecc. Apre la sala, da aspetto, dove il freddo vento ci caccia tutti. Sigarette, birra, ricordi del mercato fatto. Gli italiani hanno facce da disperati, tra il vento e la fame e la stanchezza.- Il treno buio, dopo molta attesa, ci riporta a Scheuen.-
Oggi Natale; i cenci, il disordine, il fracasso, mi han fatto bestemmiare più volte. Sono irritato e nervoso.-
Stamane, riconciliazione con Nugari. Cerimonia breve e fredda. Ci scambiammo le carte con le dichiarazioni. Della mia conservo copia: la sua è autografa. È inutile trascriverle qui. Meglio, forse, che sia finita così.-
Pranzo di Natale, oggi alle una, interrotto dal pagamento dello stipendio e dalla consegna della ricevuta, in vista della vicina (?) partenza. Riscosso lo stipendio, cioè stipendio compreso, ero creditore di 971 marchi. Mi diedero, come a tutti, 100 marchi in contanti, biglietti di Stato: poi la ricevuta per il resto, cioè per 871 marchi. Il risotto venne lungo: (bestemmie); pollo, mele, buona mangiata.-
Ho fame ancora. Cola sta apparecchiando una minestra.- Pomeriggio grigio, sonno, passeggino, malumore.-
Betti sta leggendo il mio diario incriminato, quello, l'altro volume, dove mi sfogo contro di lui. Per stasera io e Cola abbiamo preso una bottiglia di vino; 12 Marchi.-

Cellelager, 25 dicembre 1918.-   Un pensiero per la mamma e per i miei cari.- 25-12-1918.


Cellelager, 29 dicembre 1918. Baracca 15; ore 17.-
Il giorno 26, giovedì, Santo Stefano, ci levammo piuttosto presto, cioè non oltre le 9, io e Scoccimarro, per andare a Celle. I tedeschi hanno fatto stampare delle apposite tessere di

## 29 DICEMBRE 1918

permesso per l'uscita dal campo, e ne lasciano 4 per baracca. Io l'ebbi il 26.-
Camminata per la scorciatoia che costeggia il blocco B, traversa la pineta nascente e fitta e poi sfiora l'altra pineta, adulta. Squallore della terra e del cielo; terreno rappreso dal gelo; vento tagliente; nevischio. La camminata con Scoccimarro dietro, che andava troppo adagio per il mio passo maniaco e trotterellava di tanto in tanto per raggiungermi. All'Aller Club, a fissare un posto per la colazione. La bella serva. Giro in città. In una «conditorei» caffè ersatz e una fetta di torta. In qualche negozio per piccole spese. Un tedesco, dal profumiere, mi parla; tipo bonario e sanguigno; mi dice un po' in tedesco e un po' in cattivo francese: «Allemands pas à Milan; si on les voit...» e fa cenno di pugni e sputi. Io eludo il discorso; mia eccessiva timidezza e gentilezza; me le rimprovero.-
All'Aller Club mangiamo discretamente, (arrosto di vitello, patate; birra una tazza; un cucchiaio di semolino), ma 20 Marchi in due. Sguaiataggini irritanti di due ufficiali italiani; un orrido milanesaccio che voleva far lo spiritoso con la serva (intercalari dialettali ch'ella non comprendeva) soffiò il mozzicone di sigaretta per terra: la serva gli mostrò il portacenere sulla tavola e gli disse: «questo si fa in Italia, non qui»; e siamo i vincitori e vogliamo essere un gran popolo!
Mia ipersensibilità nel sentirmi italiano e ufficiale, nel contegno; rigidezza, forse ridicola, freddezza cortese con i tedeschi. Il pranzo delle vecchie signore, presso di noi; il culo enorme di una; la sedia carica d'abiti si rovescia; mi precipito a rilevarla: «Danke schön, danke schön». Lo sguardo triste e buono della vecchia signora in faccia a me. Un abruzzese mal vestito passa e ripassa dietro costei, dandole nel viso la mantellina; mia muta irritazione; poi si mette al piano e suona due valzer con grand'arie di musico: mi sento gelare il sangue: ma le tedesche lo applaudono: «Brafò, brafò.» Poi silenzio nella piccola sala. Giriamo, io e Scoccimarro, nella fredda città; colpetti di «spleen» urbano mi martellano il cuore, nella tetra giornata, come l'altra volta. Cielo gelido e grani diacci, di neve.
Da un cartolaio, la vecchia padrona: «In Italien nicht gut; revolution, revolution.» «Nein, nein», diciamo io e Scoccimar-

ro. Altrove ci dicono che al campo di Celle ci sono delle buone «Wirtschaften» per gli ufficiali prigionieri; lo imparo ora, dopo tanta fame e tanta miseria! Che gesuiti sono in tutto, costoro!-
Dopo colazione bighelloniamo: al caffè; torta; chocolat; prezzi enormi; spelano immondamente gli ufficiali italiani; che affollano il caffè. Queste torte, dall'aspetto magniloquente, sono ridicolaggini; una sottile fetta di pane insipido, coperta da un sontuoso spumone rosa o aranciato o bianco, fatto di nulla. Ritorno al campo col treno della linea secondaria, delle 15,40'. Chiedo un biglietto di 2.ª classe; quando arriva il treno la cerco, ma ci son solo le terze.- Scoccimarro era rimasto.-
Abbiamo la lieta notizia che il giorno 2 ci sarà un altro convoglio di partenti; ciò mi rallegra oltre modo.-
Il giorno 27, jer l'altro, vigilia della partenza del 2.º convoglio, si stabilì che i partenti della baracca sarebbero 31; io sono il 37.º estratto, come dissi. Il 32.º è Taschini che aveva tanto bestemmiato Santa Barbara e Santa Genoveffa; il libretto verde del martirologio di S. Barbara viene inchiodato al pilastro del camino, da Taschini idrofobo. Si decide di non più bestemmiare.-
Io rimango in uno stato di leggero ebetismo, noia, grigiore per tutto il giorno; a colazione mangio con Scoccimarro perché Cola e Bruno sono andati a Celle.-
Arriva l'ora di fare i bagagli; arrivano Cola e Bruno; comincia la baraonda dei 31 partenti, di cui 13 della nostra camerata, fra cui Cola, Bruno. Casse e cassette per aria, stracci che volano, biancheria che s'infonda nelle casse, eccetera eccetera. Vero casino. Di fuori, nel buio, la pioggia dirotta. Non vogliono coricarsi i partenti, ma io li persuado ad andare a letto, il che ottengo oltre mezzanotte. Sonno agitato, perché avevo fumato diverse sigarette. Con Cola avevo allora allora diviso alcuni viveri; sua solita grettezza e mia rabbietta; dopo che l'ho aiutato per mesi e mesi mi rifiutava un po' di zucchero e di thè, di cui aveva in esuberanza. E portava con sé il mio latte condensato, che gli avevo regalato in quel momento. Grettezze di cui arrossisco ma che noto. Una frase di Cola, parlando di un certo tale: «È un'amicizia inutile, che non serve a nulla; non è

## 29 DICEMBRE 1918

più l'età di far relazioni infruttuose...»; detta con aria seria e triste, a mezza voce, in modo da tradire la convinzione profonda e il pensiero abitudinario.-
Che cosa sia l'amicizia e il giuramento di Cola vedrò adesso in Italia; e che cosa sia la sua tante volte professata gratitudine. Ma ci conto poco. In ogni modo, la mattina presto, verso le sei, quando stava per andarsene, mi baciò affettuosamente. Ci hanno svegliato alle quattro! La pioggia dirotta, cacciata dal vento, trepestava di fuori; di dentro, contro il sonno a mezzo e l'amarezza leggera di noi che restavamo, la baraonda dei bagagli e il nervosismo dei partenti. Baci e abbracci con molti, con altri (Nani, Turino, Mercandalli) solo strette di mano. A Bruno e a Mercandalli diedi delle lettere per la mamma e per la Clara.-
Cola aveva quattro pesanti cassette; era pieno di roba; sua mania del possesso; libri, riviste, grammatiche che non studia mai, libri che non legge mai, ma che conserva con una tenacia unghiosa di possessore usque ad millimetrum. Io lo sfottevo per la cetra e le due rac‹c›hette da tennis, (!!!!) con cui tornava dalla prigionia di guerra. Sua rabbia e male risposte, di cui ridevo. Mentre la pioggia crosciava, e i suoi cari bagagli rischiavano di rimanere a terra, [il carro non arriva mai; dove sono gli attendenti?; buio pesto; pioggia; il treno è già carico], lo vidi uscire affolé, con la pesante cassa della cetra e dei viveri sulle spalle. Così mi disparve dagli occhî.-
Sonnecchiai ancora ma non potei riaddormentarmi. Jeri nel pomeriggio, un po' di pulizia nel bordello fenomenale della nostra camerata. Mi sistemo, mi allargo; verso sera sono a posto, con due pagliericci, il mio e quello morbido di Cola, e sei od otto coperte, le mie e quelle di Cola. Senso di pace in camerata.
Maldicenze di Sciaccaluga e Corsanego contro Sciajno, partito; protesta di Gallone.-
Mi sono sposato a Scoccimarro per il mangiare; perché il far cucina è per me un tormento intollerabile.- Jer sera buon piattino di carne e polenta.-
Erano arrivate diverse migliaia di pacchi della Croce Rossa Inglese; si attesero per due giorni e la distribuzione non veniva mai fatta. Molti di noi, nel campo, non nella nostra barac-

ca, erano affamati, perché i tedeschi, baraonda, jeri non diedero patate né pane.-
Allora organizzarono una protesta, i rimasti del blocco C; circolare, letta in camerata. Noi della camerata, auctoribus io, Betti, Rossetti e quasi tutti, ci rifiutiamo di parteciparvi, ricordandoci di essere ufficiali. Ciò ci valse oggi il titolo di egoisti, krumiri, milionarî, ecc. La protesta contro il colonnello Papucci, Comandante del campo e nostro superiore italiano, ebbe buoni frutti; i pacchi vennero distribuiti la sera stessa, in numero di uno a testa. Arrivarono in baracca; li sorteggiammo; erano diretti a soldati inglesi, già partiti. Che roba! Che gioia!; mi pareva d'esser ritornato bambino e di riaprire la bocca alle ghiottonerie di Natale. Scatolette di carne, legumi, sigarette, thè; tutti si rallegravano. Fu una piccola festa, che ci distrasse dal dolore della ritardata partenza.-
Jeri arrivò anche una delegazione pei prigionieri, da Berlino, a visitare il campo. Erano due sciocherelli; un certo Agnelli e un medico; portarono saluti e notiziole private, non notizie buone e interessanti.- Dissero che il Generale Bassi, Capo della Commissione italiana a Berlino, si fa molto sentire. Lo conobbi e mi fece buon effetto; speriamo.-
Voci che corrono per il campo: la commissione interalleata di Spa, venuta a conoscenza dei maltrattamenti usati ai prigionieri italiani, avrebbe comunicato ciò al Governo Italiano, dicendo di ricordarsi ch'esso tratta con la Germania da vincitore a vinto e che esiga la punizione dei responsabili e degli esecutori dei nostri maltrattamenti. È una voce.-
Si è sparsa, oggi, giorno 29, la voce che noi saremmo partiti subito, oggi. Si tratta invece dei volontarî dei blocchi B e D, che vanno ai campi dei soldati; alcuni arrivano fino ai confini est della Germania, in Polonia. Non mi spiacerebbe conoscere, perché vorrei conoscere tutto; ma penso alla mamma, al mio avvenire, alla Libia dove ho probabilità di andare anche come combattente e allora non mi pento d'essermi fatto escludere.-
Alcuni volontarî partirono di soppiatto sul secondo treno; altri si diedero malati; io devo essere indulgente con loro, ma certo non è la loro una bella azione.- Ai partenti vennero dati viveri e scarpe, della Croce Rossa Inglese; meno male. Bravi

## 29 DICEMBRE 1918

ragazzi molti; oggi fu a congedarsi il ten.^te Garigioli Arnaldo, del 28.° Campagna, comandante di batteria di Terzi, torinese: è uno di nobilissimi sentimenti e parte volontario; mi parve leggere sul suo volto un pensiero di tristezza. Altro bravo volontario è Aldo Pianetti, veneziano, cugino di Luigi Pianetti. Sul treno di jeri partirono di nascosto parecchî soldati.-
Con Terzi, frequenti passeggiate sotto la pioggia continua o nelle pause brevi del cielo. Solitudine delle foreste.-

       Cellelager, 29 dicembre 1918.

## Anno 1919

2 gennaio 1919.-Pomeriggio. Hanau presso il Meno.- Stazione Est. Da un vagone del treno.

Il giorno 30 ci diedero un altro pacco della Croce Rossa Inglese.- Da Terzi, che andò a Celle, mi feci comperare un libro, egli scelse le opere del Novalis, per regalare a Gerundo Gennaro che m'aiutò nella mia vertenza con Nugari. La sera Terzi mi raccontò alcuni episodî della sua vigile sensualità, che durante il giorno le donne di Celle avevano risvegliato. Poi andai da Gerundo, che gradì il dono. Il giorno del 31 dicembre andai a Celle con Silva e Corsanego e vi spesi parecchî soldi, anche perché comperai una raccolta delle opere di E. Heine, (M. 38,50), per Clara. Girammo la città, fecero degli acquisti; io fui a farmi regolare i capelli da un «friseur» e a fare un bagno. Colazione all'«Union»; mangiammo in un salotto appartato perché il primo cameriere non voleva darci la colazione; infatti un decreto del sindaco proibì di dar cibi o dolci ai prigionieri italiani.- Ritorno al campo di Scheuen in treno, la sera alle 8. (Sera del 31 dicembre.)

Voci vaghe avevamo già raccolte in treno, andando a Celle, da colleghi usciti dal campo dopo di noi, che la partenza del nostro convoglio, il terzo, sarebbe stata anticipata all'indomani, giorno 1 gennaio.- Al nostro rientrare in baracca, i compagni, Betti, Gallone, Taschini, ci confermarono ufficialmente la notizia.-

In seguito ai reclami presentati a Spa sui maltrattamenti fatti subire dai tedeschi a noi prigionieri di Celle, la Commissione interalleata aveva intimato al Ministero della Guerra tedesco, avvertendo anche la Commissione interalleata di Berlino, che il Campo di Celle doveva essere interamente sgomberato per la mattina del 7 gennaio 1919.-

## 3 GENNAIO 1919

I bagagli preparati in fretta nella notte di San Silvestro, allo scadere dell'ultime ore del 1918. Scoccimarro e la corda interminabile delle sue scatole. A letto oltre le 24.- Notte serenissima.-

CEG. 2 gennaio 1919.

Giorno 3 gennaio 1919. Pfiffligheim presso Worms. Casello ferroviario presso la piccola stazione di Pfiffligheim Worms. Stanza da pranzo del casellante.- Ore 18,30.-
Si lasciò Celle la mattinata del primo gennaio. Notte serena e fredda; non si dormì; attesa nel vento gelato, a Scheuen. Il brutto treno con vagoni vecchî e sporchi di 3.ª e 4.ª classe. Saliamo in treno congelati. Io sono con Betti, Sciaccaluga, Meucci, Rossetti, Battiato, Mazzacchera, San Filippo; otto nel posto di sei. Pigiati l'un contro l'altro tra l'ingombro del bagaglio leggero, coi finestrini rotti che ostruiamo mediante salviette e pezze, per rompere al vento e al gelo il loro passo maledetto, facciamo un viaggio ben gramo, consolato solo da qualche risata, dalla gioia latente e diffusa del rimpatrio, e dalle scatolette della Croce Rossa Inglese.-
Il treno ci esaspera con la sua lentezza; percorre a passo d'uomo e di cavallo zoppo, con soste enormi nelle stazioni, la linea Hannover-Hildesheim-Bebra; Francoforte-Worms.
Il giorno 1 sosta e grappino nella bella stazione di Hildesheim; la piazza gotico-genovese-sconclusionata, ma ricca e ben messa.- Nella notte scorsa, sul 3, sosta nella stazione, a Sud del Meno, di Francoforte. Birra; assalto dei «porcuta taliana» alla cantiniera che impazziva tra le birre, cinque, due, quattro, otto, sei, ancora una, e il resto da rendere a ciascun pagatore. Buon umore. Durante tutto il percorso ferroviario stazioni deserte, locomotive misere e vecchie, rarissimi treni; materiale ferroviario in uno stato deplorevole. Qui a Worms file di locomotive che passano; vanno a consegnarsi a Foch?
Il treno andava adagio stanotte; mi pareva che non avesse voglia di portarci in Italia. Durante tutto il viaggio andò come lento, a tentoni, con una spinta direttiva, facendosi imprestare una macchina ad ogni nuovo tronco; la notte scorsa si fermò definitivamente, come un fiume che si perde nelle sabbie.

Dopo tre ore ch'era fermo e che non potevo dormire, degli spaventevoli odori emanati da non so chi dei compagni mi costrinsero a cercar respiro di fuori. Già avevamo parlato con sentinelle francesi, delle truppe di occupazione, in una stazione precedente. Esco ora; «der Zug bleibt hier; hier Lager», mi dice un tedesco. Brivido di malessere e di delusione alla parola «Lager.» Poi sentinelle francesi; poi ordine di scendere con bagaglio; siamo appunto alla piccola stazione di Worms.-
Scendiamo nella notte fredda; per fortuna non piove; pare la fermata debba attribuirsi a un errore delle autorità francesi che ci han creduto soldati anzi che ufficiali. Comunque non so ancor nulla di certo. Dopo molta attesa nel freddo e nel buio; raccolti intorno alla stazione tra mucchi di bagagli, ci ripariamo in una stanzetta sotterranea; sonno sulla panca. Usciamo poi, io, Terzi, Betti e veniamo qui, alla casetta del casellante, a chiedere ospitalità per lavarci. Gentilezze e servilismo estremi; la fierezza tedesca scomparsa. Che differenza con Rastatt, con Celle dell'ancien régime!
Gli schiavi son diventati padroni. Combiniamo con la moglie del casellante per la colazione e l'alloggio.- Andiamo poi al Lager, dove sono la massa dei taliana. In trappola! Non ci vogliono più lasciar uscire. Sotterfugio per camparne. Riusciamo a svignarcela. Francesi strafottenti e insolenti; italiani straccioni. Fuori dalla baraonda! Ci rifugiamo dal casellante, dove passiamo il resto della giornata. Colazione con la tedeschina, la figlia; patate, e carne offerta da noi. Io, poi, vo a dormire, oltre le tre. Terzi va a Worms. Adesso Terzi è tornato; discorriamo nel salotto, con la lampada quieta, a petrolio; (ed è un casello ferroviario). Terzi racconta: disastro degli italiani mal vestiti; belle ragazze. Irritazione contro la strafottenza francese.

Worms-Pfiffligheim. 3 gennaio 1919.


Pfiffligheim presso Worms.- Casello ferroviario della stazione.- Salotto da pranzo, 5 gennaio 1919. Ore 19.-
La sera del 3 si pranzò quietamente; a colazione una bottiglia di vin renano offerta dal casellante; a sera ne facemmo comperare noi. Notte; sonno meraviglioso nel morbido letto. C'era-

## 9 GENNAIO 1919

no due camere, cioè due letti; ne lasciammo a Betti, il maggiore d'età, una; nell'altro letto io e Terzi. La mattina sveglia e thè recatoci a letto dalla Mutter; riprenderò.

5 gennaio 1919.-

Lione, in Francia.- Giovedì 9 gennaio 1919.- Ospedale Militare Italiano di Oullins.- Ore 12.-
Ecco le stazioni ferroviarie per cui siam passati nel viaggio da Worms-Pfiffligheim a qui: Monsheim; Albesheim; Marnheim; Langmeil-Münchweiler; Enkenbach; Hochspeyer; Kaiserlautern‹n›n; Landstuhl; Homburg; Saarbrücken; Remilly; Nancy; Varangeville; Dombasle sur Meurthe; Blainville; Einvaux; Charmes; Thaon; Épinal; Xertigny; Bains les Bains; Besançon; S. Amour; Le Moulin du Pont; S. Etienne du Bois; Bourg; Envérieux; La Valbonne; Lyon S.ᵗ Cloud; Lyon Bottreaux; discesa dal treno. La partenza da Pfiffligheim fu alle ore 12 del giorno 6; nella notte sul 7, verso mattina, arrivammo a Nancy; 6 ore di fermata, in due stazioni. Notte sull'8: arrivo a Besançon. Sbarco a Lione Bottreaux: ore 12 circa dell'8 gennaio 1919.
Ore 20.- A Worms, dal 3 al 6, dormimmo sempre nella casetta del casellante, come ho detto. Baraonda nel campo, scarso interesse dei francesi a nostro riguardo.- D'altra parte il numero nostro è elemento di disordine. Alloggiati in baracche, letti, e in iscuole.- Tedeschi che cedono il passo. Reno e ponte sul Reno, il 4 mattina: io, Betti, Terzi. Grande educazione e nettezza e ordine presso il casellante, come in una famiglia borghese nostra. Religione, amore al Kaiser, serietà. Vecchia Germania.- Le locomotive, a sei a sei, a otto a otto, passano sbuffando per andare da Foch.- Il proclama di Foch; «au nom de la loi» (ironia).- Simpatie delle donne tedesche per gli italiani; è vero, non è una vanteria.- Il duomo cattolico: stile gotico su inizii romanici molto palesi: anno 1025 inizio. Arco gotico romanico? Latini - Germania. Forse.

L'ultimo giorno la ragazza del casellante, Elisabeth graziosa ed educata e intelligente (signorina borghese italiana) fu baciata e ribaciata: il più violento fu Betti; io feci solo per dovere.- La beffa contro il suo damo: lo facemmo cantare dei lieder tedeschi (Deutschland über alles; Wacht am Rhein; der gute Kamarad ecc.) e ballare sopra una gamba sola. Era uno stupido. Facile vittoria. Tristezza mia; già come nei primi giorni della vittoria lo spettacolo del popolo vinto mi rattrista profondamente, non perché io sia evoluto nel senso internazionalista, ma perché mi metto al lor posto; stato d'animo che chiamerò omerico, di Omero auctor. Partenza improvvisa il mattino del sei; congedo affrettato; oltre ai viveri dati in cambio delle patate cucinateci, lasciamo 50 marchi. I tedeschi commossi; la figlia e il padre ci pregano di scriver loro dall'Italia. Sincerità.- Avrei mille cose da notare, ma non posso per il poco tempo.-
Partenza da Worms-Pfiffligheim a mezzodì del 6; viaggio disagiato, disastroso fino a Lione.- Seguirò, se potrò, domani.-
CEGadda.

Lione, Ospedale Militare Italiano di Oullins. Ore 20-21.-
Giovedì 9 gennaio 1919.-


Ancora 9-1-1919. Ore 21.-
Nulla di specialmente notevole nel paesaggio e nelle città: Épinal, Nancy. Il fronte fu passato di notte. Tempo grigio, monotono. Nello scomparto ero con Betti e altri; molto pigiati, freddo. Disagio estremo. Una notte non dormii; l'altra si dormì con complessi adattamenti; eravamo in 8: uno dormì nella reticella, 4 a due a due sulle panche, tre per terra, fra cui io e Betti, su una coperta. A Vézoul, dove il treno si fermò parecchio, sebbene non abbia notato il nome, comperammo per 10 marchi due buone bottiglie. Una si bevve la sera del 7., io e Betti: calore, allegria. Una la mattina dell'8, prima di arrivare a Lione. Ricordi confusi del viaggio, disagiato e stanco e pieno di insonnia e sonnolenza.-
Ieri, giorno 8, scendemmo a Lione; stazione di Lyon Bottreaux; sbarco dei bagagli; 300 rimangono a Lione, gli altri

proseguono per Grenoble.- Finiti di sbarcare i bagagli (fatica, confusione) si scende sulla piazza; colonnello italiano; servizio che funziona bene. In camions italiani ci trasportano a Oullins, qui all'Ospedale Militare Italiano, insediato in un collegio o convento con chiesa e giardino.-

La vista panoramica di Lione; io, sveltamente, ero salito a fianco dello chauffeur; percorso attraverso Bottreaux e poi lungo Rodano fino a Oullins; i ponti, il fiume, la Saône. Alla 1 circa siamo qui.-


Firenze, Hôtel Victoria od Hôtel Regina.- 2° piano.- Camera N.° 29.- Ore 23.- Giorno 18 gennaio 1919.

Noto soltanto alcune date, nell'orrore.-
Partenza improvvisa da Lione la sera del 12. Camionnati alla stazione di Bottreaux, ci fanno lasciare a Oullins tutto il bagaglio; ritroverò le mie note e i libri comperati per la mia povera Clara? Grenoble; salgono gli altri. Giorno 13 gennaio: rivedo Terzi nelle stazioni; la sua medaglia d'argento. Tempo sereno, ma grande tristezza in me e scarsa emotività anche al rivedere le Alpi. Moncenisio: Italia! È la sera del 13: stellato freddo e grande tristezza. Scendiamo a Bardonecchia alle ore 17,40' del 13 gennaio 1919.- Torino: ore 21,30' dello stesso 13 gennaio: i Gallone e i Simonetta mi dicono che i miei stanno tutti bene, anche Enrico. In me tristezza. Mi fanno mangiare al «Lagrange»: Champagne agli «eroici reduci».- Tristezza. Lettera di Clara consegnatami da Frattini: vogliono ch'io vada a Milano. Clara e mamma erano state ad incontrarmi a Domodossola, due volte! Freddo, disturbo, pena, immenso amore. Tristezza anche per ciò.- Parto a mezzanotte per Milano, con la tradotta; sto male di nervi, sono stanchissimo e triste. Lugubre viaggio. Direi che presentissi! La patria vuota. Alle 7 circa arrivo in carrozzella a casa. È buio. Busso in portineria; su, suono il campanello.- Mamma, mamma; e Clara. Erano a letto; vennero ad aprirmi, ci abbracciamo tanto! Poi seguo la mamma, che s'è rimessa a letto, l'abbraccio nuovamente. «Ed Enrico dov'è, come sta Enrico?» Mi risponde piangendo la mamma: «Enrico è andato di qua, di là...» La tragica orribile

vita. Non voglio più scrivere; ricordo troppo. Automatismo esteriore e senso della mia stessa morte: speriamo passi presto tutta la vita. Condizioni morali e mentali disastrose: Caporetto, gli aereoplani, Enrico, immaginazioni demenziali.- È troppo, è troppo.-
Mattino del 16, ore 7: parto con Gallone da Milano Centrale diretto qui a Firenze. Arrivo a Firenze e all'Hôtel Victoria, al Campo di raccolta ufficiali ex-prigionieri, la sera del 16 gennaio 1919. Ieri 17 e oggi 18 infinite noie, incertezze; domani dobbiamo partir per Livorno. Ho steso la mia relazione. Ieri arrivarono inaspettati Terzi e Betti, che sono ora con noi.-
In questi giorni e ancora automatismo cerebrale e muscolare per tutto che non è Enrico. La patria vuota; paralisi assoluta di ogni emotività per il paesaggio, i luoghi nuovi, ecc., di solito in me così viva. Non ho nemmeno guardato Firenze. Orribile senso di miseria e di solitudine nella vita; e sempre Lui nella mente e negli occhi, raccolto disperatamente intorno alle manovre del suo aereoplano. Martellare nella demenza di tutti i particolari, di tutto! Udine, Campoformido, S. Vito al Torre nel '17, e Torino nel '17, e Milano nel '16 con lui, con lui! Enrico tu non eri il mio fratello, ma la parte migliore e più cara di me stesso.- Non so come fare a vivere.-

    Firenze, 18 gennaio 1919. Ore 22,30-23.-


Livorno, 22 gennaio 1919. Ore 12.-
Il 19 girai un po' per Firenze, come un ebete. Il mondo vuoto; vane costruzioni, vana arte. Il 19 sera, ore 20,30' partii con 17 altri, fra cui Betti, Terzi, Gallone, di S. Martino, per Livorno. Linea interrotta dalla piena dell'Arno. Perciò percorremmo la Firenze-Empoli-Lucca-Montepescali-Grosseto. Sosta a Siena da mezzanotte alle 5 del 20. Hôtel Continental, piazza Salimbeni. Sosta a Grosseto dalle 9 alle 11 circa. (Pensiero alla mamma che c'è stata; tristezza orrore sulle mura deserte; sole.) Poi Grosseto-Livorno. La spiaggia maremmana e toscana, vista già nel '17, febbraio, andando a Lagonegro. Bolgheri, ecc. Il castello di Sonnino a Quercianella. A Livorno verso le 16-17 del giorno 20. Palace Hôtel. Presentai la relazione. Jeri, 21; giro in barca con Betti, fino al porto. Vento

freddo, desolazione. Orrore nelle ore di sera e di notte, nel sole, e sempre. Nessuna sosta al dolore. Nessuna emozione per l'Italia e le cose.- Nessun sogno per il futuro. Solo Lui, il suo aereoplano, i suoi 21 anni, il suo ingegno meraviglioso, il suo animo, la sua gentilezza eroica, l'Altipiano donde io scampai; perché Dio non ha ascoltato la mia fervente preghiera del '15, del '16, di sempre: «La guerra prenda me e non lui»?
Livorno, Palace Hôtel, camera 88 sulla marina. 22 gennaio 1919. Ore 12.


Livorno, 29 gennaio 1919. Ore 22.
Lascio ora il Palace Hôtel e vado alla stazione, con Gallone, per prendere il treno di Genova. Sono stato interrogato il 27 mattina dal gen.$^{le}$ Gigli; tutto andò bene.- Jeri e oggi mi fecero imbestialire per la licenza. Ero stato dimenticato.


Milano, 31 gennaio 1919. Ore 9.
Arrivai jersera a Milano, dopo aver viaggiato dalla mezzanotte precedente: Livorno, Pisa, Genova. Genova-Milano. La mamma e la Clara. La casa tetra.-


Milano, Via San Simpliciano 2. Al mio tavolino. 1 marzo 1919. Ore 12.
La mia licenza, passata a Milano, fu tristissima, terribile. Accasciamento e nervosismo: il dolore mi condusse a una vera e propria depressione nervosa. Le braccia mi sembravano percorse da correnti di dolore fisico, ogniqualvolta pensavo al mio Enrico; così le gambe; la persona tutta era spossata e il pensiero ne aumentava, ogni volta, la spossatezza. La mamma partì per Lagonegro il 5 febbraio; il commiato dopo soli sei giorni fu ben triste: erano anni che non stavamo insieme: e in questi anni quali cose sono accadute! Il pianto della mamma in treno, dove l'accompagnai; il mio muto dolore.- Poi diedi l'esame di Chimica Analitica; difficoltà nello studio, scarsa memoria; il dolore presente cacciava ogni cosa. Studiavo e non ricordavo poi più nulla. La scuola di Chimica: il Chiosco

Lombardo e il Giardino: il ricordo di Stefano Castelli e per associazione di Enrico; il mondo vuoto; le pezze di sole triste sui muri; orrore anche qui. L'esame lo diedi con l'aiuto di uno studente molto bravo, certo Marcus, triestino, che mi fece l'analisi. Senza di lui non me la sarei cavata; longanimità degli assistenti: uno m'aiutò. Tristezza enorme, tetra, orrore, nel laboratorio vuoto: gli ossessionanti ricordi del passato. Presi 75.-
Poi la licenza fu piena di piccole noie; pratiche; Politecnico; visita a Jorini, a parenti, lettere, ecc.- Mi presentai il 17 al 5.° Alpini: mi presero in forza. Mi mandarono a Torino a liquidare gli assegni arretrati con il Deposito Mitraglieri. Partii per Torino il 18 a mezzodì: arrivai alle sei. La sera andai da Letizia. È inutile notare i particolari: passai a Torino giorni tristi e vuoti: andavo da Letizia a pranzo e a colazione. La Franca è cresciuta, è bella. Nanni lavora sempre molto e mi offerse di occuparmi quando sarò smobilitato. Bisogna che ci pensi su bene, dato il carattere dell'uomo. Al deposito furono abbastanza solleciti a liquidarmi gli assegni arretrati; Lire 1400 circa tra stipendî, caro viveri, ecc. Furono più lunghi per la indennità bagaglio: mi persero il verbale di smarrimento, dovetti rifarlo, ecc. Alla fine mi liquidarono l'anticipo prescritto di £. 200. Il resto non lo vedrò forse mai.- Ritornai il giorno 22, partendo la mattina presto, oppresso dalla tristezza che mi suscitarono i ricordi torinesi di Enrico: (fummo a Torino insieme, con Clara e Enrico Ronchetti, due giorni durante la licenza invernale nel febbraio 1916: oh! quanto egli era bello, florido, geniale. Lo rividi poi a Torino nel maggio 1917, aviatore; andammo insieme a Mirafiori, al campo; io ero allora triste, triste.) Mi fermai a Novara, per cercare al deposito del 24.° Fanteria, che ha mobilitato il 249.°, se vi fosse la mia medaglia di bronzo, ottenuta col Bollettino Speciale del Ministero della Guerra 20 giugno 1918, Dispensa 40.ª, p. 3168. Fui fortunato e la trovai infatti a quel Deposito, (Caserma Passalacqua), dove non sapevano chi io fossi, né dove fossi. Me la consegnò un caporale, da una piccola cassetta di ferro, dove la teneva: firmai una piccola ricevuta sopra un ritaglio di carta. La intascai e uscii; di fuori le vie della città provinciale erano umide: nebbia alta, umidità invernale, gente che andava e ve-

niva, soldati. Questo è stato tutto il cerimoniale: tralascio i tristi pensieri, l'orribile stato d'animo di questa mia fine di guerra, dopo tanti sogni, dopo tante speranze. E chi è morto? Dio sa con che purezza e fervore io pregai lui o il destino che prendesse me, tanto gramo, e lasciasse mio fratello, per carità. La tragica sorte è stata diversa dal mio desiderio e dalle mie speranze più virili e più sincere: ha lasciato me a soffrire per lui e per me in un mondo che mi è scialbo oramai nell'anima, in una società verso cui ho solo del disprezzo, (disprezzo scialbo e senza ira perché non son più capace neppure di questa forza che è la rabbia), e ha allontanato lui per sempre dalla sua fervorosa ed elegante adolescenza, dalla vita per sempre. L'unico pensiero veramente consolatore è la considerazione che fra qualche decennio noi pure saremo via, per sempre anche noi, e il pianto cesserà con noi.
Rividi a Novara il colonnello Bruni, del 249.°, Comandante il reggimento sul Carso, sul Faiti, quello che mi propose per la medaglia; fu per me molto affabile: mi tornò a lodare: disse: «Lei Gadda sa quale concetto io ho di Lei.» Ma queste parole se le portò il vento e il mio cuore rimase egualmente tetro e solo. Il vecchio colonnello era soddisfatto: aveva combattuto tutta la guerra, era già decorato di 2 medaglie d'argento al valore, adesso ne avrà altre; aveva fatti prigionieri dei reggimenti di Kaiserjäger, e preso cannoni, e valicato monti trentini; quelli ch'io vidi dalle fosse e fuor delle fosse delle trincee, ritto sul declivio della Val d'Assa. Il mio antico sogno, pieno di bellezze dolomitiche, di selve e di sole. Adesso la mia realtà è l'orrore macerante della prigionia, la morte del mio Enrico adorato; la minaccia dell'incerto futuro. Lasciai Novara, coi nervi un po' più quieti per la buona riuscita della ricerca, ma moralmente spossato di avvilimento: la mia guerra è finita così, tra le nebbie e la morte.-

*Proseguo a scrivere il 3 marzo 1919.*

Arrivato a Milano, seppi che il bagaglio dei prigionieri passati da Lione era giunto a Firenze. Il 23 mattina corsi al 5.° Alpini a chiedere un foglio di viaggio per quella città. Il capitano Bertarelli me lo concesse. Partii alle 12,45: anche questo viaggio fu scialbo e tetro. Arrivai a mezzanotte a Firenze. Mi trattenni il 24 e il 25 fino alle 2 del pomeriggio. Trovai tutto il bagaglio e ne fui lieto. Il 25 a mezzanotte ero di nuovo a Milano e il 26 al 5.° Alpini, dove mi hanno messo all'Ufficio pacchi. Così è finito il mio sogno di gloria militare. In quest'ufficio non vi è da far nulla; meglio: potrò studiare un pochino. In questi giorni, lavori di assestamento, sia al 5.° Alpini, sia nella vita normale. Ho avuto un attendente, che speriamo mi possa servir bene; Politecnico, visite, pratiche burocratiche varie, ecc. Del mio stato morale e intellettuale di questo periodo di atroce crisi e forse di fine, noterò più avanti, se e quando avrò tempo.

Milano, a casa; 3 marzo 1919.

Milano, Via San Simpliciano N.° 2.- 20 marzo 1919.-
Non ho tempo né voglia di notare i particolari di questo terribile periodo della mia vita. Mi limiterò ad un riassunto di carattere generale, a delle note e a delle brevi considerazioni che esprimano quale è stato per me il premio del ritorno, come soldato, come cittadino e come uomo. I dolori invece di diminuire crescono di numero e di intensità; la rabbia per molte cose e le preoccupazioni aumentano; le speranze mancano. Così non si vive, non si può vivere. Non c'è nemmeno, a sostenermi, il ricordo di qualche gioia o fierezza passata, perché gioie non vi furono nella mia vita e le fierezze furono solo per meriti potenziali, non attuali, salvo qualche buona cosa in guerra, del resto misconosciuta e ignorata da tutti i patriottoni dell'ultima ora.- Per le prime posso pensare di me come Dante, ma senza speranza: *questi fu tal nella sua vita nova, virtualmente, ch'ogni abito destro fatto averebbe in lui mirabil pruova. Ma tanto più maligno e più silvestro si fa il terren col mal seme e non côlto, quant'egli ha più del buon vigor terrestro.* Per qualche buona azione in guerra, e infinita passione, e logorìo di trepidazione per il paese, e sacrificî fisici e morali non pochi, non so, ma mi par d'essere morto e sepolto e dimenticato e pensare come pensano i morti nella montagna:

## 25 MARZO 1919

>Addio, mia bella, addio!
>Se la Vittoria sarà nostra un dì,
>Diranno gl'imboscati:
>«Abbiamo vinto a forza di morir.»
>Gl'imboscati la sigaretta
>E noi alpini la baionetta...

E davvero adesso gl'imboscati fanno da eroi reduci, e gli eroi sono morti: e io sono così atrocemente solo, perché il mio fratello più forte e bravo ed intelligente di me, il solo che poteva assistermi un po' nella vita, non è più con me.-
Noterò dunque qualche cosa alla meglio, raggruppando per argomenti e preponendo volta per volta la data del giorno in cui scriverò. Molte cose non potrò esprimere con l'intensità che vorrei, perché il dolore prostra, vuota, abbrutisce, distrugge, come dell'acido solforico versato sull'anima. Non resta più niente, se non la faccia della morte, che vorrei prossima e liberatrice.-

Milano, 20-3-1919.

Milano, 25 marzo 1919. Ore 13.-    2, Via S. Simpliciano 2.
*Vita famigliare*: L'animo è dominato dalla sensazione di terrore e solitudine per la fine di Enrico: provo come un senso doloroso di fine e morte anche per me: come se anch'io avessi finito di vivere, o la miglior parte di me stesso mi fosse stata tolta: «Non c'è più nulla da fare: la nostra generazione ha finito: mio fratello non c'è più: l'Enrico dov'è?» In altre parole il senso di solidarietà fraterna era così vivo, l'amore così intenso, che avendolo perduto ho perso la ragione di vivere. Così in infiniti pensieri e dettagli: (figli, famiglia, ecc.); i miei figli vi potranno essere, ma i suoi non più; perché lavorare e arricchire o farmi un nome o fare delle opere di costrutto? Lui non mi vede più. Il dolore mi abbrutisce e avvilisce e mi «vuota» l'anima: esteriormente non so manifestarlo. Lo provo anche stando con altri, ma il discorso va avanti: se c'è da sorridere, sorrido; se c'è da parlar forte, ora, parlo; ma si deve leggere in me, credo, che io guardo al di là e che i miei sogni e le mie speranze sono scomparsi, che gli stessi monti della mia pa-

tria sono senza anima, senza uomini. I momenti di solitudine nella casa e nella città deserta, poi, sono terribili; i momenti in cui ricordo e ripenso, e i minimi dettagli li rivedo con minuzia spasmodica; non posso scriverne, ma è troppo; troppo il dolore, l'orrore della notte e la solitudine dell'anima. Delle derivazioni mentali e spirituali di questo dolore parlerò poi.-
Soffro anche, in questo periodo, per Clara: soffro del suo dolore, della sua solitudine, e del suo abbattimento fisico. L'ho consigliata a lasciare una lezione, e anzi per facilitarle ciò, me la sono addossata io. L'ho condotta dal dottor Ronchetti: ha intrapreso una cura: voglia Dio che migliori! Ella ha tanto patito per il rifiuto ingiustificato opposto dalla mamma al suo matrimonio con Chirò, il compagno mio e di Enrico, stato nostro ospite per più anni nei tempi dei maggiori sacrificî finanziarî e delle strettezze.- Questo rifiuto, da me saputo per bocca di Clara, sola e piangente, fece sì che io mi arrabbiassi mutamente contro la mamma.-
Così invece di avere nella mamma un conforto, un aiuto, una benedizione, Clara ha trovato in lei un ostacolo non dico alla felicità, che non esiste, ma a un maggior benessere morale e materiale.
Inoltre ho notato, già da tempo del resto, che la mamma ha verso di Clara una certa freddezza, e ingiustificate diffidenze.-
Tutto ciò è per me motivo di rabbie, di dolori terribili, di crisi mute ma spaventose, di maledizioni e bestemmie di cui poi mi vergogno. Tanti motivi di riconoscenza, oltre l'innato amore, ho verso la mamma, tanti tanti! E questi fatti mi avvelenano questo amore, che è ciò che m'è rimasto sulla terra; mi spingono a maledire i miei genitori e il giorno in cui sono nato. Proprio non meritavo, come accoglienza al ritorno in patria, la tragedia di mio fratello e il veder Clara così abbattuta fisicamente e moralmente. Ecco le realtà che mi circondano.-
La lontananza della mamma è pure motivo di scontento, di dolore, di irritazione: non posso parlarle, spiegarmi con Lei, ottenere una spiegazione sullo strano rifiuto. E m'arrabbio; e bestemmio; i miei nervi malati attraversano questi accessi come una vecchia casa in rovina la lunga onda di certe ventate. Seguono prostrazioni e inebetimento e disperazione. Questa è per me la famiglia.                    25 marzo 1919.

**1 aprile 1919. Ore 18.**
*Situazione finanziaria*: qualche risparmio fatto durante la guerra e consegnato al sign.ʳ Semenza, e qualche altra somma riscossa ora, come arretrato di stipendio ecc., è depositato in un libretto di Risparmio delle Casse Postali e in 5 cartelle da 100 lire del prestito Nazionale. Tra tutto sono 3000, (tremila), lire che tengo per i casi imprevisti, e a cui forse dovrò ricorrere nel finire gli studî, dato che li possa finire. Come tenente di fanteria, 5.° Regg.ᵗᵒ Alpini, abitante in Milano, dov'è il deposito del 5.° Alpini, ho il solo stipendio, l'indennità caro-viveri, e il soprassoldo di medaglia di bronzo.

| Stipendio | £. | 226 |
| Indennità viveri | £. | 57 |
| Soprassoldo medaglia | £. | 7 |
| Totale mensile | £. | 290 |

Duecentonovanta lire mensili. In questo mese, oltre allo stipendio, a questa somma cioè, che basta per mangiare, ho spese più di 400 lire: le tasse di laboratorio del Politecnico (61 lire), i medici, le mance, dei regali a parenti, carrozze e dolci, presi nei primi tempi specialmente. Nulla di grave o di inutile, ché quasi tutte queste spese hanno avuto un senso o una necessità: ma insomma tutto è quadruplicato di prezzo.-
La Clara guadagna circa 400 lire al mese; tra tutti e due curiamo il nostro ménage, che non vada a finire in debiti. La mamma sola e lontana ha mandato i denari per l'affitto, per pagare un debito con la zia Maria: 1000 lire. Povera e sventurata mamma! Dopo tanti anni di sacrificî d'ogni maniera per allevarci, per nutrirci, vestirci, istruirci, ecco la guerra le ha strappato atrocemente il più caro, il più bello. Povero Enrico! E che orribile, atroce vita.-
*Gli studî*:‹›

1 aprile 1919

22 maggio 1919.- Ore 11 di mattina. (Orario estivo, anticipato).-
Non ho mai tempo di scrivere, perché studio. Sto preparando l'esame di Scienza delle costruzioni.

Vita infranta. Il dolore per Enrico cresce, portandomi all'orrore: mente che non va più: vuoto, davanti, e noia.- Difficoltà nello studio. Il giorno 23 aprile volevo andare a Sandrigo, a vedere la tomba d'Enrico. Non potendo allora (Politecnico), ci sono andato prima: ho viaggiato i giorni 11, 12, 13, 14 aprile. Sono stato a Vicenza, poi a Sandrigo: Altipiani, Cengio, Profili cari di monti, vecchî sogni e battaglie; la squallida tomba e il dolore demenziale, istupidimento.

Poi, per completare l'orrore, ho voluto andare fino a Caporetto e sul Krasji-Vhr. La partenza da Vicenza il giorno 11 sera (avevo viaggiato Milano-Vicenza la notte 10-11); Venezia-Treviso; notte sul 12 a Treviso. Il 12: Treviso-Udine-Cividale; colazione a Cividale: le rovine, ecc.; sole; Cividale-Caporetto in camion, corsa pazza dell'auto per la valle del Natisone. Caporetto: sole di primavera e deserto: la tetra conca e gli orrendi ricordi del dolore.- Gli Alpini; accoglienze di 2 ufficiali; comandante il gruppo è il colonnello Scandolara; (quello che, tenente, fu nostro ospite a Longone nel 1907 con Chiodo; Enrico e le manovre). Pernotto a Trusnje sotto il Krasji e il 13, domenica, vi salgo.- Le nevi; i cofani della 470 Comp. Mitragliatrici! Prendo alcuni colpi per ricordo; non trovo le mie cassette, né il diario.

Il 14 ritorno da Udine a Milano. Forse scriverò con maggiori dettagli. La gita terribile e la visita alla tomba d'Enrico mi fecero una tremenda impressione.-

Poi, arrivo della mamma a Milano; a Pasqua si andò a Longone io e lei, Clara a Stresa.-

Anche Longone, quale vuoto e quale dolore!- I dissensi con la mamma.- La tomba del papà.-

Poi malattia di Clara, Clara a Stresa; io, Politecnico tutto il giorno, tra lezioni e studio.- Solitudine.-

Oggi ho ripreso il diario per scrivere che è venuto a trovarmi Sassella Stefano, il mio attendente. Stava bene. Parlammo. Tristezze. Andammo al 5.° Alpini, per vedere di trattenerlo qui: cercai ogni modo, non fu possibile.- «Non si può sapere il destino.» Gli regalai 30 lire e lo condussi a prendere il caffè e latte. Quanto vorrei fare per certuni! Se fosse qui Enrico, che non farei per lui?

Sassella è partito. Sono ombre che passano anche gli uomini,

## 7 LUGLIO 1919

fra le torri deserte delle cose meccaniche. Anch'io passerò, speriamo presto, perché l'anima ormai ha paura di tutto.
CEGadda. 22 maggio 1919.- Sole.-

Milano, Via S. Simpliciano 2. Alla mia tavola da disegno nella mia camera.- 7 luglio 1919.-
Ho dato oggi, 7 luglio 1919, il mio esame di Geologia e ho preso 90: è il quarto, dopo Chimica, (appena tornato da Livorno), Scienza delle Costruzioni e Teoria delle Macchine.
Studio abbastanza, e ho discreta volontà. Si frappongono e ostacolano il lavoro la nevrastenia, ancora grave, tanto da impedirmi di studiare quanto vorrei, il dolore presente sempre d'Enrico, l'orrore della casa sola e deserta, e le preoccupazioni generali.-
Questo periodo della mia vita è così grave, da superare tutto il passato, salvo forse l'abbrutimento della fame e la depressione psichica dopo Caporetto; certo è ben più terribile dell'ultima parte della prigionia.- Esso è caratterizzato da un insieme di avversità feroci e di dolori, di cui elenco i principali:
1.° Dolore di Enrico; orrore, aumentato dalla solitudine della casa. Memorie ossessionanti, nella nitidezza dei particolari. Ricordo tutto implacabilmente: rimorsi, tenerezze e pianto. Questo dolore ha, per intensità, un andamento a onde; è feroce, atroce per 10-15 giorni, poi una pausa di torpore di 5 o 6: calma che pare anestesia spirituale. La mia vita è stata veramente spezzata: essa mi è indifferente, mi appare inutile. E poi vorrei esprimere meglio e più: senza di Lui non c'è più nulla: né la patria, né il lavoro, né l'amore, né l'avvenire, perché lui non ne ha più. I suoi figli non ci saranno: la luce non si spegnerà per me e per lui negli stessi giorni lontani, dopo il lavoro compiuto. Lui ha finito e riposa per sempre nel buio della terra. Ma è inutile parlare di questo: è stata la fine!-
2.° Clara è malata; deve andare in montagna, durante l'inverno dovrà, possibilmente, andare in Riviera. Quando il medico mi annunciò che il miglioramento era lento, stetti male tre giorni: stanchezza, mutismo, avvilimento anche fisico, braccia giù.- E poi c'è anche il dolore del suo matrimonio contrastato dalla mamma. E io ancora non guadagno e non posso

aiutarla se non con qualche economia. Rimorso di essere stato con lei muto, duro, cattivo, (la feci piangere), quando fu a Milano a farsi visitare. Ma il non trovarla meglio mi abbatté e avevo gli esami, avevo fretta, ero nervoso.- Partì il 30 giugno: era arrivata il 28.-

3.° *Nevrastenia*: essa è sempre grave: le troppe scosse di questi ultimi tempi mi hanno rovinato: ogni dolore mi abbatte fisicamente, lo sento. Sento nei nervi delle braccia e delle gambe andare come un veleno, una stanchezza, il cuore dolere (fisicamente). Ogni giorno porta una sua nuova ferita, oltre la piaga orrenda che c'è già.- Faccio una cura ricostituente, ma essa basta appena a riparare il logorio e a impedirgli di aggravarsi.
Se si sapesse in quali condizioni fisiche e mentali io studio! in quali condizioni morali! Credo che la mia forza di volontà nel lavoro sarebbe ammirata. Se si sapesse in quali condizioni fisiche ho fatta la guerra!
La nevrastenia paralizza e diminuisce ogni attività, rendendo mille volte più arduo il Politecnico già non lieve per uno sano.


Milano, 27 luglio 1919.- Nella mia camera in casa. Alla mia tavola da disegno. Ore 22-23.-
La mamma, arrivata venerdì 25, è a letto, nella camera vicina. Legge. Nella strada rumori.-
Sta abbastanza bene, la mamma, di salute; ma abbiamo pianto insieme jeri e oggi, perché la vita nostra è rovinata.- La Clara è in montagna e pare migliori: povera e buona!
Io ho fatto degli esami. In Economia politica, facilissimo, ho preso 90. In costruzione di macchine ho preso 90. Lo sapevo bene, questo: avevo preso appunti durante il corso.
Ho poi tentato l'esame di Idraulica. Ho avuto un tema facile, con le dispense alla mano, e certo il tema è andato benino. Adesso vedremo l'esito.-
È venuto a trovarmi Cola, già capitano; la solita faccia e la solita menzogna.-
A giorni (verso la metà d'agosto) finiranno gli esami.-
Jeri sono andato col prof. Paladini e i compagni a *Santhià* per esercitazioni di Idraulica.-
Le Alpi; sole; campagna; animo deserto; la stazione idrometri-

ca. Patria vuota. Tristezza, caldo.– Poi colazione, vino, grappa, discussioni politiche grossolane.–
Noto cose materiali: il mio animo attraversa un periodo difficilissimo a decifrare; io sfuggo a me stesso.–
Milano, 27 luglio 1919. CarloEGadda

Milano, 10 settembre 1919.–
Continuai i miei esami fino al 10 agosto u.s.; è inutile segnare le date di ciascuno poiché sono sul libretto. Ne diedi un discreto numero.
Rientrai quindi al 5.° Alpini, deposito; donde speravo avere la licenza ordinaria, che mi permettesse di riposarmi. Invece, proprio la mattina che mi presentai, ordine di mandare sei ufficiali alla Direzione di Sanità, per servizî di disciplina.
La mia rabbia e il mio dolore furono grandi: fino all'ultimo! Sempre la stessa sorte: lasciare gli alpini per altri corpi!– Bisognò ubbidire e ancora ebbi rimproveri e minacce di punizioni per i miei brontolamenti.
Giorni di «détente» e di dolorosa rassegnazione. All'Ospedale servizio noioso, cambiamenti di posizione, ozio forzato, ecc. Per pochi giorni. Il 14, dal capitano Nava ottenni la licenza: la chiesi per Napoli: 20 giorni + 7 di viaggio. Scade oggi.–
Andai a S. Maria Maggiore a prendere Clara: là feci qualche breve passeggiata con Piero e Paolo Cucchi e andai a trovare Anita[1]. I Cucchi stanno propriamente a *Toceno*. Vidi i paesi vicini; Vocogno, ecc. Faceva terribilmente caldo. Clara, alle nostre insistenze, parve rassegnata a rimanere ancora in montagna, ma poi fece un tremento capriccio e volle venirsene a tutti i costi.–
A Milano c'era la mamma. Io partii il giorno dopo, credo il 19, per Roma, in tradotta. Arrivai a Roma la mattina del 21 agosto, dopo quasi due giorni di viaggio. La sera del 21 partii per Napoli e vi giunsi il 22 mattina. Stetti a Napoli fino al 26 sera: il 27 mattina ero di nuovo a Roma. Il 30 sera lasciavo Roma per Milano, in diretto, pagando l'intero viaggio, perché la tradotta ci mette troppo tempo.–

1 La fidanzata di Emilio.

A Milano arrivai il 31 a mezzogiorno e la sera stessa ero a Longone, con mamma e Clara.-
Fui a Longone otto giorni, fino a ieri mattina, giorno 9 settembre.- Ed ora rieccomi a Milano.-
Nel frattempo ho brigato per ottenere di rientrare al 5.° Alpini, perché dell'Ospedale Militare non ne voglio sapere.
Nel frattempo è venuto l'ordine di congedo per gli ufficiali della classe '93: entro la fine del mese di settembre.
Salvo incidenti imprevisti, la mia vita militare ha dunque poche settimane a durare.
Al Politecnico ho sentito che fanno ancora dei corsi accelerati.- Speriamo di finir presto.- Domani, 10 settembre, mi presenterò all'Ospedale, sperando di trovarvi l'ordine di rientrare al 5.° Alpini.-
L'ultimo periodo di studî, dal luglio all'agosto e fino a che feci l'ultimo esame, fu caratterizzato da un terribile nervosismo, da una tremenda irrequietudine, che mi spossò.- Incerto avvenire, disgusto per il contegno del popolo italiano, ricchi e poveri e tutti, dolore per Clara, irritazione contro la Mamma che non vuol saperne di vendere la casa di Longone e di liquidare l'appartamento qui, mentre noi versiamo in tali strettezze.-
Così anche la licenza fu avvelenata e piena di disgusto. Intanto a S. Maria il nervosismo di Clara, la febbre ch'ella ha sempre, i suoi capricci. Poi a Roma e a Napoli caldo orribile, eccezionale, stanchezza fisica, vuoto nel mondo, polvere, disgusto.- Andai a Capri e fu quella la sola giornata un po' fresca: aria di mare sulla prua del battello.- A Roma mi occupai della «polizza» di Enrico e del mio «nulla osta».- Speriamo. Andai a visitare S. Giovanni Laterano e il Museo Laterano. Poi giracchiai a caso: ma ero troppo stanco. Sapevo Clara poco bene e inquieta. Ricevetti una sua lettera, in cui mi pregava di tornare. Mi arrabbiai, perché dopo tanti dolori e fatiche e rabbie e lavoro e stanchezza era umano che mi concedessi qualche distrazione. Ma Clara è imbizzita e non capisce più niente. Se avesse una madre amorosa, io sarei tranquillo, ma la Mamma fa per dovere a lei quanto a me fa per amore.- Così tornai subito, in diretto. Era mia intenzione di conoscere un po' Roma e di passare per Bologna e Parma, in questa che è forse l'ulti-

## 10 SETTEMBRE 1919

ma vacanza della mia vita, ma l'invidioso destino me lo vietò, con ogni sorta di inconvenienti.-
Roma e Napoli, che già avevo visto nel 1917, mi rimasero stavolta unite nella memoria a un'impressione di caldo orribile, di vuoto, di tedio, e al senso del mio malessere fisico: (spossatezza, nausea.)- Tornai a Longone come morto: senza più voglia di nulla. Con la Mamma fui cattivo e prevedo che sarò sempre, perché troppe divergenze abbiamo su tutto: e perché vedo ch'ella non ama Clara, il che, del resto, è cosa vecchia. Anche della famiglia che un tempo adoravo sono stufo: sento che i più cari legami si dissolvono, che il maledetto destino vuol divellermi dalle pure origini della mia anima e privarmi delle mie forze più pure, per fare di me un uomo comune, volgare, tozzo, bestiale, borghese, traditore di sé stesso, italiano, «adatto all'ambiente». Tutto ha congiurato contro la mia grandezza, e prima d'ogni cosa il mio animo, debole, docile, facile ad esser preso dalle ragioni altrui; poiché in tutti, anche nei miserabili, v'è un po' di ragione, o almeno la logica della realtà.- Se la realtà avesse avuto minor forza sopra di me, oppure se la realtà fosse di quelle che consentono la grandezza, (Roma, Germania), io sarei un uomo che vale qualcosa. Ma la realtà di questi anni, salvo alcune fiamme generose e fugaci, è merdosa: e in essa mi sento immedesimare ed annegare.-
Io, con le mie qualità, dovevo nascere cocciuto come un mulo, come sono un po' tutti in famiglia: avrei fatto fortuna. Invece nacqui con tendenze piagnucolose-erotiche-sentimentali-entusiaste degli altri, rara bestia del gregge: e queste sono la mia rovina.
Sto trasformandomi? Non credo. Quando imparerò il disprezzo degli altri? Quando avrò per me quella meravigliosa forza d'istinto che consiste nel sentire, dell'uomo che ci sta presso, la rivalità, non l'affinità? Io sento la simpatia e l'affinità, guardo con occhio amico ogni porco che passa. Non ho l'istinto dell'odio, che in me ha forme e origini soltanto cerebrali.-
Sarei nato alla vita collettiva: a una vita collettiva di miei pari, intendo dire di persone che avessero il mio animo: e ne ho incontrate, sopra tutto fra gli umili. Ma la gran maggioranza ha tinte spirituali, tonalità di carattere troppo diverse dalla mia, e troppo uniformi ad un altro tipo: sicché ci troviamo pochi contro molti compatti.

Vorrei vedere le cose della mia famiglia andar bene: la regola perfetta: le spese inutili evitate: ecc.; e mi logoro stupidamente l'anima perché la Mamma non fa quello che vorrei. [E perché, dico io, vuol più bene ai muri di Longone, alle seggiole di Milano, che a me, che a Clara malata]. Mi struggo per le spese, perché quest'inverno si soffrirà la fame, perché il medico ha ordinato per Clara il soggiorno in Riviera e, facendo così, non si potrà.- Ma tanto e tanto è inutile affliggersi: qualche santo soccorrerà. Vada la barca dove vuole, non me ne importa più nulla! Io non sono più un uomo.-
Litigai con la Mamma anche per le lettere di Enrico, per le sue memorie, che io vorrei elencare, notare, raccogliere in un unico luogo: e le chiesi anche le sue; quelle che Enrico scrisse a lei: (quanto mi ama e quanta fiducia ha in me!) Mi disse delle parole senza senso, come il solito, e basta.-
Enrico è il mio compagno ancora nei momenti di raccoglimento, nell'atroce solitudine, nel vuoto perenne che mi circonda. La tristezza e il dolore feroce mi seguono mentre m'addormento e mi sveglio, mentre penso alla sua tomba deserta e lontana, agli anni lontani, alla vita lontana. Questo tutto che mi circonda è una inutile e stupida sopravvivenza.

 Milano, Via S. Simpliciano 2; 10 settembre 1919. Ore 10.-


Milano, 17 settembre 1919. Via S. Simpliciano 2. Ore 19.-
È oggi l'ultimo giorno della mia vita militare. Ho finito oggi, un'ora fa, le pratiche per il congedo. Ho riscosso stamane le indennità che mi spettavano: (£. 1700, fra tutto, compreso lo stipendio di settembre.) Esse sono: una mesata di stipendio da tenente per ogni anno di Campagna, (e due per il primo anno); più 250 lire di indennità vestiario, più lo stipendio di settembre.-
Sono di nuovo borghese.-
Sono in «licenza illimitata» per 15 giorni, fino al 4 ottobre. Con il 4 ottobre entro in «congedo illimitato», definitivamente. È oggi il 17 settembre 1919; il 13 giugno 1915 m'ero presentato al Distretto, la mattina, per partire per Parma: la mamma mi accompagnava.-

13 e 17 hanno governato nei trasferimenti, arrivi, ecc., la mia vita militare.-
Quattro anni e 3 mesi, cioè 51 mesi. Che anni! Quanti desiderî e rimpianti, ripensando, che atroci dolori, e come sono invecchiato di spirito! Domani vestirò l'abito borghese, smesso 51 mesi fa e non più portato neppur per un'ora, e lascerò la mia cara divisa di alpino.-
Milano, 17 settembre 1919. Ore 19.-

Milano, 31 dicembre 1919.-
Ho tralasciato ormai le mie note, le quali non potrebbero contenere se non la storia di una inutile, monotona vita.
Dal settembre in poi le cose si sono aggravate. Le agitazioni politiche sono in aumento continuo: per me poco male; ma la compagine del paese ne fu scossa e le trattative di pace volgono al peggio per noi.- Questa è una grande amarezza; sarebbe un dolore tremendo, se fossi ancora capace di soffrire con l'intensità di un tempo: così come son ridotto, il pensiero della patria si confonde con gli altri dolori in un risultamento di oscurità, di miseria, di fine. Le quistioni famigliari non si risolvono; quelle di indole economica meno che meno. Non c'è mezzo di persuadere la mamma alla vendita coraggiosa di Longone e dell'inutile appartamento di Milano. Con la caparbietà dei maniaci ella non ne vuol sentire; ogni accenno, ogni insistenza finisce in una scenata.-
Non so quindi come potremo assistere Clara, le cui condizioni di salute sono peggiorate. Vedo anche qui un triste futuro; per lei l'impossibilità di avere una vita degna di tal nome, per me il grave dovere di soccorrerla, che mi legherà la mia vita.-
Cercherò di adempiere con coraggio a questo dovere.- Ma sono stanco. Al dolore della prima grave dichiarazione del medico, il dottor Ronchetti, è succeduto un senso di avvilimento e di stanchezza estremo. Intanto la accompagnai ad Arma di Taggia, in Riviera, presso San Remo. Partimmo il 24 novembre; io andai il 25 mattina a San Remo, per provvederla di medicine; il 26 ero nuovamente a Milano.
Ella mi scrive di là piena di dolore, di sconforto e di rabbia.-

Cerco di farle coraggio, scrivendole, ma ne ho pochissimo anch'io.-
Questi trasferimenti, questi momenti gravi mi capitano nel periodo degli esami, in cui sono anche più nervoso. Così il giorno 23 novembre detti l'esame di Macchine termiche ed idrauliche; il 23 stesso ebbi la dolorosa diagnosi del dottor Ronchetti, nella quale egli mi disse che trovava Clara peggiorata, magra, (il che io stesso vedevo) e che temeva una forma infettiva al polmone. Il 24 partimmo per Arma.-
Passai questi mesi studiando di malavoglia, studiando poco. Sono inscritto al 5.° corso accelerato e ho potuto essere ammesso alla scuola di Elettrotecnica. Speriamo di poter finire! Chissà se potrò rendere utile il frutto di tanto lavoro, o se anche questa intrapresa finirà nel nulla.-
In questi giorni scorsi fui con Piero Gadda, mio cugino, a Baceno, in Val Devero, in Valle Antigorio e in Valle Formazza a vedere gli impianti elettrici della Società Conti; visitammo quello stupendo di Verampio, poi quello di Crego; il canale di Crego, a mezza costa; lo percorremmo. Poi, il giorno 28, visitammo la centrale di Goglio; (al ritorno); prima salimmo per la scala in ferro della condotta forzata fino al bacino di carico, e di lì andammo a Devero, nella neve.-
Il giorno 29 fu dedicato a Val Formazza, che penetrammo fino a Valdo. Molta neve. Noleggiammo ivi gli ski per un paio d'ore.- Erano quattro anni che non li mettevo!
Feci con Piero parecchia strada sull'automobile della Società Conti. Mi divertii. Il discorso con il custode (Proletti) di Devero, ex alpino. Solo nella neve, a 1600 metri. Telefono. Chiacchierai anche con il signor Cantino, a Baceno, solerte direttore dei lavori della Conti.-
Degli insegnamenti tecnici e pratici che riportai non discorro qui. Notevole l'impressione avuta salendo nel gelido mattino, fra neve e ghiaccio vetrato, la scala di ferro della condotta, fra i due tubi, con una pendenza di 65 gradi o 70 nel tratto medio, (il più ripido), e superando un dislivello di oltre 400 metri. Fu, tra l'altro, una bella fatica.-
La Mamma è venuta a trovarmi per le vacanze di Natale. Ha intenzione di recarsi il giorno 5 gennaio a trovar Clara, e poi ritornerà a Jesi.-

## 31 DICEMBRE 1919

Un anno fa stavo per partire da Celle, per lasciare la baracca 15, l'odiato campo, lo squallore della sabbia e delle brughiere e la tortura della reclusione. Stavo anche per incontrare il più orrendo dolore della mia vita, quello che ha superato per l'intensità il tragico 25 ottobre 1917, che si è fuso con questo in una sola onda di atroce agonia. Riguardo e penso i ritratti del nostro Enrico adorato, e nella desolazione vorrei avere una fede, la certezza di rivederlo dove che sia. Ma non lo vedrò mai: il suo sorriso è cosa del passato indimenticabile. Egli è nel buio della terra, ai piedi delle montagne amate e sognate nella nostra giovinezza. Io sono qui per poco o per molto non so, a rimpiangere una luce scomparsa e a rivedere l'orrore della nostra fine, quel tragico 25 ottobre, quei monti, quegli aeroplani italiani che mi davano un ultimo addio (ero già prigioniero) e svanivano con la luce al di là della montagna verso Ovest. A rivedere il buio ritorno nella patria per me desolata, e la sua tomba deserta e lontana. La mia vita è inutile, è quella d'un automa sopravvissuto a sé stesso, che fa per inerzia alcune cose materiali, senza amore né fede.

Lavorerò mediocremente e farò alcune altre bestialità. Sarò ancora cattivo per debolezza, ancora egoista per stanchezza, e bruto per abulia, e finirò la mia torbida vita nell'antica e odiosa palude dell'indolenza che ha avvelenato il mio crescere mutando le possibilità dell'azione in vani, sterili sogni.–

Non noterò più nulla, poiché nulla di me è degno di ricordo anche davanti a me solo. Finisco così questo libro di note.–

Milano, 31 dicembre 1919. Ore 22. In casa.–

Qui finiscono le note autobiografiche del periodo post-bellico; e non ne incominciano altre né qui né altrove.

CarloEmilio Gadda<br>Milano, 31 dicembre 1919.

Fine delle mie note autobiografiche e di tutte le note raccolte in questo libro. CEG.

Milano, 31-12-1919.–

NOTA ALLA PRESENTE EDIZIONE

Carlo Emilio Gadda, classe 1893, si arruolò volontario il 1°
giugno 1915. Fu collocato in congedo il 3 ottobre 1919. In
quel periodo cruciale, e per la precisione tra il 24 agosto 1915
e il 31 dicembre 1919, il sottotenente del 5° Reggimento alpini tenne un diario, in sei quaderni o block-notes diversi per
formato e numero di pagine.
Questi taccuini sono stati conservati, salvo il terzo (*Giornale di
guerra: ottobre 1916-1917*, irrimediabilmente perduto in occasione della ritirata di Caporetto). Vengono qui pubblicati secondo l'edizione curata da Dante Isella per il II volume dei
*Saggi Giornali Favole* (Garzanti, Milano, 1992), la prima integrale.
Può essere utile tracciare brevemente il percorso editoriale del
testo. Dopo alcuni anticipi su giornali o riviste, una prima edizione, gestita da Alessandro Bonsanti uscì presso Sansoni nel
1955, con il titolo *Giornale di guerra e di prigionia*. Comprendeva tre taccuini: il secondo (*Giornale di guerra per l'anno
1916*, dal 4 giugno alla fine dell'ottobre), il quinto (*Diario di
prigionia*, dal 2 maggio al 4 novembre 1918) e il sesto (*Vita notata. Storia*, dal 18 dicembre 1918 alla fine).
Una seconda edizione, con il medesimo titolo *Giornale di
guerra e di prigionia* (Einaudi, Torino, 1965), curata da Giancarlo Roscioni, ai tre taccuini già pubblicati premetteva l'inedito *Giornale di Campagna* (dal 24 agosto 1915 al 15 febbraio
1916). Questa edizione era condotta scrupolosamente sugli
autografi, anche se il testo venne assoggettato a una drastica
censura da parte dell'autore, che temeva di ferire la suscettibilità di qualcuna delle persone citate.
L'ultimo dei taccuini superstiti, il *Giornale di guerra e di prigionia (1917-1918)*, era stato affidato da Gadda ad Alessandro

Bonsanti, "perché lo custodisse proteggendolo col più rigoroso segreto". È stato pubblicato per la prima volta nel 1991 da Garzanti, a cura di Sandra e Giorgio Bonsanti con una Nota filologica di Dante Isella, con il titolo *Taccuino di Caporetto. Diario di guerra di guerra e di prigionia (ottobre 1917-aprile 1918)*.
Per ulteriori notizie riguardo alla vicende militari di Gadda e al percorso editoriale di questo *Giornale*, si rimanda alla «Nota al testo» approntata da Dante Isella per il già citato II volume dei *Saggi Giornali Favole* e al volumetto curato da Giulio Ungarelli *Le carte militari di Gadda* (Scheiwiller, Milano, 1994).

INDICE

Giornale di Campagna     5
24 agosto 1915 - 15 febbraio 1916

Giornale di guerra per l'anno 1916     93
5 ottobre - 31 dicembre 1917

Diario di guerra per l'anno 1917     221
5 ottobre - 31 dicembre 1917

La battaglia dell'Isonzo – Memoriale     263

Diario di prigionia     311
1 gennaio - 30 aprile 1918

Diario di prigionia     341
2 maggio 1918 - 4 novembre 1918

Vita notata. Storia     391
18 dicembre 1918 - 31 dicembre 1919

Nota alla presente edizione     437

Finito di stampare il 4 gennaio 1999
dalle Industrie per le Arti Grafiche Garzanti-Verga s.r.l.
Cernusco s/N (MI)